D1724558

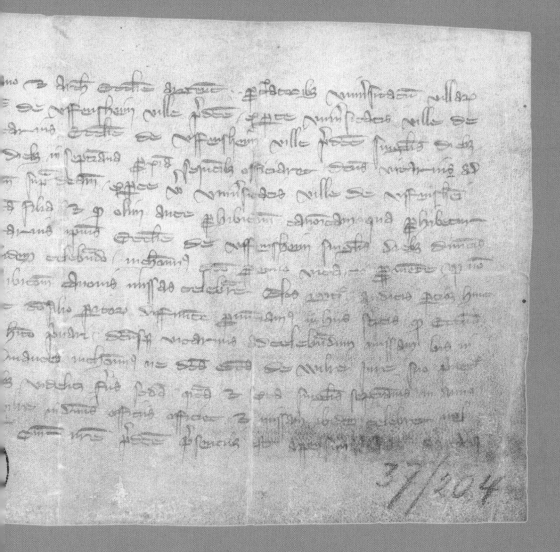

37/204

Erste urkundliche Erwähnung Sandweiers am 30. Januar 1308.

Bearbeitet von Karl Bruckner und Kurt Hochstuhl
Herausgegeben vom Heimatverein Sandweier durch Friedrich Gantner

Sandweier

Ein Hardtdorf mit Tradition und Zukunft

Bearbeitet von Karl Bruckner und Kurt Hochstuhl
Herausgegeben vom Heimatverein Sandweier durch Friedrich Gantner

Sandweier

Ein Hardtdorf mit Tradition und Zukunft

◀◗ℰ

Vorwort des Oberbürgermeisters
der Stadt Baden-Baden

Wolfgang Gerstner

Vor 700 Jahren wurde der heutige Baden-Badener Stadtteil Sandweier erstmals als „Wilre" in einer Urkunde erwähnt. Dieses Jubiläum begehen die Bürger und Vereine von Sandweier auf vielfältige Weise. Der Heimatverein Sandweier e. V. nahm es zum Anlass, 20 Jahre nach der Herausgabe eines ersten Heimatbuchs diesem ein zweites mit anderen Schwerpunkten folgen zu lassen. Inzwischen im 21. Jahrhundert angekommen wird insbesondere die Ortsgeschichte des 20. Jahrhunderts ausführlich dargestellt. Im letzten Viertel dieses Jahrhunderts und in den Jahren seit der Jahrtausendwende verbindet Sandweier und Baden-Baden eine gemeinsame Geschichte.

Die Stadt Baden-Baden hat die Herausgabe dieses Buches daher gerne finanziell unterstützt. Damit würdigt sie auch die Arbeit des Heimatvereins als Herausgeber und die hohe Fachkompetenz der beiden Autoren. Rektor a. D. Karl Bruckner hatte sich als einer der beiden Autoren des ersten Heimatbuchs bereits als profunder Kenner der Heimatgeschichte erwiesen. Den wissenschaftlichen Part hat Dr. Kurt Hochstuhl, ein Sandweierer seit Geburt, mit seiner weit reichenden Kenntnis der badischen Geschichte übernommen. Gemeinsam mit dem Herausgeber, Oberstudiendirektor Friedrich Gantner, haben sie ein Buch geschaffen, das den Lesern interessante Einblicke in die Ortsgeschichte ermöglichen und viel Freude bereiten wird.

Wolfgang Gerstner, Oberbürgermeister Baden-Baden

Vorwort des Herausgebers
und der Autoren

Friedrich Gantner

Karl Bruckner

Dr. Kurt Hochstuhl

*Mit der Herausgabe eines zweiten Heimatbuchs entspricht der Heimatverein
Sandweier* dem Wunsch, für das vergriffene erste Heimatbuch einen Ersatz zu schaffen,
der zudem der Entwicklung der letzten 20 Jahre Rechnung trägt. Autoren und Herausgeber haben sich dabei entschieden, dieses Buch der Geschichte Sandweiers zu widmen
und auf „Geschichten" zu verzichten. Karl Bruckner hat die von ihm bereits im ersten
Heimatbuch bearbeiteten Kapitel über Kirche, Schule und Vereine überarbeitet und fort-
geschrieben. Dr. Kurt Hochstuhl legte in einer völlig neuen Fassung seinen Schwerpunkt
auf die Geschichte des 19. und 20. Jahrhunderts. Wir danken für viele Hinweise und An-
regungen aus der Bevölkerung sowie vor allem für das zur Verfügung gestellte Bild-
material aus privaten Beständen. Dank gilt auch für die Realisierung und Herstellung
„deitersundgantner visuelle kommunikation" und dem „verlag regionalkultur (vr)".

Möge dieses Buch ebenso interessiert aufgenommen werden wie sein Vorgänger aus
dem Jahr 1988.

Friedrich Gantner, Herausgeber
Karl Bruckner, Dr. Kurt Hochstuhl, Autoren

Inhalt

Sandweier im 20. Jahrhundert – von der Ackerbaugemeinde zur Baden-Badener Vorstadt

Kirche und Religion in Sandweier

Schule in Sandweier

Vereine und Verbände

Sandweierer Lied

Text: Karl Vetter
Melodie: Siegfried Detschermitsch

Ein Dorf, es liegt im Blumenschmuck,
umkränzt von Wald und Wiesen,
nicht weit vom alten Kinzigstrom,
wo bunte Blumen sprießen.
    Sandweier heißt der schöne Ort
    am alten Landseestrande,
    wo Topinambur üppig wächst
    im braunen Lehm und Sande.

Um unsere Kirche mit dem Turm
sich schmucke Häuser scharen,
wo vor nicht allzu langer Zeit
noch Feld und Weiden waren.
    Sandweier heißt der schöne Ort
    am alten Landseestrande,
    wo Topinambur üppig wächst
    im braunen Lehm und Sande.

Nach Römern kamen Bauern her,
die kühn ins Ödland drangen
und zäh und stark mit Bauernfleiß
bald Bruch und Sand bezwangen.
    Sandweier heißt der schöne Ort
    am alten Landseestrande,
    wo Topinambur üppig wächst
    im braunen Lehm und Sande.

Vom Bauerntum blieb nicht mehr viel,
längst ist das Dorf im Wandel.
Es weht der Wind der neuen Zeit
durch Industrie und Handel.
    Sandweier heißt der schöne Ort
    am alten Landseestrande,
    wo Topinambur üppig wächst
    im braunen Lehm und Sande.

Die Entwicklung unserer Heimat

Die Geschichte der Frühzeit

Wenn man sich mit seiner Heimat und mit den hier lebenden Menschen in Vergangenheit und Gegenwart beschäftigen will, muss man zuerst deren Landschaft mit ihren Besonderheiten und Eigenarten kennen lernen. Sie ist es, die seit jeher auf das Leben und die Entwicklung der Menschen in diesem Raume einen entscheidenden Einfluss ausübt. Die natürlichen Gegebenheiten der Umwelt, des Bodens, des Klimas, die geologische Formation und die geografische Lage einer Landschaft sind bestimmende Elemente für das Wachsen und Leben von Tier- und Pflanzenwelt und für die Existenz menschlicher Gemeinschaften.

Es ist vielleicht sinnvoll, sich einmal auf die Höhe, etwa nach Ebersteinburg, zu begeben und von dort einen Blick zu werfen auf das sich ausbreitende Stromtal des Rheines, der als silbernes Band in der Ferne sichtbar wird. Am Horizont erkennt man die Berge der Vogesen und vor uns eingebettet in Wiesen, Felder und Wälder liegt unser Heimatort. Ganz von selbst wird uns dann die Schönheit, die Erhabenheit und Einmaligkeit unserer heimatlichen Landschaft bewusst. Es erfasst uns unwillkürlich ein ehrfürchtiges Staunen über die Schöpfung Gottes. Will man aber seine Heimat genauer erfahren, ihre verschiedenen Strukturen, ihre besonderen Eigenheiten und ihre diversen Vegetationen kennen lernen, so kann dies nur durch eingehendes Erwandern und Erkunden geschehen. Und dabei wird man feststellen müssen, dass der Mensch oft hart in die Natur eingegriffen hat und damit eklatante Veränderungen verursachte. Ob er dabei immer eine glückliche Hand hatte, wollen wir dahingestellt sein lassen.

Zweifelsohne wird bei diesem Tun dann die Frage gestellt werden, wie mag diese unsere heimatliche Landschaft wohl entstanden sein. Um dies zu erfahren, ist es notwendig, einen Blick rückwärts zu werfen auf die Geschichte unserer Erde, deren Alter nach neuesten Forschungen, vom Beginn der Bildung einer festen Erdkruste an gerechnet, auf ca. 5 Milliarden Jahre geschätzt wird.

Die Erdgeschichte wird in verschiedene Erdzeitalter eingeteilt. Maßgeblich für die heutige Gestalt unserer Heimatlandschaft waren die geologischen und tektonischen Vorgänge, die sich vor einigen 100 Millionen von Jahren im so genannten Tertiärzeitalter abspielten und letztlich auch Ausschlag gebend waren für die heutige Gestalt der Erde mit ihren Meeren und Landmassen.

Gegen Ende des Tertiärs falteten sich die Alpen. Dabei entstanden in dem sich nördlich der Alpen von den Sudeten bis nach Südfrankreich hinziehenden Gebirgsmassiv enorme Spannungen, die zu einem gewaltigen Einbruch führten, bei dem die Erdschollen bis zu 1.500 m tief absanken. So entstand der 30 bis 50 km breite Rheingraben, der immer wieder von Meeresarmen vom Mittelmeer und Rhônetal her überspült wurde. Gleichzeitig wölbten sich die westlich und östlich dieses Einbruchgrabens stehen bleibenden Teile des ursprünglichen Landmassives empor und formten als Randgebirge den Schwarzwald und die Vogesen mit ihren Fortsetzungen nach Norden. Sie waren damals wesentlich höher als heute. Die oberen Schichten dieser beiden Gebirge wurden im Laufe der Jahrmillionen abgetragen auf die heutige Höhe des Buntsandsteins und der kristallinen Urgesteine wie Gneis und Granit. Diese sich über Millionen von Jahren hinziehenden geologischen Vorgänge sind heute noch spürbar, der Rheingraben ist immer noch ein Erdbebengebiet.

Im Jahre 1356 wurde der größte Teil der Stadt Basel durch ein Erdbeben zerstört und auch in der heutigen Zeit sind immer wieder kleinere Erdstöße zu registrieren. Auch die zahlreichen Thermen am Rande des Schwarzwaldes, wo die Erdschollen beim Einbruch weniger tief absanken, sind Zeugen der ungeheueren geologischen Veränderungen in unserem Raume. Beim Absinken der einzelnen Bodenschichten entstanden Verwerfungen, d. h. Verschiebungen der einzelnen Schichten zueinander. Durch die dabei sich ergebenden Verwerfungsspalten wird das Wasser über lösliche Minerale in tiefere Schichten mit hohen Temperaturen geführt und kommt dann wieder als heilkräftige Thermalquelle an die Oberfläche.

Die heutigen Formen der oberrheinischen Landschaft sind jedoch erst als Folge der Eiszeiten während des Diluviums, dem letzten vorgegenwärtigen Erdzeitalter, entstanden. In diesem Zeitraum, der etwa die letzten 800.000 Jahre umfasst, ist auch das Erscheinen des Menschen auf der Erde anzusiedeln. Während dieser Eiszeiten, die immer wieder durch Wärmeperioden, auch Zwischeneiszeiten genannt, unterbrochen wurden, bildeten sich in zahlreichen etwas tiefer gelegenen Gebieten Flachmeere, die von den abschmelzenden Gletschern und deren Wassern gespeist wurden. So auch im Rheingraben. Schlamm, Schutt, Geröll, Kies und Sand wurden in riesigen Massen angeschwemmt oder durch Winde herangetragen. Sie erreichten eine Mächtigkeit bis zu 300 m. Es entstanden riesige lang gestreckte Kies- und Sandbänke. Die Wässer dieses Meeres suchten sich im Norden über den so genannten Urrhein einen Abfluss in Richtung Nordsee. Der Urrhein nahm dabei seinen Weg durch das rheinische Schiefergebirge. Je mehr sich dieses jedoch anhob, desto tiefer schnitt sich der Rhein in dieses Gebirge ein und behielt seine Laufrichtung bei. Der Abfluss nach Südwesten erfolgte durch einen Nebenfluss der Rhône, der als so genannter Rhônerhein durch die Burgundische Pforte strömte.

Der Rhein der Diluvialzeit zog sich in vielen, oft den Weg wechselnden Armen durch die Ebene. Gegen Ende der Eiszeit bildete sich die Rheinniederung, das Tiefgestade, das noch heute gut zu erkennen ist, und in dem die Geggenau, der wohl landschaftlich interessanteste Teil der Sandweierer Gemarkung, liegt. Die vom Schwarzwald kommenden zahlreichen Gebirgsbäche verbanden sich zu einem breiten Strom, der sich das Vorgebirge entlang parallel zum Rhein nordwärts bewegte und sich schließlich etwa bei

Sanddüne im Sandweierer Niederwald.

Hockenheim mit dem Rhein vereinigte. Dieser sog. Kinzig-Murg-Fluss hat eine heute noch deutlich erkennbare Rinne von ca. 1 bis 1,5km Breite hinterlassen, an deren westlichem höher gelegenem Ufer Sandweier angesiedelt ist. Als sich dann die vom Schwarzwald herabbrausenden Flüsse durch die mitgeführten Geröllmassen selbst den Abfluss nach Norden verbaut hatten und einen direkten Weg zum Rhein suchten, verschwand allmählich dieser oft auch *Berg-Rhein* genannte Fluss.

Zurück blieben zahlreiche Moorgebiete, Teiche und Flachseen. So auch der sich östlich von Sandweier, zwischen Sinzheim und Rauental hinziehende Landsee, über den im 1988er Heimatbuch ausführlich berichtet wurde. Auf den zwischen Rheinniederung und Kinzig-Murg-Fluss gelegenen Schotterebenen wurden durch starke Stürme in der Diluvialzeit gewaltige Mengen von Flugsand abgelagert. An den Vorberghängen des Schwarzwaldes wurden diese Sande fest und bildeten den fruchtbaren Lössboden. Er bedeckt alle Westhänge dieses Gebirges. In der Ebene aber liegen diese Sandmassen als gewaltige Dünen, heute zum größten Teil eingeebnet und überwachsen oder für die Kies- und Sandgewinnung genutzt. Für unsere engste Heimat wurde der Sand sogar zum Namensgeber der Ansiedlung schon im 15. Jahrhundert. Doch davon später. Wir aber denken an die Sanddünen im Niederwald zwischen Sandweier und Rastatt. Etwa vier Hektar dieser einzigartigen Landschaft hat man dort zum Naturschutzgebiet erklärt.

Das erste Auftreten des Menschen in Europa wird von den Wissenschaftlern in die erste Zwischeneiszeit datiert. Grundlage für diese Festlegung bildet der Fund eines menschlichen Unterkiefers in einer Kiesgrube in Mauer bei Heidelberg im Jahre 1907.

Das Alter dieses Fundes wurde auf 500.000 Jahre ermittelt. Dieser *Homo Heidelbergensis* stellt damit den Beginn der europäischen Menschheitsgeschichte dar. Die nächsten menschlichen Spuren sind um einiges jünger. Wie schon erwähnt, war die Natur in diesen vorgeschichtlichen Jahrtausenden geprägt durch den Wechsel von Eiszeit und Warmzeit bzw. Zwischeneiszeit. Erst aus der Mitte der dritten Eiszeit, der so genannten Riss-Eiszeit – man rechnet mit vier

Eiszeiten und drei Zwischeneiszeiten – stammt der nördlich von Stuttgart gefundene Schädel eines urzeitlichen Menschen, der somit vor etwa 200.000 Jahren lebte. Der allseits bekannte *Neandertaler Mensch,* so genannt nach dem Fundort Neandertal bei Düsseldorf, lebte in der letzten Zwischeneiszeit, die von 130.000 bis 115.000 v. Chr. dauerte. Ab diesem Zeitpunkt spricht man von der Altstein- zeit nach den Urwerkzeugen der damaligen Menschen wie den aus Stein gehauenen Faustkeilen. Sie währte bis zum Ende der letzten Eiszeit vor etwa 10.000 Jahren.

Mammutstoßzahn,
Heimatmuseum Sandweier.

Kurz nach dem Höhepunkt der letzten Eiszeit, etwa um 70.000 v. Chr., trat in Mittel- und Westeuropa eine neue hochwüchsige Menschenrasse auf, vermutlich die Vorfahren des heutigen Europäers. Die Hauptfundorte liegen in Frankreich. Nach ihnen spricht man daher vom Cro-Magnon- oder Aurignac-Menschen.

Doch zurück zu unserer engeren Heimat. Zwar war der Rheingraben auch während der Eiszeiten gletscherfrei, die niedrigen Temperaturen ließen aber nur ein Tundra ähnliches Pflanzenwachstum zu. Das Mammut mit seinen gewaltigen Stoßzähnen, der Höhlenbär, das wollhaarige Nashorn, Riesenhirsche und Rentiere wanderten über die waldarmen und menschenleeren Landschaften. Funde von Knochen und Zähnen dieser Großtiere geben Zeugnis von ihrer Existenz auch in unserem Raum.

In den Zwischeneiszeiten änderten sich Klima und damit die Natur gewaltig. Die Temperaturen erreichten im Rheingraben subtropische Werte. Flora und Fauna passten sich diesem Klima an. Riesige Wälder entstanden mit Eichen, Erlen, Ulmen, Buchen und Kiefern. Flusspferde, Löwen, Riesenkatzen und auch Bison und Wildpferd wurden hier heimisch.

In den nachfolgenden Kälteperioden starben diese Tiere dann wieder aus, und am Ende der letzten Eiszeit finden wir jetzt Bären, Hirsche, Rehe und Wildschweine, also eine Fauna, die der heutigen schon sehr ähnlich war. Funde, die auf die Existenz von Menschen der Altsteinzeit in unserem engeren Raume schließen lassen, liegen nicht vor. Doch kann dies nicht unbedingt als Beweis dafür gelten, dass hier nicht auch Ur-Menschen lebten und der Jagd nachgingen.

Häufiger werden die Funde aus der Mittelsteinzeit, 12.000 bis 4.000 v. Chr., die schon auf eine etwas dichtere Besiedlung hindeuten.

Heiligenbuck bei Hügelsheim.

Fundstätte in unserer näheren Umgebung waren in Baden-Baden, Halberstung und auch im Murgtal. Die gefundenen Steinwerkzeuge zeigen jetzt doch schon Fortschritte in der Entwicklung zum Kleingerät hin. Auf der Gemarkung Sandweier ist bislang noch kein Fund aus der Mittelsteinzeit festzustellen.

Auffallend selten sind dann wieder die Funde aus der Jungsteinzeit (etwa 4.000 bis 2.000 v. Chr.), obwohl wir wissen, dass die Menschen damals sesshaft wurden und Ackerbau und Viehzucht betrieben. Vermutlich sind viele Dinge aus jener Zeit zwar zum Vorschein gekommen, dann aber aus Unachtsamkeit doch verloren gegangen. Zudem gehört auch ein bestimmtes Maß von Wissen dazu, solche prähistorischen Fundstücke zu erkennen und zu registrieren. Zu den wenigen in den *Badischen Fundberichten* aus unserer Gegend festgehaltenen Funden aus der Jüngeren Steinzeit gehört auch ein 1924 in einer Sandgrube östlich der Römerstraße Hügelsheim-Sandweier entdecktes Steinbeil, das wohl ursprünglich einen Schaft hatte. Über seinen Verbleib ist leider nichts mehr bekannt. Ebenso konnten in Iffezheim und Rauental aus dieser Zeit stammende Steinwerkzeuge den Beweis einer Besiedlung erbringen. Das folgende Jahrtausend, als Bronzezeit bekannt, hinterließ ebenfalls nur wenige amtlich festgehaltene Zeugnisse. Bronze, eine Legierung aus 9/10 Teilen Kupfer und 1/10 Teil Zinn, löste den Stein als Werkstoff für Waffen und Geräte ab. Damit ging das Steinzeitalter endgültig zu Ende. Zur Bronzezeit gehört auch die so genannte Urnenfelderkultur (1.250 bis 850 v. Chr.), so bezeichnet, weil die Menschen jener Zeit ihre Toten verbrannten, deren Asche in Urnen sammelten und beisetzten. So entstanden ganze Urnenfelder. Solche Graburnen hat man in Baden-Oos und in Ötigheim gefunden. Der letzte Teil dieser Urnenfelderkultur muss allerdings schon zu der um 1.000 v. Chr. beginnenden Eisenzeit gezählt werden. Der bedeutendste, zugleich auch den Abschluss unserer vorgeschichtlichen Betrachtungen bildende Abschnitt dieser Eisenzeit ist die so genannte Hallstattzeit, etwa 850 bis 450 v. Chr. Sie erhielt ihren Namen nach dem bedeutendsten Fundort Hallstatt im Salzkammergut (Österreich). Das wohl eindrucksvollste vorgeschichtliche Denkmal in unserer näheren Heimat stammt aus dieser Hallstattzeit. Es ist das im Jahre 1880 entdeckte Fürstengrab bei Hügelsheim. Der *Heiligenbuck,* ein Sandhügel etwa 1 km südwestlich von Hügelsheim am Hochgestade, enthielt eine Grabkammer. Unter den hier gemachten Funden sind besonders bemerkenswert: verkohlte Holzdielen mit Bronzeblech, Reste eines Wagens, Teile eines Pferdegeschirrs, Bronzegefäße, Teile einer Schlangenfibel (Schmuckstück). All diese Dinge befinden sich heute im Badischen Landesmuseum in Karlsruhe.

Im Jahre 1952 fand man in einer Kiesgrube des Kieswerks Peter auf Sandweierer Gemarkung ein Brandgrab aus der Hallstattzeit. Auch dieser Fund ist amtlich registriert. Die mit Ende der Hallstattzeit immer dichter werdende Besiedlung der Oberrheinebene ist dem sich in diesem Raum ausbreitenden indogermanischen Volksstamm der Kelten zuzuschreiben. Funde in unserer näheren und weiteren Nachbarschaft bestätigen die Annahme, dass es auch im mittelbadischen Bereich zahlreiche Keltensiedlungen gab. Die zwischen Sandweier, Iffezheim und Hügelsheim festgestellten Wölbäcker, im Volksmund *Keltenäcker* genannt, sind allerdings Flurformen aus dem Hochmittelalter und keine Relikte der Keltenzeit. Durch eine einseitige Führung des Pfluges wurden dabei die Schollen *dauernd gegen die Mitte des bearbeiteten Ackerbeetes* gewendet. Durch ständige Wiederholung des Pflügens entstand so im Laufe der Zeit eine gewölbte Form, die in der Mitte des Ackers zwischen 40 und 60 cm über dem Niveau der Ackerbegrenzung lag. Dies ermöglichte selbst bei hoher Bodenfeuchte noch eine Ackernutzung. Die Wissenschaft geht heute davon aus, dass es sich bei diesen Äckern um Relikte aus einer Zeit vor der Anlage des Sandbaches handelt, mit der die Oberflächenwasser auf der Hardt gesammelt und geschlossen in den Rhein geführt wurden.

Der auf dem Battert bei Baden-Baden festgestellte keltische Ringwall dürfte als Schutz für die Keltensiedlungen in der Ebene gedient haben. Der Höhepunkt der keltischen Kultur lag etwa um 500 bis 400 v. Chr. in der so genannten Latènezeit. Bald danach aber erfolgte ein Niedergang, und im 1. Jahrhundert v. Chr. drangen die Germanen in den von den Kelten besiedelten Raum ein, während sich diese immer mehr nach Süden und Westen zurückzogen. Der Germanenstamm der Sueben stieß als erster in die Rheinebene vor. Da auch andere germanische Volksstämme in Bewegung geraten waren und nachrückten, gaben die Kelten das gesamte rechtsrheinische Gebiet am Oberrhein auf. Die Sueben überschritten den Rhein und schoben sich unter ihrem Heerkönig Ariovist immer weiter nach Süden vor. Im Jahre 58 v. Chr. kam es dann zu der denkwürdigen Entscheidungsschlacht zwischen den Sueben und den römischen Legionen unter ihrem großen Feldherrn Julius Caesar in der Nähe von Schlettstadt im Elsass. Der Sieg der Römer sollte für lange Zeit das Schicksal der Rheinlande, ja vielleicht ganz Europas bestimmen.[1]

[1] *Badische Fundberichte 1 (1923), S. 38, 231, 252; Badische Fundberichte 20 (1956), S. 215; Badische Fundberichte 21 (1958), S. 294; Karl Hauger, Renate Riedinger, Benoît Sittler: Wölbäcker im Landkreis Rastatt. Auf den Spuren mittelalterlicher Ackerfluren. In: Heimatbuch Landkreis Rastatt 40(2001), S. 163-172. Zitat S. 167. Kurt Hochstuhl: Iffezheim. Die Geschichte eines Dorfes am Rhein, Heidelberg 2006, S. 29-30.*

Die Römer in Baden

In der antiken Literatur ist über die Anwesenheit der Römer in unserer Heimat wenig zu finden. Die rechtsrheinischen Gebiete der Oberrheinebene waren für das Römerreich anfänglich wohl nur von untergeordneter Bedeutung, so dass der große römische Geschichtsschreiber Tacitus in seiner Schrift *De origine et situ Germanorum* in der Art einer völkerkundlichen Studie über Land und Volk der Germanen Aufschluss gibt. Auch die nach ihm Berichtenden erzählen recht wenig über diesen Bereich. Doch lassen die bekannten größeren geschichtlichen Zusammenhänge und zahlreiche heimatliche Bodenfunde verhältnismäßig exakte Schlüsse über das Geschehen vor rund 2.000 Jahren zu.

Als die Römer unter Gajus Julius Cäsar nach dem Gallischen Krieg das ganze freie Gallien – das heutige Frankreich – ihrem Imperium einverleibt hatten, wurden entlang des Rheines, der nun die Grenze zu den von Kelten und Germanen bewohnten Gebieten bildete, im 1. Jahrhundert v. Chr. zahlreiche Standlager der römischen Legionen angelegt. Fast alle größeren Städte am Rhein haben in ihnen ihren Ursprung. Für unseren Raum hatten vor allem Straßburg und Mainz – Argentorate und Moguntiacum – besondere Bedeutung. Eine wichtige Heerstraße, die durch zahlreiche Kastelle gesichert war, zog sich auf der linken Rheinseite von Vindonissa – Windisch-Brugg im Schweizer Aargau – über Basel, Straßburg, Mainz bis nach Koblenz und Köln. Ein wichtiges Kastell, das zugleich auch einen Rheinübergang sicherte, stand in Selz im Unterelsass – Saletio – also nicht all zu weit von uns.

Im Bestreben, ihr Imperium gegen die anrückenden, recht gefährlichen Germanenstämme zu schützen, vor allem dann, als die ursprüngliche Absicht, die Grenze vom Rhein an die Elbe vorzuschieben, zunichte gemacht wurde, besetzten die Römer auch die Gebiete des Alpenvorlandes und die rechtsrheinischen Lande. Dieses Gebiet sicherten sie durch den *Limes Germanicus*, einen von Koblenz-Neuwied bis zur Donau westlich von Regensburg sich erstreckenden, 550 km langen Grenzwall. Sie nannten es Dekumatenland (Zehntland) und unterteilten es in Provinzen. Unser Bereich war der Provinz Obergermanien zugeordnet, die mit der Hauptstadt Mainz etwa um das Jahr 90 n. Chr. gebildet wurde. Jede Provinz gliederte sich in niedere Gebietskörperschaften, so genannte *Civitas*, die sich selbst verwalteten. Unsere Heimat gehörte zu *Civitas Aquensis* mit der Amtsstadt *Aquae*, dem heutigen Baden-Baden, das besonders im 2. und 3. Jahrhundert n. Chr. eine bedeutende Rolle spielen sollte. Bedeutend allerdings nicht aus strategischer Sicht, sondern wegen seiner Thermalquellen, die bei den badefreudigen Römern der Kaiserzeit äußerst beliebt waren. Der römische Kaiser Marcus Aurelius Antoninus, genannt Caracalla (211 bis 217 n. Chr.), soll selbst in Aquae gewesen sein. Einen Beweis dafür gibt es nicht. Er war übrigens einer der blutrünstigsten Kaiser der Römer. Nach seinem Geschlechtsnamen Aurelius nannte sich Baden-Baden dann ab 213 n. Chr. *Civitas Aurelia Aquensis.* Eine große Menge von Fundmaterial gibt Zeugnis von dieser ersten, antiken Blütezeit Baden-Badens. Neben *Aquae* ist in der näheren Umgebung dieser Stadt nur eine römische Siedlung namentlich bekannt. Es ist *Vicus Bibium*, das Dorf Bibium, mit größter Wahrscheinlichkeit in der Nähe des heutigen Sandweier gelegen. Doch dazu gleich.

Die Römer waren immer bestrebt, das von ihnen besetzte und verwaltete Gebiet verkehrstechnisch durch ein verhältnismäßig dichtes Straßennetz zu erschließen und die Verbindungen zwischen den einzelnen strategisch bedeutenden Punkten zu sichern. Eine dieser Römerstraßen verlief von Hügelsheim nach Sandweier durch den Oberwald; sie dürfte ehemals eine Breite bis zu 8 m gehabt haben. Ihr Verlauf ist zumindest teilweise noch deutlich erkennbar und zu verfolgen. Eine weitere Verbindung muss zwischen *Aquae* und dem Rheinübergang beim Kastell *Saletio* bestanden haben. Sie kreuzte südlich des heutigen Sandweier die vorgenannte Straße. Und an dieser Straßenkreuzung erstellten die Bewohner des Dorfes Bibium den Vierwege-Gottheiten einen Votivstein, der folgende Inschrift trug:

DIIS QVADRVBS VICA
NI BI BI ENSES
D S P

Votivstein der Vier-Wege-
Gottheiten, Heimatmuseum
Sandweier.

Übersetzt lautet sie: *Den Vier-Wege-Gottheiten von den Bewohnern von Bibium aus ihren Mitteln erstellt.* Dieser Votivstein, der sich heute im Badischen Landesmuseum in Karlsruhe befindet, war bis 1811 in der alten Ortskirche von Sandweier eingemauert, kam 1812 nach Baden-Baden und 1858 nach Karlsruhe. Eine Replik ist im Heimatmuseum Sandweier zu besichtigen.

Da in Sandweier selbst außer Teilen einer römischen Amphora, die man 1894 im Niederwald entdeckte, keine Funde aus der Römerzeit mehr verzeichnet wurden, wird die römische Siedlung *Vicus Bibium* von manchen Historikern auch in Oos oder Iffezheim vermutet, zumal solche Ansiedlungen meist etwas abseits der großen römischen Verkehrswege lagen. Allerdings ist die Tatsache, dass dieser heidnische Votivstein in unserer alten 1835 abgerissenen Dorfkirche eingemauert war, schon ein gewichtiges Argument für die bislang allgemein vertretene Ansicht. Sicher ist auch, dass die römischen Gutshöfe nicht dort standen, wo heute Sandweier liegt.

Über die Römerstraßen in unserer engeren Heimat gibt es verschiedene recht interessante Berichte. Leider sind nur noch wenige ihrer Abschnitte heute gut erkennbar. So ist der erste Teil der *Römerstraße* von der Richard-Haniel-Straße bis zum Rand des Oberwaldes völlig verändert. Der Bau der Autobahn, die in nächster Nähe vorbeiführt, hat seinen landschaftlichen Tribut gefordert, da man zum Auffüllen des Autobahndammes gerade hier ausbaggerte. Gottlob wurde dann das unschöne Baggerloch ausgeglichen und mindestens zum Teil wieder bepflanzt.

Vom Waldrand an ist die alte Straße sehr gut zu erkennen. Sie führt in fast schnurgerader Linie bis hin zur Autobahn, die sie jäh unterbricht. In einer Breite von 8 bis 10 m ist sie auf beiden Seiten von muldenartigen Gräben begleitet. Allerdings ist hier nur noch ein etwa 3 m breiter Streifen als Fahrweg in Benutzung. Der Rest der alten Straße liegt unter Moospolstern, Gras und sonstigem Bewuchs. Links und rechts weitet sich der hauptsächlich aus Föhren und Buchen bestehende Mischwald aus. Leider wird die Ruhe, die uns hier eigentlich umgeben sollte, durch den nicht endenden Lärm des Verkehrs auf der Autobahn empfindlich gestört.

Der nächste Abschnitt, der sich zwischen der Autobahn und dem von der B 36 bzw. dem Iffezheimer Rheinübergang kommenden Zubringer hinzieht, ist für den Ortsunkundigen nicht leicht zu finden. Er muss dazu einen langen Umweg machen, um durch eine Unterführung die andere Seite der Autobahn zu erreichen und dort nun den Anschluss zu suchen. 800 m sind hier etwa begehbar, bis wir auf den Zubringer stoßen. Jenseits dieser ebenfalls recht stark befahrenen Straße ist es nicht ganz einfach, die *Römerstraße* zu verfolgen. Es gelingt uns in etwa noch bis zum Sandbach, der hier den Wald durchquert, und an dessen Übergang man uralte Pfosten einer ehemaligen Brücke entdeckte.

Die Vermutung, es könnte sich um die Reste einer aus der Römerzeit stammenden Brücke handeln, haben sich allerdings nicht bestätigt. Aufgrund einer wissenschaftlichen dendrochronologischen Untersuchung wird das Alter der Pfähle auf rund 450 Jahre geschätzt – Fälldatum der Eichenstämme 1439 ca. 10 n. Chr. Dies beweist aber, dass diese Straße schon in der Mitte des 15. Jahrhunderts existierte, und widerlegt die Meinung, sie wäre wesentlich später entstanden.

Dann aber verlässt der heutige Holzabfuhrweg die alte Straße, die sich nun unter dichtem Gehölz verbirgt. Jenseits des Waldes erstreckt sich eine weite Ackerflur bis nach Hügelsheim, seit vielen Jahren schon landwirtschaftlich genutzt. Sie verdeckt das letzte Stück der historischen Straße.

[2] *Badische Fundberichte 3 (1936), S. 10, 12; Badische Fundberichte 21 (1958), S. 234; Generallandesarchiv Karlsruhe (= GLA) 83/64.*

Bei diesem Ausflug in die alte, fast 2.000 Jahre zurückliegende Vergangenheit steigen vielleicht vor unserem geistigen Auge Bilder auf von römischen Kohorten, die, von Argentorate kommend, auf dem Wege nach Norden in Richtung Limes sind, und in Vicus Bibium eine Rast einlegen, um in den hier liegenden römischen Höfen eine Wegzehrung zu sich zu nehmen. Oder es ziehen römische Krieger vorbei, die für ihre geschundenen und blessierten Körper in den Bädern von Aquae Heilung und Erholung suchen. Warum sollen wir bei dieser Gelegenheit unserer Phantasie nicht auch einmal ein wenig freien Lauf lassen? Gerade in einem Heimatbuch darf so etwas möglich sein. Es ist jedoch zumindest sicher, dass unsere engste Heimat mit der damals bekannten Welt und den Ereignissen jener Zeit Berührung hatte.[2]

Grenzstein an der gemeinsamen Gemarkungsgrenze von Sandweier, Hügelsheim und Iffezheim, nahe der historischen Römerstraße.

Sandweier bis zum Ende des 18. Jahrhunderts

Die Geschichte unserer Heimatgemeinde ist eng verknüpft mit dem geschichtlichen Werdegang unserer Kirchengemeinde und Pfarrei. Wir werden daher im Verlauf dieses Berichtes immer wieder Bezüge und Verbindungen zur kirchlichen Entwicklung Sandweiers herstellen. Waren doch im Mittelalter Religion und Kirche bestimmende Faktoren in der Lebensgestaltung der damaligen Menschen.

Bei dem Versuch, die Geschichte eines Dorfes zu erzählen, taucht naturgemäß zuerst die Frage nach dem Alter dieser menschlichen Ansiedlung auf. Eine direkte Verbindung zwischen der römischen Siedlung *Vicus Bibium* oder *Vicus bibiensis* und Sandweier ist sicherlich nicht gegeben. Wahrscheinlicher ist, dass der Ursprung des heutigen Sandweier in unmittelbarem Zusammenhang mit der Entstehung der Gemeinde Iffezheim liegt. Die vielen *-heim* Orte in unserer Gegend entstanden größtenteils während der alemannisch-fränkischen Zeit. Wir erinnern uns: Um das Jahr 260 n. Chr. überschritten die Alemannen den Limes und nahmen das Dekumatenland in Besitz. Sie versuchten auch über den Rhein vorzudringen, stießen aber auf den erbitterten Widerstand der Römer. Im Jahre 357 wurde die Hauptmacht der Alemannen von den Römern bei Straßburg geschlagen. Bei ihrem Bestreben, ihren Machtbereich nach Norden hin abzusichern, trafen die Alemannen auf die nach Süden und Südosten vordrängenden Franken unter Chlodwig, denen sie letztlich unterlagen und das Land nördlich der Murg abtreten mussten. Diese Stammesgrenze bildet heute noch in gewisser Weise eine Volkstumsgrenze, die sich auch sprachlich bemerkbar macht. Der Übertritt des Frankenkönigs Chlodwig zum Christentum gab den Weg frei zum Beginn der Christianisierung des alemannisch-fränkischen Raumes. Im 7. und 8. Jahrhundert entstanden auch in unserer Gegend zahlreiche Klöster, die sowohl auf die Landnahme und Besiedelung wie auch auf die Verbreitung des Christentums größten Einfluss hatten. Eines der bedeutendsten Klöster war das um 720 entstandene Schottenkloster Honau, das, urkundlich belegt, zahlreiche Besitzungen in unserer Gegend hatte wie in Sinzheim, Weitenung oder Beinheim.

Ihm dürfte auch die Gründung und Betreuung Iffezheims zuzuschreiben sein, wobei die Verehrung der hl. Brigida, der Patronin

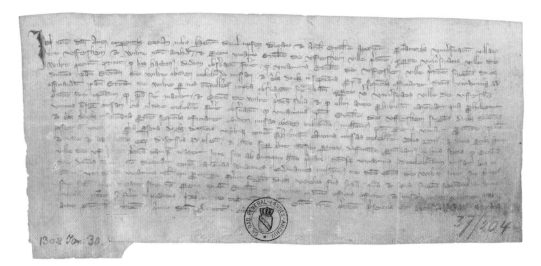

*Erste urkundliche
Erwähnung Sandweiers am
30. Januar 1308, GLA,
Kopie Heimatmuseum
Sandweier.*

Irlands und Gründerin des berühmten irischen Klosters Kildare, als Iffezheimer Kirchenpatronin einen fast eindeutigen Beweis darstellt. Das Kloster Honau hatte schon im 8. Jahrhundert die Kopfreliquie dieser Heiligen in Besitz.[3]

Doch nun zu Sandweier. Der Namensteil *-weier* geht nach Ansicht der Historiker zurück auf das Wort *Villare,* das als Bezeichnung für eine Ausbausiedlung diente, d. h. für eine einem größeren Ort zugeordnete Ansiedlung. Auch die kirchliche Zuordnung Sandweiers zu Iffezheim in jener Zeit unterstützt diese These. So ist Sandweier sicherlich einiges älter, als es die erste urkundliche Nennung vermuten lässt.

Diese erste Erwähnung unserer Heimatgemeinde finden wir in einer Urkunde vom 30. Januar 1308, in der durch den Straßburger Domkapitular Heinrich von Lupfen die Sandweierer Kirche mit der von Iffezheim inkorporiert (vereinigt) und damit die seelsorgerische Betreuung Sandweiers durch den Pfarrer von Iffezheim geregelt wurde. Darauf wird noch gesondert einzugehen sein. Diese Urkunde zeigt uns aber, dass Sandweier wie Iffezheim und die meisten Orte der Ortenau zum Bistum Straßburg gehörten.

Die Franken hatten das von ihnen beherrschte Land in Gaue eingeteilt, an deren Spitze Gaugrafen standen. Sandweier und Iffezheim gehörten wie die übrigen südlich von uns liegenden Orte zum Gau Ortenau, während Oos, Haueneberstein, Kuppenheim usw. schon zum nördlich davon gelegenen fränkischen Gau, dem Ufgau, zählten. Oos und Murg bildeten eben, wie schon erwähnt, eine Besiedlungsgrenze, die sich dann bei der Bildung der Gaue zeigte und als Bistumsgrenze zwischen Straßburg und Speyer ebenso zur Geltung kam.

[3] *Hochstuhl, Iffezheim, S. 23 ff.*

Um das Jahr 1000 gingen die alten fränkischen Gaue in Landgrafschaften über, in denen die ansässigen Adelsgeschlechter immer mehr an Bedeutung und Macht gewannen. Zur Zeit der ersten urkundlichen Nennung Sandweiers, das damals *Wilre* hieß, existierten in unserem Raum zwei bedeutende Adelsgeschlechter, die dominierende Herrschaftspositionen einnahmen. Es handelte sich einmal um die Herren von Eberstein, zum anderen um die Markgrafen von Baden. Erstere hatten ihren Sitz auf der Burg Alteberstein oberhalb des heutigen Ebersteinburg. Die Markgrafen von Baden, als solche erstmals im Jahre 1112 erwähnt, lebten auf der Burg Hohenbaden. Schon zum Zeitpunkt der Erstnennung Sandweiers dürfte der Ort ebenso im Besitz der markgräflich badischen Familie gewesen sein wie seine Muttergemeinde Iffezheim.

Dafür spricht auch, dass in einer markgräflichen Schenkungsurkunde an das Kloster Lichtenthal aus dem Jahre 1263 – dieses Zisterzienserinnenkloster wurde 1245 von der Markgräfin Irmengard, der Witwe des Markgrafen Berndhard V., als Grablege für die Familie gegründet – ein *Wolframo de Wira* als Zeuge unterschrieb. Die Vermutung, es könnte sich hierbei um einen kleinen Landedelmann *Wolfram aus Weier* – sprich Sandweier – gehandelt haben, ist sicherlich nicht abwegig, wenn auch nicht beweisbar. Weiter ist urkundlich belegt, dass im Jahre 1311 Adelheid von Ochsenstein, die Gemahlin des Markgrafen Rudolf II., der schon 1295 kinderlos gestorben war, ihren Hof in *Wilre* dem Kloster Lichtenthal übergab. Es war kein kleiner Hof, der damals den Besitzer wechselte, denn sein Pachtertrag belief sich auf jährlich 20 Malter Roggen – 1 Malter entspricht etwa 1 dz – in jener Zeit ein recht ansehnliches Ergebnis.

Interessant ist auch zu erfahren, dass sich bei einer Stiftung für die Priesterpfründe der Toten-Hauskapelle des Klosters zwei Sandweierer Bürger beteiligten, nämlich der Dorfälteste Burkhardus Heymburgen und ein Johannes Stump. Dies weist eine Urkunde aus dem Jahre 1363 aus, die das Verzeichnis der Spender enthält. Mit größter Wahrscheinlichkeit waren diese beiden genannten Personen Lehensleute des Markgrafen, was als weiterer Beweis dafür angesehen werden kann, dass die Markgrafen von Baden Ortsherren von Sandweier waren.

Daneben hatten aber auch die Herren von Windeck und eine nichtadelige Familie aus Pforzheim mit Namen Steinmar und Edelinde Besitzungen in unserem Heimatdorf. Von ihnen erhielt das Lichtenthaler Kloster 1324 Sandweierer Gülten geschenkt. Letzteres hatte 1389 und 1395 zwei *Widemshöfe* im Ort. Bei den Wittumshöfen handelte es sich

*Kloster Lichtenthal,
Anfang des 18. Jahrhunderts.*

um Höfe, deren Pachterträge zur Ausstattung der Pfarrstelle verwendet wurden.

Bei der Teilung der Markgrafschaft im Jahre 1388 fiel Sandweier mit dem ganzen südlichen Teil an Markgraf Rudolf VII. Als dieser 1391 starb, übernahm Bernhard I. wieder die gesamte Markgrafschaft. Er gab ihr eine straffe innere Verwaltung.

Der vom Markgrafen bestimmte Schultheiß hatte dabei für jede Gemeinde eine besondere Aufgabe. Ihm zur Seite stand das *Gericht*, ein Gremium aus mehreren, meist angesehenen Bürgern der Gemeinde. Schultheiß und Gericht übten im Dorf die richterliche Oberaufsicht aus, wachten über die Einhaltung der dörflichen Ordnung und schritten bei Übertretung derselben gegen die Übeltäter ein. Sie waren allerdings nur für die kleinen Delikte wie Wald- oder Feldfrevel, Raufhändel, unmoralischen Lebenswandel und ähnliches zuständig. Schwerere Vergehen wurden durch die herrschaftlichen Vogtei-Gerichte geahndet. Die Mitglieder des Gerichts wurden in der Regel auf Lebenszeit ernannt. Sie führten zu ihrem Geschlechtsnamen den Zusatz *des Gerichts*. Für ihre Tätigkeit bezogen sie Gebühren, *Diäten* genannt.

Sandweier bildete mit Iffezheim eine gemeinsame Gemarkung. Beide Orte gehörten zum Amt Stollhofen. Im Jahre 1464 taucht erstmalig in Urkunden der Ortsname *Santwyr* oder *Santwilr* auf.

Markgraf Karl I. verlieh im Jahre 1466 dem Jacob Müller die Mühlen von Sandweier und Iffezheim auf Lebenszeit zur Pacht. Diese betrug pro Jahr 50 Malter Korn, die der Müller am St. Martinstag dem Amtmann von Stollhofen übergeben musste. Der so genannte Mühlbann erstreckte sich auf Sandweier, Iffezheim und die Rieddörfer Plittersdorf, Ottersdorf, Wintersdorf, Dunhausen und Muffenheim. Die beiden letzten existieren nicht mehr. Sie sind im 16. Jahrhundert infolge gewaltiger Überschwemmungen durch den Rhein verschwunden. Der Mühlbann bestimmte, dass alle Bauern dieser Dörfer ihr sämtliches Getreide bei Jacob Müller in Sandweier oder Iffezheim mahlen lassen mussten.

Wie schon erwähnt, hatte der Markgraf von Baden großen Grundbesitz auf Sandweierer Gemarkung. Dies geht aus dem Stollhofener Lagerbuch vom Jahre 1511 hervor. Danach befanden sich in markgräflicher Hand der Schafhof mit 144 Jeuch Ackerland, was etwa Morgen entspricht, 8 Tauen Matten und 2 Bünde Gemüse- und Krautgärten, außerdem der so genannte Gülthof mit 61 Jeuch Ackerland und 5 Tauen Matten.

Im Dreißigjährigen Krieg von 1618 bis 1648, dieser fürchter-
lichen, fast ganz Europa erfassenden blutigen Auseinandersetzung
als Folge der durch die Reformation ausgelösten Religionskämpfe,
hatte die Oberrheinebene besonders zu leiden. Das Städtchen Stoll-
hofen, von den Markgrafen als Festung ausgebaut, war neben
Philippsburg und Breisach zu einem der wichtigsten strategischen
Punkte in unserem Raume geworden. Es wurde während der langen
Kriegsjahre von den verschiedensten Kriegsparteien hart umkämpft.
Im Jahre 1623 waren es die Kaiserlich-Bayrischen Truppen, die ganz
Mittelbaden brandschatzten. Die Berichte des Jesuitenkollegs in
Baden-Baden erzählen für jene Jahre von einer regen Missionstä-
tigkeit im Umland, da in fast allen Gemeinden die Pfarrer und mit
ihnen der größte Teil der Bevölkerung geflüchtet waren. Es muss
eine fürchterliche Zeit gewesen sein, die zu einer Entvölkerung
ganzer Dörfer und Landstriche führte. Für das Jahr 1637 wird aus
unserer Gegend berichtet, dass die letzten vier Ernten nicht mehr
eingebracht worden seien. *So blieb es bis zum Ende des Krieges!*

Die seit 1514 selbstständige Pfarrei in Sandweier verwaiste im
Laufe des Krieges und unser Dorf kam wieder zur ehemaligen
Mutterkirche Iffezheim.

Einen Beweis für die enormen Verluste, die unsere Gemeinde
während dieses verheerenden Krieges erleiden musste, erbringt
eine kleine Übersicht über die nach 1648 verschwundenen Fami-
liennamen. Im 16. und zu Beginn des 17. Jahrhunderts waren in
Sandweier folgende Familien ansässig: Jung, Mussler, Reiss, Theng,
Ullrich, Vogt, Amfennig, Schmidt, Diboldt, Peter, Eichelberger,
Thamm, Unger, Renger, Thom, Kaepf, Lorenz, Müller, Schäfer,
Thenninger, Kratzer, Feth, Schick. Davon tauchen in späteren Quellen nur noch auf die Namen Ullrich, Schmidt, Diboldt, Peter, Müller, Eichelberger, Lorenz, Schäfer und Kratzer. Die restlichen Namen
sind verschwunden, was bedeutet, dass etwa zwei Drittel der
früheren Familien nicht mehr vorhanden waren.

Bereits wenige Jahrzehnte später wurde unsere Heimat erneut
heimgesucht. Im Zusammenhang mit dem Pfälzischen Erbfolge-
krieg verwandelten die französischen Truppen unter General Melac
die ganze Rheinebene in eine Wüste von rauchenden Trümmer-
haufen. Rastatt und Baden-Baden gingen in Flammen auf und das
dazwischen liegende Sandweier blieb nicht verschont. Man schrieb
das Jahr 1689. Der damals regierende Markgraf Ludwig Wilhelm,
der *Türkenlouis,* weilte weitab von seinem Lande. Es sollte Jahre
dauern, bis sich unsere Heimat wieder einigermaßen erholte. Der
Amtmann von Stollhofen musste noch Jahre später die Abgaben

für die Pächter des herrschaftlichen Schafhofes reduzieren, *weillen anno 1697 der letzte Feldzug die Güter zu Sandtweyer völlig zerstört* hatte. Schon knapp 40 Jahre später, im Jahre 1734, überschritt das französische Heer erneut den Rhein und setzte sich in Rastatt fest. *Umherstreifende französische Truppen plünderten die Orte von Baden, so Sandweyer, Eberstein und Ohs. Die Bewohner flohen deshalb mit ihrem Vieh aus diesen Dörfern teils nach Baden, teils in die entfernteren Wälder und Berge über die Murg,* erfahren wir aus einer zeitgenössischen Quelle. Die darauf folgenden Jahrzehnte waren eine verhältnismäßig friedliche Zeit. Unter der Regentschaft von Markgraf Ludwig Georg, dem Sohn des Türkenlouis, einem Mann des Friedens, dem Werke der Frömmigkeit, der Erziehung und der Hilfe für die Notleidenden mehr am Herzen lagen als Kriegsruhm, konnte sich das Leben in der Markgrafschaft einigermaßen ungestört entwickeln.

Schon Anfang des 18. Jahrhunderts begann man in Sandweier wieder nach kirchlicher Selbstständigkeit zu streben. Im Jahre 1709 wies man auf den 1514 geschlossenen Vertrag hin. Doch erst am 5. Januar 1769 verfügte der Kardinal Fürstbischof Rohan von Straßburg die endgültige Trennung der Sandweierer Kirche von Iffezheim. Man begann umgehend mit dem Bau des Pfarrhauses und nahm auch unverzüglich die Verhandlungen mit Iffezheim auf bezüglich der Trennung der Kirchengüter und der damit verbundenen Arrondierung der Gemeindegemarkung.

Bis in die 80er Jahre sollte es dauern, bis endlich von einer wirklich selbstständigen politischen und kirchlichen Gemeinde Sandweier gesprochen werden konnte. Nachzutragen wäre, dass Sandweier in diesen Jahren zu einer für jene Zeit recht ansehnlichen Gemeinde angewachsen war. Aus dem Jahr 1753 liegt uns eine erste Einwohnerstatistik vor. Das Dorf zählte damals 368 Einwohner und zwar *67 männliche Bürger, 73 Weiber, 38 Söhne unter 25 Jahren, 51 Töchter, 84 Kinder unter 14 Jahren, 35 Knechte und 20 Mägde.*

Knapp 20 Jahre später, im Jahre 1771, als die beiden badischen Markgrafschaften vereint wurden, da der seit 1761 regierende Markgraf August Georg kinderlos gestorben war, hatte Sandweier 391 Einwohner. Bis zum Jahre 1791 gehörte unsere Heimatgemeinde zum Amt Stollhofen. Nach der Auflösung dieses Amtes wurde sie für kurze Zeit dem Amt Baden und bald darauf dem Amt Rastatt zugeteilt.[4]

[4] *Zeitschrift für die Geschichte des Oberrheins (ZGO) mit Abdruck der erwähnten Urkunden: 3 (1852), S. 174; 5 (1854), S. 146; 7 (1856), S. 199, 227, 355, 378; 8 (1857), S. 227; 9 (1858), S. 115, 120; NF 3 (1888), S. 106; GLA 67 Nr. 8383 – Lagerbuch Stollhofen 1511.*

Die endgültige Trennung
von Iffezheim

Das Dorf *wilre,* das hat die Forschung eindeutig festgestellt, ist eine Ausbausiedlung von Iffezheim, die wohl um die Wende des 10./11. Jahrhunderts im Zuge der zweiten hochmittelalterlichen Landnahme gegründet worden ist. Dafür spricht neben der starken kirchlichen Bindung – so bildeten Iffezheim und Sandweier bis 1509 ein gemeinsames Kirchspiel mit einem Pfarrherrn – vor allem die Tatsache, dass beide Gemeinwesen bis zum Ende des 18. Jahrhunderts eine gemeinsame Gemarkung besaßen. Daraus ergaben sich vielfältige Konflikte im Innern wie nach Außen. Schließlich entschieden die Nutzung des Bodens, die Verfügbarkeit ausreichender Weiden und die Ausbeutung des Waldes über Wohl und Wehe des jeweiligen Gemeinwesens. In einer nicht-schriftlichen Welt, wo das *alte Herkommen* in der Regel auf mündlicher Überlieferung beruhte, waren alte Rechte immer in Gefahr, in Vergessenheit zu geraten, als Spielball verschiedener Interessen verschieden interpretiert, ja zum Teil gebeugt zu werden. Rechtswahrer und Überlieferer dieser alten Rechte waren die ältesten Bürger der Gemeinde, die ihr Wissen an die jüngeren Mitbürger weitergaben. An den Grenzbegehungen nahmen daher neben der weltlichen Obrigkeit des Amtes und der Gemeinde immer auch Vertreter aus der Bürgerschaft teil.

Im 15. Jahrhundert begann die Oberrheinebene sich langsam von den vorausgehenden Hungersnöten, Krankheiten und als unrühmlichen Höhepunkt der großen Pestwelle des Jahres 1348 mit ihren enormen Menschenopfern zu erholen. Der einsetzende Bevölkerungsanstieg zwang die Gemeinden zu einer extensiven Nutzung der ihnen zur Verfügung stehenden Flächen. Vor allem Weideland für das nun zahlreicher gehaltene Vieh wurde dringend benötigt und dabei zum Teil auch auf Gelände zurückgegriffen, von dem man nicht genau wusste oder wissen wollte, wem es eigentlich zustand.

Schon früh scheint es zwischen den beiden Gemeinwesen Iffezheim und Sandweier eine Aufteilung der Nutzung der gemeinsamen Gemarkung gegeben zu haben, an die sich beide Seiten hielten. Denn vergleichsweise wenige Auseinandersetzungen zwischen den Nachbargemeinden sind in den Quellen dokumentiert. So musste der Badener Vogt Hans Kuntzmann von Staffort am

8. Juni 1416, einem Pfingstmontag, die *Spenn* – Streitigkeiten – zwischen beiden Gemeinwesen wegen *waidtgäng und zufart* regeln. Aus der Tatsache, dass bei diesem Schiedstermin beide Gemeinden mit ihren Schultheißen und ihren Gerichtsvertretern anwesend waren, lässt sich schließen, dass schon Anfang des 15. Jahrhunderts beide Gemeinden eigenständig verwaltet wurden und lediglich noch über eine gemeinsame Gemarkung verfügten. Insoweit war die 1509 erfolgte Abtrennung der Kirchengemeinde Sandweier von Iffezheim ein Vorgang, der lediglich die schon längst vollzogene verwaltungsmäßige Trennung nachholte.

So unterschiedlich die Interessenlagen sich intern manifestierten, so einig zeigten sich beide Gemeinden dann, wenn es galt, ihre gemeinsamen Interessen nach außen zu verteidigen. Um das Gebiet der Kinzig-Murg-Niederung, gelegen zwischen den Gemarkungen von Haueneberstein und Iffezheim-Sandweier, wurde über Jahrhunderte hinweg mit Vehemenz gestritten. Beide Seiten reklamierten dieses noch heute sehr feuchte und damit ertragreiche Wiesengelände als Weide für das Vieh und damit als Bestandteil der eigenen Gemarkung. Als alle gütlichen Versuche zur Einigung gescheitert waren, zog Haueneberstein vor Gericht. Der markgräfliche Landhofmeister Wilhelm von Neiperg bestimmte den Badener Schultheißen Nikolaus Amelung und das Gremium der Badener Richter als die Instanz, die diese Angelegenheit entscheiden sollte. Aufgabe des Gerichts war festzustellen, wo genau die Gemarkungsgrenze zwischen beiden Gemeinwesen verlief.

Wie so häufig warf das am Sonntag, dem 6. Februar 1494, vor *Esto Mihi* ergangene Urteil mehr Fragen auf, als dass es Klarheiten schuf. Zwar wurden die Gemarkungsansprüche der Gemeinde Haueneberstein grundsätzlich bestätigt und ihr damit das Recht zugestanden, in diesem Gebiet Marksteine zu setzen und damit die anfallenden Steuern und die Frevelstrafen einzuziehen, die, auch Schützengelder genannt, vom jeweiligen Dorfschützen eingezogen werden durften. Doch auch die Sandweierer durften durchaus zufrieden sein mit dem Schiedsspruch. Ausdrücklich gestand ihnen Nikolaus Amlung weiterhin die Mitnutzung der nun fremden Gemarkungsteile zu und garantierte ihnen somit den Fortbestand ihrer Gerechtigkeiten und Zufahrten im betreffenden Distrikt.[5]

Diese scheinen die von Sandweier skrupellos ausgenutzt zu haben. Ungeduldig warteten sie jedes Jahr, bis die Haueneberstiner mit dem Abmähen der Matten und Wiesen begannen, worauf sofort Ross- und Kuhhirte die Order erhielten, das Großvieh dort weiden zu lassen ohne Rücksicht darauf, ob auch tatsächlich alle

5 GLA 229/39658 – Abschrift der Urkunde von 1494.

Wiesengelände am Landgraben.

Wiesen bereits abgemäht waren. 1535 sah sich Haueneberstein schließlich erneut gezwungen, diese Praxis durch die markgräfliche Verwaltung überprüfen zu lassen. In ihrer Entscheidung bekräftigten die markgräflichen Beamten zwar noch einmal die 40 Jahre zuvor den Gemeinden Sandweier und Iffezheim zugestandenen Weiderechte, schränkten diese allerdings ein, als sie nun eine Zeitdauer festlegten, innerhalb deren das Einschlagen von Vieh für alle Gemeinden erlaubt sein sollte. *Uff den dritten Tag nach Egidii und nit eher soll uffen und unverbotten ... bis uf Sant Jergen Tag,* also zwischen dem 4. September und dem 23. April des nachfolgenden Jahres wurde der betreffende Distrikt zum Beweiden freigegeben. Die Feldschützen von Haueneberstein hatten über die Einhaltung des Verbots zu wachen, jedem Sünder die in Haueneberstein übliche Frevelstrafe abzuverlangen und auch die auf diesem Distrikt liegende herrschaftliche Grundsteuer, die Bede, einzuziehen.[6]

Mitte des 17. Jahrhunderts war von der Regelung des Jahres 1535 nichts mehr bekannt. In den Wirren des Dreißigjährigen Krieges hatten die Sandweierer nicht nur die Bedezahlungen an Haueneberstein eingestellt, sondern sich auch nach und nach geweigert, die Schützengelder zu entrichten. Mangels stichhaltiger Beweise musste sich Haueneberstein fügen. Erst Schultheiß Hans Reiß, seit 1634 im Amt, unterzog sich der Mühe, die ihm von seinen Vorgängern übergebene Truhe mit dem Gemeindearchiv etwas genauer unter die Lupe zu nehmen. Er förderte eine *übel* zu lesende Urkunde des Jahres 1494 zu Tage, die er nach einiger Zeit dennoch entziffern konnte. Darin waren die in Vergessenheit geratenen Rechte der Hauenebersteiner schwarz auf weiß niedergeschrieben. Mit diesem Faustpfand in Händen machte sich Reiß nach Sandweier und nach Iffezheim auf, um die Rechte seiner Dorfgemeinschaft zu verteidigen. Doch sowohl der Sandweierer Schultheiß Clauß Eichelberger wie sein Iffezheimer Amtskollege Theobald Heitz wollten die Urkunde, an der kein Siegel mehr vorhanden war, nicht anerkennen und verwiesen ihn des Hauses, wobei Theobald Heitz den wackeren Kämpfer für die Rechte Hauenebersteins noch zusätzlich mit allerlei *Injurien und Schmähwort* bedachte.

Dass Reiß diese Angelegenheit nicht auf sich beruhen lassen wollte, verwundert nicht. Er selbst, sein Stabhalter Karl Mußler und

[6] GLA 229/39682 – 1535.

ein Gerichtsmann beschworen die Echtheit der Urkunde, an der ein Siegel der Stadt Baden gehangen habe, das allerdings 1645, *als der duc d'angin durchs Landt gezogen* und auch Haueneberstein heimgesucht hatte, abgerissen worden war. Dazu präsentierte Reiß ehemalige Dorfschützen, die aussagten, dass sie vor mehr als 40 Jahren, *noch zu ruhigen Zeiten, die Sandweierer und Iffezheimer Ross gerügt und das Geld eingezogen* hätten. Unter dem Gewicht dieser Beweise bestätigte der markgräfliche Hofrat die Ansprüche der Sandweierer Nachbargemeinde.

Ein schwerer Schlag für die unterlegene Partei, die nun alles daran setzte, eine Revisionsmöglichkeit zu finden. Systematisch unterzog auch Sandweier sämtliche im Dorf vorhandenen schriftlichen Unterlagen einer genauen Überprüfung. Scheinbar mit dem gewünschten Erfolg! *Auff vielfaltig fleissig Nachdenken und Suchen* präsentierte Sandweier im Jahre 1665 ein aus dem Jahr 1379 stammendes *Lager: oder Kirchenbuch, so die burgerer zu Santweyer innhanden,* das den Rechtsanspruch der Hauenebersteiner auf den Einzug der Beden und Schützengelder im Grenzdistrikt der beiden Gemeinden zu erschüttern in der Lage schien. Eine genauere Untersuchung förderte allerdings zu Tage, dass die Quelle keineswegs ein Lagerbuch mit öffentlicher Rechtswirksamkeit, sondern lediglich ein altes *Kirchengeßangbuch* war, in dem die betreffenden Passagen überraschend gut, ja mit geradezu *moderner* Schrift lesbar waren. Grund genug, dem Dokument grundsätzlich zu misstrauen und es nicht als Beweismittel für eine Revision zuzulassen. Mit Bescheid vom 14. März 1665 wurde die klagende Gemeinde Sandweier *ab- und zur Ruhe gewiesen.*

Die Ehren kränkenden Szenen, die Hans Reiß 1662 in Iffezheim und Sandweier erleben musste, hatten noch ein eigenes Nachspiel. Am 16. März 1663 wurde der Iffezheimer Schultheiß Theobald Heitz *wegen ehrenrurisch zugeneigter injurien und außgegoßener Scheltwort* zu einem öffentlichen Widerruf, zur Zahlung der *aufgeloffenen gerichtscosten* in Höhe von zehn Gulden sowie zu einer Geldbuße von sechs Gulden verurteilt. Für das gleiche Delikt mussten etliche Sandweierer Bürger zusammen zehn Gulden Schmerzensgeld an den Hauenebersteiner Schultheißen entrichten.[7]

Rechts:
Fachwerkhäuser in Sandweier.

[7] *GLA 61/123 – 16. März 1663.*

Mit aller Ernsthaftigkeit und Konsequenz verteidigten die beiden Gemeinwesen Iffezheim und Sandweier zu allen Zeiten ihre Gemarkung und ihre Rechte. Ob dies Sandweier im 16. Jahrhundert gegenüber der Gemeinde Oos tat, als es um Weiderechte im Bruch ging, oder ob Sandweier und Iffezheim im 18. Jahrhundert über Jahrzehnte mit der linksrheinischen badischen Gemeinde Beinheim

um den Grenzverlauf der Gemarkung stritten, immer ging es im weitesten Sinne um die eigenen existentiellen Grundlagen und damit um die Zukunft des eigenen Dorfverbandes. Im Falle Beinheims kam ein Umstand erschwerend hinzu, der auch durch eine noch so akkurate Grenzbegehung und Setzung der Grenzsteine über Jahrhunderte hinweg nicht beherrschbar war: Der Rhein, der in unzähligen Rheinarmen die Rheinebene durchzog und dessen Talweg dauernd seinen Lauf veränderte, überschwemmte Wiesen und riss auch die mühsam gesetzten Grenzsteine häufig mit sich. So war es auch kein Wunder, dass Iffezheimer und Sandweierer Gemarkungsteile manchmal auf linksrheinischem und wenige Jahrzehnte später wieder auf rechtsrheinischem Gebiet lagen. Die Grenzziehung zwischen Beinheim und Iffezheim / Sandweier blieb ein Dauerthema, das langwierige Besprechungen und Begehungen erforderte, aus denen umfangreiche Grenzprotokolle hervorgingen, wie das des Jahres 1739 mit seinen 34 Seiten.[8] Der dauernden Gemarkungsbegradigungen offensichtlich überdrüssig, drängten Iffezheim und Sandweier gemeinsam auf einen Verkauf ihrer *jenseits Rheins* gelegenen Gemarkungsteile. 1779 wurden so *Gemeindegüter* an Beinheim abgetreten, denen sechs Jahre später das Waldstück *Kalabrien* folgte.

In jenen Jahren stand auch die schiedliche Gemarkungstrennung der beiden Gemeinden auf der politischen Tagesordnung. Nach der Wiedererrichtung einer selbstständigen Pfarrei Sandweier im Jahre 1769 und ihrer Loslösung von der Mutterpfarrei Iffezheim war die Trennung der beiden Gemarkungen nur ein konsequenter und logischer Schritt. Allerdings sollten sich die Verhandlungen über die praktische Umsetzung über zwei Jahrzehnte hinziehen. Treibende Kraft bei dieser Trennung war Sandweier, das schon Mitte der 80er Jahre auf eine *gleichheitliche Abteilung des gemeinschaftlichen Bannes* drängte. Streitpunkte dabei waren zum einen die unterschiedliche Wertigkeit der einzelnen Bannteile und ihre gegenseitige Verrechnung, aber auch die Frage, nach welchem Schlüssel die Verteilung vorgenommen werden sollte. Während Sandweier aus dem gemeinsamen Bann zwei gleich große Teile machen wollte, bestand Iffezheim auf eine Aufteilung unter Berücksichtigung der jeweiligen Bürgerzahl. *Nach beschehenen vielfältigen Hin- und Herreden* konnte am 24. Mai 1787 in Stollhofen eine Einigung dergestalt erzielt werden, dass Iffezheim vom gemeinsamen Bann ein Siebtel der Fläche für seine höhere Bevölkerungszahl vor der eigentlichen Teilung erhielt, und der Rest nach rechtlicher Prüfung und Aufrechnung des jeweiligen Bodenwertes zu gleichen Teilen aufgeteilt werden sollte. Ein langwieriges Feilschen hub an, in dessen Verlauf sich jede Gemeinde die vermeintlichen Filetstücke des ge-

[8] *GAS A IV.1 – Gemeindesachen allgemein – 1787, 1790.*

meinsamen Bannes sichern wollte. Vor allem Sandweier widersetzte sich vehement einer schematischen geografischen Aufteilung des Bannes, verfügte doch die Gemeinde aufgrund ihrer Lage auf der Hardt über weit weniger fruchtbare Flächen als ihr westlicher Nachbar. Vor allem die saftigen Auwiesen und einige Teile des Auwaldes, wie der Ochsengrund am Rhein gelegen oder die Geggenau, standen auf der Sandweierer Wunschliste ganz oben. Da man sich über viele dieser Filetstücke nicht einigen konnte, schien eine Verlosung einzelner Distrikte ein probates Mittel zu sein. Doch das Los entschied äußerst unglücklich für beide Gemeinden. Sandweier erhielt dabei die *Sandmatten*, südlich von Iffezheim und westlich der B 36 gelegen, und die *Bey*, das Gelände, auf dem heute die Pferderennbahn liegt, während auf Iffezheim die *Uchtwaid* und das *Weichen*, beides nördlich des Dorfes gelegen, fielen.

1807 schließlich konnte der große Abteilungsprozess zu Ende gebracht werden. Als letzter Akt trat Sandweier die Gewanne *Sand* und Teile der *Bey* an Iffezheim ab, wofür es den bisherigen Iffezheimer Anteil an der *Uchtwaid als ewiges Eigenthum* erhielt.

Ein heute noch Erstaunen auslösendes Relikt dieser komplizierten Gemarkungsaufteilung am Ende des 18. Jahrhunderts ist der sog. *Viehtrieb*, ein schmaler Geländestreifen im nunmehrigen Besitz der Stadt Baden-Baden, der sich zwischen der Rastatter und der Iffezheimer Gemarkung in Höhe des Bahnübergangs bei der B 36 befindet und die Verbindung zwischen dem Sandweierer Unterwald und den Distrikten *Uchtwaid* und *Geggenau* herstellt. Wie der Name schon sagt, wurde über diesen Geländestreifen das Vieh auf die saftigen Auwiesen der *Uchtwaid* eingeschlagen.[9]

Nach einer im Jahre 1807 erfolgten Besitzaufstellung umfasste die neu gebildete Gemarkung 1.309 Morgen Äcker und Gärten, 781 Morgen Wiesen und 1.277 Morgen Waldungen. Ein nicht unbeträchtlicher Teil davon, vor allem der gesamte Wald, befand sich im Besitz der Gemeinde. Die damals noch existierenden herrschaftlichen Hofgüter, der große Schafhof, der Schickenhof und das Dahlberger Hofgut, wurden im ersten Viertel des 19. Jahrhunderts aufgelöst und ihre Bestandteile an die damaligen Pächter zu Eigentum veräußert. Auch die Hofgüter in kirchlichem Besitz, wie das Widdumgut, dessen Erträge unmittelbar dem Pfarrstelleninhaber zugute kamen, und das Heiligengut, das mit seinen Einnahmen den *Heiligenfonds* füllte, mit dem dieser seinen baulichen Verpflichtungen nachkommen konnte, wurden in ihrem Hofverband aufgelöst. Das Eigentum an den Gütern verblieb jedoch bei der Kirche, die diese verpachtete.

[9] GLA 229/48233 – 1779; Müller/Bruckner, S. 41, 94-96.

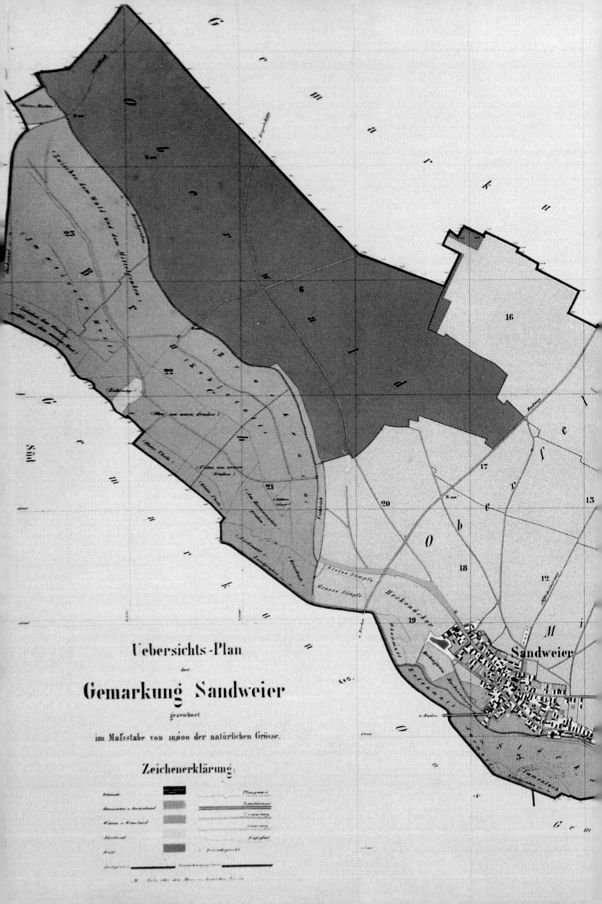

Uebersichts-Plan

der

Gemarkung Sandweier

gezeichnet

im Maßstabe von 10/000 der natürlichen Grösse.

Zeichenerklärung:

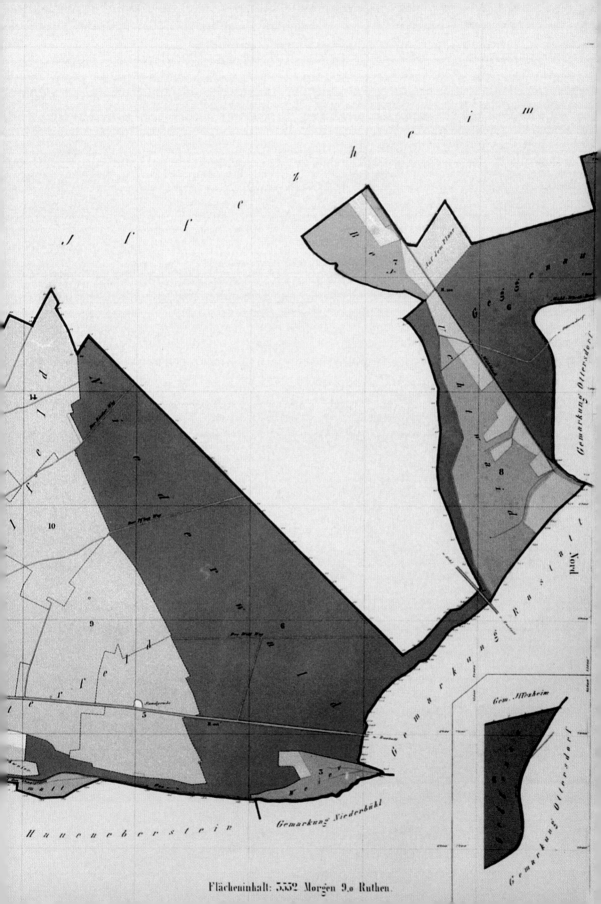

Flächeninhalt: 5552 Morgen 9,0 Ruthen.

Sandweier im 19. Jahrhundert

Vom Ancien Régime zum Großherzogtum Baden

Der revolutionäre Brand, der mit dem 14. Juli 1789, der Einnahme der Bastille in Paris, gezündet worden war, transportierte die Prinzipien von Freiheit, Gleichheit und Brüderlichkeit schnell über die Grenzen des Rheins in das damals schon in Agonie liegende Heilige Römische Reich Deutscher Nation. Zumindest fanden diese Prinzipien Eingang in die politische Diskussion, auch wenn, von wenigen Ausnahmen abgesehen, vorerst alles beim Alten zu bleiben schien. Und zu dem Alten gehörte, dass jeder Konflikt, in diesem Falle der zwischen den alten Mächten und dem revolutionären Frankreich, auf dem Rücken der Bevölkerung ausgetragen wurde.

In der Regel waren dies Belastungen aus Einquartierung und Verköstigung durchziehender Truppen, wie sie schon 1793 in den Gemeinderechnungen für österreichische Einheiten erwähnt werden. Drei Jahre später hatte sich das Kriegsglück gewendet und französische Truppen stießen über den Rhein vor. Auf dem Rückzug kamen pfälzische Husaren in unseren Ort. Auch sie zwangen die Wirte des Dorfes, den Grünen Baum-Wirt Anton Müller, den Kronenwirt Willibald Schäfer und den Lindenwirt Wilhelm Brenneisen, sie mit Wein, Brot und Fleisch unentgeltlich zu versorgen. Für die Sandweierer Bevölkerung machte es kaum einen Unterschied, ob *eigene* oder *fremde* Truppen ihr Dorf heimsuchten und dabei rücksichtslos requirierten.

Manchmal konnte es auch noch schlimmer kommen, wie am 8. Juli 1796, als einige französische Soldaten in Sandweier einfielen, um zu plündern. Die Sandweierer Bürger setzten sich jedoch zur Wehr und vertrieben die Eindringlinge aus dem Ort. Heftig muss es dabei zugegangen sein, denn am Ende musste jede Seite einige Tote beklagen, die verstreut auf den Wiesen zwischen Sandweier und Baden-Oos lagen. Während die toten Bürger auf Gemeindekosten *aufgesuchet und gehörig begraben und so mit Rast und Ruh versehet* wurden, ließ man die Leichen der Franzosen einfach im Gelände liegen. 14 Tage nach dem Vorfall befahl das Oberamt Baden, *da die todten Körper nicht begraben, und dass ein großer Gestank kein Schaden zufüge,* den beiden Schultheißen von Oos und Sandweier, jeweils acht Mann auszuschicken, *alle todten Körper aufsuchen und einen jeden mit 4 Schuh Grund, wie die Rübenlöcher, überdecken* zu lassen. In der anschließenden Untersuchung des Vorfalls wurde das eigenmächtige Vorgehen der französischen Soldaten zweifelsfrei festgestellt. Dank des geschickten Einsatzes des Sandweierer Schultheißen Ignaz Braunagel begnügte sich die französische Militärverwaltung mit einer Brotlieferung in Höhe von 101 fl. nach Rastatt. Weitere Folgen hatte diese Angelegenheit für Sandweier glücklicherweise nicht.[10]

Für das Dorf des Ancien Régimes hatte das welthistorische Ereignis der Französischen Revolution nachhaltige und langfristige Folgen. Während es bislang in ein quasi persönliches Verhältnis zu seinem Landesherrn eingebunden war, wurde es nun in staatsrechtlicher, polizeilicher, wirtschaftlicher und finanzieller Hinsicht in den Aufbau der sich herausbildenden modernen Territorial- und dann Nationalstaaten eingebunden. Dies erschien besonders da wichtig und notwendig, wo unter maßgeblichem Einfluss von Napoléon vollkommen neue Staaten entstanden waren. Dazu zählte auch Baden, das innerhalb weniger Jahre um das Vierfache seiner

[10] *Müller/Bruckner, S. 43; GAS – Gemeinderechnung 1796.*

Fläche und um das Sechsfache seiner Bevölkerung gewachsen war. Aus der kleinen Markgrafschaft des 18. Jahrhunderts war so innerhalb kurzer Zeit ein Mittelstaat geworden, der eine bedeutende Rolle im Gefüge des sich 1815 bildenden Deutschen Bundes spielen sollte. Verbunden mit dieser Gebiets- und Machterweiterung war die Standeserhöhung des regierenden Hauses, dessen Senior Carl Friedrich 1803 zum Kurfürsten und 1806 zum Großherzog erhoben wurde.

Das neue Gebilde konnte nach der Überzeugung seiner leitenden Beamten nur dann ein Staatsbewusstsein und eine gesamtstaatliche Identität entwickeln, wenn es nach rationalen, für alle und jedermann gültigen und nachvollziehbaren Grundsätzen regiert und organisiert war. Diese Überlegungen bildeten die Grundlage der in den Jahren 1803 bis 1809 erlassenen Organisations- und Konstitutionsedikte. Sie dienten als Humus, auf dem die Verwaltung wuchs, und das abschließende Organisationsedikt vom 26. November 1809 machte aus Baden einen modernen, straff gegliederten Territorialstaat mit starker Zentralgewalt, der in Vielem dem der französischen Schutzmacht ähnelte.[11]

Teil dieser straffen Gliederung war die Landgemeinde, die nun zur untersten Ebene der Staatsverwaltung wurde. Damit wurde auch der Ortsvorgesetzte in den Verwaltungsaufbau des Staates eingebunden. Seine Aufgabe bestand darin, *alles dasjenige (zu) verrichten und (zu) fördern, wodurch er dem Lande, dem Regenten und der Gemeinde, welcher er vorsteht, nützlich sein kann,* wie es das Organisationsreskript 1809 definiert hatte. Der Ortsvorgesetzte, der in den Städten ab 1809 Bürgermeister oder Oberbürgermeister und in den Landgemeinden Vogt hieß, wurde Beamter auf Zeit mit einem festen jährlichen Gehalt. Diese Munizipalverfassung nach französischem Vorbild, bei der die Mitwirkung der Gemeindebürger am politischen Leben in der Gemeinde allerdings recht dürftig ausgeprägt war, bestand von 1809 bis 1831, als sie von der Ersten Badischen Gemeindeordnung, die weithin wirkende Elemente der direkten Demokratie in die Kommunen einbrachte, abgelöst wurde.

Der starke französische Einfluss im neuen Land Baden zeigte sich auch durch die Einführung des Badischen Landrechts im Jahre 1810, das nahezu identisch mit dem Code Napoléon ist. Es hob die bislang geltenden Stadt- und Landrechte ebenso auf, wie die Rechtsgewohnheiten und Gewohnheitsrechte, die über Jahrhunderte unter dem Schlagwort des *alten Herkommens* wirksam gewesen waren. Das jährliche Rüggericht am Dreikönigstag wurde

[11] *Karl Stiefel: Baden 1648-1952. Karlsruhe 1977, Bd. 1, S. 216 ff.*

abgeschafft, seine Aufgaben der neuen Gemeindeverwaltung übertragen. Damit entfiel ein lieb gewordenes Ritual. Unter Beisein des Amtmanns waren bei den Rüggerichten verschiedene Aufgaben zu erledigen gewesen. Wie der Name *rügen* oder *strafen* schon sagt, oblag ihm die Ahndung der kleineren Polizeisachen wie Jagd- und Feldfrevel, Übertretung der Fronordnungen und die zahlreichen Beleidigungen und *Händel* untereinander. Daneben wählten die Bürger des Ortes bei dieser Gelegenheit ihre Gemeindebeamten, wie Hirten, Feldschützen, Polizeidiener, Steinsetzer, Nachtwächter bis hin zum Bürgermeister, der für die Rechnungslegung der Gemeinde verantwortlich war. Kritisch unterzog man die Jahresrechnung einer Prüfung, ehe der Amtsinhaber für ein weiteres Jahr bestätigt oder ein neuer gewählt wurde. Wurden Unstimmigkeiten festgestellt, konnte der Bürgermeister mit seinem Privatvermögen in Regress genommen werden. Dies ereilte Anfang der 1780er Jahre Anton Franck, der einen Fehlbetrag von 1.418 fl. über Jahre in Raten abstottern musste und sich sicher manches Mal Vorwürfe machte, dieses Amt überhaupt angenommen zu haben. Höhepunkt eines jeden Rüggerichts war zweifelsohne der *Bürgertrunk,* der mitsamt einem Vesper aus der Gemeindekasse bezahlt wurde und den Auftakt zum *gemütlichen* Teil der Veranstaltung bildete.[12]

Dies war beileibe nicht die einzige Gelegenheit, bei der sich die Gemeindekasse spendabel zeigte. In den Rechnungen des 18. Jahrhunderts findet auch ein *Fastnachtstrunk* Erwähnung, der den Bürgern an Fastnacht aus der Gemeindekasse gereicht wurde. 1727 z. B. kostete dieser Trunk 6 fl. 30 x. Mit diesem Eintrag in die Jahresrechnung 1727 erhalten wir zugleich die älteste Erwähnung der Fastnacht in unserem Ort. Es scheint, als hätten unsere Vorfahren auch in früheren Zeiten keine Gelegenheit ausgelassen, ihren arbeitsreichen und harten Alltag mit Festen etwas abwechslungsreicher zu gestalten. Sehr zum Leidwesen der kirchlichen wie auch der weltlichen Obrigkeit, die die dabei vorkommenden *Zügellosigkeiten* sehr kritisch sah und mit zahlreichen Verordnungen dagegen einschritt. 1776 mussten die Sandweierer Wirte daran erinnert werden, dass Tanz an Hochzeiten und an Sonn- und Feiertagen ohne den amtlichen *gestämpelten Tanzzettel* nicht erlaubt war und auch die bloße Anstellung von Spielleuten zur reinen musikalischen Unterhaltung der Gäste einer obrigkeitlichen Genehmigung bedurfte. Drei Jahre später, 1779, wurden zum wiederholten Male das Schießen und das *Treiben anderen Unfugs* in der Neujahrsnacht untersagt. Zugleich wurde das *Herumlaufen vermummter Personen* an den Weihnachtstagen, an Neujahr und an Dreikönig verboten und mit *Arbeits- oder Turmstrafe* für die Erwachsenen belegt, während

[12] GAS – Rechnungsbände 1786, Anton Frank, 1730 – Bürgertrunk.

Mummenschanz mit Tradition, Straßenfastnacht.

ertappte Kinder in der Schule durch den Lehrer *gezüchtet* werden sollten. 1782 sah man sich veranlasst, gegen die *Nachtschwärmerei* vorzugehen. Wer nach dem Läuten der Betglocke auf den Straßen durch *Lärmen, Jubel und dgl.* auffiel, wurde für zwölf Stunden in den Ortsarrest eingeliefert, im Wiederholungsfall für zwei Tage *eingetürmt* oder der Obrigkeit *zur schärferen Aburteilung* gemeldet.[13]

Das 1810 in Kraft getretene neue Rechtssystem stellte neue Anforderungen an die Ortsvorgesetzten in den einzelnen Gemeinden. Flexibilität und Eingehen auf die veränderte Situation waren gefordert, ebenso die Bereitschaft, Althergebrachtes über Bord zu werfen und die modernen Prinzipien anzuwenden. Nicht alle waren diesen Anforderungen gewachsen oder wollten sich auf diese umstellen. Es ist sicher Ausdruck dieses Veränderungsprozesses, dass just in jenen Jahren bei der Überführung des Schultheißenamtes in die Stelle des Vogtes eine stattliche Anzahl langjährig wirkender Schultheißen ihre Posten aufgaben oder aufgeben mussten. Wie in Haueneberstein und Iffezheim traf dies auch auf Sandweier zu. Für den seit über zehn Jahren als Schultheiß amtierenden Ignaz Braunagel trat 1804 mit Leonhard Frank ein Mann an die Spitze der Gemeinde, der ihr als Vogt bis 1831 vorstehen sollte.

Unter dem Befehl Napoléons: Sandweierer Bürgersöhne als Soldaten in Spanien und Russland

Die enge Anlehnung Badens an den revolutionären Nachbarn im Westen hatte dem Markgrafen von Baden im ersten Jahrzehnt des 19. Jahrhunderts eine zweifache Standeserhöhung eingebracht. 1803 wurde der seit 1746 regierende Markgraf Karl Friedrich zum Kurfürsten erhoben, 1806 mit der Rheinbundakte, dem Zusammenschluss süd- und westdeutscher Staaten zu einem von Frankreich abhängigen Bündnis, wurde ihm der Großherzogtitel übertragen. Damit einher ging eine gewaltige Arrondierung des badischen Staatsgebietes. Innerhalb weniger Jahre wurde so aus einem Kleinterritorium des deutschen Südwestens ein an Bevölkerungszahl, Flächeninhalt und ökonomischer Potenz nicht unbedeutender Mittelstaat.

[13] *GAS – Herrschaftliche Verordnungen und amtliche Verfügungen.*

Natürlich gab es dies nicht umsonst und wie so oft musste der *kleine Mann* die Zeche bezahlen. Die Rechnungsbücher jeder Gemeinde aus jener Zeit sind voll von den zahllosen ordentlichen wie außerordentlichen Beiträgen, die zur Erhaltung des im Lande liegenden napoleonischen Heeres geleistet werden mussten. Über die Kriegskontributionen und die zahlreichen Naturallieferungen hinaus, die auf der leidgeplagten Bevölkerung des Oberrheins lasteten, wurde die verstärkte Heranziehung von Landeskindern zum Kriegsdienst unter französischem Oberbefehl als besonders schmerzlich empfunden. 1789 hatte das markgräfliche Heer aus kaum mehr als 1.500 Freiwilligen bestanden. Die machtpolitischen Ambitionen Napoléons verlangten nun die Schaffung einer großen Armee zur Unterstützung und zum Einsatz auf Seiten der Franzosen.

Allenthalben zogen im großherzoglichen Auftrag Werber durch das Land, um das von den Franzosen eingeforderte Kontingent an Soldaten aufstellen zu können. Das Rekrutierungssystem war zu jener Zeit noch nicht ausgefeilt und hielt für clevere oder ökonomisch potente Mitglieder der Dorfgemeinschaft durchaus einige Schlupflöcher offen. Gemeinhin wurde die auf das Dorf gefallene Zahl von Soldaten durch das Los bestimmt. Gegen Geldzahlung an einen Einsteher konnte allerdings jedermann einen entsprechenden Ersatzmann präsentieren, der für ihn Kriegsdienst leistete. So waren es in der Regel Angehörige der dörflichen Unterschichten, die sich aus bitterer ökonomischer Notwendigkeit oder aber im Bewusstsein, dass nur der Militärdienst ihnen Aufstiegschancen bis hin zur gesellschaftlichen Anerkennung im Rahmen der Dorgemeinschaft bot, zum Kriegsdienst meldeten.

Am 11. März 1805, im zarten Alter von knapp 20 Jahren, wurde der Weber Bernhard Ullrich zur damals kurfürstlichen Armee gezogen. Als man im Jahre 1806 beim neu gegründeten Großherzoglich Badischen Artillerie-Bataillon eine Trainkompanie errichtete, wurde ihr auch Bernhard Ullrich als Trainsoldat zugewiesen. Eine Trainkompanie, mit den heutigen Pioniereinheiten zu vergleichen, bestand zu jener Zeit aus einem Trainleutnant als Kompanieführer, einem Munitionsexperten, dem sog. Munitionär, zwei Wachtmeistern (Feldwebel), acht Korporals (Unteroffizieren), einem Hufschmied, sechs *Ouvriers*, handwerklich ausgebildeten Zivilarbeitern, sowie 100 Trainsoldaten, zehn Reit-, 200 Zugpferden und der entsprechenden Anzahl von Munitions- und Materialwagen.

Beim Ausbruch des Krieges zwischen dem Königreich Preußen und dem Kaiserreich Frankreich im selben Jahr wurde das badische Artillerie-Bataillon und mit ihr die Trainkompanie mobil gemacht.

Im November 1806 marschierte auch Bernhard Ullrich über Würzburg, Leipzig und Küstrin nach Stettin, um mit seinen Trainkameraden an der Ausbesserung der dortigen Festungswerke mitzuarbeiten. Im Februar und März 1807 nahm die Einheit an der Belagerung von Danzig teil, wurde anschließend im Osten eingesetzt und rückte am 20. Dezember des Jahres wieder in ihre Garnison Karlsruhe ein. Die Verluste des Regiments hielten sich für die damaligen Verhältnisse im Rahmen, wobei Krankheiten für die Soldaten weitaus gefährlicher waren als die eigentlichen Kriegshandlungen: elf Kanoniere – davon sechs durch Krankheiten – zehn Trainsoldaten und 78 Pferde mussten für die napoleonischen Großmachtträume ihr Leben lassen.

Mit besonderer Freude wird Bernhard Ullrich beim Einrücken in die Garnison zur Kenntnis genommen haben, dass mit Dominik Babian seit dem 2. August 1807 ein weiterer Sandweierer Bürgersohn Dienst bei der Trainkompanie des Artillerie-Regiments leistete. So konnte er aus erster Hand die Neuigkeiten aus seinem Heimatdorf erfahren. Die Freude über das Zusammentreffen und den Aufenthalt in der Heimat war jedoch nur von kurzer Dauer. In der ersten Hälfte des Jahres 1807 bereiteten sich die 3. Artilleriekompanie und ein Teil der Trainkompanie auf einen Einsatz in Spanien vor. Dort hatten die französischen Truppen schwer mit der von England unterstützten Volksbewegung zu tun, die mit ihrer Guerillataktik den französischen Besatzungseinheiten empfindliche Nadelstiche zufügte. Daneben operierten reguläre spanische und englische Truppen im Lande.

Dominik Babian wurde als Neuling der am 22. August 1808 nach Spanien abgehenden Einheit zugeteilt. Sie bestand aus einer Artilleriekompanie mit vier Offizieren, neun Unteroffizieren, vier Spielleuten, 90 Kanonieren und einem Chirurgen. Die Trainabteilung umfasste einen Offizier, sechs Unteroffiziere, 82 Trainsoldaten, den Munitionär, einen Hufschmied, sechs Zivilarbeiter und 165 Pferde. Neben den nötigen Munitions- und Requisitewagen führte die Einheit noch sechs 6-Pfund-Haubitzen und zwei 7-Pfund-Haubitzen mit sich. Über Straßburg, Metz, Orleans, Tour, Bordeaux führte der Weg nach Bayonne, wo man nach knapp drei Monaten am 12. November ankam. Nach kurzer Ruhepause wurden die Pyrenäen überquert und erstere kleinere Scharmützel im spanischen Baskenland bei Bilbao geführt, ehe man über Valladolid und Segovia nach Madrid vorrückte. Wie es bei diesem pausenlosen Einsatz dem Sandweierer Dominik Babian gegangen ist, darüber geben die Quellen keine Auskunft. Auf jeden Fall war er nicht unter den doch empfindlichen Verlusten, die die großherzogliche Einheit im

Rekruten 1917.

unwegsamen Gelände Zentralspaniens erleiden musste. Ende März 1810 waren von der Artilleriekompanie sämtliche vier Offiziere, zwei Unteroffiziere und 27 Kanoniere verstorben, von der Trainabteilung drei Unteroffiziere, 21 Trainsoldaten und 96 Pferde. Aufgefüllt mit frischem Ersatz aus der Heimat blieb die großherzogliche Artillerieeinheit bis 1812 in Spanien stationiert, ehe sie vor der Übermacht der gegnerischen Truppen und auf Befehl aus Paris sich zurückziehen musste und in Gewaltmärschen nach Baden aufbrach.

Inzwischen nämlich hatte Napoléon sein Hauptaugenmerk auf die Niederringung des zaristischen Russlands gerichtet und alle strategischen wie taktischen Operationen diesem Ziel untergeordnet. Drei Jahre zuvor, 1809, hatte er auch mit Hilfe von Bernhard Ullrich, der noch immer als badischer Trainsoldat Dienst leistete, Österreich niedergerungen. Die badischen Artillerie- und Traineinheiten waren dabei in Ungarn eingesetzt gewesen, ehe sie *nach vielen Hin- und Hermärschen*, wie die Bataillonsgeschichte vermerkt, am 19. Januar 1810 wieder einrückten. Zwei Jahre später hieß nun Russland und dabei vor allem die Hauptstadt Moskau das Ziel. Den Vormarsch der französischen Truppen und ihrer Verbündeten im Sommer 1812 nach Moskau, den Brand der Stadt und den schmachvollen, für Zehntausende mit dem Tod durch Unterernährung oder Erfrieren endenden Rückzug hat Leo Tolstoi in seinem Romanepos *Krieg und Frieden* in unnachahmlicher Weise literarisch verarbeitet. Anzumerken bleibt, dass Bernhard Ullrich, wie so viele seiner badischen Landsleute, in den Weiten Russlands sein Leben lassen musste. Dass seinem Vater im Jahre 1816 noch 16 fl. Soldguthaben Bernhards ausgezahlt wurden, wird diesen wohl kaum über den Verlust seines Sohnes hinweg getröstet haben.

Dominik Babian indessen musste an manchen Winterabenden seinen Kindern, Enkeln, Nachbarn, Bekannten und Freunden seine Erlebnisse als großherzoglich-badischer Trainsoldat in Spanien zum Besten geben. Er starb im Alter von 66 Jahren am 17. Februar 1848 als geachtetes Mitglied der Bürgerschaft in Sandweier.[14]

Doch noch weitere Sandweierer Bürgersöhne mussten für den napoléonischen Großmachttraum in den Weiten Russlands ihr Leben lassen. Pfarrer Ignaz Rehm beurkundete im hiesigen Totenbuch unter dem 17. Dezember 1819, dass neben Bernhard Ullrich noch weitere Sandweierer Soldaten nicht mehr vom russischen Feldzug heimgekehrt waren. Es waren dies: Nikolaus

[14] GLA 465 F 4 Nr. 316 + 317 – Stamm- und Rangierbücher der Trainkompanie; GLA 339/505 – Auszahlung Soldguthaben; GLA 390 Nr. 257 – Zweitschriften der Standesbücher der Gemeinde Sandweier, Todesdatum des Babian.

Peter, Sebaldus Schleif, Taddäus Walter, Franziskus Xaverius Walter, Joseph Schwall und Joseph Schulz.[15]

Die durch Napoléon in Baden angeregten Änderungen über-dauerten seinen Sturz und trotzten der *Restauration,* den durch den österreichischen Staatskanzler Metternich betriebenen Versuch, die alten feudalen Verhältnisse, wie sie vor der Französischen Re-volution geherrscht hatten, wieder herzustellen. Der Anstoß zu Veränderungen kam in der Regel von außen oder durch Regenten-wechsel. Unter Großherzog Ludwig, der zwischen 1818 und 1830 regierte, fristete das Karlsruher Parlament ein unbedeutendes Da-sein. Der als liberal eingeschätzte Großherzog Leopold, der ab 1830 regierte, setzte nicht zuletzt auch unter dem Eindruck der Juli-Revolution des Jahres 1830 in Frankreich eine Reihe von Ge-setzen in Kraft, die die Lebens- und Arbeitsgrundlage der bäuer-lichen Gemeinden auf eine vollkommen neue Grundlage stellten. In erster Linie ist die am 1. Januar 1832 in Kraft getretene Badische Gemeindeordnung zu nennen, die erstmals die formal gleichbe-rechtigte Teilhabe aller Bürger an der politischen Willensbildung der Gemeinde eröffnete.

Das Amt des Vogtes wurde abgeschafft, ebenso das Dorfge-richt. An Stelle des bisher vom Landesherrn ernannten Vogts traten nun mit dem von den Bürgern des Dorfes gewählten Bürgermeister und dem dreiköpfigen Gremium des Gemeinderats sowie dem aus vier Personen bestehenden Bürgerausschuss Kollegialorgane, die von ihrer inneren Ausgestaltung und ihrem Wirken nach demokra-tischen Grundregeln der Diskussion und Abstimmung arbeiteten. Angelegenheiten grundsätzlicher Bedeutung wurden der Bürger-versammlung vorgelegt, die ebenfalls nach dem Mehrheitsprinzip entschied. Bestand für die Landgemeinden das Prinzip der Direkt-wahl, erfolgte die Wahl zum badischen Landtag in indirekter Form durch Wahl von Wahlmännern, die wiederum die jeweiligen Ab-geordneten bestimmten.

Wahlberechtigt waren alle männlichen Personen des Ortes, die 25 Jahre und somit volljährig und durch Geburt oder Einkauf Bürger waren. Die örtlichen Gremien wurden durch einfache Mehrheitswahl besetzt, während die Wahlmänner für die zweite Kammer nach dem Dreiklassenwahlrecht gewählt wurden. Dabei waren die Wahl-berechtigten nach ihrem zu versteuernden Besitz in drei Klassen

[15] *Müller/Bruckner, S. 44.*

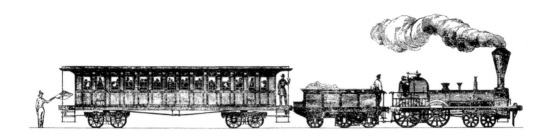

Eisenbahn um 1850.

eingeteilt. Jede Klasse hatte die gleiche Anzahl von Wahlmännern zu wählen, wodurch die Stimmen ein recht unterschiedliches Gewicht bekamen. So waren beispielsweise 1858 in Sandweier 24 Bürger der Klasse der Höchstbesteuerten zugeordnet, 53 der Klasse der Mittelbesteuerten und 110 der Klasse der Niederstbesteuerten. Dass sich die Struktur der Gemeinde über Jahre hinweg nicht groß veränderte, zeigt die Aufstellung der Wahlberechtigten aus dem Jahre 1902: 27 der ersten Klasse, 81 der zweiten Klasse und 139 der dritten Klasse. Diese strenge Einteilung nach Klassen, basierend auf dem Besitz und damit der ökonomischen Potenz des Einzelnen, beschränkte sich nicht allein auf die Wertigkeit der Stimmen bei Wahlen zum badischen Landtag. Sie war zugleich Ausdruck des in der Gemeinde herrschenden Sozialgefüges.

Das Dorf trat nur nach außen als Gemeinschaft, als fest geschlossener Komplex in Erscheinung. Im Binnenverhältnis war es streng hierarchisiert. Jedem wurde sein Platz in der sozialen Rangfolge des Dorfes zugewiesen. Ein Aufstieg innerhalb dieses Sozialgefüges gelang den Wenigsten. Wer zur dörflichen Führungsschicht zählte, konnte Sonderregelungen in Anspruch nehmen, die unserem heutigen Rechtsempfinden fremd sind. Der Ortspolizeidiener und die Nachtwache, die die Einhaltung der Polizeistunde in den Wirtshäusern zu kontrollieren hatten, wurden von der Gemeindeobrigkeit 1836 explizit angewiesen, die sog. *Übersitzer* unnachsichtig in den Ortsarrest einzuweisen. Doch es gab Übersitzer und Übersitzer. Wer *nicht zur Klasse der Taglöhner, Dienstboten, Handwerksburschen oder anderer raufsüchtiger junger Leute gehörte,* d. h. mit anderen Worten die honorigen Landwirte und Handwerksmeister, musste zwar mit einer Anzeige rechnen, die *Schmach des Ortsarrests blieb ihnen,* so zumindest die Anweisung an das Polizeipersonal, allerdings erspart.[16]

Wahlberechtigt, d. h. Bürger konnte man werden durch Geburt und mit dem Erreichen des 25. Lebensjahres. Dann mussten in Sandweier bei Antritt des Bürgerrechts drei Gulden an die Gemeinde bezahlt werden. Auswärtige konnten sich aber auch in die Bürgerrechte einkaufen. Dazu war ebenfalls Volljährigkeit und ein guter Leumund vorgeschrieben. Auch der Nachweis des Besitzes eines

[16] *GAS – Ortspolizei, Verwaltung und Polizeistrafsachen.*

46 ❦ 47

Krautgärten – früher Gemeindeallmende.

bestimmten Vermögens, in Landgemeinden 300 fl., war erforderlich. Die Aufnahme als Bürger erfolgte durch den Gemeinderat, der auch die Höhe des Einkaufsgeldes festsetzte. Allerdings war er dabei an die in der Gemeindeordnung festgehaltenen Höchstgrenzen gebunden.

Wurde der Antrag auf Einkauf im Zusammenhang mit der Heirat einer Bürgertochter gestellt, war nur die Hälfte des Einkaufsgeldes zu bezahlen. So musste Moritz Konrad aus Neibsheim bei Bretten im Jahre 1869 178 fl. 10 x entrichten, als er die Sandweierer Bürgerstochter Martina Müller heiratete und Bürger von Sandweier werden wollte. Auch der Lokomotivfahrerlehrling Marx Gall aus Heidelsheim, der sich 1848 mit der ledigen Walburga Klumpp verheiratete und in Sandweier *bürgerlich angenommen* wurde, profitierte von dieser Regelung. Mit ihm und seiner Profession dürfte der wohl erste Vorbote der kommenden industriellen Revolution im Ort seinen Platz gefunden haben. Sicher hat er – zumindest die wenigen Jahre, die er in Sandweier ansässig war – so manchem Staunenden die Funktionsweise des dampfenden und schnaubenden Stahlungetüms erklären müssen.

Aufgabe der Bürgerversammlung war es auch, die Zahl der Bürger in der Gemeinde mit all ihren Rechten und Pflichten festzusetzen. So beschloss sie beispielsweise im Jahre 1862, in unserem Dorf die Zahl der Genuss berechtigen Bürger auf 200 zu beschränken. Dies hing mit dem Bürgergenuss zusammen, der in der Nutzung festgelegter Acker- und Wiesenflächen aus der Gemeindeallmende und dem Bezug des Gabholzes bestand. Seit Januar 1831 hatte jeder Bürger und jede Bürgerswitwe Anrecht auf zwei Klafter Brennholz aus den Gemeindewaldungen. 1846, wohl unter dem Eindruck der Hungerkrise, wurde das Kontingent auf drei Klafter erhöht. Mit steigender Einwohnerzahl stiegen auch die Auseinandersetzungen um den Bürgernutzen an. Durch die 1891 vom Bezirksamt angeordnete Beschränkung der Genussberechtigten auf 175 bildeten sich lange Wartelisten, die die Rangfolge des Einrückens in den Bürgergenuss festlegten. Mit Vollendung des 25. Lebensjahres musste jeder Neubürger die Aufnahme in die Warteliste beantragen. War er ortsabwesend, z. B. beim Militär oder als Handwerksbursche auf Wanderschaft, konnte ihm durchaus passieren, dass andere, jüngere im Rang an ihm vorbeizogen, ein Grund für vielfältige Rangstreitigkeiten, die das Klima im Dorf beeinträchtigten. Doch auch sonst war die Wartezeit lang. August Schmidt z. B. war schon am 17. August 1905 in das Bürgerbuch eingetragen worden. Doch erst am 9. Februar 1934, fast drei Jahrzehnte später, konnte ihn die Gemeinde in ein Allmendanteil und in den Genuss des Bürgergabholzes einweisen.[17]

Ein weiterer Vorteil des Bürgerrechts bestand bis Anfang der 1850er Jahre. Den Gemeindebürgern wurde bis dahin ihr benötigtes Bauholz für die Hälfte des Marktwertes abgegeben. Dass dies nicht ganz den Vorstellungen der Großherzoglichen Regierung entsprach, war in der Gemeinde wohl bekannt. Schon 1837 hatte die Regierung des Mittelrheinkreises diese auch in zahlreichen anderen Gemeinden geübte Praxis untersagt.

Einen Ausweg sahen die findigen Sandweierer darin, das Bauholz weiterhin zum gewohnten halben Preis abzugeben, den Buchwert korrekt in der Gemeinderechnung aufzuführen und die Differenz als Außenstände zu deklarieren, ohne jemals die Absicht zu besitzen, diese Außenstände tatsächlich auch einzufordern. Lange Jahre ging dies offensichtlich gut. Erst bei einer 1847 getätigten Revision der Rechnungsabschlüsse wurde den ungewöhnlich hohen Außenständen, die sich auf über 8.900 fl. beliefen, nachgegangen.

Umgehend wurde Bürgermeister Leonhard Frank angewiesen, die Schulden der Bürger einzutreiben. Diese weigerten sich jedoch, den Nachforderungen zu entsprechen. Lange Verhandlungen setzten ein. Eine komplette Übernahme der Außenstände auf die Gemeindekasse wurde durch die Gemeindeversammlung mit übergroßer Mehrheit abgelehnt, wohl von denjenigen, die nicht von der praktizierten Regelung profitiert hatten, da sie kein Bauholz geordert hatten. Stattdessen einigte sich die Gemeindeversammlung, einen Teil der Außenstände bei jedem Nutznießer einzuziehen, nachdem eine *Abwertung* der Schulden stattgefunden hatte. Für jeden Gulden Außenstand hatten so die Betroffenen nur 6 x zu

[17] GAS – IV.4 – Bürgernutzen.

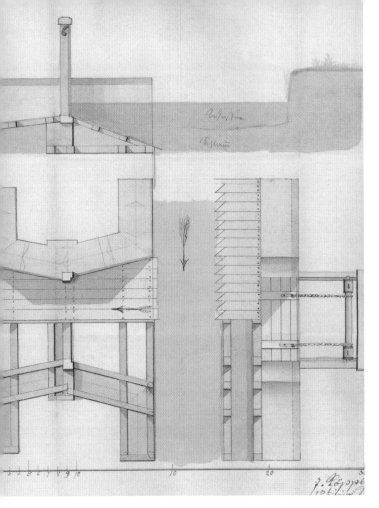

Konstruktionszeichnung einer Stellfalle zur Regulierung des Wasserzuflusses zur Sandweierer Mühle, 1794, GLA.

entrichten. Auch wenn das Bezirksamt noch Mitte 1848 die Staatsgenehmigung für diese Art von Schuldentilgung verweigerte, scheint sie – vielleicht auch begünstigt durch die Wirren der Revolutionszeit – dennoch umgesetzt worden zu sein.[18]

Ebenfalls Anfang der 30er Jahre des 19. Jahrhunderts wurde eine Reihe von Gesetzen erlassen, die das fast personale Verhältnis von Untertan und *Oberkeyt* auf eine neue Basis stellten. Dazu zählte in erster Linie die Aufhebung der sog. *Herrenfronen* zum 1. Januar 1832. Dieser Begriff umschreibt die Dienste, die der Untertan als Ausdruck des Untertanenverhältnisses seinem Herrn zu leisten verpflichtet war. In der Regel erhielt er dafür kein Entgelt, sondern lediglich die *Zehrung.* Vielfältig waren diese Dienste, die als Land-, Kriegs-, Straßen- und Jagdfronen regelmäßig wiederkehrten. So musste Sandweier nach Ausweis des Stollhofer Lagerbuchs des Jahres 1511 zu allen herrschaftlichen Treibjagden Fröner stellen. Bei den Ablösungsverhandlungen 1833 wurde als Grundlage der Berechnung der durchschnittliche Tagesverdienst eines Tagelöhners im Jahre 1832 zu Grunde gelegt und die ermittelten 20 x mit den durchschnittlich 20 Personen aus dem Ort, die jährlich diese Jagdfronen zu leisten hatten, für die Festlegung des Ablösungskapitals herangezogen.[19] Nach ähnlichem Muster verfuhr man auch bei anderen Ablösungsverhandlungen.

Besonders belastend waren die Bau- und Landfronen, d. h. die Handlanger- und Fuhrdienste beim Bau der herrschaftlichen Gebäude und bei der Unterhaltung der herrschaftlichen Landwerke. So wurden nicht nur die Rheinbaumaßnahmen, sondern auch die Arbeiten am Landteich und bei der Reinigung des weit verzweigten Grabensystems in der Oberrheinebene im Wege der Fron durchgeführt. Schon in den 20er Jahren des 19. Jahrhunderts hatten diese Herrenfronen an Umfang und Intensität bedeutend abgenommen. Der erste Abschnitt der Tulla'schen Rheinkorrektur war

[18] GAS – Gemeinderatsprotokoll 1848.
[19] GAS – Ablösung der Jagdfronen 1833.

Familie Babian bei der Erntearbeit, 1920er Jahre.

das letzte große Fronunternehmen im Lande Baden, unter Beteiligung der Fröner aus Sandweier. Die dabei gewonnenen Erfahrungen führten allerdings dazu, dass sich die Erkenntnis durchzusetzen begann, dass öffentliche Arbeiten im Ausschreibungsverfahren und gegen Entlohnung wesentlich effizienter und kostengünstiger zu bewältigen waren, als mit einer noch so großen Schar unmotivierter Fröner.

Auch hinter der Abschaffung des Zehnten standen eher administrativ-fiskalische denn soziale Gründe. Auch wenn die Abgabe eines Teiles der Erträge aus Grund und Boden an den Zehntherrn des Dorfes, bis 1803 Kloster Lichtenthal, danach der badische Landesherr, sicher als Belastung im Dorf empfunden wurde, standen diesen Belastungen zumindest auf dem Papier auch Verpflichtungen gegenüber, die in der Ausstattung der Pfarrstelle und den Bauverpflichtungen des Zehntherren an Teilen der Kirche und anderen geistlichen Gebäuden bestanden. Die Verwaltung der Abgabeverpflichtungen, ihre Überwachung und Kontrolle, aber auch die Lagerung der in natura abgegebenen Zehntgarben und der anderen Zehntfrüchte verschlangen derartig viele Kosten, dass der Zehntherr über lange Jahre hinweg auf eine Ablösung des Zehnten drängte. Ende 1833 war es so weit. Das Gesetz über die Ablösung des Zehnten wurde in Kraft gesetzt. Die Ablösungssumme sollte das 20fache eines jährlichen Zehntertrags betragen und in Ratenzahlungen der Gemeinde bei der großherzoglichen Zehntablösungskasse entrichtet werden. Über die genaue Berechnung dieser Ablösungssumme durch das Großherzogliche Domänenamt entzündeten sich langwierige Auseinandersetzungen, die annähernd zehn Jahre dauerten. Am 6. April 1841 wurde das Ablösungskapital mit 17.877 fl. 40 x festgestellt, wovon die Staatskasse ein Fünftel und die seit Inkrafttreten des Gesetzes aufgelaufenen 4 % Zinsen des Ablösungskapitals übernahm. Der Gemeinde Sandweier verblieb eine Restschuld von 12.585 fl. 1 x, die an *5 Terminen jeweils zum 21. April* der Jahre 1846 bis 1850 abgetragen werden musste.[20]

In den 30er Jahren des 19. Jahrhunderts war das Dorfgeschehen bestimmt vom Neubau der katholischen Kirche, dem eine Verlegung des Friedhofes und der Abriss der alten Kirche vorausgingen. Entsprechend den Verteilungen der Baulast musste sich die Gemeinde intensiv beteiligen. So verkaufte sie 1834 150 sog. Holländer Eichen. Ein Hinweis darauf, dass die damaligen noch umfangreichen Waldungen um unser Dorf auch ansehnliche

[20] *Müller/Bruckner, S. 49.*

Von Sand umgeben.
Arbeiten an den Sandbuckeln
nördlich des Dorfes, 1932.

Eichenbestände hatten. Daher der Eichbaum in unserem Gemeindewappen. Der Erlös aus diesem Verkauf wurde dem Kirchenbaufonds zur Verfügung gestellt. Die Verlegung des Friedhofes wurde ausschließlich von der Gemeinde finanziert. Es mussten Grundstücke gekauft und Mauersteine für die Einfriedung besorgt werden. Zweifellos machte der Besitz der Wälder rings um das Dorf, die nach einer im November 1838 vorgenommenen Vermessung eine Fläche von 1.536 Morgen und 33 Ruthen bedeckten, also rund 260 Morgen mehr als 1807, den Reichtum der Gemeinde aus. Nach heutigen Maßen waren dies rund 553 Hektar, also ein recht bedeutendes Waldgebiet, das sich allerdings im Laufe der nächsten Jahrzehnte durch Rodung und Bebauung um einiges vermindern sollte. Trotzdem wird in einem Dorfbereisungsbericht aus dem Jahre 1903 der jährliche Reingewinn aus dem Gemeindewald noch auf 12.000 Mark geschätzt.

Die Dorfbewohner lebten zu jener Zeit fast ausschließlich von der Landwirtschaft. Da der schlechte Boden – Sand und Kies – nur wenig ergiebig war, hatte man sich auf die Weideviehhaltung verlegen müssen. Pferdehirt, Kuhhirt, Schweine- und Gänsehirt, Feld- und Waldschütz, d. h. Feld- und Waldhüter, waren im Dorf recht bedeutende Persönlichkeiten, denen das wertvollste Gut der Bevölkerung anvertraut war.

Im Übrigen hatte man schon im 18. Jahrhundert begonnen, den reichlich vorhandenen Sand abzubauen und abzutransportieren, um ihn zu verkaufen. In der Gemeinderechnung des Jahres 1733 finden *Sandbeständer* Erwähnung, die für die gepachteten Sandwiesen, auf denen sie den Sand und Kies abbauten, an die Gemeindekasse 40 fl. 30 x entrichteten.[21] Das beschwerliche Geschäft wurde mit steigender Nachfrage immer attraktiver. Die Gemeinde, in deren Eigentum die im Tagebau abgetragenen Kiesgruben lagen, erzielte durch deren Verpachtung regelmäßiges Einkommen. Es ist sicher nicht zu vermessen anzunehmen, dass viele Teile der Sandweierer Gemarkung bis weit ins 19. Jahrhundert hinein mit ähnlichen Sandbuckeln bedeckt waren, wie sie im Unterdorf anlässlich der Anlage des ersten Sportfeldes Erwähnung finden. Schon 1843 kaufte die Gemeinde den *angegriffenen Teil* der Kiesgrube im Oberfeld auf, möglicherweise der Platz, an dem sich der Baggersee der ehemaligen Kiesgrube Lais befindet. Im Protokoll der

[21] GAS –
Gemeinderechnung 1733.

Sandbauer Johann Greß.

Ortsbereisung aus dem Jahre 1877 ist festgehalten, dass der Sandbauer pro Wagenladung 20 Pfennige an die Gemeinde zahlen musste, um einen Ladeschein zu erhalten. Noch 1937 gab es auf der Gemarkung Sandweier insgesamt 15 Kiesgruben, die überwiegend im Familienbetrieb abgebaut wurden. Der dabei gewonnene Rohstoff Kies wurde von dem Gewerbezweig der *Sandbauern* mit Pferdefuhrwerken zu den Kunden transportiert. Um 1890 übten zwischen 25 und 30 Personen, im Ortsbereisungsprotokoll *Sandfahrer* genannt, neben der Landwirtschaft diese Tätigkeit aus, 13 Jahre später war deren Zahl auf 46 angestiegen.[22]

Der erste vom Gemeinderat und Bürgerausschuss frei gewählte Bürgermeister der Gemeinde war 1832 Konrad Müller, der allerdings schon nach einer Wahlperiode 1838 von Paul Kratzer abgelöst wurde. 1843 zählte Sandweier 923 Einwohner.

Sandweier und die Badische Revolution von 1848/1849

Überaus günstige Konstellationen ließen in der ersten Hälfte des 19. Jahrhunderts eine liberale Stimmung in Baden entstehen, die weite Bevölkerungsschichten ergriff. In Erfüllung einer Bestimmung der Wiener Bundesakte hatte sich Baden 1818 als erster Staat des Deutschen Bundes eine landständische Verfassung gegeben und 1819 das erste Parlament in Deutschland aus der Taufe gehoben. Auch wenn dessen Kompetenzen mit denen der heutigen Parlamente nicht zu vergleichen sind, wuchs das politische Selbstbewusstsein des bürgerlichen Standes in Stadt und Land. Die 1831 unter dem Eindruck der Februarrevolution in Frankreich erlassene Badische Gemeindeordnung muss als weiterer Markstein bei der politischen Bewusstwerdung des badischen Volkes seine Würdigung finden. Angeregt wurde diese politische Bewusstwerdung durch den umfassenden Kultur- und Kommunikationsraum des Rheintals mit seinen infrastrukturell und verkehrstechnisch

[22] *GAS – XVIII – Arbeiterversicherung 1903.*

hoch entwickelten Gebieten. Die Flussdampfschifffahrt, leidliche Verbindungsstraßen und das modernste Verkehrsmittel der Zeit, die Eisenbahn, sorgten für Transport, Austausch und Diskussion der fortschrittlichen Ideen von Freiheit, Einheit und sozialer Gerechtigkeit. Angeregt wurden sie von den angrenzenden Staaten, der Schweiz und Frankreich, die für eigenständige freiheitliche Traditionen standen. Die 1843 in allen Gebieten Badens durchgeführten Feiern zum 25jährigen Jubiläum der Verfassung und die Vielzahl der in Baden erscheinenden liberalen Zeitungen unterstrichen, zu welch mächtiger Volksbewegung der politische Liberalismus in der Zwischenzeit herangewachsen war.

Als in den Jahren 1845 bis 1847 Süddeutschland die letzte *traditionelle*, d. h. durch Missernten hervorgerufene Hungersnot, durchleben musste, führte dies zu einer drastischen Zunahme der sozialen Not der ärmeren Schichten. Auch die Gemeinde Sandweier sah sich 1847 gezwungen, ein Kapital von 2.000 fl. aufzunehmen und dafür Saatkartoffeln und Brotfrüchte aufzukaufen und diese unter die 208 Bürger des Ortes aufzuteilen. Die örtlichen Bäcker und Metzger verteilten im Auftrag und auf Kosten der Gemeinde Brot und Fleisch an die Ortsarmen, um sie vor dem Verhungern zu retten.[23] Dennoch nahm die Verschuldung zu und die Anzeigen- und Wochenblätter waren voll mit Zwangsversteigerungsanzeigen. Oftmals blieb nur die Auswanderung als Ausweg. Die Unzufriedenheit mit den politischen und wirtschaftlichen Verhältnissen verbreitete sich immer mehr und ließ in den Reihen der Handwerker und kleinen Landwirte ein Unruhepotential entstehen, das durch einen inneren oder äußeren Anstoß durchaus revolutionäre Energien freisetzen konnte.

Als dieser Anstoß mit der Pariser Februarrevolution 1848 kam, fanden die revolutionären Neuigkeiten nur geringen Widerhall im Dorf. Vorerst überwog die Furcht vor dem linksrheinischen Nachbarn. Gerüchten zufolge befanden sich Anfang März 1848 größere revolutionäre Trupps im Anmarsch auf die Rheingrenze mit der festen Absicht, den Funken der Revolution mit Gewalt in die deutschen Lande zu tragen. Der *Franzosenlärm* nahm – auch in Erinnerung an die kriegerischen Ereignisse des 17. Jahrhunderts – fast paranoide Züge an. Überall entlang des Rheins flüchteten Frauen und Kinder in die Wälder. Es wurde stündlich mit dem Einfall der fremden *Blusenmänner* gerechnet. Großherzog und Regierung, angesteckt von dieser Furcht, verstärkten die Grenztruppen, die in den Dörfern der Rheinebene einquartiert wurden. Die neuen bürgerlichen Freiheiten, die die Herrschenden unter dem Eindruck der Pariser Ereignisse konzedierten, Aufhebung der Pressezensur, Einführung von Schwurgerichten und vor allem ein nationales Parlament in Frankfurt, das die

[23] GAS – Gemeinderechnung 1847.

Freischärler auf dem Karlsruher Martkplatz, Juni 1849.

Aufgabe hatte, eine für ganz Deutschland gültige Reichsverfassung zu erarbeiten, wurden allgemein begrüßt und große Hoffnungen in die Parlamentarisierung Deutschlands gesetzt. Auch aus diesem Grunde ist über eine Beteiligung aus dem Ort an den Aufstandsversuchen Friedrich Heckers vom April 1848 und von Gustav von Struve im September 1848, beide vom badischen Territorium ausgehend, nichts bekannt.

Die große Hoffnung der Deutschen, die Verabschiedung einer freiheitlichen Verfassung in der Paulskirche zu Frankfurt, drohte jedoch am Widerstand einiger Monarchen im Frühsommer 1849 zu scheitern. Die demokratische Bewegung, die sich in Baden in einer Fülle von Volksvereinen organisiert hatte, verfolgte mit Aufmerksamkeit und wachsender Bitternis diese Versuche. Ihre Führung, der Landesausschuss der Badischen Volksvereine, traf sich am 13. und 14. Mai in Offenburg zu einer Volksversammlung. Ein Tag zuvor hatten in der Festung Rastatt badische Soldaten Forderungen nach bürgerlichen Freiheiten in der Armee erhoben, eine Anhebung ihres Soldes und die freie Wahl ihrer Offiziere verlangt. Dies war Meuterei. Der badische Kriegsminister General Hoffmann eilte aus Karlsruhe mit dem ersten Dragoner-Regiment herbei, um die Meuterei im Keime zu ersticken. Als er in der Festung Rastatt eintraf, kam es zu Verbrüderungsszenen zwischen den Meuterern und den Karlsruher Truppen, darunter auch dem Sandweierer Bürgersohn Simon Herr, der als Dragoner seinem Heeresdienst nachkam. Hoffmann musste mit seinen wenigen Getreuen aus der Festung fliehen. Soldatendelegationen gingen nach Offenburg, um den Volksvereinen ihre Unterstützung anzubieten. Mit diesem Rückenwind schritt der Landesausschuss der Volksvereine zur Tat. Er zog am 14. Mai von Offenburg in die Karlsruher Residenz und wollte sich der Unterstützung des Großherzogs in der Kampagne für die Reichsverfassung versichern. Dieser flüchtete jedoch mitsamt seiner Regierung außer Landes. Der Landesausschuss übernahm für knapp zwei Monate die Regierungsgeschäfte. Die Revolution hatte kurzzeitig gesiegt. Allgemeine Wahlen zu einer Verfassungsgebenden Versammlung in Baden wurden ausgeschrieben, an die Spitze der Verwaltungen in den Amtsbezirken traten revolutionäre Zivilkommissare und militärische und politische Instruktoren operierten in den Dörfern, um die ersten Aufgebote der Bürgerwehr auf die bewaffnete Auseinandersetzung mit den

Bekanntmachung.

Simon Herr von Sandweier, Dragoner im vormaligen I. Dragoner-Regiment, wurde überwiesen, am 12. Mai d. J. auf dem Marsche nach Rastatt seine Kameraden aufgefordert zu haben, nicht gegen die meuterische Infanterie dortselbst einzuschreiten, und dem Befehle zum Angriff auf die Meuterer nicht gehorcht zu haben.

Derselbe hat an dem Gefecht bei Waghäusel bewaffneten Antheil genommen, und seine Kameraden dort aufgefordert, die königlich preußischen Truppen anzugreifen, und endlich hat er am 25. Juni d. J., als mehrere Unteroffiziere seines Regiments dieses zu den Bundesgenossen der rechtmäßigen Regierung überführen wollten, diesen Uebergang zu verhindern gewußt.

Das außerordentliche Kriegsgericht hat in seiner öffentlichen Sitzung vom 18. d. M. den Angeschuldigten wegen dieser Vergehen der Anstiftung der Meuterei und der Theilnahme am hochverrätherischen Aufruhr für schuldig erkannt, und ihn in eine zehnjährige Zuchthausstrafe und in die Kosten der Untersuchung verurtheilt.

Dieses Urtheil wurde sofort vollzogen durch die Ablieferung des Simon Herr in das Männerzuchthaus zu Bruchsal.

Rastatt den 19. Oktober 1849.

Im Namen
der Untersuchungs-Kommission des Standgerichts:
Der Untersuchungsbeamte
v. Goeler.

Bekanntmachung
Simon Herr.

Mächten des Deutschen Bundes vorzubereiten, die dem revolutionären Spuk in Baden den Garaus machen wollten.

Auch in Sandweier fanden diese Lehrstunden für das erste Aufgebot statt. Alle ledigen und tauglichen Männer des Dorfes zwischen 18 und 30 Jahren gehörten ihm an. Im zweiten Aufgebot waren die verheirateten Bürgersöhne bis 30 Jahre zusammengefasst, während in das dritte Aufgebot die über 30jährigen Männer eingereiht wurden. Die *Kommandanten von der Bürgerwehr*, so beschloss es der Gemeinderat am 28. Mai 1849, erhielten für das Einüben der militärischen Formationen und Griffe pro Tag aus der Gemeindekasse 20 x, während der Hornist der Truppe sich mit 6 x zufrieden geben musste. Bewaffnet war die Bürgerwehr mit Gewehren, die Sandweier der Stadt Baden-Baden im Jahre 1848 abgekauft hatte.[24] Dem ersten Aufgebot aus Sandweier, oder der Wehrmannschaft, wie sie in den Rechnungsbüchern der Gemeinde genannt wird, oblag in erster Linie die Aufgabe, den Wachdienst auf dem Bahnhof Oos zu besorgen. Kommandant des Wachdienstes war Gerhard Müller, offensichtlich ein verabschiedeter Soldat, der zugleich als Instrukteur eingesetzt war.

Am 3. Juni 1849 wurde im Dorf die Wahl zur Verfassungsgebenden Versammlung, der ersten allgemeinen, geheimen und freien Wahl – bei der nur Männer wählen durften – in der deutschen Geschichte, mit Böllerschüssen gefeiert. Noch am selben Tage musste das erste Aufgebot ins badische Unterland abrücken, wo die ersten Scharmützel mit den preußischen Truppen bevorstanden. Bürgermeister, Gemeinderat und Bürgerausschuss verabschiedeten die ca. 45 Mann starke Truppe und offerierten jedem Volkswehrmann ein Maß Bier.[25] Die bunte Truppe mit ihren sicher vorsintflutlichen Gewehren konnte offensichtlich keinen großen Eindruck machen. Den Forderungen nach einer modernen Ausrüstung kam der Gemeinderat am 17. Juni 1849 nach, als er für das erste Aufgebot die Anschaffung von *45 Stück Musketen, 45 Stück Blushemden und 45 Stück Patronentaschen* beschloss. Schon eine Woche später lieferte der Sandweierer Schneider Marcus Wellmer die bestellten Blusen zu einem Gesamtpreis von 15 fl. 30 x. Ob die Musketen und die Patronentaschen ihre Adressaten ebenso schnell erreichten und ob das erste Aufgebot aus Sandweier in Kampfhandlungen verwickelt wurde, darüber schweigen leider die Quellen.

In der zweiten Junihälfte spitzte sich die Lage zu. Mehrere Armeen unter Führung des preußischen Kronprinzen Wilhelm näherten sich

[24] GAS – Gemeinderatsprotokolle 1848, 1849.

[25] GAS – Gemeinderechnung 1849.

*Schreckliche Rache der
Sieger: Erschießung
eines Revolutionärs 1849
in Rastatt.*

dem kleinen Baden. Die revolutionäre Armee, verstärkt mit Volkswehreinheiten und
tausenden Freiheitskämpfern aus allen europäischen Ländern, stellte sich am 25. Juni
in Waghäusel zum Kampf. Als einige Unteroffiziere der badischen Armee während des
Gefechtes die Waffen strecken wollten und
einem Überlaufen zur preußischen Armee
das Wort redeten, war es unter anderem
Simon Herr, der sich energisch dagegen aus-
sprach und sich für die Verteidigung der Volksrechte gegen die Kon-
terrevolution aussprach. Als Simon Herr im Verlauf der weiteren
Ereignisse in die Hände der preußischen Truppen geriet und seine
Verwicklung in die revolutionären Ereignisse untersucht wurden,
kamen sowohl sein Verhalten in Rastatt am 12. Mai wie auch bei
der Schlacht von Waghäusel am 25. Juni 1849 ans Licht. Grund
genug, ihn in die Rastatter Kasematten einzusperren und ihm vor
dem Rastatter Kriegsgericht wegen Anstiftung zur Meuterei und
wegen der Teilnahme am hochverräterischen Aufruhr den Prozess
zu machen. Dort wurde er am 18. Oktober 1849 zu einer 10jährigen
Zuchthausstrafe verurteilt. Nach zwei Jahren Einzelhaft im Bruchsaler
Gefängnis wurde Simon Herr 1851 zur Auswanderung begnadigt.
Er verließ in jenem Jahr seine badische Heimat und ging in die Vereinigten Staaten. Für die Entschädigungsforderung des badischen
Staates in Höhe von 209 fl. und 8 x hatten seine Eltern Josef und
Walburga Herr aufzukommen.

Mit dem Einzug der preußischen Truppen am 30. Juni 1849
begann auch in Sandweier eine lange Periode der Einquartierungen, die schwer auf der Gemeinde lastete. Mitte August 1849
war für eine Woche eine reitende Batterie mit 36 Offizieren und
1.522 Soldaten in Sandweier untergebracht, die vom Ort ernährt
werden mussten. Bis in den Oktober 1849 hinein, als kurzzeitig
Teile eines preußischen Ulanenregiments mit 84 Soldaten und einer
ebenso großen Anzahl von Pferden in Sandweier Station machte,
dauerten die Einquartierungen. Regelmäßig mussten die Bauern
Heu, Stroh, aber auch Brot und Wein an die zwischen Sandweier
und Rastatt eingerichteten Lager oder direkt in die ab 23. Juli
eroberte Bundesfestung Rastatt liefern.

Als im Frühjahr 1851 zwecks einer möglichen Entschädigung
durch die Gemeinde Bilanz gezogen wurde, kam man auf die be-
eindruckende Zahl von 666 Fronfuhren mit zwei Pferden, die für
das Militär geleistet worden waren. Mit weiteren Auslagen, darunter auch die 18 Flaschen Bier und die 2 1/3 Pfund Schinken, die

Une chasse
à courre à Bade.

Jagdgesellschaft im Wald
von Sandweier, 1850er Jahre.

Anton Burkart am 30. Juni 1849 der Vorausabteilung der in Sandweier einziehenden Bundestruppen verabreichen musste, kam die Gemeinde auf eine Summe von 2.044 fl., nicht gerechnet der Feldschaden, der sich auf 1.999 fl. belief. Die Hoffnungen auf eine komplette Entschädigung der Gemeinde für die erlittenen Verluste und Ausgaben erfüllten sich nicht. Lediglich 976 fl. wurden 1853 der Gemeinde aus der Staatskasse erstattet.[26]

Bis 1852 galt für Baden der militärische Belagerungszustand. Mit Akribie suchten die großherzoglichen Strafverfolgungsbehörden die *Rädelsführer* und Teilnehmer an den *hochverräterischen Unternehmungen* des Frühsommers 1849. Der Landwirt Bernhard Brenneisen hatte im Umfeld der Wahlen einige *Schimpfreden* gegen den geflohenen Großherzog gerichtet. Grund genug, ihn im August des Jahres zu verhaften und als politischen Gefangenen in den Karlsruher Rathausturm zu sperren. Im September 1849 wurde er wegen Majestätsbeleidigung zu drei Monaten Arbeitshaus verurteilt. Auch nach seiner Entlassung blieb er als *unsicherer Kantonist* unter allgemeiner politischer Aufsicht. Gegen die Landwirte Paul Kratzer und Fidel Müller sowie gegen den Müllermeister Anton Kühn wurden Ermittlungsverfahren wegen Hochverrats eingeleitet, die jedoch alle Ende 1849 eingestellt wurden. Eine Reihe Sandweierer, die als Soldaten in die Auseinandersetzungen mit hineingezogen waren, fanden sich nach der Kapitulation der Festung Rastatt in den dortigen Kasematten als Gefangene wieder. Nach einigen Wochen der Festungshaft wurden sie in ihr nahe gelegenes Heimatdorf entlassen. Es handelte sich um: Ferdinand Herr, Soldat der ersten Kompanie des dritten Infanterie-Regiments, Korporal Sebastian Klumpp, den Soldaten der siebten Kompanie des ersten Infanterie-Regiments Karl Mühlfeit sowie den Soldaten Bernhard Peter. Der Müller Lazarus Blank war mit den Resten der revolutionären Armee in die Schweiz geflüchtet, von wo er erst am 19. November 1849 wieder zurückkehrte. Auch gegen ihn wurde eine Untersuchung *wegen Teilnahme am letzten Aufruhr* eingeleitet, über deren Ausgang allerdings keine Informationen vorliegen. Ebenfalls wissen wir nicht, ob er das ihm wegen der Flucht entzogene badische Staatsbürgerrecht wieder erhalten hat.[27]

Erst mit den Amnestiegesetzen des Jahres 1862 konnte die *Badische Revolution* der Jahre 1848/49 auch juristisch *ad acta* gelegt werden.

Sandweier war kein ausgesprochenes *Demokratennest*. Doch auch in diesem Ort haben sich einige für die Verwirklichung der bürgerlichen

[26] GAS – Die Liquidation der Kosten für die durch den Maiaufstand nötig gewordene militärische Hilfe, 1848-1853.

[27] Angaben nach Heinrich Raab: Revolutionäre in Baden 1948/49. Biographisches Inventar für die Quellen im Generallandesarchiv und im Staatsarchiv Freiburg. Bearbeiter von Alexander Mohr. Stuttgart 1998.

Bürgermeister Franz Müller.

Freiheits- und Menschenrechte eingesetzt. Sie haben damit mitgeholfen, demokratische Traditionen in Deutschland zu verankern und den Humus für unsere heutige freiheitliche Grundordnung zu bearbeiten, die sich wesentlich auf Inhalt und Geist des Verfassungswerks der Frankfurter Paulskirche beruft.[28]

Noch vor dem Ausbruch der Revolution war 1845 mit dem Bau der Eisenbahnnebenlinie von Baden-Oos nach Baden-Baden begonnen worden. Dazu hatte der damalige Pächter der Spielbank, Jacques Bénazet, einen beträchtlichen Zuschuss beigesteuert. Mit dem allgemeinen Aufschwung der Stadt Baden-Baden, die unter Bénazets Regie zur Sommerhauptstadt Europas werden sollte, und der ebenfalls nahe gelegenen Stadt Rastatt, seit 1844 zur Bundesfestung erklärt, entwickelte sich ein großer Bedarf an Arbeitskräften, der auch Bewohnern der umliegenden Orte zusätzliche Verdienstmöglichkeiten zu ihrem kärglichen Einkommen aus der Landwirtschaft bot. Der Sohn von Jacques, Edouard Bénazet, der 1848 seinem Vater als Spielbankpächter nachgefolgt war, war über lange Jahre Pächter der Sandweierer Gemeindejagd. Die von seinem Neffen Emile Dupressoir organisierten Hetzjagden im Sandweierer und Iffezheimer Wald waren regelmäßig Treffpunkte der *Hautevolée,* die sicher von den Einwohnern des Dorfes gebührend bestaunt wurde. Für die Burschen und Männer aus Sandweier waren die Jagden immer ein besonderes Ereignis, da sie häufig als Hetzer und Treiber gebraucht wurden. Neben dem Treibergeld und der üppigen Verpflegung dürften sie auch manche Eindrücke von den hohen Herrschaften gewonnen haben, die sie bereitwillig ihren staunenden Dorfgenossen weitergaben.

Edouard Benazet war auch der Gründer der Iffezheimer Pferderennen, die seit 1858 eine weitere neue Attraktion für die Baden-Badener-Gesellschaft darstellten. Übrigens hatte er schon 1852 im Sandweierer Bruch *Hippodrom-Tests* veranstaltet, um in unmittelbarer Nähe der Kurstadt eine Pferderennbahn zu errichten. Doch der Boden erwies sich als ungeeignet, weil zu weich und zu morastig. Unser Dorf hatte 1855 176 Häuser, wie aus einer Meldung an die Feuerversicherung hervorgeht. In ihnen lebten rund 1.000 Einwohner in 200 Familien. Der größere Teil der Bevölkerung war wenig begütert, denn in diesen und den folgenden Jahren wurden immer wieder die beiden Armenhäuser erwähnt, die dauernd voll belegt waren und regelmäßig von der Behörde und dem Amtsarzt kontrolliert wurden.

[28] Müller/Bruckner, S. 102 ff; Alfred Georg Frei/Kurt Hochstuhl: Wegbereiter der Demokratie. Die badische Revolution 1848/49. Der Traum von der Freiheit. Karlsruhe 1997.

Chancen, zum Bürgermeister gewählt zu werden, hatten nur Angehörige der Höchstbesteuerten, die zudem über große Familienverbände verfügen mussten, die für eine entsprechende Mobilisierung der Stimmen sorgen konnten. Politische Programme sind hinter den einzelnen Kandidaten nicht zu erkennen. Es ging um Macht und Einfluss im Dorfe, die der Bürgermeister – zum Wohle seiner Anhänger – ausüben konnte. Macht abzugeben, das Votum der Wähler anzuerkennen, fiel dabei manchem schwer. So auch dem Bäckermeister Franz Müller, der 1876 nach 18jähriger Dienstzeit vom Landwirt Andreas Kinz abgelöst wurde. Zweifelsohne hatte sich Müller große Verdienste um die Gemeinde erworben. Seiner Initiative war es zu verdanken, dass Anfang 1866 im Ort ein Veteranenverein gegründet wurde, dem gleich zu Beginn 80 Sandweierer *Veteranen* beitraten und zu dessen ersten Vorstand Müller gewählt wurde. Darüber hinaus galt der langjährige Sandweierer Bürgermeister beim Bezirksamt als *ein kenntnisreicher, tätiger und durchaus energischer Gemeindebeamter,* der seinem Dienste vollkommen gewachsen war. Besonders bitter musste Müller die Abwahl im Jahre 1876 auch deswegen empfinden, da der neue Bürgermeister offenkundig über all diese Qualitäten nicht verfügte. Ihm fehlten *noch fast alle zu seinem Amte erforderlichen Kenntnisse,* er legte zudem *wenig Energie an den Tag,* was zu einem *Rückgang in der Handhabung der Ortspolizei* und bei der Förderung der Landwirtschaft geführt hatte. Eine ungute Konkurrenzsituation, die die Gemeindepolitik über Jahre belastete. Franz Müller ließ im Gemeinderat, wo er die Position des Dienstältesten einnahm, keine Gelegenheit aus, dem jungen Kollegen seine Grenzen aufzuzeigen. Umso größer muss die Enttäuschung ausgefallen sein, als er im Jahre 1882 als Gegenkandidat zu Andreas Kinz mit 89 zu 129 Stimmen erneut deutlich durchfiel. Seine *ehrgeizige und intrigante Art* war nun selbst dem Bezirksamt aufgefallen, das 1885, als erneute persönliche Spannungen im Gemeinderat eine konstruktive Politik fast unmöglich machten, energisch für Bürgermeister Kinz eintrat, der trotz seiner wenig überzeugenden fachlichen Qualitäten als *kleineres Übel* für die Gemeinde angesehen wurde.

Bis ins hohe Alter hinein suchte Müller, verloren gegangenes Terrain wieder zu erobern. Auch dem Sonnenwirt Christian Peter, der 1888 Andreas Kinz nachfolgte, verweigerte er die Gefolgschaft und ließ keine Gelegenheit aus, sich in dessen Geschäfte einzumischen. Die Aufbewahrung der Fahne des Veteranenvereins auf dem Rathaus nahm er wiederholt zum Anlass, als Vorstand des Vereins – bevorzugt bei Abwesenheit des Bürgermeisters – dort zu erscheinen und bei Gelegenheit der *Überprüfung der Fahne* sich auch noch über die laufenden Dienstgeschäfte zu informieren. Als Bürgermeister Peter

Brunnen, Römerstraße 14.

daraus die Konsequenzen zog und dem Veteranenverein den Bürgersaal als Versammlungsstätte entzog und auch die Aufbewahrung der Vereinsfahne auf dem Rathaus untersagte, schlugen die Wellen hoch. Mit Rückendeckung des Bezirksamtes stand Christian Peter diese Auseinandersetzung durch, der noch weitere mit dem Veteranenverein und seinem mächtigen Vorsitzenden folgen sollten. Welch großen Einfluss Müller, aber auch der abgewählte Bürgermeister Andreas Kinz noch im Dorf besaßen, wurde bei der Bürgermeisterwahl im Jahre 1894 deutlich. In drei Wahlgängen konnte keiner der Kandidaten die erforderliche Stimmenzahl auf sich vereinigen. So wurde der bisherige Amtsinhaber Sonnenwirt Peter vom Bezirksamt 1895 für zwei Jahre zum kommissarischen Bürgermeister ernannt. Offensichtlich war auch die Bürgerschaft der dauernden Streitigkeiten überdrüssig. Als Peter 1897 sich dem Votum der Sandweierer stellte, fiel die Entscheidung eindeutig für ihn aus. Von 53 Mitgliedern des Großen Bürgerausschusses stimmten nicht weniger als 51 für ihn und honorierten so seine Bemühungen in den zurückliegenden zwei Jahren, *den früher in der Gemeinde hervortretenden, in schroffem Gegensatz zueinander stehenden örtlichen Parteiströmungen Rechnung zu tragen und auf ein Einvernehmen der Bürgerschaft hinzuwirken.*[29]

Das Dorf selbst war das ganze 19. Jahrhundert von der landwirtschaftlichen Produktions- und Lebensweise dominiert. Die Dorfstraßen zeigten sich ungepflastert, lediglich mit Steinen ausgelegte Regenrinnen waren auf der Hauptstraße und den beiden innerörtlichen Verkehrsachsen, der Römer- und der Mühlstraße, vorhanden. Allerdings häufig in sehr schlechtem Zustand, wie die Ortsbereisungsprotokolle zu berichten wissen. Der Verbesserung der Reinlichkeit im Ort widmete sich daher regelmäßig ein Abschnitt in den Visitationsberichten. Meistens floss nicht nur das Regenwasser in die Straßenrinnen, sondern auch das Küchenabwasser wurde dorthin geleitet. Die Trinkwasserversorgung erfolgte durch Schöpf- bzw. Ziehbrunnen im Hofe der einzelnen Anwesen. Die Brunnen lieferten recht häufig schlechtes Wasser, zumal dann, wenn sie in der Nähe des Dunghaufens oder der Jauchegrube lagen. Immer wieder kam es durch verschmutztes Wasser zu epidemischen Krankheiten im Dorf.

Im Januar 1883 erging die Anordnung, das *aus hiesigen Ziehbrunnen zum Trinken benutzte Wasser ... auf die Dauer von sechs Wochen* abzukochen, um das Auftreten des *Nervenfiebers* einzudämmen.[30] Was sich hinter diesem *Nervenfieber* versteckte, ist nicht bekannt.

[29] GLA 339 Zug. 1981/42 Nr. 120 – Veteranenverein Sandweier, 1892-1893; GLA 371 Zug. 1932/37 Nr. 524 – Ortsbereisung 1898.

[30] GAS – VIII.4 Polizei-Gesundheit, 1883, 1843.

Im Jahre 2008 produzieren am Ort noch viele Klein-brenner den traditionellen Topinambur, aber auch andere Obstbrände und Liköre.

Epidemische Krankheiten wie die Cholera, die Pocken oder Diphtherie traten häufig im Dorf auf und nahmen sich ihre Opfer. Allein zwischen Oktober 1870 und März 1871 verstarben in der Gemeinde 40 Kinder unter zwölf Jahren. Bei den Rechnungsunterlagen der Gemeinde finden wir einen Forderungszettel vom Januar 1871 über die Vergütung von zwölf Nachtwachen bei an Blattern bzw. an Pocken erkrankten Personen, womit die Ursache für den Tod der vielen Kinder genannt sein dürfte. Schon früh wurde auch im Dorf die Impfung mit Antikörpern praktiziert. 1843 wurde der Ehefrau des Philipp Reibelt aus Baden-Oos *für Stellung ihres mit frischen Blattern versehenen Kindes für Impfung der Gemeindekinder in Sandweier* 24 x aus der Gemeindekasse bezahlt.

Trotz des offensichtlichen Zusammenhangs zwischen verunreinigtem Wasser und den häufig auftretenden ansteckenden Krankheiten im Ort stieß die 1877 angeregte Umwandlung der offenen Ziehbrunnen in Pumpbrunnen auf wenig Gegenliebe. So ist gerade im Protokoll dieses Jahres vermerkt, dass der Schulbrunnen im Hofe der heutigen Ortsverwaltung ein äußerst übel schmeckendes Wasser bringe.

Die bäuerliche Struktur des Dorfes war insbesondere auf die Weideviehhaltung ausgerichtet. Mitte der 70er Jahre des 19. Jahrhunderts wurden täglich um die 270 Schweine auf die Weide im Oberwald getrieben. Der steigende Fleischbedarf der nahen Garnison Rastatt und der Kurstadt Baden-Baden mit ihren vielen Hotels und Restaurationsbetrieben gab in den Folgejahren der Schweinezucht weiteren Auftrieb. Anfang des letzten Jahrhunderts wurden in Sandweier 830 Schweine gehalten. Zum selben Zeitpunkt konnten 140 Pferde und 628 Stück Rindvieh gezählt werden. Im gemeindeeigenen Stierstall standen fünf Farren zur Körung der Kühe bereit.[31]

Angesichts dieser großen Zahl wundert es nicht, dass den von der Gemeindeversammlung vorgeschlagenen und durch den Gemeinderat verdingten Hirten eine verantwortungsvolle Aufgabe anvertraut war. Die ortspolizeilichen Vorschriften enthalten auch Passagen über das Vieh. Die öffentlichen Straßen, Plätze und Wege mussten *stets von Kot befreit sein.* Verantwortlich dafür waren die jeweiligen Anlieger, die Mittwoch und Samstag verpflichtet waren, die Straßen entsprechend zu reinigen. Zuwiderhandelnde wurden ebenso durch den Ortspolizeidiener zur Anzeige gebracht wie diejenigen, die die Mistjauche aus den Stallungen auf ihren Hofplatz fließen ließen, von wo sie sich auf die öffentlichen Straßen ergoss. An Sonn- und Feiertagen war es zudem

31 GLA 371 Zug. 1981/42 Nr. 2811 – Ortsbereisung 1903.

grundsätzlich verboten, *Vieh auf öffentlichen Plätzen herumlaufen zu lassen.* Dazu zählten neben den Rindern auch Schafe, Schweine, Geißen, Gänse und Enten. Marzell Weber z. B. musste 1857 15 x, immerhin den Halbtagesverdienst eines Tagelöhners, berappen, weil er seine Gänse wiederholt im Ort hatte frei laufen lassen.[32]

Neben der Beschreibung der wirtschaftlichen Verhältnisse der Bewohner von Sandweier, verbunden auch mit Ratschlägen für deren Verbesserung, widmen sich die Ortsbereisungsprotokolle über Jahrzehnte einem offensichtlich in Sandweier besonders drängendem Problem, dem *leichtlebigen* Charakter seiner Bevölkerung. Auch wenn der mahnende Finger der Obrigkeit hinsichtlich der Sittlichkeit und des Lebenswandels der Landbevölkerung bei der Bereisung der benachbarten Dörfer häufig auftaucht, gehörte er für Sandweier zu den fast regelmäßigen Konstanten in den Berichten. Ob es tatsächlich die Nähe und damit der schlechte Einfluss der Städte war, dass die Sandweierer keine Gelegenheit ausließen, Feste zu feiern, das Wirtshaus aufzusuchen und sich vor allem dem Schnapsgenuss hinzugeben, wie der Bericht des Jahres 1892 vermutet, mag dahingestellt bleiben. Dass die Menge des in den privaten Brennereien hergestellten *Erdäpflers,* die im Jahre 1903 rund 2.400 Liter betrug, ausschließlich dazu gemacht wurde, um verzehrt zu werden, dessen war sich die Obrigkeit sicher bewusst. Mit Macht kämpfte sie daher gegen die aus dem übermäßigen Alkoholgenuss resultierenden Exzesse. Dazu gehörte auch, durch Belehrungen über die Kanzel, in der Schule und bei anderen Gelegenheiten der im Dorf weit verbreiteten Unsitte entgegen zu treten, *dass Kindern morgens statt des Kaffees oder einer Suppe Schnaps verabreicht* wurde, um sie den Tag über *ruhig* zu stellen, damit sie die Eltern bei der Erledigung ihrer täglichen Arbeit nicht *störten.*[33]

Besonders ins Visier nahm die Obrigkeit allerdings die Jugendlichen beiderlei Geschlechts, die immer wieder durch Ruhestörungen, Lärmen und Herumschreien auf den Straßen sowie durch heftige Raufhändel untereinander auffielen. Dass *bei Tanzbelustigungen selbst Schuljugend in den Wirtschaften* anzutreffen war, wie 1859 berichtet wurde, musste ganz besonders provozieren.[34] Auch die 1896 erwähnten, aber zugleich als *gänzlich ausgeartet* bezeichneten *Kunkelstuben,* in denen sich *Burschen und Mädchen abends* trafen, jedoch alles andere taten als gemeinsam zu spinnen, rief die Gemeindeobrigkeit auf den Plan.

In erster Linie war dabei der Ortspolizeidiener gefragt. Diesen extra zu motivieren, dass die Übertretungen auch unnachsichtig geahndet wurden, brauchte man nicht. Schließlich bezog er über die so genannten Anzeigegelder einen Großteil seiner Entlohnung,

[32] GAS – Strafbuch 1850-1861.

[33] GLA 371 Zug. 1932/37 Nr. 524 – Ortsbereisung 1885.

[34] GAS – Handhabung der Ortspolizei, 1859.

Fachwerkhaus.

konnte also die Höhe seines monatlichen Einkommens durchaus steuern. Für vielerlei Übertretungen gab es empfindliche Geldbußen. Wer wie Isidor Klumpp 1857 seinen Dungwagen auf der Gasse stehen ließ, wurde mit 30 x, einem Tagesverdienst eines Tagelöhners, ebenso zur Kasse gebeten wie die *jungen Burschen,* die im selben Jahr verbotenerweise an Tanzbelustigung teilgenommen hatten und ebenfalls mit 30 x bestraft wurden.

Das im Gemeindearchiv verwahrte Strafbuch vermittelt einen plastischen Eindruck über das System der gegenseitigen Kontrolle, das das Dorfleben bestimmte. Denn auch andere *Anzeiger* von Übertretungen konnten mit einem Teil der ausgesprochenen Strafgelder rechnen. Wer also wie im Jahre 1853 Joseph Herr einen Bekannten aus Au am Rhein über Nacht beherbergte, ohne die vorherige Erlaubnis dafür einzuholen, war immer in Gefahr, durch einen aufmerksamen, vorsichtigen oder missgünstigen Nachbarn angezeigt zu werden. Herr auf jeden Fall kam die noble Geste teuer zu stehen. 2 fl. wanderten dafür in die Gemeindekasse. Selbst der auswärtige Gast wurde mit 1 fl. belegt, wobei der anonyme Anzeiger 30 x für sich behalten konnte. Im Interesse aller handelten die Ortspolizeidiener, wenn sie regelmäßig in den Bäckereien des Ortes die Brotgewichte nachprüften. Wie notwendig dies war, zeigen ebenfalls Eintragungen im Strafbuch der Gemeinde.

1852 kam deswegen der Bäcker Mathäus Walter zur Anzeige und wurde *wegen zu leichtem* Brot zu 3 fl. Strafe verurteilt. Als er ein Jahr später erneut ertappt wurde, zog die Gemeinde das zu leichte Brot ein und verteilte es in den beiden Armenhäusern. Zwei Jahre später erwischte es den Kronenwirt und Bäckermeister Kreidenweis, der wegen desselben Delikts ebenfalls zu 3 fl. Strafe verurteilt wurde.[35] Gegen die aufmüpfige Jugend, die aus Langeweile und um dem permanenten Druck der das Dorf beherrschenden Sozialkontrolle zu entgehen, jede Gelegenheit nutzte, die von den Erwachsenen gesetzten engen Grenzen zu überschreiten, musste der Ortspolizeidiener häufig die Hilfe der Gendarmerie aus Baden-Oos in Anspruch nehmen. So auch am 26. und 27. Dezember des Jahres 1882, als aus einem traditionellen Mummenschanz regelrechte *Unruhen* entstanden, die über zwei Tage andauerten. Im Verlauf dieser gewalttätigen Auseinandersetzungen ereigneten sich sogar Tätlichkeiten gegen die Polizeikräfte. Nicht weniger als 14 junge Burschen aus dem Dorf landeten vor den Schranken des großherzoglichen Gerichts, wo sie wegen Landfriedensbruchs zu mehrwöchigen Gefängnisstrafen verurteilt wurden. 1884 sah sich die Ortsobrigkeit sogar gezwungen, *zur Steuerung des Umher-*

[35] GAS – Ebd., 1852, 1853, 1855.

schwärmens die Polizeistunde für junge Männer unter 25 Jahren auf 21.00 Uhr festzusetzen. Und wenige Jahre darauf, 1894, wurde für die Sonn- und Feiertage extra ein Hilfspolizeidiener eingestellt, der dem *unnützen Umherschwärmen* von Jungen und Mädchen auf den Ortsstraßen Einhalt gebieten sollte.[36]

Angesichts dieses im Dorfe offensichtlich vorhandenen Konfliktpotentials wuchs den örtlichen Nachtwächtern eine neue polizeiliche Aufgabe zu, die neben die traditionellen Aufgaben der Feuerschau und der Sicherung des Dorfes trat und diese bald dominierte. Bis weit ins 19. Jahrhundert wurde die Nachtwache in Sandweier durch eigens in den Rüggerichts- oder Gemeindeversammlungen bestellte Nachtwächter versehen. In der Regel waren es zwei Personen, die des Nachts in den Straßen und Gassen des Ortes zu patrouillieren, für Ruhe und Ordnung zu sorgen und die schlafenden Mitbewohner vor Feuer, Feinden und Dieben zu warnen hatten. Dafür erhielten sie – wie 1786 die beiden Wächter Michael Müller und Lorenz Peter – 24 fl. aus der Gemeindekasse. Mitte des 19. Jahrhunderts wurde diese Praxis wohl aus Sparsamkeitsgründen aufgehoben und die Nachtwache im Rahmen der Gemeindefronen ausgeübt. Jeder Gemeindebürger war nach einem festgelegten Rhythmus dazu verpflichtet, konnte sich jedoch auch von seinem Dienst loskaufen, indem er einen Ersatzmann stellte. Wer auf der Nachtwache nicht erschien, wie im September 1850 *dem Anton Kühn sein Knecht von hier*, der wurde mit 15 x Strafe belegt.[37] Doch schon bald erwies sich dieses System als wenig praxistauglich. Krankheiten sowie der häufige Tausch der Dienste untereinander führten zu großen Nachlässigkeiten bei der Ausübung der Nachtwache, die von der Gemeindeobrigkeit kaum mehr hinreichend kontrolliert werden konnte.

Ab Januar 1855 wurden feste Gruppen aus vier Bürgern und einem als Obmann fungierenden Bürgerausschussmitglied gebildet, die den Nachtwächterdienst versahen. Der Dienst selbst erstreckte sich in den Wintermonaten von 21.00 Uhr bis 4.00 Uhr, in den Sommermonaten von 21.45 Uhr bis 3.00 Uhr. Jeweils eine Stunde patrouillierten zwei Nachtwächter durch die Straßen des Dorfes, ehe sie von den anderen beiden abgelöst wurden. Die Ruhezeit hatten sie auf der Wachtstube im Rathaus zu verbringen. Während ihrer Dienstzeit hatten sie polizeiliche Befugnisse. Das Problem mit den *Übersitzern* und den lautstarken Jugendlichen des Dorfes wurde schon angesprochen. Daneben hatten sie auch über die Einhaltung der Sicherheitsvorschriften in Bezug auf die Verkehrs- und Feuerpolizei zu wachen. Wer wie Isidor Klumpp 1857 den *Dungwagen auf der Gasse stehen ließ*, wer an den Straßen zur

[36] *GAS – XI.2 – Sicherheits- und Sittenpolizei, Polizeistunde; GLA 371 Zug. 1932/37 Nr. 524 – Ortsbereisung 1895.*

[37] *GAS – Strafbuch 1850-1861.*

Orchestrion.

Nachtzeit einen Fuhrwagen *ohne brennende Lampe* abstellte, wurde ebenso unnachgiebig zur Anzeige gebracht und bestraft wie die Zeitgenossen, die gegen das Verbot des Hantierens mit offenem Licht und des Rauchens in Scheuern, Stallungen und Speichern verstießen. Selbst in den Hofraiten und auf den Straßen war der Gebrauch offenen Feuers strengstens untersagt. Nur mit geschlossenen Laternen, *deren Öffnung mit einem Blech überdeckt* war, durfte des Nachts auf die Straßen gegangen werden.[38]

1870 erfolgte eine erneute Änderung im System der Nachtwache. Ab diesem Jahr wurden die Nachtwächter wieder durch den Gemeinderat bestimmt, der auch für deren Kosten aus der Gemeindekasse aufkam. Spätestens ab 1895, seit die ersten festen Straßenlaternen im Dorf brannten, und mit der Einstellung eines Hilfspolizeidieners, der an Sonn- und Feiertagen, vor allem jedoch des Nachts für die Einhaltung der öffentlichen Ruhe und Sicherheit wachte, stand das System der Nachtwache zur Disposition. 1910 schließlich genehmigte das Rastatter Bezirksamt deren Aufhebung, nachdem die Gemeinde nachgewiesen hatte, dass entlang der damals schon mit Motorkraftwagen und vielen Pferdefuhrwerken befahrenen Landstraße zwischen Rastatt und Baden-Baden *eine genügende Anzahl Richtungslaternen* brannten.[39]

Allerdings war in jenem Jahr nicht die Laternenbeleuchtung der Hauptstraße Gegenstand des Dorfklatsches als vielmehr ein Orchestrion, das der Hirschwirt Nassall in seiner Gaststätte aufstellte und das mit Hilfe von gelochten Papierstreifen verschiedene Musikstücke zur Unterhaltung der neugierigen Gäste spielen konnte.[40]

Gegen Ende des Jahrhunderts gab es in Sandweier acht genehmigte Branntweinbrennereien, die rund 2.400 Liter des schon damals als Sandweierer *Nationalgetränk* bezeichneten Topinamburs produzierten. Auch die Zahl der Gewerbetreibenden war beeindruckend. Das Ortsbereisungsprotokoll des Jahres 1903 berichtet von 43 Personen, die im Dorf folgende Berufe ausübten: Bäcker, Hafner, Kaufleute, Küfer, Maurer, Metzger, Milchhändler, Müller, Sattler, Schmied, Schneider, Schreiner, Schuster, Wagner, Wirt und Zimmermann. Die Vielfalt der handwerklichen Berufe zeigt jedoch auch, dass die nach wie vor das dörfliche Leben bestimmende Landwirtschaft nicht ausreichte, die Menschen allein zu ernähren. Bei den Gewerbetreibenden herrschte der Ein-Mann-Betrieb vor. Lediglich drei Handwerksgesellen waren in jenem Jahr im Dorf beschäftigt. Auch einen *Wasenmeister*

[38] Ebd. – 1857.

[39] GAS – XI.2 – Nachtwache, 1870, 1910.

[40] GAS – Handhabung der Ortspolizei, 1910.

Familie Bernhard Kratzer,
Sandweierer Straße, um 1910.

gab es. Es war der Mann, der die Abdeckerei und die damit verbundene Viehverwertung überwachte und betreute. Diese Abdeckerei, im Volksmund *Schinderhütte* genannt, stand seit 1857/58 im Oberwald, in der Nähe des heutigen Grundwasserwerkes. Bei dem Bau des Wasserwerkes 1912 bis 1915 war die Beseitigung dieser Abdeckerei Teil des damals mit Baden-Baden geschlossenen Vertrages.[41]

Der landwirtschaftliche Anbau war, den Bodenverhältnissen entsprechend, recht einfach. Man pflanzte in der Hauptsache im Wechsel Kartoffeln, Rüben und Korn (Roggen). Kartoffeln und Rüben brauchte man zur eigenen Ernährung und zur Viehzucht, der Roggen wurde, soweit er nicht selbst benötigt wurde, an die Garnison in Rastatt verkauft. Da die landwirtschaftlichen Erträge nicht überwältigend waren, versuchte das Bezirksamt, die Obstbaumzucht zu fördern. Man machte sogar den Vorschlag, die Gemeinde solle jedem Schulentlassenen ein kleines Obstbäumchen zum Selbstpflanzen schenken. Der Anbau von Tabak und Welschkorn war um die Jahrhundertwende noch gering.

Recht aufschlussreich sind die Berichte, die wir in den Protokollen über die sozialen Einrichtungen erhalten. Die beiden Armenhäuser wurden bereits erwähnt. 1908 hatten sich die Verhältnisse so gebessert, dass eines davon verkauft werden konnte. Über Jahre hinweg wehrte sich die Bevölkerung gegen die Gründung eines von oben angeregten Viehversicherungsvereines. Erst im Jahre 1905 konnte ein solcher dann ins Leben gerufen werden. Es handelte sich dabei um eine Versicherung auf Gegenseitigkeit, die Umlage wurde auf 72 Pfennig für 100 Mark Versicherungswert festgesetzt. Der Abschluss einer Hagelschadenversicherung wurde grundsätzlich abgelehnt. Im Jahre 1891 gründete man den Krankenverein, den von Anfang an Gengenbacher Schwestern betreuten. Die Jahrhundertwende brachte für die Gemeinde die so dringende Erstellung eines neuen Schulhauses zusammen mit einem Lehrerwohnhaus. Bürgermeister Christian Peter hat sich mit diesem Werk ein eindrucksvolles Denkmal gesetzt. Er war es auch, der wenige Jahre später die Erweiterung durchsetzte und bei der Frage der Bereitstellung des Geländes für das Grundwasserwerk im Oberwald die bestimmenden Impulse gab, letztlich dann auch mit der Stadt Baden-Baden die entsprechenden Verhandlungen führte. Im Jahre 1908 zählte unser Dorf 1.653 Einwohner.

[41] GLA 371 Zug. 1981/42 Nr. 2811 – Ortsbereisung 1903.

Auswanderung

Liste des Proviants,

wie solche

gewöhnlich den Zwischendecks- und Steerage-Passagieren,

von

Bremen

nach

Newyork, Baltimore, Philadelphia oder New-Orleans und Galveston

gehend, verabreicht wird, wobei es indessen dem Capitain des Schiffes überlassen bleibt eine etwaige Abänderung zu treffen.

Sonntag: Fleisch oder Speck und Pudding mit Kartoffeln.

Montag: Fleisch oder Speck und Bohnen oder Erbsen mit Kartoffeln.

Dienstag: Fleisch oder Speck und Bohnen oder Erbsen mit Kartoffeln.

Mittwoch: Speck und Sauerkraut mit Kartoffeln.

Donnerstag: Fleisch oder Speck und Erbsen oder Bohnen mit Kartoffeln.

Freitag: Fleisch und Reissuppe oder Hafergrützsuppe mit Kartoffeln.

Sonnabend: Reis oder Scheidegerste mit Pflaumen und Syrub.

Portion

per Woche für jeden Passagier an Bord:

3 Pfund Schwarzbrod.
2 „ Weißbrod.
⅜ „ Butter.
2½ „ Fleisch.
1 „ gesalzenes oder ¾ Pfund geräuchertes Speck.

Jeden Morgen Caffee und jeden Nachmittag Thee oder Caffee.

Gemüse und Trinkwasser hinreichend.

Proviantliste für die Auswanderer.

Das Verlassen der Dorfgemeinschaft, das Wegziehen allein oder mit Familie, hat es zu allen Zeiten gegeben. Allerdings nicht in dem Umfang wie heutzutage, wo Mobilität zum Prinzip, ja zur Voraussetzung für jedes berufliche Fortkommen geworden ist. Solange die Abwanderung nicht über die Landesgrenzen hinausging, der Wanderungswillige daher mit seinem speziellen Untertanenverhältnis an die Herrschaft gebunden blieb, wurden ihr von Seiten der Obrigkeit kaum Hindernisse in den Weg gelegt.

Die Schwierigkeit bestand in der Regel nicht darin, die Erlaubnis zum Wegzug aus dem Dorf zu erhalten, sondern darin, in ein anderes Gemeinwesen aufgenommen zu werden. Denn das Instrument der Bürgerannahme war das geeignete Mittel, mit dem jede Gemeinde unliebsamen Zuzug verhindern konnte. Wer nichts besaß und auch keine konkreten Aussichten hatte, durch Heirat, Erbschaft oder dergleichen jemals etwas zu besitzen, dessen Chancen waren verschwindend gering, in die Bürgergemeinschaft eines anderen Dorfes aufgenommen zu werden. Lediglich freie Reichsstädte – getreu dem Motto *Stadtluft macht frei* – boten in dieser Hinsicht beschränkte Alternativen. Doch auch hier herrschte keine unbegrenzte Ansiedlungsfreiheit, suchte die städtische Obrigkeit mit aller Macht jeden *unverträglichen* Zuzug zu verhindern. Schließlich war jeder Neuzugang ein Eindringling und potenzieller Nutznießer der kommunalen Armenversorgung. Die Ursache für dieses restriktive Verhalten war kein *dämonischer Fremdenhass*,[42] sondern Ausdruck des kollektiven Interesses aller Bürger des Dorfes, für die jeder Neue eine potenzielle Minderung ihrer von Geburt erworbenen Rechte und Nutzungen bedeutete. Für einen reichen Landwirtssohn galten diese Mechanismen der Abschottung nach außen natürlich nur in eingeschränktem Maße. Wenn auch dessen Zuzug wegen Heirat mit gemischten Gefühlen betrachtet wurde – schließlich minderte dies die Heiratschancen der eigenen ledigen Bürgersöhne – stießen solche Kandidaten zumindest auf keine administrativen Hindernisse.

[42] Utz Jeggle, Kiebingen – Eine Heimatgeschichte. Zum Prozess der Zivilisation in einem schwäbischen Dorf. Tübingen 1977, S. 118.

Im Zwischendeck eines
Auswandererschiffes.
Zeitgenössische Lithographie.

Die Beschränkung des Zugangs zur eigenen wie zu fremden Dorfgemeinschaften bewirkte, dass – zumindest nach Ausweis der Quellen – die Sandweierer keine allzu große Mobilität an den Tag legten. Man blieb da, wo man geboren und aufgewachsen war, wo man seinen Platz im Sozialgefüge des Dorfes hatte. Zwar mussten sich vor allem die Nachgeborenen der ärmeren Schichten als Knechte und Dienstmägde bei auswärtigen Bauern oder städtischen Herrschaften verdingen. In der Regel kehrte man allerdings nach Ablauf seines Kontraktes an seinen Geburtsort zurück und war es nur, um im Armenhaus der Gemeinde seinen Lebensabend zu verbringen. Auch Handwerksgesellen gingen auf die traditionelle Wanderschaft; kehrten in der Regel jedoch ebenfalls an ihren Heimatort zurück.

Daher kann die Binnenwanderung, der Wohnortwechsel innerhalb des Landes, aus den überlieferten Quellen nur unvollkommen rekonstruiert werden.

Wollte dagegen jemand die Landesgrenzen überschreiten, musste die landesherrliche Verwaltung tätig werden. Entlassungen aus dem Untertanenverband erfolgten nur gegen Zahlung einer bestimmten Abstandssumme, zu der in Zeiten der Leibeigenschaft in der Markgrafschaft Baden noch die Entlassungsgebühr aus dem Untertanenverhältnis hinzukam.

Wer ohne Erlaubnis die Gemeinschaft verließ, wer im Sprachgebrauch der Zeit *böslich austrat,* dessen Vermögen wurde unnachsichtig mit Beschlag belegt, bis die aus der Nutzung erzielten Einkünfte die Höhe der Abzugsgebühr und der obligatorisch folgenden Strafe erreicht hatten. Zu den Aufgaben des Schultheißen vor Ort gehörte auch, darüber zu wachen, dass keiner ohne Erlaubnis des Landesherrn und dann nur nach Bezahlung der Abzugs- und der sog. Manumissionsgelder, der Entlassungsgebühr aus der Leibeigenschaft, die Markgrafschaft Baden verließ. 1790 z. B. musste jeder männliche Ledige 5 % seines ausgeführten Vermögens dem Markgrafen für die Entlassung aus der Leibeigenschaft entrichten. Dem

A 901. [2]2. Mannheim.

Konzessionirte Auswande-rungsanstalt

durch eine Kaution von 10,000 fl. gesichert.

Nach New-Orleans hat die Einschiffung am 2. April hier statt. Die Passagiere müssen den Tag zuvor hier eintreffen.

Mannheim, den 20. März 1849.

L. W. Renner.

A.896. [3]3. Brötzingen bei Pforzheim.

Zu verkaufen.

Christoph Mößner, U. S , von Brötzingen bei Pforzheim, verkauft vorzüglich guten Trippel den Zentner zu 11 fl. 30 kr. mit der Verpackung. Ich sehe recht vielen Bestellungen, jedoch portofrei, entgegen.

A 916. [3]2. Freiburg.

Hausverkauf.

In der Kaiserstraße in Freiburg i./B. ist ein Haus zu verkaufen. Nähere Auskunft ertheilt gegen frankirte Briefe Herr Architekt **Rohrwasser** daselbst.

Auswanderungsanzeige.

damaligen Überhang an Männern und dem Mangel an heiratsfähigen Frauen entsprach die Vorschrift, dass *ledige Weibs-Persohnen* 10 % zu entrichten hatten. Eine Familie wurde mit 7,5 % im Vergleich recht günstig taxiert. Wer allerdings nach Meinung der Obrigkeit sein Auskommen am Ort finden konnte, der hatte Schwierigkeiten, die Erlaubnis zur Auswanderung zu erhalten. So auch die Geschwister Hans, Christian und Catharina Burkart, denen am 27. Januar 1764 die Erlaubnis zur Auswanderung mit der Begründung versagt wurde, dass *sie ihre Versorgung hier finden* könnten.

Im 18. Jahrhundert wurde die Oberrheinebene von zahlreichen Kriegen heimgesucht. Diese brachten neben den alltäglichen Mühen zusätzlich Not und Elend. Das Leben wurde noch beschwerlicher, die Unzufriedenheit mit der eigenen ökonomischen Situation nahm zu. So wundert es nicht, dass einige Sandweierer den Verlockungen österreichischer Werber folgten, die für die durch die Türkenkriege verwüsteten und entvölkerten Landstriche an der mittleren und unteren Donau Kolonisten suchten. Kostenloser Transport auf der Donau ab Ulm, Zuweisung von eigenem Grund und Boden, der neben der Arbeit auf großen Domänen die Eigenversorgung garantierte sowie die zeitweilige Befreiung von Abgaben und Steuern waren Anreize genug, die als unerträglich und ohne Zukunftsperspektive empfundene Situation in der alten Heimat gegen das große Wagnis der Auswanderung einzutauschen.

Personen, die im 18. und 19. Jahrhundert
das Dorf in Richtung Osten und Südosten verließen[43]

Andreas Burckhardt	*1748*	*Ungarn (?)*	*5 fl. Gebühr*
Antoni Burgard	*1750*	*(?)*	
Peter Blaser	*1752*	*Ungarn (?)*	*5 fl. Gebühr*
Anton Butscher	*1752*	*Ungarn (?)*	*5 fl. Gebühr*
Josef Schieß	*1755*	*Ungarn (?)*	
Walburg Schmalholz	*1757*	*Ungarn (?)*	
Hans Georg Peter	*1758*	*Ungarn (?)*	
Magdalena Rothenberger	*1759*	*(?)*	*14 fl. 48 x Gebühr*
Franz Peter	*1764*	*Ungarn*	*13 fl. 57 x*

mit zweiter Frau und Sohn Leonhard aus erster Ehe. Als Leonhard in Ungarn stirbt, kehrt Franz Peter wieder zurück, um den mütterlichen Erbanfall seines Sohnes abzuholen.

Johann Michael Peter	*1771*	*Ungarn*	

[43] *Werner Hacker, Auswanderungen aus Baden und dem Breisgau. Stuttgart / Aalen 1980; Rastatter Wochenblatt v. 23. Jan. 1862, Bereinigung der Unterpfandbücher.*

mit Ehefrau und vier Kindern			
Christian Bohleber	1771	Ungarn	mit Ehefrau
Jakob Mosberger	1771	Ungarn	mit Ehefrau
Georg Hans Zeitvogel	1781	Ungarn	
mit Ehefrau Gertrud Eichelberger und vier Kindern			
Bernhard Peter	1784	Ungarn (?)	
Catherina Schindler	vor 1789	Ungarn	
in Landschock Heirat mit Eustach Hornung von Muggensturm			
Johann Schulz	1789	(?)	ledig
Jakob Babian	1790	Ungarn	
mit Frau und acht Kindern, Vermögen 100 fl.			
Michel Burckhardt	1790	Ungarn	
mit Frau und vier Kindern, Vermögen 80 fl.			
Johann Herr	1790	Ungarn	
vermutlich mit Familie			
Johann Herr	1790	Ungarn	
Schafhirte, verheiratet, zwei Kinder, Vermögen 80 fl.			
Michael Huck	1790	Ungarn	
Witwer, mit fünf Kindern			
Michael Balthasar Huck	1790	Ungarn	
ledig, 23 Jahre alt, heiratet in Wien Magdalena Hurey aus Sandweier			
Christian Lorenz	1790	Ungarn	
mit Frau und Kindern			
Friedrich Öhlschläger	1790	Ungarn	
mit Frau und fünf Kindern			
Fidel Peter	1791	Ungarn	
mit Frau und sieben Kindern			
Magdalena Schindler	1791	Ungarn	
in Landschock, folgte ihrer Schwester nach			

Als im 19. Jahrhundert Russland und Ungarn den Zuzug Auswanderungswilliger durch zahlreiche Maßnahmen eindämmten, gewann die Auswanderung in die *Neue Welt* immer mehr an Attraktivität. Verbesserte Überfahrtsbedingungen und annehmbare Kosten für die Schiffsreise trugen dazu ebenso bei, wie die allgemeinen Perspektiven in dieser neuen, ökonomisch wie politisch aufstrebenden Gesellschaft. Daneben gab es immer auch Auswanderungen in die benachbarten Länder Frankreich und Schweiz, die häufig bessere Lebens- und Arbeitsbedingungen boten.

Personen, die im 19. und 20. Jahrhundert ausgewandert sind[44]

Elisabeth Aumer	1865	Nordamerika
Leo Bastian	1881	Nordamerika
Anton Bauer	1909	Nordamerika
Jakob Bauer	1887	Schweiz
Anton Bayer	1888	Nordamerika

[44] *Müller / Bruckner, S. 105-109; Karl Bruckner: Auswanderung aus Sandweier im 18. Jahrhundert, in: Jahresrückblick der Gemeinde Sandweier, 2001. http://www. auswanderer-bw.de (5.12.2007).*

Gregor Bayer	1887	Nordamerika	
Walburga Bayer	(?)	(?)	
Erna Bayl, geb. Compost	(?)	(?)	
Brigitta Bendler	1839	Frankreich	
Magdalena Bendler	1865	Nordamerika	
Anton Bernhard	(?)	(?)	
Friedrich Blank	(?)	Italien	
Katharina Blank	(?)	(?)	
Max Bleich	1933	Schweden	
Friedrich Bohleber	1891	Nordamerika	
Georg Bohleber	1850	(?)	
Georg Bohleber	1880	Nordamerika	
Jakob Bohleber	1846	(?)	
Johann Bohleber	1885	Nordamerika	
Michael Bohleber	1850	Nordamerika	
Anna Brenneisen Gemeindezuschuss 120 fl.	1867	Nordamerika	
Anna Dehmer Tochter von Rosa	1880	Nordamerika	
Anton Dehmer Sohn von Rosa	1880	Nordamerika	
Elisabetha Dehmer	1880	Nordamerika	Tochter von Rosa
Josef Dehmer	1880	Nordamerika	Sohn von Rosa
Josef Dehmer Gemeindezuschuss 100 fl.	1851	Nordamerika	
Rosa Dehmer	1880	Nordamerika	
Rosa Dehmer	1880	Nordamerika	Tochter von Rosa
Sofie Dehmer	1880	Nordamerika	Tochter von Rosa
Wendelin Dehmer	1883	Nordamerika	
Wilhelm Dehmer	1880	Nordamerika	Sohn von Rosa
Franz Dempf	(?)	(?)	
Georg Dempf	(?)	(?)	
Otto Dempf	(?)	(?)	
Georg Doll	1872	Nordamerika	
Johann Doll	1872	Nordamerika	
Stefanie Eberhard Gemeindezuschuss 100 fl.	1851	Nordamerika	
Friedrich Eichelberger	1931	Nordamerika	
Lydia Eichelberger	1909	Nordamerika / San Francisco	
Michael Fahner	1846	Nordamerika	vier Personen
Josef Findling	(?)	Nordamerika	
Elisabeth Grathwohl	1865	Nordamerika	
August Frank	1850	Nordamerika	
Christian Goll	1856	Nordamerika	
Friedrich Goll gebürtig aus Karlsruhe	1901	Österreich	
Friedrich Anton Goll	1901	Österreich	Sohn von Friedrich
Max Goll	1901	Österreich	Sohn von Friedrich
Theresia Goll	1901	Österreich	Ehefrau von Friedrich

Josef Greulich	1927	Kanada	mit Ehefrau
Karl Hamel	(?)	(?)	
Augusta Hermann	(?)	(?)	
Alois Herr	(?)	(?)	
Bernhard Herr	1880	Nordamerika	ledig
Christian Herr	1850	Nordamerika	
Erna Herr	1913	Nordamerika	
Leonhard Herr	1880	Nordamerika	
Peter Herr	1881	Nordamerika	
Simon Herr	1881	Nordamerika	Bruder von Peter
Simon Herr	1851	Nordamerika	
1864 Erlaubnis erteilt			
David Herrel	1853	Nordamerika	
Georg Hetzel	1892	Nordamerika	
Mathias Hetzel	1865	Nordamerika	
Katharina Kaltenbrunn	1861	Nordamerika	
saß in Kislau ein, Überfahrt von der Gemeinde bezahlt			
Johann Karch	1874	Nordamerika	
Emil Kinz	(?)	Frankreich	
Lorenz Kist	(?)	(?)	
David Klink	1841	Nordamerika	acht Personen
Michael Knapp	1865	Nordamerika	sechs Personen
Walburga Knebel	(?)	Nordamerika	
Johann König	1865	Nordamerika	
Zilly Koper	(?)	(Niederlande)	geb. Rauch
Heinz Kortrla	1955	Kanada	
Leopold Kratzer	1887	Nordamerika	Schuster
Lorenz Köppel	1853	Nordamerika	
Zimmermann, Eheleute			
Johann Körkel	1875	Nordamerika	zwei Personen
Peter Meder	(?)	(?)	
Luise Meister	(?)	(?)	
Maria Meister	(?)	(?)	
Sofie Meister	(?)	(?)	
Bruno Mühlfeit	1879	Nordamerika	Weber
Lukas Mühlfeit	vor 1848	Nordamerika	
Simon Mühlfeit	1847	Nordamerika	Schuhmacher
Karl Müller	(?)	(?)	
Theodor Müßig	(?)	(?)	
Michael Örtel	1841	Frankreich	
August Peter	1847	Nordamerika	
Bruno Peter	1913	Nordamerika	
Egidius Peter	1847	Nordamerika	
Schuhmacher, mit Frau und Sohn			
Emma Peter	1913	Nordamerika	
Felix Peter	1847	Nordamerika	
Sohn von Egidius			
Franz Peter	1851	Nordamerika	
Franz Peter	1862	Nordamerika	

Grysin Peter	(?)	(?)	
Hieronimus Peter	1840	Ungarn	Schuhmacher
Hieronimus Peter	1847	Nordamerika	fünf Personen
Karl Peter	1850	Nordamerika	
Teilnehmer 1849			
Karl August B.Peter	1850	Nordamerika	neun Jahre alt
Leonora Peter	1847	Nordamerika	
Ehefrau von Hieronimus			
Leopold Peter	1850	Nordamerika	
Lukas Peter	1847	Nordamerika	
Sohn von Hieronimus, verstorben			
Maria Anna Peter	1847	Nordamerika	
Tochter von Hieronimus, verstorben			
Martin Peter	(?)	(?)	
Pius Peter	1847	Nordamerika	
Sohn von Hieronimus, verstorben			
Walburga Peter	1847	Nordamerika	
Ehefrau von Egidius			
Oswald Pflüger	1964	Kanada	
mit Ehefrau und Tochter			
Theresia Reiß	(?)	(?)	
Barbara Richert	1839	Frankreich	
Michael Richert	1879	Nordamerika	
David Rieder	1870	Nordamerika	
Friedrich Rieder	1884	Nordamerika	fünf Personen
Hedwig Roth	(?)	(?)	geb. Höfling
Mina Schachtner	(?)	Nordamerika	
Fred Schäfer	(?)	(?)	
Gottfried Schäfer	vor 1913	Nordamerika	
Josef Schneider	(?)	(?)	
Elisabeth Schneider	1848	Frankreich	
Anton Schulz	1880	Nordamerika	
Landwirt, 28 Jahre			
Josef Schulz	1881	Nordamerika	21 Jahre
Ludwig Schulz	1871	Nordamerika	Soldat
Dionys Speck	1846	Nordamerika	
Küfer, Witwer mit Kindern			
Friedrich Speck	1846	Nordamerika	Sohn von Dionys
Maria Anna Speck	1846	Nordamerika	Tochter von Dionys
Verena Speck	1846	Nordamerika	Tochter von Dionys
Theodor Speck	1881	Nordamerika	
Leopold Spitz	1850	Nordamerika	
Elisabeth Stahl	1811	Frankreich	37 Jahre
Johann Steinert	1882	Nordamerika	
Witwer, vier Personen			
Barbara Stephan	1868	Nordamerika	
Elisabeth Stephan	1868	Nordamerika	
Jakob Stephan	1868	Nordamerika	
Maria Stephan	1869	Nordamerika	
Christine Steurer	1860	Nordamerika	

Georg Steurer	1865	(?)	Witwer
Johann Steurer	1865	(?)	
Luise Steurer	1865	Nordamerika	
Maria Steurer	1862	Frankreich	
Maria Steurer	1868	Nordamerika	
Brigitta Stolz	(?)	(?)	
Rudolf Stolz	(?)	(?)	
Anna Streb	(?)	(?)	
Frieda Throm	1923	Argentinien	
Juliane Tschan	1863	Böhmen	
August Ullrich	(?)	(?)	
Karoline Ullrich	1909	Nordamerika	
Katharina Wallmer	1864	Sachsen	
Remigius Wallmer	1859	Brasilien	
Cyriak Walter	1867	Nordamerika	
Franz Walter	(?)	Kanada	
Hugo Walter	(?)	Kanada	
Leopold Walter	1851	Nordamerika	
Valentin Walter	1881	Kuba	
Zachäus Walter	1872 (?)	Nordamerika	
Andreas Weirich	1848	Nordamerika	
Emerenz Weirich	1848	Nordamerika	
Anton Weirich	1848	Nordamerika	
Franz Weirich	1848	Nordamerika	
Nikolaus Weirich	1848	Nordamerika	
Martina Westermann	1862	Frankreich	
Maria Wurzler	(?)	(?)	
Sophie Wurzler	(?)	(?)	
Anna Zoller	(?)	(?)	

Lydia Eichelberger,
Tochter von Bürgermeister
Anton Eichelberger, in
San Francisco, 1930er Jahre.
Sie arbeitete in Kalifor-
nien als Krankenschwester,
besuchte in den 50er Jahren
ihre alte Heimat und
verstarb hier 1956. Eigentlich wollte Sie in die
USA zurückkehren.

Sandweier im 20. Jahrhundert – von der Ackerbaugemeinde zur Baden-Badener Vorstadt

Sandweier in der Weimarer Republik

Am 26. Januar 1919 hieß die Gemeinde Sandweier mit einem Friedensfest die den Schlachtfeldern des Ersten Weltkriegs entronnenen Kriegsteilnehmer besonders willkommen. Ein Pfund Wurst, einen Weck und fünf Mark bares Geld erhielt jeder von ihnen als Begrüßung durch die Gemeinde. Verteilt wurden diese Gaben in den Gasthäusern zur Sonne und zur Blume, in denen auch von der Gemeinde engagierte Musikkapellen zum fröhlichen Tanz aufspielten.[45]

In die verständliche Freude derjenigen, die dem grausamen Schlachten zwischen 1914 und 1918 entronnen waren, und derjenigen, die ihre Männer, Söhne und Verlobten wieder in ihre Arme schließen konnten, mischte sich Trauer über den hohen Blutzoll, den auch Sandweier in diesem sinnlosen Krieg hatte entrichten müssen und Mitgefühl mit denen, die ihre Liebsten auf dem Felde verloren hatten. Auch wurde derer gedacht, die sich noch in französischer Gefangenschaft befanden, von denen die letzten erst Anfang 1920 zurückkehren sollten.

Gefallene und Vermisste des Ersten Weltkriegs

Bauer, Johann	21.08.1914	Frankreich
Bayer, Leopold	31.01.1916	Frankreich
Blank, Franz	27.06.1916	Frankreich
Bleich, Gottfried	11.08.1918	Frankreich
Bleich, Lorenz	21.02.1915	Frankreich
Bleich, Otto	01.11.1914	Frankreich
Bleich, Valentin	29.07.1917	Frankreich
Bornhäuser, Adam	27.03.1918	Frankreich
Burkart, Franz	14.12.1914	Frankreich
Eichelberger, Hugo	10.10.1918	Frankreich
Eisen, Oskar	29.05.1918	Frankreich
Fleig, Gustav	26.07.1919	Sandweier, schwer kriegsbeschädigt
Fortenbacher, Alois	21.08.1917	Frankreich
Frietsch, Valentin	30.09.1914	Frankreich
Fritsch, Friedrich	31.03.1918	Frankreich
Fritsch, Hugo	09.08.1917	Galizien
Glaser, Karl Friedrich	11.10.1918	Frankreich
Hafner, Erich	29.10.1918	Frankreich
Hauns, Anton	14.10.1916	Frankreich
Hauns, Bernhard	08.09.1915	Frankreich
Herr, Christian	23.10.1914	Frankreich
Herr, Crispin	30.05.1917	Frankreich
Herr, Friedrich W.	01.08.1918	Frankreich
Herr, Josef	17.03.1917	Freiburg, Lazarett
Herr, Pius	03.03.1915	Frankreich
Herr, Sigmund	29.07.1917	Russland
Hirth, Johann	06.04.1915	Russland
Hirth, Mathäus	28.07.1916	Frankreich
Hörth, Friedrich	12.05.1915	Russland
Kinz, Konrad	19.02.1915	Russland
Kleinhans, Anton	26.09.1915	Frankreich

[45] GAS – Gemeinderatsprotokolle, 1919.

Kleinhans, Emil	20.09.1921	Sandweier, schwer kriegsbeschädigt
Kleinhans, Hyronimus	05.11.1914	Frankreich
Kleinhans, Urban	07.08.1921	Sandweier, schwer kriegsbeschädigt
Kraft, Bernhard	16.03.1917	Russland
Kratzer, Alois	04.11.1918	Frankreich
Kratzer, Leo	13.10.1914	Frankreich
Kühl, Franz	17.09.1914	Frankreich
Kühl, Gottlieb	14.10.1916	Frankreich
Kühl, Valentin	06.01.1916	Frankreich
Matz, Alois	02.08.1917	Frankreich
Merkel, Karl	31.03.1918	Frankreich
Müller, Josef	06.09.1918	Frankreich
Müller, Karl	18.12.1914	Frankreich
Müller, Melchior	20.02.1918	Frankreich
Müller, Valentin	15.10.1914	Frankreich
Müller, Willibald	27.05.1915	Frankreich
Peter, Gregor	03.11.1916	Frankreich
Peter, Johann Baptist	06.05.1917	Frankreich
Peter, Ludwig	09.08.1915	Frankreich
Rauch, Emil	21.07.1915	Frankreich
Rauch, Valerian	14.12.1918	Frankreich
Reiß, Karl	17.11.1914	Frankreich
Schindler, Leopold	04.10.1914	Frankreich
Schneider, Anton	26.11.1914	Frankreich
Schulz, Alois	08.06.1917	Frankreich
Schulz, Josef	17.07.1917	Frankreich
Stüber, Pius	21.06.1918	Frankreich
Ullrich, Franz	14.01.1919	Insterburg, Lazarett
Ullrich, Friedrich	13.07.1918	Frankreich
Ullrich, Josef	25.01.1916	Frankreich
Ullrich, Karl	28.05.1918	Frankreich
Ullrich, Leopold	01.06.1915	Frankreich
Ullrich, Ludwig	18.03.1917	Frankreich
Walter, Franz	17.05.1915	Russland
Walter, Ignaz	05.01.1915	Frankreich

Sie, wie auch alle anderen, kamen in ein Gemeinwesen zurück, das mit dem, das sie vor längerer Zeit verlassen hatten, nur noch die äußere Form gemein hatte. Mit der durch die Revolution erzwungenen Abdankung des deutschen Kaisers aller Monarchen und gekrönten Häupter in den einzelnen Bundesstaaten waren mehr als bloße Repräsentanten der Staatsgewalt von der politischen Bildfläche verschwunden. Eine Welt war untergegangen, die trotz aller Mühen und Nöte Sicherheit und Geborgenheit zu vermitteln wusste. Die Wertschätzung der Armee und des obersten Kriegsherrn, des Kaisers, war auch in Sandweier fast allgemein gewesen und unter großem Jubel und in der festen Zuversicht, einen ähnlich glänzenden und erfolgreichen Waffengang wie 1870 vor sich zu haben, hatten mit der Allgemeinen Mobilmachung am 1. August 1914 die zu den Waffen gerufenen Männer das Dorf verlassen. Die Hoffnungen sollten sich nicht erfüllen. Im Gegenteil: An die Stelle leichter Siege und eines kurzen Feldzugs waren jahrelange Stellungskämpfe mit kaum für möglich gehaltenen Verlusten an Mensch und Material getreten. Die in der Heimat Zurückgebliebenen litten derweil an Hunger und Entbehrungen. Lebensmittel waren rationiert, die Milch- und Ernteerträge mussten abgeliefert werden, Metallsammlungen wurden veranstaltet, zwei der drei Kirchenglocken und die meisten Orgelpfeifen waren eingezogen und für die Produktion von Rüstungsgütern eingeschmolzen worden. Die Gemeinde selbst und die in ihrer Verwaltung stehenden gemeinnützigen Fonds hatten eifrig Kriegsanleihen gezeichnet; bei der dritten Kriegsanleihe im Jahre 1915 z. B. die Gemeinde 5.000 RM, der Trapp'sche Schulfonds 2.000 RM und der Armenfonds 4.000 RM. Mit der Unterzeichnung des Waffenstillstandsvertrages im November 1918 waren die dafür ausgegebenen Anleihezertifikate nichts mehr wert. Der Erlass der Gebühren bei Erbschaftsregelungen der Gefallenen und das Versenden von Liebesgaben zur Weihnachtszeit an die im Felde stehenden Gemeindeangehörigen waren zweifelsohne Zeichen gemeindlicher Solidarität und Anteilnahme gewesen. Ob diese Gesten allerdings den Schmerz und die Trauer der Angehörigen der Gefallenen und Schwerstverwundeten lindern konnten, erscheint zweifelhaft. Das im Februar 1917 an die Ehefrauen der gefallenen Soldaten zur Verteilung gelangte Bild *Stilles Heldentum* wird dies sicher nicht vermocht haben.[46]

An die Stelle des Monarchen war in Baden eine republikanische Regierung in Karlsruhe getreten. Eine neue Verfassung wurde ausgearbeitet. Bereits am 5. Januar 1919 hatten die Badener einen neuen Landtag gewählt, am 19. Januar des Jahres waren sie erneut zur Urne geschritten, um eine Nationalversammlung zu wählen, die in Weimar zusammentreten und der fragilen, neu sich bildenden Demokratie auf deutschem Boden den Namen geben sollte. Erstmals wahlberechtigt waren dabei auch die Frauen, die in den zurückliegenden Kriegsjahren zwangsweise die Rolle der Männer hatten übernehmen müssen, als Haushaltsvorstand, als Ernährer und Versorger der Familie, und die nun über das Wahlrecht auch erstmals politischen Einfluss ausüben konnten.

Den Stimmungsumschwung im Dorf hatte diese Wahl für jedermann sichtbar gemacht. Profitieren davon konnte in erster Linie die Sozialdemokratische Partei, die ihren Stimmenanteil im Vergleich zu den Reichstagswahlen vor dem Krieg gewaltig steigern

[46] *Ebd., 1914, 1917.*

[47] *GAS IV.2.III – 1919.*

Anton Eichelberger und Familie, 1920er Jahre.

konnte und knapp 36 % der Wähler – 238 Stimmen – auf sich vereinigen konnte. Weiterhin dominierende Kraft blieb jedoch das Zentrum, das mit 493 Wählerstimmen knapp 64 % der abgegebenen Stimmen erzielte.[47]

Doch auch in der inneren Organisation der Gemeinde hatte der Erste Weltkrieg tiefe Veränderungen mit sich gebracht. Die schon im November 1917 grundsätzlich gefallene Entscheidung zur Versorgung des Dorfes mit elektrischem Strom harrte zwar noch der Ausführung. An der Spitze der Gemeinde allerdings stand nicht mehr der Vorkriegsbürgermeister Christian Peter. Hartnäckige Krankheiten hinderten das seit 1888 ununterbrochen amtierende Gemeindeoberhaupt schon länger, seinen Dienstgeschäften nachzukommen. Als sich sein Zustand Anfang 1917 drastisch verschlechterte, setzte das Bezirksamt Rastatt den seit 1913 als Stellvertreter ernannten Anton Eichelberger als neuen Bürgermeister des Ortes ein. Eichelberger, von 1898 bis 1930 Vorsitzender des Sängerbundes, genoss anfänglich das Vertrauen seiner Mitbürger. Bei der ersten Bürgermeisterwahl nach dem Kriege, am 15. Juni 1919, erhielt er 618 der 633 gültigen Stimmen. Bis 1928 sollte Eichelberger an der Spitze der Gemeinde stehen. Er repräsentierte die traditionell konservative Dorfgesellschaft, was auch in seiner Funktion als lokaler Vorsitzender des landwirtschaftlichen Bezirksvereins zum Ausdruck kam. Dennoch stand er technischen Neuerungen durchaus aufgeschlossen gegenüber. So hatte er die erste noch von Pferden gezogene Mähmaschine und den ersten Häufelpflug im Dorf besessen, der vor allem für den Kartoffelanbau eine bedeutende Arbeitserleichterung darstellte.[48]

Der nahezu einstimmige Vertrauensbeweis für den Bürgermeister im Jahre 1919 lag in der Persönlichkeit des Amtsinhabers begründet. Ihm traute man jenseits der Parteigrenzen zu, dass er den schwierigen Übergang von der Monarchie zur Demokratie und von der Kriegs- zur Friedenswirtschaft im Dorf bewältigen konnte. Mit der tatsächlichen Stärke der politischen Lager in der Gemeinde hatte dieses Votum herzlich wenig zu tun. Im Gegenteil: Hatte das bis 1918 für die kommunale Ebene geltende Drei-Klassen-Wahlrecht erfolgreich die Teilhabe der Taglöhner, der kleinen Handwerker, der Eisenbahnarbeiter und Nebenerwerbslandwirte an den kommunalen Entscheidungsprozessen verhindert, drängten diese nun verstärkt in die politische Verantwortung. Ihr Sammelbecken wurde anfänglich die Sozialdemokratische Partei, die schon vor dem Kriege auf eine starke Anhängerschaft im Dorfe zählen konnte. Bei den Wahlen zur zweiten Badischen Kammer hatte die SPD in Sandweier 1913 mit

[48] *Daniel Merkel: Anton Eichelberger – Die Wahl. Manuskript 1992, S. 13.*

Spezereihandlung
Anton Eichelberger.

238 Stimmen, was knapp 33 % der abgegebenen Stimmen entsprach, ein im Amtsbezirk
Baden herausragendes Ergebnis erzielt. Damit
lag die Partei im Dorf 11 % über dem landesweiten Ergebnis von
22,3 %. Dominierend war auch in dieser Wahl das Zentrum gewesen,
das mit 493 Stimmen knapp zwei Drittel der Wähler auf sich hatte
vereinigen können. Waren die Wahlen des Jahres 1913 nur ein kleines
Ausrufezeichen gewesen, nahmen sie dennoch die politischen Auseinandersetzungen der Jahre nach dem Krieg vorweg, bei denen weniger landes- oder reichspolitische Themen eine Rolle spielten, als
vielmehr innerdörfliche Sachverhalte, die mit dem Wandel von Sandweier von einer bäuerlichen Dorfgemeinschaft zu einer Arbeiterge-
meinde mit Nebenerwerbslandwirtschaften zusammenhingen.

   Dieser Prozess hatte schon Ende des 19. Jahrhunderts eingesetzt. Die Zunahme der Bevölkerung und, daraus resultierend, die
außerordentlich große Zerstückelung des Grundbesitzes hatten
schon um die Jahrhundertwende dazu geführt, dass sich nur noch
zwei Drittel der Bewohner von den Erträgen ihres eigenen Bodens
ernähren konnten. Mindestens 2 bis 2,5 Hektar Acker- und Wiesengelände waren dafür vonnöten. Großbauern mit zahlreichem Großvieh und einer Reihe von Knechten und Mägden waren im Dorf
gänzlich verschwunden. Familien mit kleinem Grundbesitz suchten
durch Zupacht, vor allem in den Gemarkungen Baden-Oos und
Haueneberstein, die über besseren Boden verfügten, ihre Existenzgrundlage zu sichern. Viele waren jedoch auf Arbeiten in den Gemeindewaldungen angewiesen, bei der Säuberung und Reinigung
des ausgeklügelten Kanalsystems zur Bewässerung der Wiesen und
auf Taglohnarbeiten bei den zahlreichen Sandbauern, um mit ihrer
Familie über die Runden zu kommen. Wieder andere strebten zur
Bahn oder gingen als gewerbliche Arbeiter in die nahen Städte
Baden und Rastatt. Das Ortsbereisungsprotokoll des Jahres 1903
nennt allein 50 bis 60 Maurer, die damals in Baden-Baden Verdienst fanden. Dass damit die *Unsitte des Essentragens* einherging,
indem zur Mittagszeit den in Baden beschäftigten Handwerkern
aus Sandweier durch Jugendliche aber auch durch ihre Frauen das
in Blechdosen warm gehaltene Essen gebracht wurde, fand das
Ortsbereisungsprotokoll einer kritischer Bemerkung wert, da dadurch *viel Arbeitskraft* verloren gehe.[49] 1919 gab es bereits 182
Lohnarbeiter im Dorf, die Hälfte davon ohne eigenen Landwirt-
schaftsbetrieb.

   Neben Beschäftigung boten die Städte Baden-Baden und
Rastatt für die Sandweierer Landwirte ein *günstiges Absatzgebiet,*
wo sie ihre überschüssigen Produkte – Kartoffeln, Bohnen, Gemüse,

[49] *GLA 371 Zug. 1981/42
Nr. 2811 – Ortsbereisung
1903.*

Milch, Butter und Eier, aber auch Schlachtvieh – leicht an die Abnehmer bringen konnten. Der bedeutendste unter ihnen war zweifelsohne die Garnisonsverwaltung Rastatt, die insbesondere Getreide zu guten Preisen für die zahlreichen in der Garnison stationierten Soldaten ankaufte. Unter diesen Voraussetzungen wundert es nicht, dass das Gesamturteil des Badener Amtmanns über den Zustand der Gemeinde ein positives Bild zeichnete. Die Ausgaben für die Ortsarmen hielten sich in Grenzen, das Gemeindebudget verzeichnete über Jahre hinweg einen wenn auch bescheidenen Überschuss, was die Erhebung einer Umlage zum Ausgleich eines Defizits überflüssig machte. Als Indikator für die *günstigen Vermögensverhältnisse* der Einwohnerschaft führte das Protokoll des Jahres 1903 die Tatsache ins Feld, dass in den meisten Familien des Ortes *täglich Fleisch gegessen* werde und immerhin drei Berufsmetzger mit ihren Metzgereien ihr Auskommen im Dorf fanden.

Auch wenn man gerne seine Produkte dem Militär verkaufte, war die Zurückhaltung groß gewesen im Dorf, als 1909 die Rastatter Garnisonsverwaltung mit Plänen zur Errichtung eines Exerzierplatzes auf den Gemarkungen Iffezheim und Sandweier aufgetreten war. Hitzige Debatten lieferten sich Befürworter wie Gegner des Projekts in den Wirtshäusern wie bei den Gemeinderatssitzungen. Während die Mehrheit des Gemeinderates grundsätzlich gegen jegliche Veräußerung von Grund und Boden war, tendierte eine Minderheit um Bürgermeister Peter für den Verkauf, da es sich bei dem von der Intendantur ausgesuchten Gelände um minderwertige Stücke auf der Hardt handelte. Die Rastatter Garnisonsverwaltung kümmerte sich allerdings recht wenig um die innerdörflichen Kontroversen. Das Allgemeinwohl, und darunter wurden militärische Notwendigkeiten wie selbstverständlich verstanden, hatte Vorrang vor den Anliegen einer kleinen Landgemeinde. Der Exerzierplatz für das Rastatter Garnisonsmilitär wurde in den Jahren 1911 bis 1913 angelegt, nachdem ca. fünf Sechstel aller Sandweierer Grundstücksbesitzer in einem förmlichen Verfahren enteignet worden waren. Dieser erste Truppenübungsplatz lag im Gebiet des heutigen Badesees und dem Betriebsgelände der Firmen Kühl und Kronimus.

Auch wenn dieser Konflikt durch ein Machtwort *von oben* entschieden worden war, wurde er im Dorf nicht so schnell *ad acta* gelegt. Besonders die Person des Bürgermeisters Peter geriet in die Kritik. Ihm warf man selbst von offizieller Seite vor, sich zu wenig um die allgemeinen Verwaltungsangelegenheiten der Gemeinde zu kümmern und stattdessen sich zu häufig in den Wirtshäusern des

Ortes aufzuhalten. Zwar hatte er sich bei den Wahlen 1909, also vor den Auseinandersetzungen um den Exerzierplatz, gegen seinen schärfsten Widersacher, den Gemeinderat Anton Eichelberger, mit 217 zu 90 Stimmen noch klar durchsetzen können. Kurze Zeit darauf wusste das Ortsbereisungsprotokoll jedoch vom geschwundenen Vertrauen in die Person des Bürgermeisters zu berichten. Nicht nur in der Frage des Exerzierplatzes machte Peter eine unglückliche Figur. Vor allem die große Unordnung in der Gemeindeverwaltung selbst ließ Schlimmes befürchten. 1911 durfte der Bürgermeister die Gemeinde nur noch dann nach außen vertreten, wenn ein Vertreter des Gemeinderats *um Schaden zu vermeiden* mit am Tische saß. Ab 1913 war dies der Bürgermeisterstellvertreter Anton Eichelberger, der den sich immer mehr von den Geschäften zurückziehenden Christian Peter nach und nach ersetzte.

Der Strukturwandel im Dorf gewann neue Dynamik mit dem Ende des Krieges. Die schon starke sozialdemokratische Bewegung am Ort reklamierte nunmehr auch Mitwirkung und Teilhabe an der lokalen Politik. Schon 1913 hatte der Schreinergehilfe August Rauch in einem Schreiben an Bürgermeister Peter die allerdings nicht umgesetzte Forderung erhoben, bei der anstehenden Gemeinderatswahl die Wahllokale bis 20.00 Uhr geöffnet zu halten, um auch den zahlreichen Industriearbeitern, die erst nach 18.00 Uhr wieder im Orte eintrafen, die Gelegenheit zu geben, von ihrem Wahlrecht Gebrauch zu machen. Nach dem Kriege wurden die Wahltermine in der Regel auf einen Sonntag gelegt. Die gewandelten Machtverhältnisse unterstrich eine *allgemeine Volksversammlung* in Sandweier am 26. Januar 1919, die sich eine Forderung des neu gegründeten, aber schon 60 Mitglieder umfassenden SPD-Ortsvereins zu eigen machte, und die Zuwahl von *Vertretern der Arbeiterschaft* in das kommunale Parlament verlangte. Diesem nachdrücklichen Wunsch trug der Gemeinderat umgehend Rechnung. Anfang Februar 1919 nahm er den Schreinergehilfen August Rauch in seine Mitte auf, dem kurze Zeit später mit dem Bahnarbeiter Mathias Ullrich ein zweiter Arbeitervertreter folgen sollte.[50]

Bei den Wahlen zum Gemeinderat im Juni 1919 kristallierten sich zwei fast gleichstarke lokale politische Gruppierungen heraus. Die *Bürgerpartei*, der lokale Ableger des Zentrums, errang mit 405 Stimmen nur wenig mehr als die SPD, die 332 Stimmen auf sich vereinigen konnte. Von den acht Gemeinderäten gehörten vier der Bürgerpartei (Valerian Kinz, Franz Nassall, Andreas Bleich und Valerian Schulz) und vier der SPD (Hermann Herr, August Rauch, Mathias Ullrich und Hugo Pflüger) an.

[50] *GAS – Gemeinderatsprotokolle, 1919; GAS IV.2, Heft III – Wahl der Gemeinderäte, 1919.*

Gasthaus zur Blume,
1920er Jahre.

Die innerdörflichen Auseinandersetzungen gewannen im Gefolge dieser politischen Lagerbildung an Heftigkeit. Sach-
fragen wie der Rückkauf des ehemaligen Exerzierplatzes und
dessen Aufteilung auf die *Kauflustigen* des Dorfes oder die Probleme mit dem Bürgernutzen und dem Gabholzbezug wurden zunehmend unter *politischen* Gesichtspunkten behandelt und dementsprechend kontrovers diskutiert. Die Herausbildung einer
differenzierten Parteienlandschaft mit konkurrierenden Gruppierungen auf dem rechten wie dem linken Spektrum vollzog sich
auch in Sandweier innerhalb kurzer Zeit. Waren zu den Gemein-
deratswahlen des Jahres 1919 lediglich zwei Parteien angetreten,
bewarben sich bei den 1922 anstehenden Ergänzungswahlen schon
drei, 1926 bereits vier politische Gruppen um die Gunst der Wähler. Als Vertreterin der zahlreichen Nebenerwerbslandwirte und der
bäuerlichen Tagelöhner hatte sich ab Ende 1921 die Fortschrittliche
Bürgerpartei am Ort etabliert, die anfänglich vor allem der Bürgerpartei (Zentrum) Wähler abspenstig machte. So wurde die Bürgerpartei bei der Gemeinderatswahl 1922 erstmals von der SPD über-
holt, deren Liste 316 Stimmen auf sich vereinigen konnte. Hart
bedrängt wurde die Bürgerpartei mit ihren 257 Stimmen von der
Fortschrittlichen Bürgerpartei mit 207 Stimmen, der es bei ihrem
ersten Auftreten bei einer Wahl auf Anhieb gelang, zwei Mandate
(Ignaz Schäfer und Hermann Herr) im Gemeinderat zu erobern.

Die nächste Gemeinderatswahl im Jahre 1926 ergab ein noch
komplizierteres Bild. Die Fortschrittliche Bürgerpartei hatte sich im
Vorfeld der Wahl in einen linken, den Kommunisten nahe stehenden Flügel und eine rechte, liberal orientierte Gruppierung ge-
spalten. Beide traten jeweils mit eigenen Listen zur Wahl an. Die
Fortschrittliche Bürgerpartei, der linke Flügel der alten Gruppierung, konnte mit 190 Stimmen und zwei Gemeinderäten, den
Schreinern Martin Peter und Adolf Schwab, einen großen Erfolg
erringen. Es gelang ihr sogar, die SPD zu übertrumpfen, die mit
einem für sie enttäuschenden Ergebnis von 169 Stimmen nur mit
August Rauch im Gemeindeparlament vertreten war. Auch die aus
der Fortschrittlichen Bürgerpartei hervorgegangene Alte Fortschrittliche Bürgerpartei konnte mit 126 Stimmen und einem Man-
dat, das der Blumenwirt Franz Schäfer errang, einen Achtungser-
folg erzielen. Eindeutiger Sieger dieser Gemeinderatswahl war
allerdings die Bürgerpartei, die 346 Stimmen auf sich vereinigen
konnte und mit vier Mandaten, dem Landwirt Josef Pflüger, dem
Fleischbeschauer Egidius Ullrich, dem Wirt zum Grünen Baum Otto
Peter und dem Maurerpolier Andreas Bleich im Gemeinderat vertreten war.[51]

[51] GAS IV.2, Heft III –
Wahl der Gemeinderäte,
1922 und 1926.

Der politische Differenzierungsprozess ergriff auch das soziale und kulturelle Leben der Gemeinde. Die Gründung eines Arbeitermusikvereins und die eines der katholischen Deutschen Jugendkraft (DJK) angeschlossenen Sportvereins, als Konkurrenzorganisationen zu den bestehenden Vereinen des bürgerlichen Musikvereins und des sozialdemokratisch geprägten Turnvereins, müssen als Reaktionen auf diesen Differenzierungsprozess interpretiert werden. Auch die Gründung einer Ziegenzuchtgenossenschaft, in bewusster Abgrenzung zur bereits im Dorfe bestehenden Landwirtschaftlichen Bezugs- und Absatzgenossenschaft, im Jahre 1922 fällt zweifelsohne darunter.

Die Ziegenzuchtgenossenschaft Sandweier

Im Jahre 1892 hatte das Ortsbereisungsprotokoll vermeldet, dass *die Ziegenhaltung … ihren Platz in der Gemeinde* Sandweier gefunden habe. Hinter diesem lapidaren Satz verbarg sich eine durchaus dramatische Wirklichkeit. Die Zerstückelung des Grundbesitzes hatte mit der Zeit zu Betriebsgrößen geführt, bei denen eine selbstständige Landwirtschaft an ihre Grenzen stieß. Besonders die für die Großviehhaltung erforderlichen Wiesenflächen und damit das Grünfutter waren rar. Dass der Turnverein Sandweier im Jahre 1922 eine Belohnung von 100 Mark aussetzte für die Ergreifung desjenigen, der den Grasertrag des neuen Rasenplatzes, der an ein Vereinsmitglied verpachtet war, entwendet hatte, mag aus heutiger Sicht als amüsante Anekdote erscheinen. Vor 80 Jahren jedoch war dieser Feldfrevel ein schweres Vergehen, was die Knappheit des Viehfutters in der Gemeinde unterstreicht. Als Alternative zum Großvieh hielt gegen Ende des 19. Jahrhunderts die Ziegenhaltung ihren Einzug in der Gemeinde. Es waren vor allem Tagelöhner und Personen, die ihren Lebensunterhalt außerhalb des Dorfes in den nahen Städten Baden-Baden, Rastatt, in den Industrien des Murgtals oder aber bei der großherzoglichen Post- und Eisenbahnverwaltung verdienten, die sich Ziegen hielten. Das noch heute als *Bahnwartskuh* bekannte Tier konnte in vielfacher Hinsicht die Kuh als Milch- und Fleischlieferant ersetzen. Unschlagbare Vorteile waren ihr geringer Futterverbrauch und ihre anspruchslose Haltung. 1908 war deren Zahl auf 70 Tiere angestiegen. Während die Großviehhaltung immer mehr zurückging und auch die Zahl der Schweine zwischen 1903 und 1908 um über 300 Stück von 830 auf 503 Tiere abgenommen hatte, erfreute sich die Ziegenhaltung großer Beliebtheit im Dorf. Auch nach dem Kriege setzte sich diese Tendenz fort. Die Zahl der Pferde war 1920 im Vergleich zu den Vorkriegsjahren um zwei Drittel zurückgegangen. Zunehmend wurden daher die Kühe zur Verrichtung der Feldarbeiten eingespannt, was einen deutlichen Rückgang ihrer Milchproduktion zur Folge hatte. Besonders in den *Kleinbetrieben der Fabrik- und Eisenbahnarbeiter* war auch in jenen Jahren eine *bemerkenswerte Zunahme der Ziegenhaltung* zu konstatieren.[52]

Als sich daher im Jahre 1922 nach dem Vorbild der 1919 gegründeten Landwirtschaftlichen Bezugs- und Absatzgenossenschaft eine Ziegenzuchtgenossenschaft in Sandweier bildete, war dies kein außergewöhnliches Ereignis. Das Genossenschaftsprinzip war fest im Dorfe verankert, die preislichen Vorteile einer gemeinsamen Beschaffung von Futtermitteln und sonstigem Bedarf für die Ziegenhaltung lagen auf der Hand. Zum Vorstand der Ziegenzuchtgenossenschaft wurde der Schreiner Adolf Schwab, zum Vorsitzenden des Aufsichtsrats der Gipser Balthasar Frietsch gewählt.

Bald sollte die Ziegenzuchtgenossenschaft eine doppelte Funktion im Dorfe erfüllen. Neben ihrer zweifelsohne nutzbringenden Wirkung und Tätigkeit für die Ziegenbesitzer des Dorfes wurde die Genossenschaft unter der Leitung ihres Vorstandes zum Sammelbecken der innerdörflichen Opposition, deren politischer Arm die Fortschrittliche Bürgerpartei war. Und immer dann, wenn politische Leidenschaft und persönliche Vorteilnahme die Oberhand gewinnen, bleiben der korrekte Umgang miteinander, zuweilen auch die Orientierung an Recht und Gesetz auf der Strecke.

So auch bei der Ziegenzuchtgenossenschaft, die Mitte der 20er Jahre in schwere Turbulenzen geriet. In ihrem Bestreben, sich unabhängig von den größeren Bauern des Dorfes zu machen, hatten Schwab, Frietsch und der nominelle Rechner der Genossenschaft, der Bahnarbeiter Siegfried Schäfer, im Sommer 1925 gemeinsam eine Obstkelter beschafft. Die an der Kaufsumme von 1.300 Mark fehlenden 600 Mark wurden vorübergehend aus der Genossenschaftskasse entnommen. Weitere kleinere Entnahmen, wie zinslose Darlehen an Verwandte und Gesinnungsgenossen, Gelder zur Überbrückung finanzieller Engpässe im gemeinsam von Schwab und Frietsch betriebenen Gipsergeschäft, sollten folgen. Treibende Kraft war dabei Adolf Schwab, der nicht nur die Gesamtverantwortung trug, sondern auch die Kassengeschäfte weitgehend selbstständig erledigte. Im Hause des Kassiers Schäfer war lediglich das Lager der Genossenschaft untergebracht.

[52] GLA 371 Zug. 1932/37 Nr. 523 – Ortsbereisungen 1892; GLA 371 Zug. 1981/42 Nr. 2811 – Ortsbereisungen 1908 und 1922.

Adolf Schwab wurde im November 1926 zum Gemeinderat gewählt, worauf er den Vorsitz der Ziegenzuchtgenossenschaft abgab. Als der neue Vorstand Hermann Schäfer einen Kassensturz vornahm und daran ging, die ihm von Schwab als Papierhaufen hinterlassenen Unterlagen der Genossenschaft zu strukturieren, offenbarte sich eine *außerordentliche Unordnung in den Geschäften.*[53] In der Kasse befand sich kein Geld mehr, Warenmengen waren nicht verbucht, Rechnungen der Lieferanten nicht bezahlt und Außenstände nicht eingetrieben worden. Den kaufmännisch nicht versierten Verantwortlichen waren die Geschäfte der Genossenschaft mit der Zeit offensichtlich über den Kopf gewachsen. Um ihren drohenden Ruin abzuwenden, leitete sie gegen ihren ehemaligen Vorstand ein zivilrechtliches Verfahren ein und forderte die Begleichung der Fehlbeträge, *welche sich in der Kasse und in den Büchern der Genossenschaft, die unter seiner Verwaltung standen, bemerkbar machten.* Von über 4.000 Mark war die Rede und entsprechend groß die Aufregung im Dorfe.

Natürlich wurden die Vorkommnisse bei der Ziegenzuchtgenossenschaft auch im Gemeinderat erörtert. Als im April 1927 von Amtswegen gegen den Schreiner und Gemeinderat Adolf Schwab ein Ermittlungsverfahren wegen Unterschlagung, Untreue und Vergehen gegen § 146 des Gesetzes über Erwerbs- und Wirtschaftsgenossenschaften eingeleitet wurde, stellte sich im Gremium die Frage einer weiteren Zusammenarbeit mit Schwab. Bis zur Klärung der Angelegenheit wurde der Vertreter der Fortschrittlichen Bürgerpartei unter Zustimmung der Gemeindevertretung durch den Landrat von Rastatt von den Sitzungen ausgeschlossen. Schwab wehrte sich gegen diese Maßnahme, wie er insgesamt das ganze Ermittlungsverfahren als *schwindelhaft* ansah und zusammen mit seinen Anhängern von einem *Wahlrachezug* der etablierten Kräfte im Dorfe sprach. Das Urteil im anschließenden Prozess vor dem Amtsgericht Rastatt lässt eine solche Interpretation durchaus zu. So groß die Entrüstung und Aufregung im Dorfe, so schwerwiegend die Anklagepunkte, die der Staatsanwalt vorgebracht hatte, so milde fiel dieses nämlich aus. Die Vorwürfe wegen Unterschlagung und Vergehen gegen das Genossenschaftsgesetz mussten im Verlaufe der Verhandlung fallengelassen werden. Übrig blieb das Delikt der Untreue, das jedoch mit der kaufmännischen Unbedarftheit Schwabs und Schäfers strafmildernd begründet werden konnte. Am 5. Juni 1928 wurde Adolf Schwab wegen Untreue zu zwei Wochen Haft respektive 80 Mark Geldstrafe und Siegfried Schäfer zu

[53] GLA 371 Zug. 1991/49 Nr. 615 – Adolf Schwab.

einer Woche Haft respektive 30 Mark Geldstrafe verurteilt. Während Schwab das Urteil akzeptierte, ging Schäfer in Revision und wurde vor der Berufungsinstanz des Landgerichts Karlsruhe freigesprochen.

Wer geglaubt hatte, dass man nach dieser unerquicklichen Auseinandersetzung im Dorfe zur Tagesordnung zurückkehren könnte, wurde schnell eines Besseren belehrt. Zu verhärtet waren die Fronten im Gemeinderat, als dass an ein konstruktives Miteinander gedacht werden konnte. In der dienstrechtlichen Untersuchung, die nach der strafrechtlichen Aburteilung des Schwabs folgte, wurde die ganze Angelegenheit erneut aufgerollt. Adolf Schwab bestand auf Aufhebung der Suspendierung, seine Wiedereinsetzung als Gemeinderat und lehnte den ihm nahe gelegten *freiwilligen* Rücktritt unter Verweis auf die *Geringfügigkeit der Sache* kategorisch ab. Ebenso entschieden verweigerte der Rest des Gemeinderats eine weitere Zusammenarbeit mit Schwab. Die Sache kam Ende Januar 1929 zur Entscheidung vor den Bezirksrat. Nach Anhörung beider Seiten beschloss das Gremium, Schwab auf der Grundlage der badischen Gemeindeordnung seines Amtes zu entheben. Im Februar 1929 erhob Schwab Klage vor dem Verwaltungsgerichtshof in Karlsruhe gegen diese Entscheidung, die allerdings im Februar 1930 abgewiesen wurde. Damit blieb Schwab vom Gemeinderat ausgeschlossen. Sein Nachrücker aus den Reihen der Fortschrittlichen Bürgerpartei, Wendelin Brenneisen, trat im April 1930 sein Amt an.[54]

Von der Bezugs- und Absatzgenossenschaft des Bauernvereins Sandweier zur modernen Genossenschaftsbank

Die Volksbank Baden-Baden-Rastatt, Filiale Sandweier

Benötigten die Sandweierer in früheren Zeiten Geld für den Ankauf von Gütern oder für sonstige Anschaffungen führte sie ihr Weg in der Regel zu den kirchlichen Fonds oder zur Gemeindekasse. Diese fungierten auch als Verleihinstitute, die zu einem festgelegten Zinssatz von 5 % Darlehen gewährten. Zinszahlungen und Darlehenstilgungen wurden akribisch in den Rechnungsbänden der Gemeinde festgehalten. Der Maurer Johannes Peter und der Seiler

[54] Ebd.; GAS – Gemeinderatsprotokolle 1930.

Michael Müller mussten so im Jahr 1786 2 fl. 30 x, respektive 1 fl. 12 x Zins entrichten, woraus sich eine Darlehensaufnahme von 50 fl. für Peter und 24 fl. für Müller erschließen lässt.[55] Bis weit ins 19. Jahrhundert hinein reichte diese Praxis. Der Leihverkehr mit den jüdischen Händlern aus Bühl, Kuppenheim und Rastatt trat demgegenüber in den Hintergrund. In der Regel wurden lediglich Viehgeschäfte auf den umliegenden Viehmärkten mit ihnen getätigt, die in den seltensten Fällen zu Beanstandungen Anlass gaben.

Erste städtische Sparkassen, die umfassende Geld- und Bankgeschäfte anboten, wurden in den 30er Jahren des 19. Jahrhunderts gegründet. Sie strahlten auf die Landorte aus, in denen sich in den folgenden Jahrzehnten örtliche Darlehenskassenvereine bildeten, die, häufig im Zusammenwirken mit der über das Land verbreiteten Bauernvereinsorganisation, die örtlichen Geldgeschäfte betrieben. Diese Entwicklung trifft auch für unser Dorf zu. Unter der weitsichtigen Führung des Bürgermeisters Franz Müller hatte sich schon Anfang der 70er Jahre des 19. Jahrhunderts ein landwirtschaftlicher Verein gebildet, der sein Hauptgewicht in den ersten Jahren seines Bestehens auf die Fortbildung seiner Mitglieder und die Vermittlung neuer landwirtschaftlicher Techniken legte. So wurden unter seiner Regie erste Versuche mit neuen Futterpflanzen und modernen Kartoffelhäuflern unternommen, wie das Ortsbereisungsprotokoll des Jahres 1876 lobend vermerkt. In diese Zeit fällt auch die Initiative zur Gründung eines ländlichen Darlehenskassenvereins. Sein genaues Gründungsdatum lässt sich nicht ermitteln. Wir sehen ihn jedoch 1881 in Aktion, als der Vorstand Franz Müller von der Gemeinde 243 Mark als Darlehen aufnimmt, worüber sich ein entsprechender Schuldschein in den Gemeindeakten befindet.[56] Dem *Creditverein* war jedoch nur kurzer Erfolg beschieden. Schon 1892 vermeldet das Ortsbereisungsprotokoll, dass die *Darlehenscasse … aus Mangel an Einlagen* eingegangen sei. Der Konkurs der Darlehenskasse zog auch den landwirtschaftlichen Verein in Mitleidenschaft, der nach 1892 keine Erwähnung mehr in den Quellen findet.

Mitte 1895 erstand er jedoch unter dem Namen *Bauernverein* wieder neu, weiterhin unter Führung des nunmehrigen Altbürgermeisters Franz Müller. 85 Landwirte weist das Mitgliedsbuch des Bauernvereins als Gründungsmitglieder aus. 1902 gehörten ihm schon 192 Landwirte des Dorfes an. Für diese mächtige Organisation des Sandweierer Bauernstandes war es – auch nach Ansicht des vorgesetzten Amtmanns – nur konsequent, eine Ein- und Verkaufsgenossenschaft auf die Beine zu stellen, die durch ihr Wirken die bäuerliche Rendite steigern konnte. Dass dies – trotz mehrmaliger

[55] *GAS – Rechnungsbände 1786.*

[56] *Müller / Bruckner: Sandweier, S. 154.*

Aufforderung aus dem Bezirksamt – erst 1919 in die Tat umgesetzt werden konnte, hatte mehrere Gründe. In erster Linie bestand eine gewisse Zurückhaltung gegenüber einem genossenschaftlichen Zusammenschluss, hervorgerufen durch die negativen Erfahrungen, die im Dorf mit der in Konkurs gegangenen Darlehenskasse gemacht worden waren, bei dem so manches Mitglied inklusive die Gemeinde finanziellen Schaden davongetragen hatten. Daneben verhinderte die politische Rivalität zwischen dem abgewählten Bürgermeister und Vorstand des Bauernvereins Franz Müller und dem neuen Bürgermeister Andreas Kinz jedes Fortkommen in der Angelegenheit. Bewegung erfuhr das Projekt erst wieder nach der Ablösung der beiden gegensätzlichen Protagonisten unter ihren Nachfolgern Anton Eichelberger (Bauernverein) und Christian Peter (Bürgermeister). Dennoch ist es zu einer Genossenschaftsgründung vor dem Ersten Weltkrieg nicht mehr gekommen. Mut zu Neuem war nicht gerade die prägende Eigenschaft der Sandweierer Landwirte.

Nach 1918, nach Änderung des gesamtpolitischen Klimas, stand diese Frage erneut auf der Tagesordnung. Aufgegriffen wurde sie von Hugo Pflüger, Lindenwirt und SPD-Gemeinderat, der im Nebenerwerb auch noch Landwirtschaft betrieb. Unter seiner Federführung wurde im Dezember 1919 die *Bezugs- und Absatzgenossenschaft des Bauernvereins Sandweier* als eingetragene Genossenschaft gegründet, deren erster Vorstand aus dem Gemeinderat Hugo Pflüger und den Landwirten Mathäus Schäfer und Leo Schulz bestand. Zum Vorsitzenden des Aufsichtsrates wurde Bürgermeister Anton Eichelberger ernannt. Gegenstand des Unternehmens war der gemeinschaftliche An- und Verkauf landwirtschaftlicher Bedarfsartikel und Erzeugnisse. Die zahlreichen Genossenschaftsmitglieder, 92 Personen bei der Gründungsversammlung 1919, 227 Mitglieder am Ende des ersten Geschäftsjahres 1920, konnten Anteile an der Genossenschaft erwerben und erhielten aus deren Reingewinn Dividenden.

1930 benannte sich das Unternehmen in *Ein- und Verkaufsgenossenschaft eGmbH Sandweier* um, juristisch eine Loslösung vom Bauernverein Sandweier, dessen Bedeutung im Dorfe im Schwinden begriffen war.

Schnell reagierte die Genossenschaft auf die veränderte politische Situation im Jahre 1933. Der langjährigen Forderung der NSDAP, im landwirtschaftlichen Bereich zu einer zentralen Erfassung und Vertrieb aller landwirtschaftlichen Erzeugnisse zu gelangen, wurde insofern entsprochen, als eine außerordentliche Gene-

*Einweihung des Genossen-
schaftshauses, Hauptstraße.*

ralversammlung am 25. März 1933 die Milcherfassung als neuen Geschäftszweig und zugleich eine Änderung des Firmennamens in *Milch- und Wirtschaftsgenossenschaft* beschloss. Gleichzeitig wurde in der Hauptstraße ein Grundstück angekauft, auf dem das Warenlager der Genossenschaft und die beschlossene Milchsammelstelle errichtet werden sollten. Unter sanftem Druck der NSDAP war mit dem Beschluss zur zentralen Milcherfassung eine Angelegenheit *per Federstrich* geregelt worden, die über lange Jahre im Dorfe diskutiert worden war. Noch 1918 hatte der Gemeinderat die geforderte Einrichtung einer Milchsammelstelle abgelehnt und stattdessen das freie Spiel der Marktkräfte favorisiert. Seit ewigen Zeiten nämlich waren die Milchhändler der Umgebung regelmäßig in das Dorf gekommen und hatten den Kuhhaltern die Milcherzeugnisse direkt abgekauft.

Hugo Pflüger, bekannter Vertreter der SPD am Ort, musste auf Betreiben der NS-Bauernschaft *im Rahmen der Gleichschaltung* von seinem Amt als erster Vorstand der Genossenschaft zurücktreten. Er wurde durch den Fuhrunternehmer Johann Eichelberger ersetzt, dem ab 1938 der Gast- und Landwirt Richard Fettig nachfolgen sollte. Wiewohl politisch nicht konform, waren die unbestrittenen Fachkenntnisse Hugo Pflügers bei der Genossenschaft weiterhin gefragt. Als Rechner und Lagerhalter blieb er in der gesamten Zeit des Dritten Reiches Mitglied des Vorstandes.

In der ersten Generalversammlung nach dem Ende des Zweiten Weltkriegs, am 30. Mai 1946, schieden Richard Fettig, Emil Peter und Valentin Ullrich aus dem Vorstand der Genossenschaft aus. Sie wurden durch die Landwirte Hermann Eichelberger, erster Vorstand, und Franz Herr, zweiter Vorstand, ersetzt, während Hugo Pflüger als dritter Vorstand bestätigt wurde.

Der Bedeutungsverlust der Landwirtschaft in der Gemeinde Sandweier schlug sich auch auf die weiteren Aktivitäten der Genossenschaft nieder. Analog zur Entwicklung in anderen Landgemeinden beschloss sie in der Generalversammlung des Jahres 1952 den Betrieb einer Spar- und Darlehenskasse und damit die Aufnahme von Geldgeschäften als neuen Geschäftszweig. Zugleich änderte sie erneut ihren Firmennamen in *Ländliche Kredit- und Wirtschaftsgenossenschaft eGmbH Sandweier.* Der Neubau eines Bankgebäudes mit Warenlager und Milchsammelstelle folgte. Unter großer Anteilnahme der Bevölkerung konnte das neue Genossenschaftshaus Anfang 1955 seiner Bestimmung übergeben werden.

Hugo Schulz wurde 1956 zum ersten Geschäftsführer ernannt, dem 1958 Reinhold Mayer nachfolgte. Mayer, aus Sulzfeld stammend, war mit knapp 23 Jahren jüngster Bankvorstand des Genossenschaftsverbandes Baden und sollte diese Funktion bis 1996 ausüben. 1959 wurde dem wachsenden Geldgeschäft der Bank Rechnung getragen, indem der Firmenname in *Raiffeisenkasse eGmbH Sandweier* geändert wurde. 1965 erfolgte die Umbenennung in *Raiffeisenbank Sandweier eGmbH*.

Der Konzentrationsprozess im Bankgewerbe, der auch vor den genossenschaftlich organisierten Bankunternehmen nicht Halt machte, und die beginnende Globalisierung in den Geldgeschäften, setzten ab Mitte der 80er die kleineren Genossenschaftsbanken zunehmend unter Druck. Strategische Allianzen zur Erreichung verbesserter Konditionen am Markt, zur Senkung betriebsinterner Kosten durch Zusammenlegung von Filialen und zur Erzielung von Synergien im Verbundbereich führten zu zahlreichen Bankenfusionen im mittelbadischen Bereich. Auch die Raiffeisenbank Sandweier konnte diesem Fusionsdruck nicht ausweichen. In intensiven Verhandlungen wurde durch die Vertreter der Raiffeisenbank, Direktor Reinhold Mayer, erster Vorstand Richard Pflüger, seit 1960 im Amt, und dem Vorsitzenden des Aufsichtsrates, Ortsvorsteher und Bürgermeister a.D. Rudolf Hofmann, mit der Volksbank Baden-Baden-Rastatt ein Verschmelzungsvertrag ausgearbeitet, der am 22. Januar 1992 unterzeichnet und durch die Generalversammlung vom 13. April 1992 gebilligt worden ist. Seither fungiert die aus dem Bauernverein Sandweier im Jahre 1919 hervorgegangene *Bezugs- und Absatzgenossenschaft* als Teil der großen mittelbadischen Volksbank Baden-Baden-Rastatt eG.

Die unendliche Bürgermeisterwahl

In einer Zeit politischer Zwietracht, persönlicher Animositäten und juristischer Auseinandersetzungen stand im Juni 1928 die Bürgermeisterwahl an. Der Amtsinhaber, Anton Eichelberger, seit 1900 Gemeinderat, seit 1917 Bürgermeister der Gemeinde, stellte sich trotz seines hohen Alters von 63 Jahren erneut für eine neunjährige Amtsperiode zur Wahl. Die Unterstützung der Bürgerpartei

und kirchlicher Kreise war ihm, dem *eifrigen Parteigänger des Zentrums,* gewiss. Allerdings hatten der wirtschaftliche und soziale Wandel, dem Sandweier seit dem Ende des Ersten Weltkriegs verstärkt unterworfen war, die Lagerbildung verstärkt. Die politische Mitte war verloren gegangen, das von Traditionen geprägte bäuerliche Sandweier stand dem Arbeiterdorf Sandweier nahezu unversöhnlich gegenüber. Schon in der Auswahl des von den Liberalen, den Sozialdemokraten und der Fortschrittlichen Bürgerpartei unterstützten Mitbewerbers kam dieser Gegensatz zum Tragen. Mit Augustin Ullrich trat zum ersten

Bürgermeister Anton Eichelberger.

Mal ein Bürgermeisterkandidat auf, der weder Landwirt noch Gastwirt war, noch sich durch langjährige Tätigkeit als Gemeinderat politischen Einfluss hatte verschaffen können. Im Jahre 1882 in Sandweier geboren, hatte er ab 1898 bei der in Baden-Oos ansässigen Firma Stolzenberg, die Artikel für Büroausstattungen produzierte, eine kaufmännische Lehre absolviert. Zum Zeitpunkt der Wahl konnte er auf eine 30jährige Betriebszugehörigkeit zur Firma Stolzenberg zurückblicken, bei der er von der einfachen Bürokraft zum Leiter der Einkaufsabteilung aufgestiegen war. Zu seinem beruflichen Erfolg kamen weitere Eigenschaften hinzu, die ihn als aussichtsreichen Kandidaten qualifizierten. So war er Weltkriegsteilnehmer im Unteroffiziersrang und zugleich Mitglied im Deutsch-Nationalen Handlungsgehilfenverband, einer gemäßigt nationalen Gewerkschaft. Nicht zuletzt sprach das Alter für Ullrich. Ein 46jähriger werde, so die Hoffnung der Kräfte, die ihn zur Kandidatur bewegten, bei den jüngeren Wählern besser ankommen, als der 63jährige Amtsinhaber.[57]

Die Bürgermeisterwahl des Jahres 1928 war also mehr als eine Entscheidung zwischen zwei Personen. Sie war eine Richtungswahl, in der zwei Welten aufeinander prallten. Dementsprechend heftig ging es im Wahlkampf zur Sache. Jede Seite versuchte mit den üblichen Mitteln – direkte Ansprache, Versprechungen für die Zukunft, versteckte Drohungen und Freirunden in den Wirtschaften, ihre Anhänger um sich zu scharen. Vor allem das so genannte Wahlbier bot immer wieder Gelegenheit zur Klage, manchmal auch zum Einschreiten der vorgesetzten Behörde. So hatte im Jahre 1886 der gesamte Gemeinderat von Sandweier einen bezirksamtlichen Verweis erhalten, weil er anlässlich einer Gemeinderatswahl am Wahltag mit den drei zur Wahl stehenden Kandidaten ausgiebig gezecht und damit verbotene

[57] Merkel, Eichelberger, S. 29-30; GAS IV.2 – Bürgermeisterwahlen, 1928.

[58] GAS IV.2 – Gemeindeverwaltung 1886.

Gasth. z. Krone.
Bes.: E. Kleinhans.

Gasthaus zur Krone,
um 1900.

Wahlwerbung für diese gemacht hatte.[58] Auch im Wahlkampf des Jahres 1928 machten ähnliche Vorwürfe die Runde.

Mit großer Spannung erwarteten die Einwohner am Abend des 10. Juni 1928 das Ergebnis der Wahl. Das von vielen vorhergesagte Kopf-an-Kopf-Rennen war tatsächlich eingetreten. Von den 1.066 abgegebenen gültigen Stimmen hatten sich 534 für den Amtsinhaber Anton Eichelberger und 532 für den Herausforderer Augustin Ullrich entschieden. Damit hatte Eichelberger die Mehrheit der abgegebenen gültigen Stimmen auf sich vereinigt und offensichtlich die Wahl gewonnen. Trotz des knappen Wahlausgangs wurde in der *Krone,* die ein Sohn des Siegers, Johann Eichelberger, führte, kräftig gefeiert. Schräg gegenüber, in der *Linde,* dem Stützpunkt der Sozialdemokraten und der Fortschrittlichen Bürgerpartei, war die Stimmung eher gedämpft, saßen die Anhänger von Augustin Ullrich zusammen und analysierten die knappe Niederlage. Bald tauchten erste Gerüchte über Nachlässigkeiten und Verfahrensfehler bei der Vornahme der streng geregelten Wahlhandlung auf. So war die Öffentlichkeit bei der Auszählung der Stimmen und bei der Feststellung und Beurkundung des Ergebnisses nicht hergestellt worden. Zwei Wähler hatten erwiesenermaßen nicht geheim abgestimmt, deren Stimmen allerdings waren gezählt worden. Darüber hinaus waren während der Wahlhandlung zeitweise weniger als die drei vorgeschriebenen Wahlausschussmitglieder im Wahllokal anwesend, ebenfalls ein gravierender Verfahrensfehler. Drei Anhänger der Fortschrittlichen Bürgerpartei entschlossen sich, die Wahl anzufechten. Die vom Bezirksrat betriebenen Nachforschungen bestätigten die Verfahrensfehler und förderten einen weiteren gravierenden Verstoß zu Tage. Zwei Wähler hatten für den Sandweierer Bürger Hermann Schneider votiert. Beide Wahlzettel wurden von der Wahlkommission als ungültig erklärt, was nach Vorschrift der Wahlordnung unzulässig gewesen war. Zählte man diese zwei Stimmscheine zu den gültigen, waren also 1.068 gültige Stimmen abgegeben worden. Danach hätte *Anton Eichelberger zwar genau die Hälfte, nicht aber wie gesetzlich vorgeschrieben mehr als die Hälfte der Abstimmenden erreicht,* wie der Bezirksrat in seiner Begründung für die Annullierung der stattgehabten und die Neuansetzung einer weiteren Wahl ausführte.

Der Wahlkampf im Dorf ging also weiter. Der neue Wahlgang war auf Sonntag, den 16. September 1928 angesetzt. Zur Überraschung aller war mit Gemeinderat Josef Pflüger ein weiterer Kandidat ins Rennen gegangen. Auch wenn man ihm keine Chancen einräumte, musste ein zweiter Kandidat aus dem *bäuerlichen* Lager

Familie Franz Müller auf der Fahrt zum Iffezheimer Rennen, 1932/1933.

die Aussichten Eichelbergers schmälern. So geschah es auch: Augustin Ullrich ging mit 530 Stimmen als Sieger aus der Wahl hervor, gefolgt von Eichelberger mit 485 und Pflüger mit 73 Stimmen. Da bei 1.088 abgegebenen gültigen Stimmen allerdings jeder der drei Kandidaten die erforderliche absolute Mehrheit verfehlt hatte, war ein zweiter Wahlgang vonnöten, der zwei Wochen später stattfand. Josef Pflüger verzichtete auf eine weitere Kandidatur, was Anton Eichelberger unmittelbar zugute kam. Mit 573 von 1.105 gültigen Stimmen ging er mit absoluter Mehrheit aus diesem Wahlgang hervor. Augustin Ullrich verharrte auf 531 Stimmen. Doch nur kurz konnte sich Anton Eichelberger über seinen vermeintlichen Sieg freuen. Denn im Auftrag der Fortschrittlichen Bürgerpartei erhob der suspendierte Gemeinderat Adolf Schwab erneut Einspruch gegen die Wahl. Er monierte die fehlende Fortschreibung der Wählerliste, wodurch Personen, die zwischen Juni und September das Dorf verlassen hatten, noch in Sandweier wahlberechtigt gewesen waren, während jüngere Personen, die in der Zwischenzeit das Wahlalter erreicht hatten, von der Wahl ausgeschlossen blieben. Die Anpassung der Wählerliste war auf Anraten des Bezirksamtes Rastatt unterblieben, das der Gemeinde eine juristisch nicht haltbare Auskunft gegeben hatte. Zwar wies das Bezirksamt im November 1928 die Anfechtung Schwabs zurück. Dieser allerdings erhob dagegen Klage vor dem Verwaltungsgerichtshof in Karlsruhe. Zahlreiche Anhänger beider Lager wohnten am 19. Februar 1929 der mündlichen Verhandlung in der badischen Hauptstadt bei. Einen Einblick in die vergiftete Stimmung im Dorf vermittelt die Lektüre der Schriftsätze, die die Rechtsvertreter beider Seiten dem Gericht vorlegten. Der Gegenseite wurden jeweils *drohende, aufdringliche und versprechende Wahlagitation* vorgeworfen sowie *persönliche Gehässigkeiten* unterstellt, was zu einem Klima des Misstrauens, von Unzufriedenheit und gegenseitigem Hass in der Gemeinde geführt habe. Unbeeinflusst von den emotionalen Begleiterscheinungen dieser Auseinandersetzung kam der Verwaltungsgerichtshof in seinem Urteil zum Schluss, dass *die Wählerliste oder Wahlkartei bis zu dem jeweils in Betracht kommenden Wahlgang fortzusetzen und neu anzulegen ist.* Dies war in Sandweier nicht erfolgt. Damit lag die Verletzung einer wesentlichen Verfahrensvorschrift vor, womit die Wahl als ungültig festgestellt werden musste.

Zum vierten Mal wurden die Sandweierer Bürger am 28. April 1929 zur Wahl ihres Bürgermeisters zu den Urnen gerufen. Der Dauerstreit

Bürgermeister Augustin Ullrich (zweiter von rechts) in der Bauhütte mit Arbeitern des freiwilligen Arbeitsdienstes zum Aufbau der Sportstätten.

um den Posten hatte zu einer enormen Mobilisierung der jeweiligen Anhänger geführt. Von 1.154 Wahlberechtigten gaben 1.130 an diesem Tage ihre Stimme ab. Von den 1.114 gültigen entfielen 571 auf Augustin Ullrich, 542 auf Anton Eichelberger und eine Stimme auf Josef Pflüger. Doch erneut war es zu Unregelmäßigkeiten gekommen. Der Wahlausschuss hatte es im Vorfeld der Wahl versäumt, eine entsprechend große Zahl von Wahlumschlägen zu besorgen. Der große Wählerandrang ließ diese am Tage der Wahl beträchtlich schrumpfen. Als kurz vor Wahlschluss noch zwei Wahlberechtigte wählen wollten, waren keine Wahlumschläge mehr vorhanden. Kurzerhand wurde die Wahlzeit vom Vorsitzenden der Wahlkommission um eine Stunde verlängert, in der nach zusätzlichen Wahlumschlägen in der Gemeindeverwaltung gesucht werden sollte. Die Suche blieb allerdings ergebnislos. Guter Rat war nun teuer. Die Wahlkommission kam überein, die Wahlurne zu öffnen, zwei Umschläge zu entnehmen, deren Stimmzettel als Teilergebnis festzuhalten und die damit frei gewordenen Wahlumschläge den beiden Wählern zu geben. Was als *pragmatische Lösung* angesehen wurde, stellte natürlich einen wesentlichen Verstoß gegen die geltenden Wahlregeln dar. Erneut musste der Verwaltungsgerichtshof in Karlsruhe bemüht werden und erneut wurde die Sandweierer Bürgermeisterwahl für ungültig erklärt. Auch wenn alle Argumente ausgetauscht waren, auch wenn die Lager scheinbar fest gefügt standen, Neues also nicht mehr zu erwarten war, flammte der Wahlkampf wieder auf, mit den bekannt deftigen und schrillen Tönen. Flugblätter wurden gedruckt, Wahlversammlungen in den Gasthäusern abgehalten und mit Hausbesuchen versucht, schwankende Wähler für die eigene Sache zu gewinnen. Von Wahlmüdigkeit, wie viele geunkt hatten, konnte auch beim fünften Wahlgang, der am 15. September 1929 stattfand, keine Rede sein. Von 1.137 Wahlberechtigten gingen 1.115 an die Urne. Augustin Ullrich konnte auch in diesem Wahlgang die absolute Mehrheit der Stimmen auf sich vereinigen. 564 Wähler votierten für ihn, 537 für Anton Eichelberger: Die eine Stimme für Josef Pflüger und die eine für Viktoria Peter fielen dabei nicht mehr ins Gewicht.

Augustin Ullrich war neuer Bürgermeister von Sandweier. Kleinere Nachhutgefechte mit den Anhängern des abgewählten Bürgermeisters im Gemeinderat über seine besoldungsmäßige Einstufung verhinderten allerdings seinen unmittelbaren Dienstantritt. Erst zum 24. Dezember 1929 wurde er offiziell in sein Amt eingeführt.

Sandweierer Mühle
von Norden, 1930er Jahre.

Der heftige Wahlkampf hatte tiefe Spuren hinterlassen im Dorf. Die Erregung sollte sich erst langsam legen und unter der Oberfläche schwelten die Auseinandersetzungen weiter. Ein Glas Bier zuviel, eine unbedachte Äußerung in der Wirtschaft, und schon landete man vor dem Ortsgericht Sandweier. So auch der Zementeur Karl Brenneisen, der am 22. Dezember 1929 im Gasthaus *zum Grünen Baum* mit deftigen Worten das Possenspiel um die Besoldung des neuen Bürgermeisters und damit den Gemeinderat kritisiert hatte. Prompt wurde Beleidigungsklage gegen ihn gestellt. Schon am 2. Januar kam die Sache zur Verhandlung, die für Brenneisen glimpflich verlief. Nachdem er seine Scheltworte öffentlich vor dem Gemeinderat zurückgenommen hatte, kam er mit einer *ernstlichen Verwarnung* davon.[59]

Die wirtschaftliche Krise spitzt sich zu

Als Augustin Ullrich seine Dienstgeschäfte aufnahm, hatte die Weimarer Republik schon mehr als zehn aufregende Jahre hinter sich. Diese hatten auch ihre tiefen Spuren im kollektiven Gedächtnis der Sandweierer Einwohner hinterlassen. Die Niederlage im Ersten Weltkrieg, jener *Urkatastrophe des 20. Jahrhunderts,* zeitigte in der mentalen Verfasstheit des deutschen Volkes weit tiefere Verwerfungen, als vordergründig anzunehmen war. Besonders die Wirtschaftskrise wurde zum Dauerthema des nachfolgenden Jahrzehnts und sollte in einer tief greifenden politischen Vertrauenskrise enden. Die Ursachen für die wirtschaftlichen Schwierigkeiten waren vielfältig. Mit der Wiedereingliederung des Elsass und Lothringens nach Frankreich waren 1919 intensive und fruchtbare Handelsbeziehungen zwischen den Regionen rechts und links des Rheins unterbrochen worden. Die Undurchlässigkeit der Westgrenze machte Baden mit einem Schlag zum Grenzland, mit all den wirtschaftlichen Nachteilen, unter denen vor allem die Gebiete unmittelbar an der Grenze zu leiden hatten.

Frankreich als Sieger des Weltkriegs hatte auf der Einrichtung einer 50 km breiten entmilitarisierten Zone östlich des Rheins

[59] GAS –
Gemeinderatsprotokolle, 1930.

bestanden. Die darin befindlichen militärischen Einrichtungen wurden geschlossen. Auch Betriebe, die militärisch verwendbare Produkte lieferten, mussten ihre Pforten schließen oder sich abrupt auf Friedensproduktion umstellen. Dies führte zu einem wahren Exodus von Unternehmen aus Baden nach Württemberg, die außerhalb der entmilitarisierten Zone neue Produktionsstätten errichteten.

Die im Versailler Friedensvertrag festgelegten umfangreichen Reparationszahlungen entzogen dem Wirtschaftskreislauf bedeutende Summen, die für eine Steigerung der Binnennachfrage fehlten. Sandweier, das wirtschaftlich schon eng mit den Städten Rastatt und Baden-Baden verflochten war, bekam dies früher und stärker zu verspüren als andere Dörfer in der Rheinebene. Vor allem der Rückgang der Bautätigkeit, traditionell der Erwerbszweig, in dem zahlreiche Personen Arbeit und Brot fanden, ließ die Zahl der Erwerbslosen im Dorf schon früh in die Höhe schnellen. Die Reichsarbeitslosenversicherung bot keine ausreichende, weil zeitlich auf sechs Monate befristete Unterstützung. Langzeitarbeitslose oder Kurzarbeiter waren auf Fürsorgeleistungen von Seiten der Gemeinde angewiesen. 1923 sah sich der Gemeinderat gezwungen, im Interesse einer Konsolidierung des Gemeindehaushaltes Kurzarbeiterunterstützungen für diejenigen einzustellen, die noch über einen landwirtschaftlichen Kleinbetrieb verfügten.[60] Denn einher ging die Wirtschaftskrise mit einer horrenden Geldentwertung, die vor allem in den Jahren 1921 bis 1923 gigantische Dimensionen annehmen sollte. Anfänglich schien es gar, als könne die Gemeinde von dieser Situation profitieren. Die Darlehen und Kredite für den Neubau eines Gemeindehauses am Weiher im Jahre 1921 konnten innerhalb kurzer Zeit getilgt werden, ebenso die Verbindlichkeiten aus der Versorgung der Gemeinde mit elektrischem Strom. Im Januar 1923 nahm sie einen Kredit von 15 Millionen Mark auf für den Ankauf der Nassallschen Mühle im Dorf. Nur wenige Monate später, im Juni 1923, wurde die Mühle in öffentlicher Versteigerung für 55 Millionen Mark von Josef Hörth ersteigert. Ein nur vordergründig gutes Geschäft für die Gemeinde angesichts der Tatsache, dass im Oktober desselben Jahres bis zu 210 Millionen für einen Ster Holz bezahlt werden musste. Die Schwindel erregende Inflation lässt sich sehr gut an der Entwicklung der in der Gemeinde gezahlten Vergütungen ablesen.

So erhielt der Messner Thomas Merkel ab Dezember 1922 für das Aufziehen der Turmuhr aus der Gemeindekasse 2.000 Mark pro Jahr. Doch schon im Februar des folgenden Jahres machte die rasende Geldentwertung einen Nachschlag vonnöten. Merkel sollte nunmehr 450 Mark im Monat erhalten. Im August wurde diese

[60] GAS – Gemeinderatsprotokolle 1923.

Sandabbau.

Summe auf 100.000 Mark im Jahr erhöht. Dass sich Merkel von dieser Summe etwas kaufen konnte, ist unwahrscheinlich angesichts der horrenden Preise, die für Lebensmittel und Konsumgüter gefordert wurden. Auch die 8.000 Mark, die die Musiker des Arbeitermusikvereins für das Musizieren bei der Fronleichnamsprozession im Jahre 1923 erhielten, dürften kaum für den traditionellen Schoppen Bier im Gasthaus *zur Linde* gereicht haben.[61]

Mit der im November 1923, zu einem Zeitpunkt als der Wechselkurs des Dollars bei 4,2 Billionen Papiermark lag, begonnenen Einführung der Rentenmark konnte die Inflation gestoppt werden. Ein wirtschaftlicher Aufschwung setzte ein, der allgemein als die *Goldenen Jahre* der Weimarer Republik bezeichnet wird. Auch in Sandweier besserten sich die Gemeindefinanzen, so dass an Investitionen gedacht werden konnte. 1924 wurde so, unter hälftiger Finanzierung durch die Gemeinde, die Landstraße durch den Ort geteert, zwei Jahre später die Häuser des Dorfes mit Hausnummern versehen. Auch im gewerblichen Bereich war der Aufschwung zu spüren. Die Bauunternehmung Carl Degler, Rastatt, schloss sich mit dem Durmersheimer Unternehmen Wilhelm Stürmlinger zusammen und betrieb im Unterwald zwischen der heutigen B 36 und der B 3 den Kiesabbau. Mit den beiden Gemeinden Iffezheim und Sandweier wurden entsprechende Kiesabbauverträge abgeschlossen, die die Geländepacht auf 3 % des Abgrabeerlöses festsetzte. Die Tiefbaggerung, das Graben unter die Grundwasserlinie, war allerdings vertraglich untersagt. Zumindest einige Personen aus Sandweier fanden bei beiden Unternehmungen Brot und Arbeit. Das Gewann, in dem der Kiesabbau stattfand, wird übrigens im Gemeinderatsprotokoll als der *Galgenbuckel* bezeichnet, was auf seine Verwendung als historische Richtstätte hinweist. Als 1929 die Verlängerung der Verträge anstand, wurde die Pacht auf 5 % erhöht. Carl Degler war zu diesem Zeitpunkt bereits aus dem gemeinsamen Unternehmen ausgeschieden. Wilhelm Stürmlinger betrieb bis in die 70er Jahre hinein den Kiesabbau im Sandweierer und Iffezheimer Unterwald. Ihm fielen nicht nur der Galgenbuckel sondern große Teile des späteren Naturdenkmals *Flugsanddünen* auf Sandweierer Gemarkung zum Opfer.[62]

Auch wenn ein gewisser Aufschwung zu konstatieren war, blieb das wirtschaftliche Gesamtgefüge extrem fragil. Jede kleine Erschütterung konnte das durch die horrenden Reparationszahlungen geschwächte Wirtschaftssystem aus seiner Balance bringen. Im Herbst 1929 kam es zu Kursverlusten an der New Yorker Börse, die sofort nach Europa überschwappten. Groß war die Angst vor einer neuen

[61] Ebd.

[62] Ebd. 1924, 1926; Gemeindearchiv Iffezheim A 49 Nr. 268 – 1923-1928 (Pachtverträge mit Degler / Stürmlinger).

*Anlage der Sportstätten 1932,
Außenaufnahme der Bauhütte.*

Wirtschaftskrise. Das Trauma der nur wenige Jahre zurückliegenden Inflation, in deren Verlauf die meisten Deutschen ihre Ersparnisse verloren hatten, veranlasste die seit März 1930 im Reich amtierende Regierung Brüning zu einer Politik der Geldverknappung. Öffentliche Subventionen und Kredite, die geeignet gewesen wären, den stotternden Konjunkturmotor wieder ins Laufen zu bringen, wurden radikal zurückgefahren, um eine weitere Inflation zu verhindern. Die Folge davon, eine bisher nie gekannte Massenarbeitslosigkeit, wurde als notwendiges Übel und unvermeidliche Begleiterscheinung der deflationären Politik in Kauf genommen.

Auch wenn viele der arbeitslosen Einwohner von Sandweier durch ihre kleine Landwirtschaft, die sie neben ihrem Lohnerwerb mit überwiegender Hilfe ihrer Familien betrieben, vor vollständiger Armut einigermaßen gesichert waren, wurde das Vertrauen vieler Menschen in die herrschende Ordnung der Wirtschaft und des Staates nachhaltig erschüttert. Die *gute alte Zeit* wurde noch mehr als sonst üblich glorifiziert, und die aktuellen Probleme allein dem seit wenigen Jahren etablierten demokratischen Weimarer Regierungssystem zugeschrieben.

Zu Beginn der 30er Jahre verschärfte sich die wirtschaftliche und politische Lage in Deutschland dramatisch. Sandweier sah sich gezwungen, die Hebesätze für die Grund- und Gewerbesteuer zu erhöhen und – dem Beispiel anderer Kommunen folgend – ab Dezember 1930 eine Gemeindebiersteuer zu erheben. Mit Arbeitsbeschaffungsprojekten, die im Rahmen der produktiven Arbeitslosenunterstützung von staatlicher Seite bezuschusst wurden, suchte die Gemeinde die schlimmste Not der zahlreichen Arbeitslosen und Wohlfahrtsempfänger zu lindern. Neben Entwässerungsarbeiten im Bruch und in der Geggenau war es die im Mai 1932 im Rahmen des freiwilligen Arbeitsdienstes begonnene Herstellung eines Sport- und Spielplatzes für den Turnverein Sandweier, der gleichzeitige Ausbau des bestehenden Fußballplatzes und die Errichtung einer besonderen Wegeanlage zu diesen Sportplätzen im Gewann Sandbuckel, die zahlreichen Arbeitslosen aus der Gemeinde einen wenn auch bescheidenen Verdienst ermöglichten.

Bis zu 40 Mitglieder der beiden ausführenden Vereine arbeiteten über mehrere Monate an diesem Projekt. Weitergehende Planungen der Gemeinde, in unmittelbarer Nähe der neuen Sportanlagen auch ein Naturschwimmbad zu erstellen, das von den Wassern der Oos genährt werden sollte, kamen lediglich deswegen nicht zur Ausführung, weil das Oosbachwasser derartig von Klärwässern der Stadt Baden-Baden verschmutzt war, dass eine Entnahme zu Schwimmbadzwecken aus gesundheitspolizeilicher Hinsicht nicht in Frage kam.[63] Für den Oosbach bestand schon seit längerem ein amtliches Badeverbot. In der Tat lud die dunkelbraune Brühe, die sich durch den Ort zog und in der Kadaver von Vögeln, Katzen und Hunden schwammen, wie eine gesundheitspolizeiliche Ortsbereisung im Jahre 1931 kritisch anmerkte, nicht unbedingt zum Baden ein.

Die Wirtschaftskrise dauerte fort. Und auch in Sandweier machten sich ihre Auswirkungen zunehmend bemerkbar. Die Gesuche um Arbeit in den Gemeindewaldungen häuften sich dramatisch. Häufig musste die Gemeinde auch finanziell einspringen, wenn es galt, Kosten für Krankheitsbehandlung zu übernehmen oder für rückständige Hausmieten zu bürgen. Im Oktober 1931 veranstaltete die *Notgemeinschaft zur Winternothilfe* eine Lebensmittelsammlung im Ort, deren Erlös an die zahlreichen Familien, die ohne Einkommen waren, verteilt wurde. Im April 1932 erhielt die Gemeinde von der *Badischen Notgemeinschaft* 50 Zentner Speisekartoffeln, 5 Zentner Brotmehl und 3 Zentner Maisgrieß zur Verteilung an ihre Ortsarmen.

Von den rund 600 erwerbsfähigen Männern des Dorfes waren Anfang des Winters 1932/33 bis zu 100 arbeitslos gemeldet. Weitere 40 waren – nach Auslaufen der sechsmonatigen Arbeitslosenunterstützung – Wohlfahrtserwerbslose, die gänzlich auf die Unterstützung ihrer Gemeinde angewiesen waren. Nicht in den offiziellen Statistiken aufgeführt wurden die zahlreichen Erwerbslosen, die ohne jegliche Unterstützung von ihrer kleinen Landwirtschaft leben mussten. Es ist sicher nicht verkehrt anzunehmen, dass die offizielle Quote der Beschäftigungslosen, die bei 25 % lag, sich in Wirklichkeit deutlich höher darstellte.

Ob es unter diesen Voraussetzungen allerdings klug von der Gemeinde war, die für den 11. August geplante offizielle Feier zum Verfassungstag im Jahre 1931 *in Anbetracht der derzeitigen schlechten wirtschaftlichen Lage* ausfallen zu lassen, erscheint zweifelhaft. Zu sehr konnte gerade diese Geste als Eingeständnis eines direkten Zusammenhangs zwischen politischer Verfasstheit der Gesellschaft und der aktuellen wirtschaftlichen Lage missinterpretiert werden.

[63] *GAS XX – Freiwilliger Arbeitsdienst 1932; VIII – Medizinalwesen, 1932 (Oosbachwasser).*

Einladung zur Parteiversammlung der NSDAP.

Einladung zur Parteiversammlung der SPD.

Im Gefolge der Wirtschaftskrise wurden auch die politischen Zustände immer instabiler. Die extremen Parteien von rechts und links mit ihren simplen Schuldzuweisungen, ihren gängigen und einfachen Parolen zur scheinbaren Lösung der Probleme und ihren mit gewaltigem Aufwand verbreiteten Aufrufen zum Hinwegfegen des Systems gewannen unter diesen Umständen zunehmend an Einfluss und Anhängerschaft. Anfänglich profitierte in erster Linie die KPD von der herrschenden Unzufriedenheit. So schnellten die Kommunisten, die noch 1929 bei der Wahl zum badischen Landtag in Sandweier lediglich sieben Voten und damit 1 % der abgegebenen gültigen Stimmen auf sich vereinigen konnten, innerhalb von drei Jahren auf einen Anteil von 108 Stimmen bei der Reichstagswahl im November 1932. Damit hatten sie die Sozialdemokratische Partei fast eingeholt, die bei dieser Wahl 109 Stimmen erhalten hatte (Landtagswahl 1929 179 Stimmen). Die Nationalsozialistische Deutsche Arbeiterpartei unter ihrem *Führer* Adolf Hitler war dagegen lange Zeit nicht präsent am Ort. Noch bei der Landtagswahl 1929 hatte die *Hitlerbewegung* in Sandweier lediglich zwei Stimmen erhalten. Aus einer Splitterpartei im unteren Prozentbereich entwickelte sie sich jedoch unter dem Eindruck der Wirtschaftskrise zu einer ernst zu nehmenden Gefahr für die Weimarer Demokratie. Dies wurde spätestens 1930 deutlich, als die Partei in den Reichstagswahlen quasi aus dem Stand 18,3 % der Stimmen einheimste und als zweitstärkste Kraft mit 107 Abgeordneten in den Berliner Reichstag einzog. Selbst in ländlich strukturierten katholischen Gebieten konnte sie Erfolge erzielen, auch wenn das traditionelle Milieu des Zentrums sich durchaus resistent gegenüber dieser totalitären Bedrohung erwies. Gerade auf Sandweier trifft dies zu. Während in den umliegenden Gemeinden die NSDAP sich längst als aufstrebende, ja teilweise schon dominierende Kraft etabliert hatte und Ergebnisse nahe an der absoluten Mehrheit erzielte, kam sie hier im Ort nicht so recht vom Fleck. Bei der Reichstagswahl im November 1932 z. B. gaben lediglich 111 Wählerinnen und Wähler aus Sandweier den Nationalsozialisten ihre Stimme, was einem Anteil von 14,9 % entsprach. Ein sehr bescheidenes Ergebnis im Vergleich zu den 33,8 %, die die Partei reichsweit bei diesen Wahlen erzielen konnte. Auf ähnliche Werte in Sandweier kamen die Sozialdemokraten (14,6 %) und die Kommunisten (14,5 %), während das Zentrum mit 54,2 % unangefochten die dominierende politische Kraft am Ort blieb.

Vor allem im Vorfeld von Wahlen häuften sich die politischen Versammlungen am Ort. KPD, Zentrum und SPD luden dazu bekannte

Parteivertreter, Bürgermeister, Reichs- oder Landtagsabgeordnete in die Wirtschaftssäle ein, wo über die *Politische Lage über Land und Reich,* wie in der Zentrumsveranstaltung am 18. Oktober 1931 im Gasthaus zum Grünen Baum, oder über die Frage debattiert wurde *Gibt es Auswege aus der politischen und wirtschaftlichen Not unserer Zeit?,* wie in der Versammlung der SPD am 29. November 1931 im Gasthaus zum Hirsch. Auch die NSDAP trat ab November 1931 öffentlich im Ort in Erscheinung. Neben traditionellen Versammlungen, wie der zum 10. November 1931 in Erinnerung an den Feldherrenputsch des Jahres 1923, auf der Alfred Neumann aus Baden-Baden über den *Kampf gegen den Marxismus* referierte, operierte die Partei zunehmend mit anderen Propagandaformen. Lastwagenkolonnen mit Flugblättern und Spruchbändern durchfuhren in regelmäßigen Abständen den Ort und in den Sommermonaten okkupierte die NSDAP immer häufiger den öffentlichen Raum. Werbeumzüge, Fackelzüge und öffentliche Kundgebungen war ihr Mittel, auf sich aufmerksam zu machen. Dabei schreckte sie auch nicht vor Provokationen der Kirche zurück. Am Abend des 15. Juli 1932 veranstaltete die Kreisleitung Baden-Baden im Ort eine *machtvolle* Demonstration. Nach einer Versammlung im Gasthaus zum Hirsch, die von Kreisleiter Kurt Bürkle bestritten wurde, zogen die Teilnehmer anschließend mit Fackeln durch den Ort, ehe vor der Kirche die Abschlusskundgebung stattfand, in der zur nationalen Revolution und zum Kampf gegen die Systemparteien aufgerufen wurde. Natürlich erregte dieses Verhalten, insbesondere die Nutzung des Kirchenvorplatzes für eine antikirchliche Veranstaltung, Ärgernis im Dorf. Allerdings fehlte die rechtliche Handhabe zum Einschreiten, da sowohl Versammlung wie der Fackelzug und die Abschlusskundgebung die bezirksamtliche Erlaubnis erhalten hatten.[64]

Machtübernahme und Gleichschaltung

Am 30. Januar 1933 wurde der Vorsitzende der größten Fraktion des Reichstages, der Nationalsozialist Adolf Hitler, vom greisen Reichspräsidenten und Helden des Ersten Weltkriegs, Paul von Hindenburg, zum Reichskanzler einer *Regierung der nationalen Konzentration,* bestehend aus Vertretern der NSDAP mit drei Ministern, der Deutschnationalen Volkspartei mit ebenfalls drei

[64] GAS XIII.4 – Schutz politischer Veranstaltungen.

Ministern, des Zentrums mit einem Minister und vier parteilosen Ministern, ernannt.

Obwohl es auch in Sandweier eine Reihe erklärter Parteigänger der Hitlerbewegung gab, unterblieben die in anderen Orten üblichen überschwänglichen Jubeldemonstrationen wie auch die leider ebenso üblichen individuellen Abrechnungen mit politischen Gegnern. Schon Mitte des Jahres 1932 hatte es am Ort eine größere Schar von SA-Männern gegeben, die dem in Baden-Baden ansässigen SA-Sturm 3/111 angehörten. Darüber hinaus beteiligten sich einige Reiterfreunde an den Aktivitäten des Iffezheimer SA-Reitersturms.

Zwei Tage nach seiner Ernennung löste Adolf Hitler den Reichstag auf und schrieb zum 5. März 1933 Neuwahlen aus. Als am 27. Februar 1933 auf den Reichstag in Berlin durch einen kommunistischen Einzeltäter ein Brandanschlag verübt wurde, nutzte Adolf Hitler die sich ihm bietende Chance. Mit Hilfe von durch Hindenburg erlassenen Notverordnungen war es ihm nun möglich, gegen seine politischen Gegner vorzugehen. Die Propaganda-, Unterdrückungs- und Einschüchterungsmaschinerie der Nationalsozialisten begann auf vollen Touren zu laufen. Und sie zeigte Wirkungen. Im unmittelbaren Vorfeld der Wahlen verstärkte die NSDAP auch ihre Präsenz vor Ort. So zogen am 3. März 1933 die Anhänger der Partei in einem Propagandamarsch durch die Gemeinden Oos, Sandweier und Haueneberstein. Der NSDAP-Stützpunkt Sandweier hatte aus diesem Anlass vor dem Gasthaus zum Hirsch einen Radioapparat mitsamt einem großen Lautsprecher installiert, damit eine Rede Adolf Hitlers übertragen werden konnte. Diese Nachricht vermittelt uns zweierlei. Wie kaum eine andere politische Partei jener Zeit hatte die NSDAP die Möglichkeiten der modernen Kommunikationsmedien erkannt und nutzte sie für ihre Zwecke. Darüber hinaus erfahren wir, dass Anfang März 1933 lediglich ein Stützpunkt der NSDAP am Ort bestand, woraus zu schließen ist, dass die Zahl der Parteimitglieder zu gering war, um eine eigene Ortsgruppe zu gründen.[65]

Gerade angesichts des gewaltigen propagandistischen Aufwands musste das Sandweierer Wahlergebnis vom 5. März 1933 enttäuschen. Zwar gelang es der NSDAP, 275 Stimmen und 28,5 % Wähleranteil auf sich zu vereinigen. Damit hatte sie die Sozialdemokraten mit 124 Stimmen (12,9 %) und die KPD mit 38 Stimmen (3,9 %) weit hinter sich gelassen. Sie verfehlte jedoch deutlich ihr angestrebtes Ziel der absoluten Mehrheit, ja blieb fast 20 % unter dem Landesdurchschnitt der Partei von 45,9 %. Eindeutiger Sieger

65 Ebd.

dieses Wahlgangs im Ort war die Zentrumspartei, die nicht nur ihren prozentualen Anteil mit 54,6 % halten, sondern sogar eine Steigerung der absoluten Stimmenzahl von 404 auf 526 Stimmen verzeichnen konnte. Damit hatten auch in dieser Wahl über zwei Drittel der Sandweierer Wählerinnen und Wähler für die beiden staatstragenden Parteien der Weimarer Republik votiert und so zumindest ihre Reserviertheit gegenüber dem totalen Herrschaftsanspruch des neuen Regimes dokumentiert.

Nach den Wahlen vom 5. März setzte die NSDAP alle Hebel in Bewegung, um ihre Alleinherrschaft voranzutreiben. Die Einsetzung des Gauleiters Robert Wagner zum Reichskommissar für das Land Baden am 8. März sowie die durch ihn betriebene Absetzung der verfassungsmäßigen Regierung drei Tage später waren wichtige Etappen auf dem Weg der so genannten Gleichschaltung. Die setzte sich bis in die Kommunen fort und hatte zum Ziel, den Einfluss der anderen Parteien einzuschränken, ja sie von der politischen Willensbildung auszuschließen. *Rechtliche* Grundlage dazu bildete ein Erlass von Wagner vom 27. März 1933, der die Gleichordnung des Landtags und der kommunalen Parlamente entsprechend den Ergebnissen der letzten Reichstagswahlen anordnete. Der demokratisch gewählte Gemeinderat trat am 27. April 1933 zu seiner letzten Sitzung zusammen. Die Vertreter der Bürgerpartei, der Fortschrittlichen Bürgerpartei und der SPD legten danach gezwungenermaßen ihre Ämter nieder. Mancher stellte sich überaus schnell auf die neue Situation ein. Am 2. April 1933 teilte der bisherige Gemeinderat der Sozialdemokratischen Partei, Johann Frietsch, dem Bezirksamt mit, dass er von seinem Amt als Gemeinderat zurücktrete, da er *an der Sozialdemokratischen Partei kein Interesse mehr habe.*[66] Damit kam er zwar seinem erzwungenen Rücktritt zuvor, bot jedoch sicher kein leuchtendes Beispiel für Zivilcourage.

Der neue Gemeinderat, auf vier Räte reduziert, setzte sich aus dem Vertreter der NSDAP, dem kaufmännischen Angestellten und Vorsitzenden der Partei am Ort, Eugen Müller, und den drei Vertretern des Zentrums, dem Bäckermeister Josef Müller und den Landwirten Josef Pflüger und Konrad Herr, zusammen. In der Versammlung der Beigeordneten stellte die NSDAP nunmehr drei Abgeordnete, das Zentrum sechs und die SPD lediglich einen.[67] Doch auch dieser wurde im Juli 1933, als die Sozialdemokratische Partei in Deutschland verboten wurde, durch einen Parteigänger der Nazis ersetzt. Denn Ziel der Gleichschaltung war die Alleinherrschaft der Nationalsozialisten. In der Folgezeit übten die örtlichen NSDAP-Vertreter großen Druck auf die Gemeinderäte und -verordneten

[66] GLA 371 Zug. 1991/49 Nr. 19.

[67] GAS IV.2 – Reichstagswahl 5. März 1933.

Heil Hitler!

Max Nassall

Ogru-Leiter.

*Stempel der NSDAP-
Ortsgruppe Sandweier mit
Unterschrift des Orts-
gruppenleiters Max Nassall.*

des Zentrums aus, die zu einem *freiwilligen Rücktritt* bewogen werden sollten. Dabei stießen sie aber auf hinhaltenden Widerstand der Gewählten. Unter Hinweis auf den überwältigenden Vertrauensbeweis für die Partei in den Wahlen vom 5. März weigerten sich die Zentrumsvertreter standhaft, dem Ansinnen der örtlichen NSDAP zu entsprechen. Eugen Müller wusste sich keinen anderen Rat, als bei der Kreisleitung der NSDAP Unterstützung einzuholen. Ende Juli 1933 berichtete er an Kurt Bürkle nach Baden-Baden: *In der Gemeinderatssitzung vom 27. Juli wurde den drei Zentrumsgemeinderäten klar gelegt, dass ein freiwilliger Rücktritt von ihren Ämtern erwünscht sei. Da diese sich nicht freiwillig von ihren Ämtern zurückziehen, ersuche ich Sie die nötigen Maßnahmen zu treffen, um die oben genannten sowie die Gemeindeverordneten nebst ihren Ersatzmännern von ihren Ämtern zu entheben.* Lediglich den Bäckermeister Josef Müller, der in der Zwischenzeit aus dem Zentrum ausgetreten war, sowie Hugo Herr und Gottfried Bornhäußer wollte Müller als zukünftigen Gemeinderat und als Gemeindeverordnete akzeptiert wissen. Für alle anderen Vertreter des Zentrums durfte es nach Ansicht Müllers kein Pardon geben, *da der Kampf zwischen NSDAP und Zentrum früher ein unerbittlicher war* und er es den *hiesigen Parteigenossen* nicht zumuten wolle, *dass irgendeiner dieser Leute in seinem Amte bleibt, denn dies würde gleichzeitig ein Verrat darstellen.*[68]

Als mit einer weiteren Neubildung des Gemeinderats im Oktober 1933 die Gleichschaltung auf kommunaler Ebene abgeschlossen wurde, bestand das Gremium aus drei Mitgliedern der NSDAP, dem Hilfsarbeiter und Kassenwart der NSDAP Justin Babian, dem Postschaffner und zukünftigen Fraktionsvorsitzenden August Schmidt, dem Plattenleger und Zellenwart Eustach Frietsch sowie aus dem Bäckermeister und Führer beim SA-Reitersturm Josef Müller als Nichtparteimitglied.

1935 wurde mit der Deutschen Gemeindeordnung das Führerprinzip auf Gemeindeebene eingeführt. Justin Babian und Eustach Frietsch wurden danach ehrenamtliche Beigeordnete, zu Gemeinderäten Bäckermeister Josef Müller und die drei Parteimitglieder Anton Ullrich, Briefträger und Blockwart, Rafael Eichelberger, Wagner und Ortsgruppenwart, und Edmund Schulz, Baumwart und bisheriger Jungbauernführer, ernannt. 1939 wurde der Ortsbauernführer Martin Peter dritter ehrenamtlicher Beigeordneter der Gemeinde. Bis auf Josef Müller waren alle genannten im Jahre 1933 der Partei beigetreten.[69]

[68] GLA 371 Zug. 1981/42
Nr. 2815 – Gleichschaltung.

[69] GLA 371 Zug. 1981/42
Nr. 2812 – Beigeordnete.

*1939 in Bühl,
links Max Nassall.*

Parallel zur Verdrängung der Vertreter des demokratischen Zentrums aus Gemeinderat und Gemeindeverordnetenversammlung stellte sich auch die Frage nach dem zukünftigen politischen Schicksal des Sandweierer Bürgermeisters Augustin Ullrich. Das Vertrauensvotum, das ihm der alte Gemeinderat am 30. März 1933 ausgesprochen hatte, indem er erklärte, *gegen die Dienstführung des Bürgermeisters Augustin Ullrich nichts einzuwenden zu haben*, wurde von den überzeugten Nationalsozialisten am Ort eher als Beweis für die Notwendigkeit empfunden, diesen Vertreter des *alten Systems* in den politischen Ruhestand zu schicken. Spätestens seit Ullrich am Morgen des 5. März 1933, des Wahltags, ein vor dem Wahllokal aufgemaltes Hakenkreuz, das *etwa 2 m Durchmesser* hatte, wegen unerlaubter Wahlwerbung durch Gemeindearbeiter entfernen ließ, galt er als unsicherer Kantonist, wenn nicht gar als *Widerständler.*[70]

Gerne wäre der Ortsgruppenführer Eugen Müller an dessen Stelle getreten. Dieser wurde jedoch schon Mitte des Jahres 1933 wegen *Unzuverlässigkeit* seines Amtes enthoben. Sein Nachfolger wurde Max Nassall, Sohn des verstorbenen Hirschwirts Franz Xaver Nassall. Die Rolle des *Chefideologen* der Ortsgruppe übernahm kurzzeitig August Schmidt, der selbst von seinen vorgesetzten Parteigenossen als *ehrgeiziger und erregter Mann* charakterisiert wurde. Ihm war die auf Ausgleich bedachte Art des Bürgermeisters ein steter Dorn im Auge. Ullrich hatte unter anderem die von der Regierung angeordnete Einführung der zentralen Milcherfassung über Monate hinausgezögert und war so einem breiten Wunsch der Bevölkerung entgegengekommen. Besonders erboste Schmidt jedoch die Tatsache, dass der ehemalige SPD-Gemeinderat Hugo Pflüger weiterhin als Rechner die Hauptgeschäfte der Ein- und Verkaufsgenossenschaft betrieb und unter anderem für die Milcherfassung zuständig war, ohne dass von Seiten der Gemeinde dagegen eingeschritten wurde. Im März 1934 lehnte die NSDAP-Fraktion im Sandweierer Gemeinderat eine weitere Zusammenarbeit mit dem *jetzigen Bürgermeister Ullrich* ab und bat das Bezirksamt in Rastatt, diesen *wegen seiner Einstellung zur NSDAP und seines Verhaltens in der Frage der Milchverwertung* von seinem Posten abzuberufen. Kreisleiter Bürkle allerdings wollte davon nichts wissen. Er hielt Ullrich, der im Mai 1933 dem Opferring der NSDAP beigetreten war, *für die Bewegung durchaus tragbar.* Im Opferring waren Personen zusammengeschlossen, die die NSDAP zwar finanziell unterstützten, ihr offiziell jedoch nicht beitreten wollten. Über die fachlichen Qualitäten Ullrichs gab es zudem nichts zu kritisieren. In derselben politischen Beurteilung vom

[70] Archives d'Occupation en Allemagne et en Autriche Colmar (=AOAC), Bestand Bade, Dossiers personnels de dénazification Nr. 185662; Vertrauensbeweis für den Bürgermeister in: GLA 371 Zug. 1991/49 Nr. 19.

Februar 1936 bemerkte Bürkle anerkennend, dass *Ullrich ... ein tüchtiger Mann* sei, *der dem Posten eines Bürgermeisters in Sandweier voll und ganz gewachsen ist.*[71]

Aus der Einschätzung Bürkles lassen sich mehrere Schlüsse ziehen. Zum einen genoss Bürgermeister Ullrich so großen Rückhalt in der Bevölkerung, dass es die neuen Herren nicht wagten, ihn gegen einen Parteigenossen auszutauschen. Ullrich schien vielmehr die ideale Integrationsfigur zu sein, der die sich reserviert zeigenden Sandweierer mit der Bewegung auszusöhnen in der Lage war. Zum anderen fehlte es dem Personal der Partei vor Ort anfänglich sicher an persönlichem und fachlichem Profil, um den anerkannten Fachmann Ullrich von seinem Posten verdrängen zu können. Und Ullrich funktionierte im Sinne der neuen Machthaber. Als 1937 der Aufnahmestopp in die NSDAP aufgehoben wurde, bedurfte es bei ihm nur eines geringen Drucks, dass er seine Mitgliedschaft beantragte. Schließlich wollte er im darauf folgenden Jahr, nach Ablauf seiner achtjährigen Amtszeit, erneut berufen werden. Dies geschah auf Vorschlag des Kreisleiters der NSDAP.

Während sich Ullrich also auf seinem Posten halten konnte, mussten andere das Rathaus verlassen. Als ersten traf es den Grundbuchhilfsbeamten Sebastian Kratzer, der in den Jahren 1922 bis 1924 Kassier der SPD-Ortsgruppe Sandweier gewesen war. Obgleich er 1931 aus der Partei ausgetreten war und Erhebungen beim Bürgermeister ergaben, dass sich Kratzer sowohl im Dienst wie auch in seiner Freizeit jeglicher politischer Betätigung enthalten hatte, wurde ihm auf der Grundlage des Gesetzes zur Wiederherstellung des Berufsbeamtentums gekündigt. Seinen Posten übernahm der Handlungsgehilfe und SA-Mann Albert Peter, dessen Ende 1932 im Dorf gegründete Agentur für Beschaffung von Darlehen als Zweigstelle der Firma Wirtschaftshilfe GmbH in Eisenach nicht recht vom Fleck kam. Auch dem Farrenwärter Jakob Ullrich, ein Bruder des als *marxistisch* eingeschätzten früheren Gemeinderats Mathias Ullrich, wurde die Verantwortung für die gemeindeeigenen Stiere entzogen und dem arbeitslosen Landwirt Alois Straub übertragen, der seit Mai 1933 Parteimitglied war und später zum Gemeindeforstwart aufsteigen sollte.[72]

Seine Nähe zur Sozialdemokratischen Partei wurde auch dem seit 1931 auf dem Rathaus als Halbtagskraft beschäftigten Hilfsratschreiber Max Matz zum Verhängnis. *Diesen Posten würde ich übernehmen*, mit diesen Worten eröffnete der Ortsgruppenleiter Müller im Mai 1933 das Kesseltreiben auf Matz, der neben seinem Verwaltungsjob noch ein *größeres Warengeschäft* betrieb und

[71] GLA 371 Zug. 1981/42 Nr. 2816 – Bürgermeisterwahlen, Schreiben Schmidts an BA Rastatt vom 23. März 1934; Beurteilung Bürkles in AOAC Nr. 185662.

[72] GLA 371 Zug. 1982/42 Nr. 2813 – Ernennung, Verpflichtung des Ratschreibers und – gehilfen zu Sandweier.

dadurch dem Vorwurf ausgesetzt war, in diesen schwierigen wirtschaftlichen Zeiten als Doppelverdiener anderen *Volksgenossen* den Arbeitsplatz wegzunehmen. Auch in diesem Falle versuchte Augustin Ullrich, Matz, dem er eine vorbildliche Arbeitsauffassung und politische Enthaltsamkeit bescheinigte, gegen den Willen der NSDAP auf seinem Posten zu halten. Vergeblich! Und wie in anderen Fällen passte sich Ullrich auch hier dem herrschenden Zeitgeist an, ja ordnete sich ihm unter. Als am 13. Oktober 1933 der von Ortsgruppenführer Nassall unterzeichnete Antrag der NSDAP *auf sofortige Kündigung des Matz und Einsetzung des PG Nassall* auf seinem Schreibtisch landete, konnte der Bürgermeister lediglich noch eine Kündigungsfrist bis zum 30. November aushandeln. Nicht verhindern konnte er aber, dass der neue Hilfsratschreiber Max Nassall schon Mitte Oktober seinen Dienst aufnahm, der gekündigte Matz somit noch sechs Wochen mit seinem politisch eingesetzten Nachfolger zusammenarbeiten musste. Niemanden in der NSDAP scherte es, dass Nassall weder die fachlichen Qualifikationen noch die formalen Voraussetzungen für diese Stelle besaß. Der Posten des Hilfsratschreibers war nämlich für einen Versorgungsanwärter, d. h. einem nach dem Ersten Weltkrieg entlassenen Berufssoldaten mit Versorgungsanspruch, vorbehalten. Einwände des Rastatter Bezirksamts, das die fehlende Eignungsprüfung und Versorgungsanwartschaft des Nassall monierte, wurden sowohl von der örtlichen NSDAP wie der Kreisleitung vom Tisch gefegt. Da Nassall *das Vertrauen des Gemeinderats und des Bürgermeisters* besitze, wäre eine Eignungsprüfung nicht vonnöten, so der Gemeinderat am 19. Oktober. Als das Bezirksamt dennoch darauf insistierte, griff Kreisleiter Bürkle ein: *Es erscheint uns die Tatsache für gegeben, dass der als Ratschreiber für Sandweier vorgesehene Parteigenosse Nassall einem Versorgungsanwärter gleichzusetzen ist. Die Interessen erforderten es, Nassall in Sandweier unterzubringen. Er ist der älteste Parteigenosse am Platz und Leiter der Ortsgruppe. Nassall hat fachliche Kompetenz in weitaus genügendem Maße. Wir bitten das Bezirksamt die Genehmigung zu erteilen, dass der PG Nassall das Amt des Ratschreibers in Sandweier als vollbeschäftigter Beamter übernehmen kann.* Als es dennoch zu weiteren Nachfragen kam, forderte Bürkle unverhohlen Landrat Tritscheller zum Rechtsbruch auf: *Ich bitte dringend, in diesem Falle nicht auf dem Paragraphen zu reiten. Ich habe Ihnen bereits mitgeteilt, dass ich wünsche und großen Wert darauf lege, dass der Ortsgruppenleiter Nassall als Ratschreiber in Sandweier Beschäftigung findet.*[73]

[73] Ebd.

Derart gemaßregelt schickte sich das Bezirksamt in die Wünsche der NSDAP. Im März 1934 beschloss der Sandweierer Gemeinderat die Einstellung Max Nassall, als Verwaltungsratschreiber und verlieh ihm zugleich die Beamteneigenschaft. Allerdings ist nicht sicher, ob Nassall, auch wenn er bereits seit Oktober 1933 im Rathaus arbeitete, diese neue Stelle auch angetreten hat. Denn schon im Juni 1934 stand die Besetzung der Verwaltungsratschreiberstelle erneut auf der Tagesordnung. Als Kandidat vorgeschlagen wurde dabei der 1909 geborene Georg Ullrich, der bislang als kaufmännischer Angestellter bei der Haut- und Fellverwertung GmbH in Baden-Oos beschäftigt gewesen war. Dieser, seit September 1932 in der Partei, galt in Kreisen der Parteileitung in Rastatt als der *noch einzige zuverlässige Nationalsozialist in Sandweier.*[74]

Dies deutet auf große innere Zerwürfnisse in der lokalen Organisation der Partei hin. Tatsächlich kam es in den knapp 17 Monaten nach der Machtergreifung an der Spitze der Ortsgruppe zum einem doppelten Austausch der Köpfe: auf Emil Müller folgte Max Nassall, der wiederum von Georg Ullrich abgelöst wurde. Die Gründe dafür liegen im Dunkeln. Offensichtlich – so zumindest der Schluss, der aus obiger Bemerkung über die Zuverlässigkeit der Parteimitglieder gezogen werden kann – ging es vielen der kleinen Führer vor Ort in erster Linie um ihr persönliches Fortkommen. Einige nutzten ihre neu gewonnene Macht auch dazu, um alte Rechnungen zu begleichen. Wollte die Partei in dem mehrheitlich dem Nationalsozialismus distanziert gegenüberstehenden Dorf nachhaltig Fuß fassen, so konnte dies nur dann gelingen, wenn die politischen Hasardeure und Haudraufs ins berühmte Glied zurücktraten. Diese Überlegungen werden wohl dazu geführt haben, dass der bisherige Fraktionsvorsitzende der NSDAP im Gemeindrat, August Schmidt, bei der Neubildung der Gemeindevertretung im Jahre 1935 keine Berücksichtigung mehr fand. Damit endeten auch seine langwierigen Streitereien mit dem Bürgermeister, der ab diesem Zeitpunkt als fest etabliert zu gelten hatte.

Alltag im Nationalsozialismus

Ungeachtet der kleinen Auseinandersetzungen im lokalen Rahmen und ungeachtet der offensichtlichen Tatsache, dass einige der Repräsentanten der Partei im Dorf beileibe nicht als Vorbilder in Frage kamen, stieß das Regime in Sandweier, wie in allen Teilen des Deutschen Reichs, auf eine breite Akzeptanz. Dazu trugen

[74] *Ebd.*

Notstandsarbeiten im Bruch 1933/34.

neben den unleugbaren außenpolitischen Erfolgen, die von 1934 bis 1939 das besiegte und durch den Versailler Friedensvertrag gedemütigte Nachkriegsdeutschland zu einer Weltmacht ersten Ranges aufsteigen ließen, vor allem die erfolgreiche Überwindung der tief greifenden Wirtschaftskrise der Jahre 1929 bis 1933 und der vehemente wirtschaftliche Aufschwung in der zweiten Hälfte der 30er Jahre bei. Dass am Ende dieses Aufschwungs notwendigerweise der nächste Weltkrieg stehen würde, hat mancher vielleicht dunkel geahnt.

Es hat den Eindruck, als hätten sich die politischen Vertreter des Dorfes des für die NSDAP blamablen Wahlergebnisses vom 5. März 1933 *geschämt* und als hätten sie versucht, durch symbolische Gesten der Anpassung diese Schmach zu tilgen. Nur so ist es verständlich, dass schon am Abend des 20. April 1933 eine *Hitlereiche, als Symbol der nationalen Erhebung* vor der Mühle gepflanzt wurde und der Platz zwischen dem Gasthaus zur Blume und der Mühle zugleich zum *Adolf-Hitler-Platz* umbenannt wurde. Die bei dieser Gelegenheit vollzählig anwesenden Schulkinder erhielten aus Gemeindemitteln jeweils eine Brezel. Auch wurden die Fackeln aus Gemeindemitteln bestritten. Ebenfalls sehr früh im Vergleich zu den umliegenden Gemeinden beschloss der Sandweierer Gemeinderat am 12. Mai 1933 *einstimmig*, dem Reichskanzler Adolf Hitler und dem Staatskommissar und Gauleiter Badens Robert Wagner die Ehrenbürgerwürde von Sandweier anzutragen. Beide akzeptierten wenige Wochen darauf diese Ernennung. Sie sind bis heute de jure Ehrenbürger geblieben, denn in den Protokollbänden des Gemeinderats findet sich kein entsprechender Beschluss über Aberkennung ihrer Ehrenbürgerschaft.[75]

Durch großzügige Kreditvergaben und Darlehensprogramme versetzte die öffentliche Hand die Gemeinden in die Lage, aktiv zur Überwindung der Wirtschaftskrise beizutragen. Noch im Februar 1933 beantragte die Gemeinde die Durchführung von Entwässerungsarbeiten im Bruch in einer Größenordnung von 11.500 Tagwerken. Schon Anfang Mai konnte mit den Arbeiten begonnen werden, die bis Ende März 1934 dauern sollten. Jeweils 107 Notstandarbeiter wurden dabei für 13 Wochen beschäftigt. Selbst die schon im Jahre 1932 begonnene Instandsetzung des Ooskanals und des Ooser Landgrabens in einer Größenordnung von 4.000 Tagwerken à sechs Stunden wurde bald als Erfolg der neuen Regierung gefeiert. Gefördert durch begleitende arbeitsmarktpolitische Maßnahmen wie den obligatorischen Arbeitsdienst war spätestens ab Ende 1936 auch in Sandweier Vollbeschäftigung erreicht.

[75] GAS – Gemeinderatsprotokolle 1933.

Unter diesen Voraussetzungen arrangierte sich die Mehrzahl der Einwohner Sandweiers mit dem System und seiner Politik. Getreu dem damals oft zu hörenden Spruch *wo gehobelt wird, fallen Späne* wurden die Begleiterscheinungen des totalitären Systems in Kauf genommen, als vorübergehende Phänomene interpretiert oder auf den Übereifer einzelner Parteifunktionäre zurückgeführt. Dies fiel in Sandweier umso leichter, als von diesem *Übereifer* im Dorf nicht allzu viel zu spüren war. Als der ehemalige Gemeinderat Adolf Schwab im Zusammenhang mit der Pflanzung der Hitler-Eiche kritische Bemerkungen fallen ließ, wurde er vom 28. April bis 6. Mai zur Schutzhaft in das Rastatter Bezirksgefängnis eingeliefert.[76] Auch einige Zwischenfälle im Gasthaus zur Sonne im Frühjahr 1933 können darunter verbucht werden. Dort hatte die neu gegründete Ortsgruppe der NSDAP ihr Büro eingerichtet, die Wirtschaft selbst diente als Wartezimmer. Ab diesem Zeitpunkt wurde der Aufenthalt in der Sonne gefährlich für ehemalige Sozialdemokraten, die immer in Gefahr waren, von den dort anwesenden Anhängern der NSDAP provoziert, ja angegriffen zu werden. So wurden im Frühsommer 1933 die ehemaligen Gemeindeverordneten der SPD Josef Herr, Benedikt Ullrich und Anton Herr in der Sonne von sieben SA-Leuten angegriffen und verprügelt. Dass dies nicht eine der häufigen persönlichen Auseinandersetzungen war, sondern politische Ursachen hatte, kann man daran erkennen, dass die Prügelei mit den Worten *Da ist auch noch ein alter SPD und hat den Volksfreund ausgetragen* begonnen wurde.[77]

Angesichts dieser gewalttätigen Dynamik resignierten nicht nur die Parteien der Arbeiterbewegung, sondern auch die politischen Organisationen des Bürgertums und der katholischen Kirche. In der zweiten Jahreshälfte 1933 wurden in Sandweier sowohl die Ortsgruppe des Katholischen Volksvereins wie auch der katholische Jungmännerverein DJK verboten, ihr Inventar und ihre Kassenbestände eingezogen.[78] Gleichzeitig erfolgte die Gleichschaltung der anderen Vereine, in deren Führungsriegen politische Repräsentanten der aufgelösten Parteien durch der Bewegung angehörende oder ihr nahe stehende Personen ersetzt wurden. Der Arbeitermusikverein ging im Musikverein *Harmonie* auf, um einem Verbot zuvorzukommen.

Aus vielfältigen Gründen fühlten sich die Menschen gezwungen mitzumachen. Vor allem ihre wirtschaftliche Abhängigkeit beließ ihnen nur einen begrenzten persönlichen Entscheidungsspielraum und veranlasste sie, sich an die jeweilige politische Lage anzupassen. Wer sich auf dem Arbeitsamt in Rastatt nach einer freien Stelle erkundigte, wurde zuerst danach gefragt, ob er in der

[76] GAS, IV.2.; StAF F 196/1 Nr. 2344 – Wiedergutmachung Adolf Schwab.

[77] GAS A IV.2

[78] Bruckner/Müller, S. 157 f.

Partei oder einer ihrer Organisationen war. Auch die im Ort ansässigen Handwerker wurden immer wieder darauf aufmerksam gemacht, dass bei der *Einstellung von Hilfskräften* ausschließlich *organisierte* Personen Berücksichtigung finden sollten, wie es die Gemeinde dem Malermeister Durm 1934 bei der Vergabe von Reparaturarbeiten in der Schule zu Auflage machte.[79]

Einher gingen die Einschüchterung der gesamten Bevölkerung und die Unterdrückung vermeintlicher Regimegegner mit einer nie gekannten systematischen Mobilisierung und totalen Einbindung der Massen. Vor allem die Jugend wurde zum Mythos und zur ersten Zielscheibe der Propaganda. Mitte Juli 1933 fand auf Verfügung der Reichsregierung das erste reichsweite *Fest der Jugend* statt und nach den sommerlichen Ernteferien fanden alle Schülerinnen und Schüler in ihren Klassenzimmern ein Foto des neuen Reichskanzlers vor. Im Jahr darauf wurden Schulsportwettkämpfe durchgeführt, die Sieger, übrigens Valentin Bornhäußer, Gottfried Schäfer und Hans Schäfer, erhielten Ehrengaben des Reichspräsidenten. Daneben wurde auch in Sandweier die *Staatsjugend* aufgebaut. Hauptlehrer Homburger war für das Jungvolk verantwortlich, die älteren männlichen Jahrgänge organisierten sich in der Hitler-Jugend, die Mädchen im Bund Deutscher Mädels. Kaum einem Jugendlichen gelang es, sich deren werbendem Zwang zu entziehen. Wer auf Anordnung seiner Eltern sich fernhielt, musste mit Sanktionen rechnen. Bei Übungen der *Staatsjugend,* bei Aufmärschen, Geländespielen usw. wurden die abseits Stehenden einfach in die Schule zitiert, wo sie mit Abschreibearbeiten und Übungen zum Auswendiglernen *beschäftigt* wurden. Proteste dagegen, wie die des Schreinermeisters Martin Peter vom 30. Mai 1936 an das Örtliche Schulamt Sandweier, wurden kommentarlos ad acta gelegt. Peter hatte sich mit dem Argument, es gebe kein Reichsgesetz, das die Mitgliedschaft in der Staatsjugend vorschreibe, gegen die zusätzlichen Schulstunden für seinen Sohn gewehrt. Allerdings ohne greifbaren Erfolg.[80] Die Schule, ihre Lehrer und mit ihnen alle Schülerinnen und Schüler wurden komplett durch den Nationalsozialismus mit Beschlag belegt. Ein Vergleich der Abläufe der Entlassfeiern 1921 und 1935 soll beispielhaft für den politischen Missbrauch der Schule im Nationalsozialismus stehen. Schon im Vorschulalter griff der Staat auf die Kinder zu. Die 1900 gegründete Kleinkinderschule, die in der Trägerschaft der katholischen Kirchengemeinde stand, wurde zum 1. Oktober 1939 von der politischen Gemeinde übernommen und seit 1. April 1940 von der Nationalsozialistischen Volkswohlfahrt betrieben.[81]

[79] *GAS – Gemeinderatsprotokolle 1934.*

[80] *GAS VI.2 – Schulanstalten.*

[81] *GAS – Gemeinderatsprotokolle 1940.*

Entlassfeier 19. März 1921
· *Auferstanden –*
  dreistimmiger Schülerchor
· *Mit Gott – Gedichtvortrag*
· *Vortrag über*
  Elektrizität mit Versuchen
· *Frühlingsgruß –*
  dreistimmiger Schülerchor
· *Zum Tagewerk – Gedichtvortrag*
· *Der König und der Landmann –*
  Gedichtvortrag
· *Die Heimat –*
  dreistimmiger Schülerchor
· *Das Glück – Gedichtvortrag*
· *Ansprache und Entlassung*
· *Andreas Hofer –*
  dreistimmiger Schülerchor
· *Rat eines Vaters – Gedichtvortrag*
· *Mutterliebe – Gedichtvortrag*
· *Des Morgens –*
  dreistimmiger Schülerchor

Entlassfeier 1935
· *1. Teil: Volk und Vaterland*
· *Deutschlandlied*
· *Mein Führer – Gedicht*
· *Deutscher – Gedicht*
· *Deutsche Jugend – Gedicht*
· *Grenadier in strammer Zeit – Lied*
· *Saarland – Gedicht*
· *Volk Heil – Sprechchor*
· *Die Fahnen geschwungen*

· *2. Teil: Heimat*
· *Die Sandgrube am Oberwald –*
  Gedicht
· *Wie wir deine Freunde wurden –*
  Lied
· *Der schwarze Graben – Gedicht*
· *Heute scheid ich – Lied*
· *Entlassungsrede*
· *Entlassung*
· *Horst-Wessel-Lied*

Kindergarten 1939.

Ausgrenzung und Diskriminierung auf der einen, weitgehend totale Einbindung des Einzelnen in die Volksgemeinschaft auf der anderen Seite, dies waren die Herrschaftstechniken, mit denen der Nationalsozialismus die Totalität seiner Macht festigte. Sich dem zu entziehen war schwer. Der Zwang zum Mitmachen war groß, wollte man nicht Nachteile für sich und seine Familie erleiden. Doch auch in Sandweier gab es die kleinen Helden des Alltags, die keine Kompromisse eingingen. Der 1933 als Gemeinderat abgesetzte Martin Peter weigerte sich in der Folgezeit beharrlich, der Deutschen Arbeitsfront (DAF) beizutreten. Damit war er automatisch von sämtlichen Gemeindetätigkeiten ausgeschlossen, mit denen der selbstständige Schreinermeister in den zurückliegenden Jahren immer wieder beschäftigt worden war. Im April 1937 entzog ihm die Gemeinde über Nacht den Leichenschauerdienst. Und als Peter, der vor dem Ersten Weltkrieg in Frankreich gearbeitet hatte, im Oktober 1937 zur

Martin Peter.

Weltausstellung nach Paris reisen wollte, wurde ihm wegen *politischer Unzuverlässigkeit* der Reisepass eingezogen. [82]

Es war diese subtile Art der Diskriminierung und Ausgrenzung, die viele resignieren und zu *Mitläufern* werden ließ. Besonderer Druck wurde auf die Staatsdiener ausgeübt, die ihre Posten nur behalten konnten, wenn sie der Partei oder einer ihrer Gliederungen beitraten. So sahen sich auch die Hauptlehrer Franz Falk und Ella Hellriegel, vor 1933 in den örtlichen Organisationen des Zentrums aktiv, der eine als Präses der DJK, die andere als *Werberin der Frauenwelt für das Zentrum*, schon im Spätsommer des Jahres gezwungen, in den offiziellen Chor der Mitläufer einzustimmen. Ins Visier der örtlichen Nationalsozialisten gerieten die beiden spätestens nach dem 20. April 1933, als sie bei der offiziellen Geburtstagsfeier für den Reichskanzler Adolf Hitler es demonstrativ unterließen, *beim Singen des Horst-Wessel-Liedes und des Deutschlandliedes die Hand wie die übrigen Einwohner hochzuhalten.* Sofort wurden Forderungen erhoben, *mit dem eisernen Besen* im Dorf zu kehren und die als Fanatiker beschriebenen *schwarzen Elemente auf dem schnellsten Wege* von hier zu entfernen. Von dieser Forderung wurde erst dann abgesehen, als Franz Falk und Ella Hellriegel sich aus den Zentrumsorganisationen zurückzogen und in die *innere Emigration* abwanderten.[83]

Eine Fülle von Zellen- und Blockleitern, Ortsobmännern, Amtsleitern oder Beauftragten der einzelnen Untergliederungen der Partei, der Pressewart, der Propagandaleiter, die vielen Führerinnen und Führer der Nachwuchsorganisationen, sie alle spannten ein dichtes Netz der Kontrolle über das Dorf und seine Bewohner. Das System der Überwachung des Einzelnen durch seine Mitmenschen wurde perfektioniert, Äußerungen und Verhalten registriert und bei Bedarf gegen ihn verwendet. Wer als politisch unzuverlässig galt, hatte große Schwierigkeiten, einen Arbeitsplatz zu finden.

So auch Adolf Schwab im Juli 1936. Er, der seit 1928 arbeitslos gewesen war, hatte 1936 bei der Zahlmeisterverwaltung des Infanterie-Regiments 87 in Baden-Oos eine Stelle als Kasernenwärter zugesagt bekommen. Groß war seine Enttäuschung, als ihm am 4. Juli des Jahres mit einer am 3. Juli abgestempelten Postkarte lapidar mitgeteilt wurde, dass die Stelle gestrichen worden sei. Dass dahinter politische Gründe standen, war offensichtlich, zumal an diesem 4. Juli eine weitere, am 2. Juli abgestempelte Postkarte

[82] StAF F 196/2 Nr 1156 – Martin Peter.

[83] GLA 371 Zug. 1981/42 Nr. 2813

*Erntedankfest
in Sandweier, 1930er Jahre.*

eintraf, auf der ihm noch die Arbeitszeiten und sein Arbeitsbeginn als Kasernenwärter mitgeteilt wurden. Erkundigungen in Baden-Oos ergaben, dass ein Einspruch der NSDAP-Ortsgruppe Sandweier die Anstellung verhindert hatte. Schwab war sich sicher, dass Klara Weschenfelder als Leiterin der Postagentur mit der am 2. Juli abgestempelten Postkarte zur Ortsgruppe gegangen war, die daraufhin in Baden-Oos interveniert hatte.[84]

Wer sich weigerte, das offizielle regionale Organ der Partei, die Karlsruher NS-Zeitung *Der Führer,* zu beziehen oder bei den periodischen Sammlungen durch eine geringe Gebefreudigkeit auffiel, galt als verdächtig und wurde misstrauisch beäugt. Selbst der Besuch bestimmter Wirtschaften wurde eifrig registriert. Verkehrte jemand im Gasthaus zur Linde, dem *Stammlokal der früheren Sozialdemokraten,* wie Ortsgruppenleiter Georg Ullrich 1935 bitter konstatierte, so wurde dies zu allererst als Provokation und lautloser Protest gegen die *Neue Zeit* empfunden. Schon die Abwesenheit bei den Versammlungen und Kundgebungen der NSDAP konnte als Zeichen des Nichtmitmachens ausgelegt werden. Und die Kundgebungen waren zahlreich. Bei den Feiern zum 1. Mai, dem nunmehr unter staatlicher Regie stattfindenden Erntedankfest, bei *Führers Geburtstag* oder den vielfältigen sonstigen Gelegenheiten, immer war die Anwesenheit der *Volksgemeinschaft* befohlen, zogen die örtlichen Gruppierungen der Hitler-Jugend, der Partei, des Musikvereins und der anderen örtlichen Vereine mit klingendem Spiel durch das Dorf. Dank des staatlich gelenkten Radios fanden politische Belehrungen und Weisungen den unmittelbaren Weg in die dörfliche Welt Sandweiers. Anfänglich, so noch für die Übertragung der Trauerfeier für den im August 1934 verstorbenen Reichspräsidenten Paul von Hindenburg, musste der Oberlehrer seinen privaten Radioapparat in die Sonne bringen, damit die dort versammelte Volksgemeinschaft der Übertragung lauschen konnte. Doch schon Ende 1934 schaffte die Gemeinde einen leistungsstarken Radioapparat an, der im Rathaus deponiert wurde. Eine Lautsprecheranlage ermöglichte es, wichtige Rundfunkübertragungen auf dem Rathausplatz präsentieren zu können.[85]

Die Mehrzahl schwieg und schloss auch die Augen, als sich die Auswirkungen der nationalsozialistischen Rassenpolitik im Dorfe zeigten. Denn auch in Sandweier fielen Menschen unter die 1935 erlassenen Gesetze zur *Erbgesundheit.* Wer von der Ortsobrigkeit oder dem zuständigen Gesundheitsamt als *geistig*

[84] StAF F 196/1 Nr. 2344 – Wiedergutmachung Adolf Schwab.

[85] GAS – Gemeinderatsprotokoll 1934.

*Erntedankfest
in Sandweier, 1930er Jahre.*

minderwertig eingestuft wurde oder als Gefahr für den *gesunden Volkskörper,* der konnte von Amts wegen sterilisiert werden. Schon 1934 mussten die *Erbkranken und Alkoholiker* dem Gesundheitsamt in Rastatt gemeldet werden und ab Ende 1934 kam es zu ersten Sterilisationsmaßnahmen. So traf es 1935 einen Mann, der *geistig wohl aufgeweckt ist,* dessen einziger Fehler es jedoch war, mit der Sprache so große Schwierigkeiten zu haben, *dass eine Verständigung mit ihm nicht möglich* war. Drei Jahre später geriet eine 28jährige junge Frau in das Visier der Erbgesundheitspflege, die sowohl die Volksschule wie die Fortbildungsschule in Baden-Baden-Oos besucht hatte und ihrem verwitweten Vater bei den landwirtschaftlichen Haus- und Feldarbeiten zur Hand ging. *Zur selbständigen Lebensführung und zum selbständigen Zurechtfinden auch gegenüber neuen und wechselnden Aufgaben des Lebens* war sie nach Meinung des Bürgermeisters allerdings *nicht befähigt* und konnte somit nicht als *vollwertiges Glied der Volksgemeinschaft* betrachtet werden. Auch hier war das Urteil schnell gefällt. Da durch *ihr linkisches Wesen ... sie auf den Laien den Eindruck eines Beschränkten* machte, wurde die Sterilisation angeordnet.

Weigerten sich die Betroffenen, der Anordnung Folge zu leisten, wurden sie vom Polizeidiener gewaltsam ins Rastatter Krankenhaus verbracht. Über die dort vorgenommenen Behandlungen zu reden, war den Betroffenen bei Androhung empfindlicher Strafen strengstens verboten. Meistens schwiegen diese jedoch aus Scham und vielleicht auch, weil sie nicht hoffen konnten, von den *Gesunden* Anteilnahme und Mitleid zu erhalten.[86]

Die *bevölkerungspolitischen Ziele im neuen Deutschland* stießen weitgehend auf Zustimmung auch im Dorf. Die im August und Oktober 1934 von der Ortsgruppe Sandweier des *Reichsbundes der Kinderreichen* im Gasthaus zum Grünen Baum organisierten Veranstaltungen zur *Erhaltung erbgesunden Nachwuchses* waren gut besucht gewesen und hatten erfolgreich den Boden vorbereitet für die wenige Monate später einsetzenden Maßnahmen. Auch hier bestimmten das Wegsehen, das Weghören und das Schweigen das Verhalten der Menschen in der Öffentlichkeit.

Wie gefährlich es sein konnte, eine lockere Zunge zu haben, musste im Jahre 1937 der aus einer alten sozialdemokratischen Familie stammende Gipser Roman Ullrich erfahren. Als er mit

[86] *GAS – VIII.4.3 – Medizinalwesen: Verhütung erbkranken Nachwuchses.*

seinen Jahrgangskameraden die Musterung für die Reichswehr in den Wirtschaften zur Krone und zum Hirsch ausgiebig feierte, wurde bald unter dem Einfluss des reichlich genossenen Alkohols lautstark und auch kontrovers *politisiert*. Dabei äußerte sich Roman Ullrich *sehr abfällig über das 3. Reich und seine Gliederungen*. Unter anderem soll der Spruch gefallen sein, *das dritte Reich könne ihm am Arsch lecken*. Einmal in Fahrt ließ sich Ullrich auch nicht durch die Ermahnungen der Anwesenden beruhigen, die ihm vor Augen führten, dass er riskiere, dorthin gebracht zu werden, *wo er hingehöre*. Die in diesem Zusammenhang genannten Orte *Heuberg* und *Kislau*, der erstere ein Arbeitslager auf der Schwäbischen Alb, der zweite ein Gefängnis nördlich von Karlsruhe, offenbaren das Wissen der Dorfgemeinschaft, was mit Oppositionellen im Neuen Deutschland geschah. Natürlich wurde dieser Vorgang zum Tagesgespräch im Dorf und gelangte über einen Augen- und Ohrenzeugen binnen kurzem an den NSDAP-Ortsgruppenleiter. Dieser brachte Roman Ullrich zur Anzeige. Für wenige Tage wurde er festgenommen und in das Baden-Badener Gerichtsgefängnis eingeliefert. Die Oberstaatsanwaltschaft beim Sondergericht Mannheim nahm sich der Sache an und stellte umfangreiche Ermittlungen an. Ullrich stritt das Meiste ab oder versuchte, es in einem weniger gefährlichen Zusammenhang darzustellen. So habe er bei dem *Gespräch um das Dritte Reich* lediglich gesagt, dass ihn sein diskutierender Widerpart *auch im Dritten Reich am Arsch lecken könne*, er also nicht den Staat und das System sondern lediglich einen Musterungskollegen verunglimpft habe. Überdies könne er sich nicht mehr an alles erinnern, da am Tage der Musterung gewohnheitsmäßig sehr viel getrunken werde und unter dem Einfluss des Alkohols manchmal Dinge passierten, für die man nicht verantwortlich gemacht werden könne. Da auch die Zeugen sich allesamt mit Erinnerungslücken präsentierten, wurde das Verfahren Ende Juni 1937 eingestellt.[87]

Ebenfalls eingestellt wurde im darauf folgenden Jahr eine Untersuchung gegen den Pflästerer Philipp Ullrich, Romans Bruder. Dieser hatte im Februar 1938 im Gasthaus zum Fremersberg in Varnhalt-Gallenbach einer im Radio übertragenen Rede des *Führers* nicht die geforderte Aufmerksamkeit geschenkt, sondern sich weiter mit seinen Tischgenossen laut unterhalten. Als er von den Anwesenden zur Ruhe ermahnt wurde, schlug er stattdessen vor, *den Kasten* einfach abzustellen. Als Gipfel der Unverschämtheit wurde empfunden, dass Ullrich beim Verlassen der Wirtschaft noch verlauten ließ: *Der Österreicher! Lasst doch den Österreicher babbeln.* Mit diesem Hinweis auf die Abstammung des Reichskanzlers machte er sich einer Verunglimpfung des Führers schuldig. Dank

[87] *GLA 507 Nr. 7035.*

eines Amnestiegesetzes, das im Zusammenhang mit dem Anschluss Österreichs im März 1938 erlassen wurde, wurde das Ermittlungsverfahren im Sommer 1938 ebenfalls eingestellt.[88]

Das Unbehagen, das manchen über den Umgang des Staates mit kritischen Geistern befallen haben mag, wurde weitgehend überlagert von den unbestreitbaren Erfolgen des Regimes, die auf breite Akzeptanz stießen. Dazu mag sich mancher damit getröstet haben, dass sich die Grausamkeiten nicht in dem Maße im Dorfe bemerkbar machten, wie in den Städten und industriellen Ballungsräumen. Die dörfliche Solidarität überdeckte manches, was andernorts schon justitiabel gewesen wäre. Der von der Parteiorganisation gewünschte Eifer blieb in der Hektik des Alltags häufig auf der Strecke. So musste das Bürgermeisteramt am 15. Mai 1938 recht kleinlaut an das Rastatter Bezirksamt melden, dass an keinem der Eingänge zu den örtlichen Gasthäusern die Erklärung *Juden sind hier unerwünscht* angebracht worden sei, obwohl diese Vorschrift seit Monaten bestand.[89] Ob diese *Nachlässigkeit* bis Kriegsbeginn behoben wurde, darüber sagen die entsprechenden Akten nichts aus.

Konnten Personen, die aufgrund ihrer politischen oder religiösen Einstellung Schwierigkeiten mit dem Regime bekamen, noch auf ein gewisses dörfliches Zusammengehörigkeitsgefühl zählen, was verhinderte, dass alles nach außen zur Kenntnis der Obrigkeit gebracht wurde, konnte die Kategorie Mensch, die als *arbeitsscheu* und *asozial* galt, auf derartige Nachsicht nicht hoffen.

Einer dieser Menschen, der den gängigen Normen nicht entsprach, war der 1885 in Sandweier geborene Richard Schindler. Häufige Arbeitsplatzwechsel des gelernten Gipsers sind ein Indiz für sein unstetes Wesen. Als er während der Weltwirtschaftskrise für längere Zeit arbeitslos wurde, nahmen die finanziellen Probleme der Familie mit ihren vier Kindern überhand. Als Schindler wegen sexueller Verfehlungen Ende 1935 zu Zuchthaus verurteilt wurde, waren seine Kinder in Pflegschaft gegeben worden. Nach seiner Entlassung im November 1936 verdingte er sich als Notstandsarbeiter und danach als Gelegenheitsarbeiter bei verschiedenen Baufirmen. Offensichtlich hielten ihn die Unterhaltszahlungen für seine Kinder davon ab, einer geregelten Arbeit nachzugehen. Am 17. Juni 1938 wurde Schindler im Rahmen einer reichsweiten Fahndung nach *arbeitsscheuen Elementen* durch die Gendarmerie Baden-Baden verhaftet und in das Konzentrationslager Dachau eingeliefert. Damit reduzierte sich für die Gemeinde der Fall Schindler zu einem rein betriebswirtschaftlichen Problem. Anteilnahme oder Erkundigungen

[88] GLA 507 Nr. 7877.

[89] GAS V.2 – Gewerbebetriebe, Wirtschaften.

nach dessen menschlichem Schicksal unterblieben auf jeden Fall. Am 12. November 1938 erkundigte sich Bürgermeister Ullrich beim Lagerkommandanten in Dachau, ob und wenn ja wann mit einer Rückkehr von Schindler, der in Dachau in 3 k, Block 25, Stube 4 untergebracht war, zu rechnen sei. *Für den Fall, dass die Entlassung noch lange nicht erfolgt,* beabsichtigte die Gemeinde, Schindlers Wohnung in der Friedhofstraße 332 zu räumen und sie erneut zu vermieten. Die Mieteinnahmen sollten zur Zahlung der Schulden Schindlers Verwendung finden. Schon wenige Tage darauf erhielt der Bürgermeister Antwort, wonach eine *Entlassung des Schindler vorläufig nicht in Frage* komme. Damit war das Todesurteil über Richard Schindler gesprochen. Am 1. März 1940, 16.00 Uhr, verstarb er – so die offizielle Todesursache – an einem *Gehirnschlag* im Konzentrationslager Mauthausen in Oberösterreich, einer jener Stätten, an denen die *Vernichtung durch Arbeit* mit erschreckender Konsequenz betrieben wurde.

Am darauf folgenden Tag benachrichtigte Bürgermeister Ullrich die in Unadingen in *Stellung* befindliche älteste Tochter und sprach ihr seine *innigste Teilnahme zu diesem schmerzlichen Verlust* aus. *Kopf hoch behalten, Mut & Gottvertrauen, dann wird schon alles noch recht werden,* mit diesen Worten schloss der Vertreter des Systems, das Richard Schindler ums Leben gebracht hatte, sein unaufrichtiges und gleichzeitig ob seines zynischen Stils bezeichnendes Kondolenzschreiben.[90] Ob der Bürger Kilian Walter ein Jahr später, 1941, tatsächlich *nach 40monatiger Haft im Konzentrationslager Dachau* verstarb, wie das Heimatbuch 1988 berichtet, erscheint nicht sicher. In der Dachauer Häftlingskartei ist der 1875 in Sandweier geboren Walter mit der Häftlingsnummer 8.162 zwar verzeichnet. Allerdings wurde er am 11. September 1935 dort eingeliefert und am 15. Februar 1938 entlassen. Die Gründe für diese Haft sind aus den Quellen nicht ersichtlich. Auch vermelden diese nichts über sein weiteres Schicksal.[91]

In einer stark bedrängten Lage befand sich auch die katholische Kirche am Ort, die vielfältigen Schikanen ausgesetzt war. Der Ortsgeistliche, seit undenklichen Zeiten per Amt Mitglied der Schulpflegschaft und damit des Organs, das die örtliche Aufsicht über die Schule führte, wurde ab 1937 nicht mehr zu den Sitzungen des Gremiums eingeladen. Schon seit 1933 hatten diese immer Donnerstags Abend um 20.30 Uhr stattgefunden, wohl wissend, dass zur selben Zeit der Pfarrer in der Kirche der *heiligen Stunde* präsidierte und somit nicht teilnehmen konnte. Überhaupt wurde der Ortsgeistliche fast vollkommen aus dem öffentlichen Leben der Gemeinde verdrängt. So befand sich sein Name auch nicht auf der

[90] GAS I. – Armenwesen.

[91] Müller/Bruckner, S. 64, 395; Auskunft der Gedenkstätte Dachau vom 8. Januar 2008.

Kreuzgasse mit Brücke, 1930er Jahre.

Liste der 51 Ehrengäste, die zur feierlichen Amtseinführung des für eine weitere Periode ernannten Bürgermeisters Augustin Ullrich Ende 1938 eingeladen worden waren. Wer als Nationalsozialist etwas auf sich hielt, der dokumentierte seine Verbundenheit mit *Führer, Volk und Vaterland* auch dadurch, dass er aus der katholischen Kirche austrat und sich fortan als *Gottgläubiger* bezeichnete.

Bei der Volkszählung 1939 waren es immerhin zehn lokale *Würdenträger* der Partei, die sich dieses Attribut an ihre Brust hefteten. Dass sich unter den gezählten 1.939 Einwohnern auch zehn evangelische Christen und ein buddhistisches Ehepaar befanden, soll nur am Rande erwähnt werden. Ende 1941 kam es zu einer fast schon grotesken Begebenheit. Einer der *Gottgläubigen* war verstorben und sollte zur letzten Ruhe geleitet werden. Bürgermeister wie Partei verlangten von Pfarrer Emil Meier, der seit dem 14. Mai 1936 in der Gemeinde amtierte, die Beerdigungsteilnehmer durch die Kirchenglocken zusammenzurufen. Nach Rücksprache mit seinem Stiftungsrat erklärte Maier jedoch unmissverständlich, dass es ein *Kirchenläuten bei Beerdigungen von Gottgläubigen* grundsätzlich nicht geben würde. Er begründete dies mit den Eigentumsverhältnissen an den Glocken, die der Pfarrgemeinde Sandweier gehörten, aber auch damit, dass es seiner Amtspflicht widerspreche, mit dem *Läuten von Kirchenglocken bei Beerdigung von Nichtchristen mitzuwirken.* Diese eindeutige Frontstellung gegen Staat und Partei blieb vielleicht deswegen ohne Folgen, weil kurze Zeit darauf die Glocken der Pfarrgemeinde *zu vaterländischen Zwecken* bis auf die D-Glocke abgeholt wurden und in die Rüstungsproduktion einflossen.[92]

Der wirtschaftliche Aufschwung machte sich ab Mitte der 30er Jahre auch in Sandweier bemerkbar. Mit ersten Planungen und Vorarbeiten zum Bau einer Reichsautobahn von Karlsruhe nach Basel wurde ab 1934 begonnen. Für Rodungs- und Erdbewegungsarbeiten wurde östlich der Wasserwerkstraße und der heutigen Autobahn und südlich der Richard-Hanielstraße ein Arbeitsdienstlager eingerichtet, das uns in einem anderen Zusammenhang erneut begegnen wird. Sichtbares Zeichen für den Wirtschaftsaufschwung war der deutliche Rückgang der Arbeitslosen. Im April 1936 gab es nur noch 37 arbeitslose Männer, die jedoch alle mit Notstandsarbeiten bei der Entwässerung des Rheinwaldes und der

[92] GAS – Kirchenangelegenheiten.

Entwässerung der Uchtwaid beschäftigt waren. Nach Jahren der Vernachlässigung konnte die Gemeinde Ende 1938 sogar in ihre verkehrliche Infrastruktur investieren, indem Mühl- und Römerstraße geteert wurden. Dies entsprach den Anforderungen des motorisierten Verkehrs, der auch in der Gemeinde im stetigen Wachsen begriffen war. Der schon 1937 im Gemeinderat beschlossene Bau eines Blockhauses für die Hitlerjugend ist offensichtlich nie in die Tat umgesetzt worden. Auch das zwei Jahre später diskutierte repräsentative *Haus der Partei* wurde in den Wirren des Krieges ad acta gelegt und auf die Zeit nach dem *Endsieg* verschoben.[93]

Sandweier und der Zweite Weltkrieg

Der kommende Krieg warf schon früh seine Schatten auf das Dorf. 1936 wurde auf der Hardt auf Sandweierer und Iffezheimer Gemarkung ein neuer Truppenübungsplatz für die seit 1935 wieder besetzte Garnison Rastatt eingerichtet. Die militärische Ausrichtung der gesamten Gesellschaft im Verein mit den martialischen Reden der Nazis über die *Welt voller Feinde*, über ein *Volk ohne Raum* und über den *Überlebenskampf der germanischen Rasse* waren Zeichen, die den kommenden kriegerischen Auseinandersetzungen den Weg bereiteten. Die in den Rüstungsindustrien des Reiches produzierten Waffen waren nicht dazu geschaffen, in irgendwelchen Arsenalen zu verrotten. Gerade weil der Eroberungsdrang der Nazis nach Osten gerichtet war, mussten für die Westgrenze des Reiches Schutzvorkehrungen getroffen werden. Die Franzosen hatten mit der Errichtung der Maginot-Linie entlang des Rheins und ihrer östlichen Landesgrenzen Anfang der 30er Jahre ein Befestigungssystem errichtet, das jede offensive Aktion eines Gegners und dessen Eindringen in das Landesinnere unmöglich machen sollte. Nach diesem Vorbild wurde auf der gegenüberliegenden Seite der Grenze der Westwall oder die Siegfried-Linie, wie sie offiziell hieß, konzipiert, ein Bunker- und Befestigungssystem, das in der Lage sein sollte, den im Osten operierenden Truppen den Rücken freizuhalten.

Ab 1937 gelangte der Plan zur Ausführung. Hunderte, ja tausende Westwallarbeiter strömten in die Dörfer entlang des Rheins und begannen mit dem Bau von Bunkeranlagen. Dank der auch in

[93] *GAS – Gemeinderatsprotokolle 1935, 1937; Haus der Partei in: GAS III.3 – Forstwesen.*

Artillerieschäden, Mai 1940.

Sandweier in Schulsälen, Gastwirtschaften und in Privatquartieren untergebrachten Arbeiter boomte die lokale Wirtschaft. Auf die Westwallarbeiter, von denen sich einige in Sandweier verlieben und verheiraten sollten, folgten Mitte 1939 Einquartierungen des Militärs, wobei Sandweier als Ruheraum für die Bunkerbesatzungen fungierte.

Seit Ende 1938 bestanden Pläne, das Dorf bei Ausbruch von Kampfhandlungen zu evakuieren. Dadurch sollten die durch die Geschütze der Maginot-Linie bedrohten Einwohner Sandweiers in Sicherheit gebracht und zugleich freies Kampfgebiet für die Auseinandersetzung mit Frankreich gewonnen werden. Als am Morgen des 1. September 1939 die Volksempfänger den Einmarsch deutscher Truppen in Polen und damit den Beginn der Kampfhandlungen verkündeten und ab dem 3. September das von den Verbündeten Polens, Frankreich und Großbritannien, aufgestellte Ultimatum gegenüber Deutschland abgelaufen und damit der Kriegsfall eingetreten war, wurden nicht nur auf einen Schlag 229 junge Männer zum Kriegsdienst eingezogen, sondern traten auch die Evakuierungspläne in Kraft. Binnen weniger Stunden wurden die älteren Bürger abtransportiert und bis ins Württembergische ausquartiert. Glücklicherweise blieb die befürchtete militärische Auseinandersetzung am Oberrhein vorerst aus, was dazu führte, dass die ursprünglich beabsichtigte Nachführung der Frauen und Kinder in die rückwärtigen Räume unterblieb. Schon nach kurzer Zeit trafen auch die älteren Einwohner wieder im Dorf ein. Eine trügerische Ruhe sollte den ganzen Winter über die Situation an der Rheingrenze bestimmen.

Mit dem Angriff deutscher Truppen auf Frankreich am 10. Mai 1940 war es mit dieser Ruhe vorbei. Die in den Bunkeranlagen der Maginot-Linie aufgestellte französische Artillerie versuchte ab Mitte Mai, die Rheintaleisenbahn und den Bahnhof Oos zu treffen und damit wichtige Nachschubwege und Umschlagplätze lahm zu legen. Ab dem 21. Mai 1940 wurde Sandweier mehrmals von französischen Artilleriegranaten getroffen, die den Bahnhof Oos zum Ziel hatten. Neben schweren Schäden an sieben Wohnungen, einem Stall und leichteren Beschädigungen an insgesamt zehn Häusern war auch das Rathaus, die Kirche, die Schule und die Gemeindebaumschule in Mitleidenschaft gezogen worden. Weit schwerer als der materielle Schaden wog jedoch der Verlust dreier Mitbürger, die Opfer des Angriffs wurden. Justina Manz starb beim

Leopold Müller mit Tochter Irma Stüber am 22.6.1940 nach der Evakuierung auf dem Rückweg von Oberweier.

Angriff in ihrer Wohnung in der heutigen Nelkenstraße. Viktoria Bastian wurde im Krautgarten von einem Granatsplitter getroffen und verstarb wenige Tage darauf im Krankenhaus zu Baden-Baden und der Landwirt Bernhard Ullrich erlag seinen Verletzungen am 11. Juni 1940 im Krankenhaus in Forbach.[94]

In unmittelbarer Reaktion auf diese Angriffe erhielt das Dorf einen erneuten Evakuierungsbefehl. Das Armeeoberkommando ordnete zum 24. Mai die *Freimachung* von Sandweier an, was innerhalb kürzester Zeit umgesetzt wurde. Schon am Nachmittag des 23. und im Morgengrauen des 24. Mai verließen rund 1.600 Einwohner das Dorf unter Mitnahme ihres Viehs und einiger weniger persönlicher Habseligkeiten. Je 300 Bewohner sollten in Lichtental und Michelbach untergebracht werden, je 200 in Balg, Sulzbach und Bischweier, je 150 in Ebersteinburg und in Waldprechtsweier und 100 in Oberweier. So exakt die Planung auch war, so deuten einige Recherchen nach evakuierten Familien in den Akten auf Schwierigkeiten bei der Ausführung hin. Die wenigen im Dorfe verbliebenen Männer bewachten das zurückgelassene Hab und Gut ihrer Mitbewohner und bestellten notdürftig die Felde. Der innerhalb weniger Wochen erfolgte Zusammenbruch der französischen Armee und der Abschluss eines Waffenstillstandsvertrages mit Frankreich am 18. Juni 1940 beendeten schon nach kurzer Zeit das Exil in der Fremde. Am 22. Juni 1940 kehrten die Evakuierten wieder zurück. Ab Anfang Juli wurden die ersten französischen Kriegsgefangenen als landwirtschaftliche Arbeiter dem Ort zugeteilt. Der obere Saal der Sonne, die mit der Evakuierung des Dorfes geschlossen worden war und über die Dauer des Krieges auch nicht wieder geöffnet werden sollte, diente als Gefangenenlager, das vom Kriegsgefangenenstammlager Vc in Offenburg verwaltet wurde. Die Versorgung und Bewachung der Kriegsgefangenen oblag der Gemeinde, die ihre Ausgaben für Miete der Sonne, Bezahlung der Wachmannschaften und Verpflegung der Gefangenen in Rechnung stellte. Als Mitte Juli 1941 von den 17 im Dorf befindlichen französischen Kriegsgefangenen sechs auf einen Schlag entflohen, führte dies offensichtlich zu einem Austausch der Kriegsgefangenen und zu einem Wechsel in der Wachmannschaft. Die Franzosen wurden nach und nach durch russische Gefangene ersetzt, deren Zahl sich während des Krieges auf insgesamt 54 belaufen sollte, während die Aufsicht auch durch auswärtige Wehrmänner wahrgenommen wurde.[95]

[94] GAS XX. Sachschädenfeststellung 1940.

[95] GAS – XX – Sachschädenfeststellung; GAS – Rechnungbände 1941-1943.

Das Lager
Iffezheim-Sandweier

Mitte Oktober 1943 wurde in Iffezheim ein Außenlager des Konzentrationslagers Natzweiler errichtet. Am 8. Oktober hatte die Kommandantur des Konzentrationslagers eine Aufforderung erhalten, zehn Handwerker, darunter einen Spezialisten für den Bau von Baracken, zwei Schneider, einen Schuhmacher, einen Maler, einen Schlosser, sieben Personen mit kaufmännischer Ausbildung und weitere 83 Arbeitskräfte zur Verfügung einer in Sandweier im Gasthaus zur Sonne untergebrachten Dienststelle des Hauptwirtschaftslagers II der Waffen-SS zu stellen. Wenige Tage darauf, wohl um den 13. Oktober, trafen die ersten 70 Häftlinge in Iffezheim ein und begannen mit dem Bau von fünf Holzbaracken. Drei davon waren für die Unterbringung der Häftlinge vorgesehen.

Um eine Flucht der Häftlinge in dem anfänglich noch ungesicherten Lager zu erschweren, wurden ihnen die Haare abrasiert und ihre Schnürschuhe gegen Holzschuhe getauscht.[96] Die ersten Insassen kamen offensichtlich alle aus dem Konzentrationslager Sachsenhausen oder aus dessen Außenstelle Hauptwirtschaftslager Berlin-Lichterfelde, so spätere Zeugenaussagen.[97]

Unklar ist, ob sie direkt nach Iffezheim verbracht wurden oder zuerst nach Natzweiler und von da nach einem Aufenthalt von wenigen Tagen in das Nebenlager weitertransportiert wurden. Nur die wenigsten Häftlinge waren Deutsche. Das größte Kontingent der ersten 70 Gefangenen bildeten die Polen, die zwischen 30 bis 40 Häftlinge stellten. Dazu kamen zwischen acht und zehn Deutsche, der Rest Russen, wenige Franzosen und Luxemburger sowie einige Staatenlose.

Nach der Errichtung des Lagers wurden weitere Häftlinge nach Iffezheim verlegt. Allerdings schwankte deren Zahl in Abhängigkeit von den Anforderungen der SS-Dienststellen und damit ihren Einsatzmöglichkeiten bei den sie beschäftigenden Unternehmen. Befanden sich im Januar 1944 127 Personen im Lager, sank diese Zahl auf ca. 45 in den Monaten Februar bis April, um im September-Oktober 1944 von 95 auf 116 Häftlinge anzusteigen.[98] Damit kommt dem Nebenlager Iffezheim ein ähnlicher Charakter zu wie den elsässischen und lothringischen Arbeitskommandos des KZ Natzweiler (Obernai, Peltre und Metz, Cernay), die ausschließlich für Bauarbeiten und Dienstleistungen für die SS errichtet worden waren.[99]

[96] Staatsarchiv Ludwigsburg (=StAL) EL 317 III Nr. 152 – Aussage des Häftlings Ludwig Sternberg, Journalist aus München, 38 Jahre, vom 17. April 1947 vor dem Tribunal Général Militaire de Rastatt im ersten Prozess gegen Kommandanten und Wachmannschaften des KL Natzweiler und seiner Nebenlager, S. 102 des Procès Verbal.

[97] Ebd, Ludwig Sternberg, S.102 (Sachsenhausen); dagegen Häftling Kurt Branig, Aussage vom 14. Juni 1969 (Berlin-Lichterfelde), in: Bundesarchiv Ludwigsburg 419 AR 1267/67, S. 257. Zit. nach: Robert Steegmann: Struthof. Le KL-Natzweiler et ses kommandos: une nébuleuse concentrationnaire des deux côtés du Rhin 1941-1945. Strasbourg 2005, S. 257 Fußnote b; Materialien zum Stand der Forschung über die Außen- und Nebenlager des Konzentrationslagers Natzweiler-Struthof. Stuttgart 2002, S. 307-309;

[98] Bundesarchiv Berlin-Lichterfelde NS 4 Na 67, zit. nach Steegmann, Struthof, S. 257.

[99] Ebd., S. 257.

[100] Generallandesarchiv Karlsruhe, Entnazifizierungskartei. Frdl. Hinweis von Manfred Hennhöfer, Karlsruhe.

[101] Übereinstimmende Aussagen der ehemaligen Häftlinge Ludwig Sternberg, Jean Schaltt und des zivilverpflichteten französischen Zimmermanns Albert Greney vor dem Tribunal Général in Rastatt am 17. April 1947. In: StAL EL 317 III Nr. 152, S. 103-104; Fuchs lebte nach 1945 als Steuerwachtmeister in Karlsruhe.

[102] Ebd., Zeugenaussage Sternbergs, S. 103. Ein wegen dieses Vorfalls 1974 eingeleitetes Ermittlungsverfahren der Staatsanwaltschaft Karlsruhe wegen Mordes an einem Häftling des Nebenlagers Iffezheim verlief ohne Ergebnis.

[103] Steegmann, Struthof, S. 257. StAL EL 317 III Nr. 152, S. 103-104. Aussage des Albert Greney vor dem Tribunal Général in Rastatt am 17. April 1947. In: StAL EL 317 III Nr. 152, S. 103-104. Greney wurde nach der Besetzung des Dorfes durch französische Truppen im April 1945 enger Mitarbeiter der französischen Ortskommandantur und konnte in dieser Funktion viel zur Entspannung zwischen Besatzungsmacht und Bevölkerung beitragen. Zu Iffezheim im „Dritten Reich" und der unmittelbaren Nachkriegszeit vgl. die im Erscheinen begriffene Ortsgeschichte des Autors.

Leiter des Iffezheimer Lagers war in den ersten Monaten ein SS-Unterscharführer Berlinghof, der als *sehr menschlich* bezeichnet wurde. Abgelöst wurde er im November / Dezember 1943 durch den SS-Unterscharführer Albert Fuchs, der bis zur Auflösung des Lagers im April 1945 dessen Kommandant war. Fuchs, 1894 in Kehl-Sundheim geboren, Mechaniker von Beruf, war seit 1932 bei der SS. Während des Krieges wurde er von der SS-Reserve zur Waffen-SS eingezogen und dem Wachbataillon der zweiten Kompanie im Konzentrationslager Dachau zugewiesen.[100] Seine dort gemachten Erfahrungen brachte er in den Alltag des Nebenlagers Iffezheim ein. Unmittelbar nach seiner Ankunft ließ er Wachtürme errichten und intensivierte die Bewachung des Lagers. Gleichzeitig verschärfte sich die Situation im Lager. Drohungen mit *Aufhängen* und *Erschießen* und gewalttätige Angriffe auf Häftlinge, Schläge ins Gesicht und Tritte in den Unterleib selbst für kleine Vergehen waren nun an der Tagesordnung.[101] Ein Häftling, der aus dem Warenlager des Hauptwirtschaftslagers der SS in Sandweier Schokolade entwendet hatte, wurde dabei von zwei Unteroffizieren ertappt. Nach schweren körperlichen Misshandlungen wurde offensichtlich auf Befehl des Fuchs im Hof des Gasthauses zur Sonne ein Loch gegraben, in das der Häftling steigen musste. Danach wurde er lebendig begraben, lediglich sein Kopf ragte aus dem Boden hervor. Einen besonderen *Spaß* erlaubten sich die Wachmannschaften, indem sie den aus dem Boden herausragenden Kopf mit Wasser begossen, *wie man einen Kohlkopf begießt*. An den Folgen der Misshandlungen ist der Häftling gestorben.[102]

Das Arbeitskommando Iffezheim hatte zwei unterschiedliche Arbeits- und Einsatzorte. Ein Teil der im Iffezheimer Lager untergebrachten Häftlinge, die kaufmännisch und handwerklich Ausgebildeten, kamen bei der Rastatter Weinhandlung Müller zum Einsatz, die im Auftrag der Wehrmacht Teile der Fronttruppen mit Wein und Spirituosen belieferte. So waren nach dem Wochenbericht vom 5. bis 11. Juni 1944 alle fünf qualifizierten Handwerker unter den 95 Häftlingen zum *Kisten- und Flaschenkommando* abkommandiert, die in der Rastatter Weinhandlung das Sortieren und Reinigen der Flaschen, das Auffüllen und das Verpacken in hölzerne Weinkisten zu besorgen hatten. Daneben standen Verladearbeiten im Rastatter Bahnhof auf der Tagesordnung, wohin sie täglich zu marschieren hatten, immer streng bewacht von SS-Aufsehern. Die Größe dieser Gruppe wird in der Literatur mit 22 Personen angegeben. Die Herstellung der Weinkisten geschah offensichtlich im Lager selbst. Vorarbeiter war dabei der Zimmermann Albert Greney aus Mulhouse, der als *freier* Arbeiter im Dorf Iffezheim wohnte und täglich ins Lager zum Arbeiten ging.[103]

Der weitaus größte Teil der Häftlinge arbeitete allerdings direkt für das Hauptwirtschaftslager II der Waffen-SS in der Dienststelle Sandweier. Sie wurden dabei in erster Linie für Ent- und Beladearbeiten am nahe gelegenen Bahnhof Baden-Baden-Oos und in der Verwaltung des im Saal des Gasthauses zur Sonne eingerichteten Nachschubdepots verwendet. Daneben waren sie für vorbereitende Rodungstätigkeiten für den Bau der Reichsautobahn Karlsruhe-Offenburg eingesetzt, deren zukünftige Trasse ab 1938 im Sandweierer Oberwald abgesteckt worden war. Die dabei Beschäftigten wurden im ehemaligen Arbeitsdienstlager untergebracht, das zu diesem Zwecke erweitert und mit Stacheldraht und Wachturm zusätzlich gesichert wurde. Für die Nutzung des Lagers erhielt die Gemeinde einen jährlichen Pachtzins von 1.705 RM.[104]

Für die in Rastatt und durch die Dienststelle Sandweier verwendeten Häftlinge stellte die Lagerverwaltung Natzweiler regelmäßig Rechnungen an das Lager Iffezheim aus. Im August 1944 forderte Natzweiler 12.202 RM, die sich wie folgt begründeten:

243 Arbeitstage der qualifizierten Arbeiter je	*6 RM*	*= 1.458*
36 halbe Arbeitstage je	*3 RM*	*= 108*
2.472 Arbeitstage pro Arbeiter	*4 RM*	*= 9.844*
374 halbe Arbeitstage à	*2 RM*	*= 748*

Eine andere Rechnung für den Monat Oktober 1944 in Höhe von 10.676,60 RM wird beim Internationalen Suchdienst Arolsen verwahrt.[105]

Natürlich wussten die Sandweierer vom Lager im Oberwald. Regelmäßig kamen nämlich Häftlinge unter Aufsicht von Wachpersonal ins Dorf, um Lebensmittel, vor allem Kartoffeln, Getreide und Gemüse, abzuholen oder aber ankommende LKW's beim Wirtschaftslager zu entladen. Auch in der Öffentlichkeit zögerten die Wachen nicht, die unternährten Häftlinge bei jeder sich bietenden Gelegenheit mit ihren Peitschen zu traktieren. Dass unter diesen Umständen die Zustände im Lager selbst nicht besser sein konnten, diese Erkenntnis war nahe liegend.

Wie das Lager Iffezheim wurde auch seine Außenstelle Sandweier am 10. April 1945 aufgegeben und seine Insassen nach Dachau evakuiert.

Nach dem Krieg diente das Lager kurzzeitig als lokales Internierungslager für die örtliche Parteiprominenz.[106]

[104] *GAS – Rechnungsband 1943.*

[105] *Steegmann, Struthof, S. 258 (August 1944); Internationaler Suchdienst Arolsen, Natzweiler 21, Ordner 193 b nach: Steegmann, Struthof, S. 475 (Anm. 991).*

[106] *Befragungen von Zeitzeugen durch den Autor, u. a. Richard Pflüger, Sandweier, geb. 1928.*

Die Häftlingsbaracken wurden erst Ende der 50er Jahre abgebrochen und ihr Holz einer weiteren Verwertung zugeführt. Vorher hatten sich immer wieder Betriebe für das Gelände interessiert, das sie pachtweise als Lager oder als Produktionsstätte nutzten. Der Anstoß zur vollständigen Beseitigung des ehemaligen Lagers erfolgte durch die Arzneimittelfirma Heel aus Baden-Baden, die 1958 auf der Suche nach einem neuem Produktionsstandort war. Dabei fiel ihr Interesse auch auf das Gelände im Sandweierer Oberwald. Grund genug für die Gemeinde, die letzten sichtbaren Erinnerungen an das nationalsozialistische Unrechtsregime aus dem öffentlichen Raum zu entfernen. Dass die Ansiedlung der Firma schließlich am Charakter des Geländes als Wassereinzugsgebiet scheiterte, sei nur am Rande noch erwähnt.

In der Folgezeit wurde das Lagergelände wieder aufgeforstet und teilweise auch landwirtschaftlicher Verwertung zugeführt. Auch wenn nichts mehr an das Lager erinnert, ist das Gelände an der Autobahn dennoch ein Erinnerungsort der deutschen und lokalen Geschichte. Möge die Erinnerung an das Leiden der damaligen Häftlinge und ihr Leben unter einem menschenverachtenden System Mahnung und Ansporn sein für die kommenden Generationen, dafür zu arbeiten und zu kämpfen, dass sich solche Ereignisse nicht wiederholen.

Kriegsende und demokratischer Neubeginn

Als Anfang 1943 die schrecklichen Nachrichten über die Niederlage der Sechsten Armee bei Stalingrad bekannt wurden, als die Wochenschauen im Februar 1943 die Rede des Reichspropagandaministers Joseph Goebbels im Berliner Sportpalast verbreiteten, in der er das deutsche Volk auf den *totalen Krieg* einschwor, war die anfängliche Zuversicht, ja Euphorie über den siegreichen Kriegsausgang einem eher skeptischen Abwarten und ersten Zweifeln gewichen. Keine noch so tönerne Propaganda, keine noch so blumigen Versprechungen über vermeintliche Wunderwaffen konnten überdecken, dass das Gesetz des militärischen Handelns auf die alliierten Kräfte übergegangen war. Nach dem Scheitern der Ardennenoffensive im Dezember 1944 traten die amerikanischen, britischen und französischen Truppen im Februar 1945 zur letzten Großoffensive an

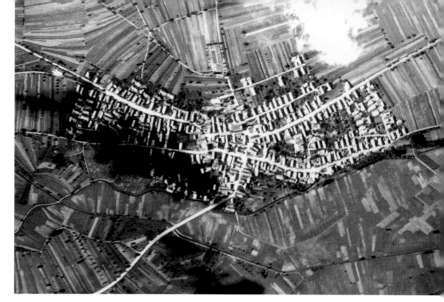

Sandweier aus alliiertem Bomber, ca. 1944.

und erreichten innerhalb weniger Tage den Rhein. Am 7. März 1945 konnten sie diesen über die einzig noch intakte Brücke bei Remagen überschreiten, womit ihnen der Weg in das zusammenbrechende Reich offen stand. Die Einberufung des Volkssturms sowie des Jahrgangs 1929 zur Wehrmacht waren untaugliche Versuche, letzten Widerstand zu mobilisieren. Schon im Spätsommer 1944 waren 39 ältere Männer zu Schanzarbeiten und zum Stellungsbau an die Rheingrenze abkommandiert worden. Auch in Sandweier war *die Stimmung sehr schlecht* und *nur noch ganz wenige glauben an den Sieg,* wie der stellvertretende Ortsgruppenleiter Josef Müller Ende des Jahres 1944 an die Kreisleitung der NSDAP meldete, die sich vor den zahlreichen Beschießungen und den Angriffen der Jagdbomber in das Murgtal nach Obertsrot zurückgezogen hatte.[107]

Der Kirchgang dagegen hatte zugenommen. Offensichtlich suchten die Sandweierer Trost und Zuversicht im Glauben angesichts der noch von vielen als Katastrophe empfundenen Niederlage. Immer häufiger mussten Bürgermeister und Ortsgruppenführer den schweren Gang zu Familien antreten und ihnen den *Tod für Führer und Vaterland* ihrer Väter und Söhne mitteilen. Auf dem Friedhof wurde ein Ehrenfeld eingerichtet, auf dem die Gefallenen eine letzte Ruhestätte fanden.[108]

Die Schule hatte zum 1. September 1944 ihren Unterricht eingestellt. In die leer stehenden Klassenzimmer zogen im Oktober 1944 reichsdeutsche Flüchtlinge aus dem Elsass ein, die vor den einrückenden alliierten Truppen evakuiert worden waren. Im Gasthaus *Zur Sonne,* in dem das Depot des Hauptwirtschaftslagers aufgelöst und in das Reichsinnere verbracht worden war, wurde eine *Elsässerküche* eingerichtet, die mit Lebensmitteln aus Sandweier beliefert werden musste.[109]

Ab Mitte Dezember 1944 lag das Dorf wieder im Feuerbereich der jenseits des Rheins aufgezogenen Artillerie und zu den fast täglichen Angriffen der Jagdbomber, die sich nicht scheuten, einzelne Personen auf den Feldern zu *jagen,* kamen die Artillerieangriffe, die die verängstigte Einwohnerschaft zwangen, manche Nacht in ihren Kellern oder den öffentlichen Luftschutzräumen zu

[107] StAF D 180/2 Nr. 104.648 – Entnazifizierungsakte Josef Müller.

[108] GAS – Rechnungsband 1944.

[109] GAS – Rechungsband 1945/46.

[110] GAS XX. – Sachschädenfeststellung.

IMMEUBLE PLACÉ
SOUS LE CONTROLE DU
GOUVERNEMENT MILITAIRE

ENTRÉE INTERDITE

Les contrevenants seront traduits devant les tribunaux du Gouvernement Militaire

Das Gebäude unterliegt der
Beaufsichtigung der Militärregierung

EINTRITT VERBOTEN!

Zuwiderhandelnde werden von den Gerichten der Militärregierung verfolgt

Beschlagnahmung von Häusern durch die französischen Besatzer.

verbringen. Durch Artilleriebeschuss wurden in den letzten Tagen vor der Besetzung 45 Gebäude beschädigt, wobei vor allem der Kirchturm schwer in Mitleidenschaft gezogen wurde.[110]

Ende März 1945 befanden sich Mannheim und Heidelberg schon in den Händen amerikanischer Truppen. An ihrer rechten Flanke gelang es der ersten Französischen Armee unter dem Oberbefehl des Generals de Lattre de Tassigny zur selben Zeit, den Rhein bei Leimersheim zu überqueren und nach Süden vorzustoßen. Anfang April 1945 nahmen französische Truppen das total zerstörte Bruchsal und wenig später auch die badische Hauptstadt Karlsruhe ein. Von dort wandte sich ein Teil der Truppen nach Süden und begann ab dem 11. April den Landkreis Rastatt zu besetzen. Eine Sonderausgabe des Informationsblattes der ersten Französischen Armee *Rhin et Danube* beschreibt diese Operationen wie folgt: *Ab dem 11. April werden Anzeichen von feindlichen Auflösungserscheinungen im Süden von Karlsruhe festgestellt. Am 12. morgens greift die Gruppe Valluy im Süden von Ettlingen frontal an, bricht den feindlichen Widerstand und dringt in einem Zug bis Rastatt vor, das es nach schweren Kämpfen einnimmt. Am Abend dringt die Gruppe bis Oos vor und vereinigt sich mit dem Teil ihrer Streitkräfte, der, von den Bergen kommend, Baden-Baden ... eingenommen hat.*[111]

Als sinnloser Akt des Widerstands sollte sich die Sprengung der Oosbachbrücke am 11. April durch einige deutsche Pioniere erweisen, die nun wahrlich nichts mehr am Ausgang des Krieges ändern konnten. Am selben Tag verließen letzte versprengte Wehrmachtssoldaten in wilder Flucht den Ort, wobei mindestens einer das Herrenfahrrad des Mathäus Schäfer kurzerhand requirierte und damit das Weite suchte.

Auf seinen Fersen folgten ihm führende Mitglieder der Sandweierer NSDAP-Ortsgruppe, die am Morgen des 12. April *aus dienstlichen Gründen* eiligst den Ort verließen. Darunter der Gemeinderat und Amtsleiter der Partei, der Wagner Rafael Eichelberger, ihr Propagandaleiter Postschaffner Anton Ullrich und der stellvertretende Ortsgruppenleiter, Gemeinderat und Bäckermeister Josef Müller. Dieser hatte seit dem November 1944 die Geschäfte der Ortsgruppe geleitet, da der nominelle Ortsgruppenleiter Friedrich Würtz, der seit März 1942 an der Spitze der lokalen Parteior-

[111] Zit. nach: Gotthard Wunsch, Besetzung 1945 und Nachkriegszeit im Landkreis Rastatt. In: Um Rhein und Murg. Heimatbuch des Landkreises Rastatt 12 (1972), S. 125-170, hier S. 127-128.

ganisation stand, im Juni 1943 zum Militärdienst eingezogen war, und sein Stellvertreter im November 1944 Mitglied des Volkssturms wurde. Auch der bisherige Ortsbau-

Verbot des Plünderns.

ernführer Martin Peter hatte sich seit Anfang 1945 aus gesundheitlichen Gründen nicht mehr in der Lage gesehen, seine Tätigkeit weiter auszuüben, und sein Amt an Emil Peter übergeben.

Übrig blieben Bürgermeister Augustin Ullrich, seine beiden weiblichen Aushilfskräfte, die für die Dauer des Krieges verpflichtet worden waren, und eine verängstigte Bevölkerung, die am 12. April 1945 die einmarschierenden Einheiten der leichten Kavallerie erwarteten, die mit mehreren Panzern in das Dorf eindrangen. Mit der Besetzung durch französische Truppen hatte zwar der Krieg für Sandweier ein Ende gefunden, nicht jedoch die Leidenszeit für seine Bewohner. Dass die Barbestände der Gemeindekasse in Höhe von 4.500 RM in die Hände der Eroberer fielen, war noch zu verschmerzen. Schwerer wog die Sorge um das Schicksal der noch in Uniform befindlichen Angehörigen, die sich mit der durch die nationalsozialistische Propaganda bis zuletzt geschürten Furcht vor der Rache der Sieger paarte. Anfänglich schien diese Furcht berechtigt zu sein. Es kam zu Diebstählen, Plünderungen, Sachbeschädigungen und zu Vergewaltigungen, die von der französischen Ortskommandantur, die im Hause des Guido Müller, der heutigen Apotheke, eingerichtet war, anfänglich eher nachlässig verfolgt wurden.[112]

Schon nach wenigen Tagen zogen die französischen Kampftruppen aus Sandweier ab. Sie wurden durch nordafrikanische Einheiten ersetzt, die als Besatzungstruppen im Dorf verblieben. Die Gasthäuser zur Sonne, zur Krone, zur Blume und zum Grünen Baum waren für Besatzungszwecke requiriert und dienten wie die ebenfalls requirierte Schule der Unterbringung der Soldaten. Für die Unteroffiziere und Offiziere wurden Privatquartiere beschlagnahmt. Im Gasthaus zur Sonne war die Mannschaftsküche der Besatzung untergebracht, wohin die Sandweierer Landwirte täglich Lebensmittel abliefern mussten. Milch, Eier, Butter, Kartoffeln, Obst, Heu und Holz machten den Hauptanteil der Lieferungen aus. Die in den Sälen der Wirtschaften ausgelagerten Möbel von Bombenopfern fanden überwiegend als Brennmaterial Verwendung

[112] GLA 371 Zug. 1991/49 Nr. 178a.

*Französischer Besatzungs-
soldat der „Circulation-
routière" vor dem Rathaus,
1945.*

oder wurden als Beutestücke nach Frankreich abtransportiert. Besonders gefürchtet wurden im Dorf die ehemaligen Kriegsgefangenen und die Fremd- und Zwangsarbeiter, die keiner militärischen Disziplin unterstanden und bis zu ihrer Sammlung in Rückführungslagern oftmals plündernd und stehlend durch die Dörfer zogen und individuell *Rache und Vergeltung* für die erlittenen Leiden übten.

Unschuldiges Opfer einer vollkommen sinnlosen Aktion wurde der Sandweierer Bürger Andreas Peter. Mit seiner Einheit in Gefangenschaft geraten, wartete er wie viele andere in Rastatt auf das Ende der Kampfhandlungen. Unmittelbar nach dem Einmarsch französischer Truppen waren aus einem Haus heraus Schüsse abgegeben worden. Da der Täter nicht festgestellt werden konnte, veranlasste der Kommandant der Kampftruppen eine drakonische Abschreckungsmaßnahme. Er ließ die Gefangenen in Reihe antreten, abzählen und jeden zehnten heraustreten, wonach die insgesamt zwölf Soldaten standrechtlich erschossen wurden. Unter ihnen befand sich Andreas Peter, verheiratet und Vater von drei Kindern. Die Nachricht von seiner Erschießung löste in seinem Heimatdorf Entsetzen, Abscheu und Furcht aus. Trotz der bestehenden Ausgangssperre gelang es seiner Frau, mit einem Fuhrwerk nach Rastatt zu fahren, die Leiche ihres Mannes freizubekommen und ihn auf dem heimischen Friedhof zur letzten Ruhe zu betten. Ein weiteres Beispiel dafür, dass die wahren Opfer von Kriegen immer die Unschuldigen, Kinder, Frauen und Männer, sind, während Täter und Verantwortliche in der Regel ungeschoren davon kommen.

Die Einrichtung eines Obersten Militärverwaltungsgerichts für die französische Zone in Rastatt im April 1946 hatte explizit den Zweck, deutsche Verbrechen gegen die Menschlichkeit im Bereich der französischen Besatzungszone zu untersuchen und abzuurteilen. Darunter fielen in erster Linie Verfahren gegen Mitarbeiter und Verantwortliche von Neben- und Außenlagern des KZ Natzweiler-Struthof, die im Mai 1946 einsetzten. Gegen Wächter und Angestellte des KZ Neue-Bremm in Saarbrücken wurden im Juni 1946 15 Todesurteile ausgesprochen, gegen die Täter aus den KZ-Außenlagern Schömberg, Schörzingen, Spaichingen, Erzingen und Dautmergen (alle in Württemberg) am 27. Februar 1947 insgesamt 21 Todesurteile. Diese wurden noch im selben Jahr auf Sandweierer Gemarkung *bei der unteren Bruchgrabenbrücke am Waldrand des Oberwaldes (Distrikt I)* vollstreckt. Insgesamt fanden 1947 24 standrechtliche

Erschießungen statt, im darauf folgenden Jahr zehn und drei weitere im Jahre 1950 im Niederwald, in der Nähe der dortigen Schießstände. Nach den Eintragungen im Sterbebuch der Gemeinde Sandweier handelte es sich bei den Erschossenen mit einer Ausnahme – einem 24jährigen jungen Mann aus Plittersdorf – um Menschen, die nicht aus dieser Gegend stammten. Ihre sterblichen Überreste wurden auf dem Friedhof in Iffezheim anonym begraben.[113]

Der französische Ortskommandant unterstand dem Rastatter Kreiskommandanten Oberst Georges Wolf, der weitgehende Hoheitsbefugnisse ausübte. Ab Mitte 1945 gingen Kreis- wie Ortskommandantur nun auch konsequent gegen Undiszipliniertheiten ihrer Untergebenen vor, um das gespannte Verhältnis zwischen Besatzung und Bevölkerung nicht noch mehr zu belasten.

Für letztere war es von geradezu lebensnotwendiger Bedeutung, dass die Gemeindeverwaltungen möglichst schnell wieder in einigermaßen geregelten Bahnen arbeiten konnten. Auch aus diesem Grunde beließen die Franzosen den Bürgermeister Augustin Ullrich vorerst auf seinem Posten. Schließlich brauchten sie jemanden, der verantwortlich für die Umsetzung der angeordneten Maßnahmen war. Und diese waren zahlreich. Sämtliche Radiogeräte und alle Waffen mussten abgeliefert werden, herumliegende Munition und verlassenes Kriegsgerät eingesammelt und an einen zentralen Sammelplatz im Oberwald gefahren werden, wo dann die Sprengung der Munition und die Zerstörung des Kriegsgeräts erfolgte. So wurden unmittelbar nach der Besetzung des Dorfes 338 Volksempfänger auf dem Rathaus abgeliefert und anschließend der Besatzungsmacht übergeben. Die einzelnen Besitzer erhielten dafür einen Requisitionsschein und konnten hoffen, den Verlust später durch die französische Intendanturdirektion oder die deutschen Entschädigungsämter ersetzt zu bekommen. Die eingesammelten Radiogeräte fielen allerdings nicht darunter. Alle Requisitionen, die vor dem 1. August 1945 erfolgten, galten nicht als Besatzungs-, sondern als Kriegsschäden, die bei einem späteren Friedensschluss abgerechnet werden sollten.[114]

Trotz aller Bemühungen der verschiedenen Ortskommandanten – vom Mai bis Oktober 1945 werden nicht weniger als fünf Offiziere genannt, die diese Funktion in Sandweier ausübten – setzten sich die Übergriffe auf die Zivilbevölkerung und das Plündern im Dorf in Einzelfällen fort. Eine öffentliche Ordnung existierte nicht mehr, ein auf die Dauer unhaltbarer Zustand. Als Ende Juni Plakatanschläge der französischen Truppen von Unbekannten abgerissen wurden, setzte der Ortskommandant Leutnant Anet

[113] *Auf dem Weg zu einer Geschichte des Konzentrationslagers Natzweiler, hg. von der Landeszentrale für politische Bildung Baden-Württemberg, Stuttgart 2000, S. 40; Staatsarchiv Ludwigsburg EL 317 III Nr. 320 – Auszug aus dem Sterbebuch der Gemeinde Sandweier (im Zusammenhang mit einem weiteren Prozess wegen nationalsozialistischer Gewaltverbrechen).*

[114] *GAS XX – Sachschädenfeststellung.*

einen aus unbelasteten Männern bestehenden *Ordnungsdienst* ein, der, mit Armbinden gekennzeichnet, die Aufgaben des vom Dienst suspendierten Polizei- und Ortsdieners Albert Schulz zu übernehmen hatte. Mit anfänglich wenig Erfolg! Ein weiteres Mal wurde ein Plakat, auf dem die Gräuel der nationalsozialistischen Lager dargestellt waren, von der Verkündigungstafel am Rathaus abgerissen. Kurzerhand legte der Ortskommandant eine Strafe von 2.000 Mark für die Gemeinde fest, die bis Sonntag, den 30. Juni, durch den Bürgermeister übergeben werden musste.[115]

Diese Vorfälle sind eher unter die Kategorie der *Dumme-Jungen-Streiche* einzuordnen denn als Äußerungen des Protestes gegen die Besatzungsmacht zu werten. Auf jeden Fall blieben sie glücklicherweise Einzelfälle, womit dem Dorf manche Unannehmlichkeit erspart blieb. Der tägliche Umgang der Sandweierer Bevölkerung mit den rund 100 Mann Besatzung trug wesentlich zu einer Entspannung der Situation bei, förderte das gegenseitige Verständnis und legte trotz anfänglichem Misstrauens die Basis für eine spätere vertrauensvolle Zusammenarbeit.

Bereits wenige Wochen nach Kriegsende hatten sich in vielen Gemeinden Mittelbadens antifaschistische Aktionskomitees gegründet, in denen sich vorwiegend die Personen zusammenfanden, die sich distanziert zu den ehemaligen Machthabern verhalten hatten, nun aber – zusammen mit der Besatzungsmacht – am Wiederaufbau eines demokratischen und friedliebenden Deutschlands mitarbeiten wollten. So auch in Sandweier, wo die Antifa sowohl ehemalige Zentrumsmitglieder wie Andreas Bleich, Sozialdemokraten wie Josef Hörth oder Kommunisten wie Adolf Schwab umfasste und bis zur Zulassung politischer Parteien im Frühjahr 1946 zum ersten Ansprechpartner für den französischen Ortskommandanten wurde, zumal nach der Dienstentlassung des bisherigen Bürgermeisters Augustin Ullrich, die zum 30. Juli 1945 erfolgte. Als sein Nachfolger eingesetzt, wurde am selben Tag der ausgewiesene Antifaschist und politisch unter den Nationalsozialisten verfolgte Schreiner Adolf Schwab. Auf seine Initiative wurde Mitte September 1945 der 1933 aus seinem Amt getriebene Ratschreiber Max Matz wieder in den Dienst der Gemeinde genommen.[116]

[115] GAS Rechungsband 1945/46 – Ordnungsdienst; XX – Sachschädenfeststellung – Zerstörung der Plakate.

[116] GLA 371 Zug. 1981/42 Nr. 2813.

Im November 1945 stellten die französischen Besatzungsbehörden dem Bürgermeister einen als Gemeindekomitee betitelten Beirat zur Seite, dem bereits erste Vertreter der örtlichen Parteigruppierungen der Christlich-Sozialen Volkspartei, der Sozialistischen Partei und der Kommunistischen Partei angehörten.

Bürgermeister Adolf Schwab, von der Besatzungsmacht eingesetzt, 1945.

1. *Josef Hörth (SP), zugleich Stellvertreter des Bürgermeisters, zuständig für das Wohnungswesen*
2. *Hugo Pflüger (SP), zuständig für die Getreide- und Kartoffelversorgung*
3. *Clemens von Uehm (KP), zuständig für den Arbeitseinsatz*
4. *Valentin Fettig (SP), zuständig für die Bereiche Wohlfahrt und Erziehung*
5. *Hermann Eichelberger (BCSV), zuständig für den Baubereich*
6. *Philipp Ullrich (SP), zuständig für Angelegenheiten des Viehs*[117]

Der neuen Gemeindeverwaltung oblagen im Wesentlichen vier Aufgaben: 1. Sicherstellung der Versorgung der Bevölkerung mit Nahrungsmitteln und anderen Verbrauchsgütern, Erfassung der dorfeigenen Produktion, Ablieferung von Nahrungsmitteln an die Besatzungsbehörden und die deutschen Stellen zur Sicherung der Versorgung der städtischen Bevölkerung. 2. Säuberung der Gemeindeverwaltung von allen Personen mit nationalsozialistischem Hintergrund, Vorbereitung und Mithilfe bei der Entnazifizierung, das heißt Überprüfung aller Personen hinsichtlich ihrer politischen Belastung, gegebenenfalls deren Entlassung aus ihren Stellen. 3. Beseitigung der Kriegsschäden, Beteiligung am wirtschaftlichen und moralischen Wiederaufbauwerk. 4. Aufnahme der aus den deutschen Siedlungsgebieten im Osten und den deutschen Ostgebieten geflüchteten und vertriebenen Deutschen.

Die Sicherung der Ernährung stand dabei im Mittelpunkt aller Bemühungen der ersten Nachkriegsjahre. Auch Sandweier hatte schwer unter dem Zusammenbuch der Verbrauchsgüterindustrie und der Verkehrsverbindungen zu leiden. 1945 und 1946 lagen die Ernteerträge um ein Drittel unter denen der Vorjahre. Die Lieferungen an die Besatzungsmacht lasteten schwer auf der Bevölkerung, auch wenn sich die Nahrungsmittelsituation auf dem Lande nie so dramatisch darstellte wie in den städtischen Gebieten, wo flächendeckend Hunger herrschte. In Freiburg betrug im März 1946 die durchschnittliche Kalorienzahl 600 pro Tag und unterschritt damit beträchtlich den angestrebten Zuteilungssatz von 1.250 Kalorien. Zwar war auch in Sandweier der Mangel an der Tagesordnung. Dennoch konnte sich die Bevölkerung mit den notwendigsten Lebensmitteln versorgen. Die zahlreichen, vor allem weiblichen Arbeitskräfte, die bei der französischen Besatzungsverwaltung als Dienstmädchen, als Serviererinnen und dergleichen unterkamen, trugen mit ihrem in Naturalien (Zigaretten, Wein usw.)

[117] *GAS – Gemeinderatsprotokolle 1945.*

abgegoltenen Lohn viel zur Entspannung der Situation bei. Geschickt wussten einige auch die Möglichkeiten des Schwarzmarkts zu nutzen, betrieben viele Tauschhandel mit den in die Dörfer kommenden Städtern, die häufig Wertgegenstände gegen Lebensmittel eintauschten. Fast explosionsartig nahm allerdings im Sommer 1945 die Zahl der Forstdiebstähle zu, so dass der gemeindliche Ordnungsdienst auch hier alle Hände voll zu tun hatte, um den verbotenen Abtransport von Holz, Wellen, Reisig und Laub zu unterbinden.[118] Für einige Monate war im Saal des Gasthauses Hirsch eine Kleiderfabrik untergebracht, die mit zehn Frauen aus dem Dorf ausschließlich für die französische Militärverwaltung produzierte.

Der Kommandant von Sandweier gilt diese Ordnung: Montag um 8 Uhr Ich will 10 Frauen für die Kurtz-Hosen machen. Diese frauen werden mit Frau von Uehm arbeiten, mit diesem Anschlag hatte der französische Ortskommandant Leutnant Anet den Startschuss für das Unternehmen gegeben, das ursprünglich in Rastatt angesiedelt war. Ludwig Mann, so hieß der Besitzer, hatte dort eine kleine Kleider- und Wäschefabrik betrieben. Nach der Zerstörung seiner Maschinen bei einem Bombenangriff versorgte sich Ludwig Mann mit den Maschinen eines jüdischen Kleiderfabrikationsbetriebs aus Soufflenheim im nahen Elsass. Diese sowie die geretteten Stoffe ließ er nach Sandweier bringen und im dortigen Saal des Gasthauses zum Hirsch zwischenlagern. Mit diesen Maschinen nahm der kleine Betrieb unter der Leitung des ebenfalls ausgebombten Ehepaars von Uehm noch im Sommer 1945 seine Tätigkeit wieder auf.[119]

Die von Gemeindeseite schon im Juli 1945 angestrengten Reparatur- und Ausbesserungsarbeiten am stark beschädigten Kirchturm, der seit der Beschießung im Jahre 1940 mit einem Notdach ausgestattet und in den letzten Kriegswochen nochmals stark in Mitleidenschaft gezogen worden war, waren ebenso hoffnungsvolle Zeichen einer beginnenden Normalisierung wie das erste mit Erlaubnis der Besatzungsmacht ausgetragene Sportereignis am 27. Januar 1946. Auf Initiative des ersten Vorsitzenden des Turnvereins, Adolf Kratzer junior, traten an diesem Tage zwei Handballmannschaften zu einem Benefizspiel an, dessen Reinerlös in Höhe von 72,– RM an die Kreisstelle Rastatt des Deutschen Roten Kreuzes überwiesen wurde.[120]

Daneben begann sich auch wieder politisches Leben im Dorf zu entwickeln. Im April 1946 gründeten sich lokale Gruppierungen der seit Anfang des Jahres auf Länderebene zugelassenen politischen Parteien. Unter der Leitung des Glasers Josef Hörth nahm

[118] GAS III.3 – Forstwesen.

[119] StAF F 202/36 Nr. 561 – Kleiderfabrik Mann, Sandweier.

[120] GAS – Rechnungsband 1945/46.

der Ortsverein der Sozialistischen Partei ebenso seine Arbeit auf wie die Ortsgruppe der Badischen Christlich-Sozialen Volkspartei unter ihrem Vorsitzenden Hermann Eichelberger. Sie war insofern eine Partei neuen Typs, als sie auf christlicher Grundlage Konfessionen übergreifend politisch wirken und damit die konfessionelle Enge des Weimarer Zentrums überwinden wollte. Als von den Besatzungsmächten Zonen übergreifender Parteizusammenschlüsse wieder erlaubt wurden, schloss sich die Badische Christlich-Soziale Volkspartei Mitte 1948 der Christlich-Demokratischen Union an und nannte sich fortan CDU Südbaden. Analog dazu wurde aus der Sozialistischen Partei Baden eine regionale Gliederung der Sozialdemokratischen Partei Deutschlands. Als dritte Gruppierung am Ort etablierte sich die Kommunistische Partei unter ihrem Vorsitzenden Bürgermeister Adolf Schwab und dem politischen Instrukteur Clemens von Uehm.[121] Erst in der zweiten Jahreshälfte 1946 gründete sich ein Ortsverein der Demokratischen Partei als Vorläufer der späteren FDP/DP. Ihr Vertrauensmann war im Jahre 1947 Adolf Kratzer.

Wie die anderen Besatzungsmächte sah auch Frankreich in der Säuberung des politischen und wirtschaftlichen Lebens von allen durch den Nationalsozialismus belasteten Personen eine wesentliche Voraussetzung für einen demokratischen Neubeginn. Der unter dem Begriff der Entnazifizierung laufende Reinigungsprozess wurde als juristisches Verfahren schon wenige Monate nach Kriegsende eingerichtet und hatte die Überprüfung der individuellen Verstrickung des Einzelnen und deren juristische Ahndung zum Ziel. Ins Visier der Ermittlungsbehörden, die eng mit den Antifaschistischen Ausschüssen zusammenarbeiteten, gerieten bald die lokalen NS-Größen, soweit sie sich vor Ort befanden. Am 21. Juni 1945 wurden der Gemeinderat und ehemalige stellvertretende Ortsgruppenvorsitzende Josef Müller, der Postschaffner und NSDAP-Propagandaleiter Anton Ullrich sowie der Ratschreiber und ehemalige Ortsgruppenvorsitzende Georg Ullrich verhaftet und in das Internierungslager Altschweier bei Bühl verbracht. Josef Müller, dessen formale Belastung sich auf seine Tätigkeit als Gemeinderat und als Ortsgruppenleiter Anfang 1945 bis zur Besetzung beschränkte, und der in diesen Tätigkeiten nie provozierend oder gar denunzierend hervorgetreten war, wie mehrere Zeugnisse ausgewiesener Antifaschisten positiv vermerkten, wurde nach sechs Monaten wieder aus dem Lager entlassen. Ähnlich schnell verlief auch sein Entnazifizierungsverfahren. Die Spruchkammer Freiburg erließ schon im Juni 1947 einen Sühnebescheid, wonach 35 % seines gesamten Vermögens eingezogen werden und ihm für fünf Jahre eine leitende und selbstständige Tätigkeit untersagt werden sollte.

[121] GAS IV.2 – Gemeindewahlen 1946.

Zudem musste er während dieser Zeit seinen Führerschein abgeben. Im Revisionsverfahren, das Ende 1947 zur Entscheidung gelangte, wurde Josef Müller in die Kategorie der Minderbelasteten eingereiht und zu einer Geldbuße von 1.000 Mark verurteilt.[122]

In dieselbe Kategorie wurden schließlich auch Anton und Georg Ullrich eingereiht, wobei Letzterem das aktive und passive Wahlrecht auf drei Jahre aberkannt wurde und ihm die Möglichkeit einer Rückkehr in den Gemeindedienst als Ratschreiber während einer dreijährigen Bewährungsfrist versagt blieb. Allerdings mussten beide über zwei Jahre im Internierungslager ausharren, ehe sie im September 1947 (Anton) und im Februar 1948 (Georg) entlassen wurden.[123]

Gegen den ehemaligen Bürgermeister Augustin Ullrich wurde erst Mitte 1946 das Entnazifizierungsverfahren eröffnet. Am 27. Juli in das Internierungslager Altschweier eingeliefert, musste Ullrich durch Entscheidung des französischen Zivilverwalters Emile Laffon eine sechsmonatige Lagerhaft verbüßen. Nach Ablauf der Haft verlieb Augustin Ullrich im Lager und wurde erst zum 1. Dezember 1947 wieder in Freiheit gesetzt. Als zahlreiche Persönlichkeiten, darunter der ehemalige Leiter der Volksschule Sandweier, Eugen Dischinger, und Josef Hörth als Vorsitzender der Ortsgruppe der Sozialistischen Partei, dem ehemaligen Bürgermeister eine unparteiische Dienstführung bestätigten und er auch nicht als aktiver Propagandist für den Nationalsozialismus in Erscheinung getreten war, schlug der Untersuchungsausschuss Bühl, der das Entnazifizierungsverfahren vorbereitete, dessen Einordnung in die Kategorie der Mitläufer unter Verzicht auf jegliche Sühnemaßnahmen vor. Dem vorgeschlagenen Strafmaß wollte sich die Spruchkammer Freiburg allerdings nicht anschließen. Zu sehr fürchtete man den Vorwurf der unerbittlichen Verfolgung der *Kleinen*, während man die *Großen* ungeschoren davonkommen lasse, als dass man gewillt war, einen *Nazi-Bürgermeister* nicht nach seiner tatsächlichen Verstrickung, sondern vielmehr nach formalen Kriterien abzuurteilen. Am 19. Februar 1948 wurde Augustin Ullrich in die Gruppe der Minderbelasteten eingereiht, ihm das passive Wahlrecht auf Lebenszeit und das aktive auf drei Jahre entzogen. Darüber hinaus wurde ihm jede politische Betätigung verboten und eine Geldbuße von 500 Mark aufgebürdet.[124]

Neben den Aktivisten und Funktionsträgern der Partei vor Ort wurden eine ganze Reihe weiterer Parteimitglieder dem Entnazifizierungsverfahren unterworfen, das aufgrund der Massenhaftigkeit der Verfahren und deren Langwierigkeit schnell an seine Grenzen

[122] StAF D 180/2 Nr. 104.648 – Entnazifizierungsakte Josef Müller.

[123] Archives de l'occupation francaise en Allemagne et en Autriche Colmar (=AOC), Bestand Bade Nr. 198.648 – Entnazifizierungsakte Georg Ullrich, Nr. 189.110 – Entnazifizierungsakte Anton Ullrich.

[124] AOC, Bade Nr. 185.662.

stieß. Anstatt die individuelle Verstrickung des Einzelnen zu überprüfen, gingen die Untersuchungsausschüsse und die Spruchkammer
notgedrungen dazu über, die Entnazifizierung lediglich aufgrund
formaler Kriterien vorzunehmen und die Bescheide im Akkord zu
erlassen. Auf der einen Seite war ein schneller Abschluss der Entnazifizierung im Interesse der Befriedung der Gesellschaft und des
wirtschaftlichen und moralischen Wiederaufbaus dringend geboten. Schließlich war eine erfolgreiche Entnazifizierung eine Voraussetzung, eine Stelle in Verwaltung wie Wirtschaft zu ergattern. Auf
der anderen Seite produzierte die fabrikmäßige Abarbeitung der
Entnazifizierung, die mit dem berühmten Scheren über einen
Kamm zu vergleichen war, Ungerechtigkeiten, die viel zur Diskre-
ditierung des gesamten Prozesses beitrugen. Am Beispiel eines
Postboten aus Sandweier soll dies näher verdeutlicht werden: 1896
im Dorf geboren, wurde er 1912 im Aushilfsdienst beim Postamt
Baden-Baden eingestellt. Die Teilnahme am Ersten Weltkrieg folgte
und danach die definitive Anstellung bei der Reichspost, bei der er
im Laufe der Zeit vom Postboten zum angehenden Postassistenten
aufstieg. Mit Ankunft der neuen Herren, 1933, nahm der Druck auf
die Staatsbeamten zum Parteibeitritt zu. Unverhohlen wurde ihm
sowohl von der Ortsgruppe wie vom Postfachschaftsleiter mit *Entlassung gedroht,* sollte kein Aufnahmeantrag gestellt werden. Trotz
seiner *antinationalsozialistischen Einstellung* ließ sich der Postler
im Mai 1937 in die NSDAP aufnehmen. Dennoch wurde er – als
ehemaliges Mitglied der Zentrumspartei, als Familienvater, der seinen Sohn auf eine Missionsschule geschickt hatte, und als Bürger,
der jährlich zu Fronleichnam einen Blumenaltar gestaltete und damit seine Treue zur katholischen Kirche öffentlich unterstrich – weiterhin als *nationalsozialistisch unzuverlässig* von den *Hundertprozentigen* im Dorf beobachtet und auch am beruflichen
Fortkommen behindert. Die Zulassung zur Prüfung zum Postassistenten wurde ihm verweigert und lediglich der Krieg und die damit verbundene Personalknappheit verhinderten seine Entlassung.
Vom Ortsgruppenleiter zwangsweise zum Blockwart bestimmt,
musste er für seinen Block die Mitgliedsbeiträge einziehen. Nach
dem Ende des Krieges im Dienst der Post verblieben, wurden seine Funktion als Blockleiter und seine Parteimitgliedschaft Gegenstand im Entnazifizierungsverfahren. Da aufgrund dieser formalen
Belastungen ein Sühnebescheid zu erwarten war, erhielt er ab Anfang 1947 eine Gehaltsrückstufung.

Auch er befand sich auf einer von der Antifa Sandweier zu-
sammengestellten Liste von 89 Personen, die von der Beteiligung
an den ersten freien Wahlen seit November 1932, den im September und Oktober 1946 stattfindenden Wahlen zum Gemeinderat

und der Kreisversammlung in Rastatt, wegen *politischer Belastung* ausgeschlossen waren. In trauter Eintracht übrigens mit den *Hundertprozentigen,* die ihn in den vergangenen Jahren so sehr zugesetzt hatten, dass er 1939 einen Nervenzusammenbruch erlitten hatte. In trauter Eintracht auch mit so manchem Denunzianten und mancher Denunziantin, die jede kritische Äußerung den einstigen Ortsgewaltigen hinterbracht hatten.[125]

Zur Gemeinderatswahl am 15. September 1946 traten in Sandweier die zugelassenen Parteien mit folgenden Kandidaten an

Wahlvorschlagsliste der BCSV (CDU)
Hermann Eichelberger, Theodor Schulz, Hugo Schulz,
Quirin Herrmann, Andreas Bleich, Gregor Peter

Wahlvorschlagsliste der Sozialistischen Partei (SPD)
Josef Hörth, Valentin Fettig, Philipp Ullrich, Valentin Ullrich

Freie Wählergruppe (KPD)
Adolf Schwab, Kasimir Peter

Wie in ganz Baden ging auch in Sandweier das bürgerliche Lager in Gestalt der BCSV als dominierende politische Kraft aus den Gemeinde- wie Kreisratswahlen hervor. Sie erreichte in beiden Wahlen eine Zweidrittelmehrheit, während die Sozialdemokraten mit 18,6 % und die Kommunisten mit 14 % der gültigen Stimmen weit hinter ihren Erwartungen zurückblieben. Der neue, aus sechs Personen bestehende Gemeinderat setzte sich aus vier Mitgliedern der BCSV (Hermann Eichelberger, Theodor Peter, Quirin Hermann und Andreas Bleich) und je einem Mitglied der SPD (Josef Hörth) und der KPD (Adolf Schwab) zusammen.[126]

Schon sieben Tage nach der Gemeinderatswahl erfolgte die Neuwahl des Bürgermeisters. Entsprechend den politischen Mehrheitsverhältnissen wurde Adolf Schwab durch den ehemaligen Ortsjugendpfleger Andreas Bleich abgelöst, der vier von sechs Stimmen erhielt und somit neuer Bürgermeister der Gemeinde Sandweier wurde. Unter seinem Vorsitz fand am 14. März 1947 die erste öffentliche Gemeinderatssitzung nach dem Kriege statt, der immerhin 22 Bürger des Ortes beiwohnten.[127]

[125] *Lebenslauf des Postbeamten in Kopie beim Verfasser; GAS IV.2 – Gemeindewahlen 1946.*

[126] *GAS IV.2 – Gemeindewahlen 1946.*

[127] *GAS IV.2 – Gemeindewahlen 1946.*

Bürgermeister Andreas Bleich, demokratisch gewählt, 1946.

Neben der Organisation des eigenen Überlebens beschäftigte die Sandweierer bis weit in die 50er Jahre hinein das Schicksal der Kriegsgefangenen und der vermissten Kriegsteilnehmer des Ortes. Von den 390 insgesamt zur Wehrmacht Eingezogenen waren am 28. Juli 1945 gerade 92 Soldaten zurückgekehrt, eine Zahl, die sich im Oktober 1945 auf 143 erhöhen sollte. Über lange Monate hinweg waren jedoch viele Familien ohne Nachrichten von ihren Angehörigen, wussten sie nicht, ob diese in Kriegsgefangenschaft geraten waren oder als vermisst zu gelten hatten. Im Oktober 1945 befanden sich noch 133 Sandweierer Bürger in alliierter Kriegsgefangenschaft.[128] Glück im Unglück hatten dabei die Soldaten, die die Zeit ihrer Kriegsgefangenschaft auf dem amerikanischen Kontinent verbringen mussten, war doch die dortige Ernährungssituation *golden* im Vergleich zu der ihrer Heimat. Ende 1949, Anfang 1950 kehrten die letzten sieben Kriegsgefangenen aus russischer Gefangenschaft in ihre Heimat zurück. Mit Musik wurden sie am Bahnhof in Oos abgeholt und mit großer Freude und Erleichterung in ihr Dorf begleitet. In diese Freude mischte sich allerdings Wehmut über den Blutzoll, den auch Sandweier für die nationalsozialistischen Großmachtträume hatte entrichten müssen.

Opfer des Zweiten Weltkrieges

Bandl, Franz	1.12.1942	Neuruppin
Bastian, Viktoria	Mai 1940	Sandweier
Blank, Stefan	2.9.1945	Wittichenau (Sachsen)
Bleich, Hugo	31.12.1945	Für tot erklärt
Bleich, Karl	23.11.1943	Russland
Bleich, Lorenz	1.2.1944	Russland, Tscherkassj
Brenneisen, Eugen	Seit 1944	Vermisst
Burkart, Artur	18.4.1944	Russland
Diebold, Franz	Seit 1945	Vermisst
Dischinger, Kurt	15.1.1942	Russland
Dresel, Hermann	6.10.1940	Ostfront
Eichelberger, Eugen	26.11.1941	Russland
Eichelberger, Karl Emil	7.10.1944	Ostfront
Eichelberger, Oskar	18.12.1942	Russland
Eichelberger, Paulus	28.5.1945	Kehl
Eisen, Josef	16.10.1943	Russland
Fahrländer, Hermann	19.7.1944	Lettland
Fahrländer, Oswald	31.1.1945	Für tot erklärt
Fettig, Eugen	10.12.1944	Mayen
Frank, Anton	20.3.1944	Russland

[128] GAS XX. – Sachschädenfeststellung.

Frank, Franz Wilhelm	27.11.1941	Russland
Frank, Wilhelm	15.2.1943	Russland
Frietsch, Friedrich	19.12.1943	Russland
Früh, Alfons	25.4.1943	Berlin
Gerber, Oskar	2.7.1943	Russland
Götz, Emil	Seit 1943	Vermisst
Greulich, Franz	18.1.1945	Für tot erklärt
Haibach, Ewald	31.12.1945	Für tot erklärt
Herr, Alfons	12.1.1943	Für tot erklärt
Herr, Hugo	21.9.1942	Russland
Herr, Johann	4.8.1944	Russland
Herr, Oswald	7.5.1943	Russland
Herr, Sigmund	10.9.1944	Russland
Hilser, Alois	31.12.1945	Für tot erklärt
Hörth, Ottmar	Seit 1942	Vermisst
Isenmann, Hermann	31.12.1945	Für tot erklärt
Isenmann, Richard	31.1.1945	Für tot erklärt
Kassel, Josef	2.6.1944	Russland
Kleinhans, Anton	Seit 1942	Vermisst
Kleinhans, Erika	April 1945	Halle
Kleinhans, Franz	16.2.1945	Für tot erklärt
Kleinhans, Oskar	23.11.1943	Russland
Kleinhans, Oswald	20.11.1943	Russland
Kleinhans, Willi Paul	31.12.1945	Für tot erklärt
Klumpp, Pius	26.1.1945	Für tot erklärt
Kölmel, Lorenz	3.12.1944	Frankreich
Kortla, Friedrich	31.12.1945	Für tot erklärt
Kraft, Alois	8.5.1940	Mannheim
Kraft, Emil	Seit 1944	Vermisst
Kraft, Hermann	31.12.1945	Für tot erklärt
Kratzer, Alfred	26.9.1942	Russland
Kratzer, Augustin	11.4.1945	Plittersdorf
Kratzer, Heinrich	27.12.1942	Russland
Kratzer, Helmut	26.7.1944	Russland
Kratzer, Karl	Seit 1944	Vermisst
Kratzer, Leo	31.12.1945	Für tot erklärt
Kratzer, Valentin	4.6.1945	Rendsburg
Kraus, Albin	1.3.1945	Für tot erklärt
Lauter, Franz	Seit 1945	Vermisst
Lauter, Hermann	30.5.1943	Russland
Liebenstein, Ludwig	28.2.1945	Polen, Tarnowa
Lieber, Leonhard	Seit 1943	Vermisst
Lorenzer, Richard	Seit 1944	Vermisst
Maier, Adolf	1.2.1943	Für tot erklärt
Maier, Georg	31.12.1945	Für tot erklärt
Manz, Alfons	3.9.1941	Russland
Manz, Justine	Mai 1940	Sandweier
Meier, Walter	Seit 1943	Vermisst
Merkel, Hugo	20.5.1942	Russland
Merkel, Johannes	2.4.1943	Russland

Merkel, Leonhard	6.12.1942	Russland, Ural
Merkel, Oskar	März 1945	Ostfront
Merkel, Philipp	2.5.1944	Balkan, Galizien
Mühlfeit, Ludwig	5.6.1943	Ostfront
Müller, Artur	August 1945	Rumänien
Müller, Eugen	Seit 1944	Vermisst
Müller, Franz	21.2.1943	Russland
Müller, Konrad	1.5.1945	Wittbrietzen
Müller, Lorenz	6.7.1944	Für tot erklärt
Müller, Ludwig	28.6.1942	Für tot erklärt
Oberle, Helmut	8.4.1945	Bergen bei Kassel
Peter, Adolf	Seit 1945	Vermisst
Peter, Andreas	12.4.1945	Rastatt
Peter, Baptist	4.10.1944	Russland
Peter, Erich	12.8.1944	Russland
Peter, Ernst	25.7.1942	Russland
Peter, Herbert	24.9.1942	Russland
Peter, Reinhold	22.1.1944	Russland
Peter, Richard	27.11.1941	Für tot erklärt
Peter, Simon	7.3.1943	Russland
Peter, Wilhelm	Seit 1943	Vermisst
Pflüger, Augustin	7.2.1943	Russland
Pflüger, Hermann	1.6.1944	Kiel
Pflüger, Hugo	19.10.1944	Italien
Pflüger, Jakob	31.12.1945	Für tot erklärt
Pflüger, Johann	5.3.1942	Russland
Pflüger, Oskar	16.8.1943	Russland, Charkow
Philipp, Erwin Johann	18.2.1946	Baden-Baden
Rauch, Anton	26.2.1942	Russland
Rauch, Max	Seit 1944	Vermisst
Rauch, Severin	31.12.1942	Russland, Kaukasus
Reiß, Erich	31.12.1945	Für tot erklärt
Reiß, Lothar	27.1.1945	Polen, Poznan
Reiss, Oswald	Seit 1943	Vermisst
Schäfer, Alfred	3.12.1944	Ostfront
Schäfer, Augustin	16.10.1942	Russland
Schäfer, Ernst	30.3.1944	Russland
Schäfer, Erwin	29.7.1943	Russland
Schäfer, Franz	3.12.1942	Russland
Schäfer, Franz	8.5.1944	Italien
Schäfer, Franz Karl	19.1.1943	Russland
Schäfer, Hans	Seit 1943	Vermisst
Schäfer, Hermann	27.7.1941	Karlsruhe
Schäfer, Isidor	27.9.1942	Russland
Schäfer, Karl	31.3.1942	Russland
Schäfer, Kasimir	23.10.1941	Russland
Schaum, Leopold	31.12.1945	Für tot erklärt
Schaum, Willibald	6.10.1943	Russland
Schindler, Anselm	27.12.1942	Für tot erklärt
Schindler, Franz	31.12.1945	Für tot erklärt

Schindler, Richard	1.3.1940	Mauthausen, KZ
Schmitt, Lorenz	19.12.1944	Ostfront
Schulz, Arno	13.11.1944	Ostpreußen
Schulz, Augustin	5.4.1945	Norwegen
Schulz, Bruno	8.10.1944	Frankreich
Schulz, Josef	5.3.1943	Russland
Schulz, Urban	20.11.1944	Ostfront
Schulz, Willy	5.2.1941	Nürnberg
Schwarz, Adolf	25.3.1944	Italien
Simon, Zita	7.1.1945	Rastatt
Simona, Ordensschwester	April 1945	Sandweier
Stierli, Rudolf	24.10.1944	Italien
Streibel, Adolf	25.2.1945	Klaporow
Stüber, Robert	31.12.1945	Für tot erklärt
Throm, Wilhelm	Seit 1944	Vermisst
Ullrich, Alfred	22.12.1942	Afrika
Ullrich, Alois	18.12.1944	Frankreich, Elsass
Ullrich, Alois	3.12.1943	Sandweier
Ullrich, Artur	6.1.1942	Homburg v.d.H.
Ullrich, Benedikt	19.1.1943	Vermisst
Ullrich, Bernhard	Seit 1943	Vermisst
Ullrich, Franz	Seit 1944	Vermisst
Ullrich, Johann	8.10.1944	Finnland
Ullrich, Julius	15.1.1943	Für tot erklärt
Ullrich, Konrad	21.10.1941	Russland
Ullrich, Kornelius	25.8.1943	Russland
Ullrich, Oswald	Seit 1941	Vermisst
Ullrich, Otto	3.5.1946	Russland
Ullrich, Robert	8.5.1944	Ostfront
Ullrich, Roman	10.4.1944	Straßburg
Ullrich, Simon	17.11.1942	Russland
Ullrich, Stefan	22.10.1941	Russland
Ullrich, Valentin	13.4.1944	Russland
Vollmer, Franz	3.12.1943	Russland
Walter, August	4.10.1944	Slowakei
Walter, Hans	23.7.1948	Russland
Walter, Hermann	16.1.1944	Russland
Walter, Kilian	1941	Dachau, KZ
Walter, Otto	Seit 1944	Vermisst
Walz, Friedrich	8.2.1945	Ostfront
Wanner, Bernhard	25.10.1944	Italien
Weschenfelder, Robert	22.2.1945	Heiligenbad

Wunsch, Alois	14.3.1944	Estland
Zaum, Adolf	31.12.1945	Für tot erklärt

Die mit dem Ende des Krieges einsetzenden Flüchtlingswellen und die Vertreibungen der deutschen Bevölkerung aus den ehemaligen Ostgebieten, ein Exodus, der über zwölf Millionen Menschen aus ihrer gewohnten Umgebung riss, hatten zumindest in den ersten Nachkriegsjahren nur geringe Auswirkungen auf Sandweier. Dies lag überwiegend daran, dass die französische Besatzungsmacht sich sehr reserviert gegenüber der Aufnahme von Flüchtlingen und Vertriebenen zeigte. Anfang 1946 zählte man im Dorf lediglich 49 Evakuierte aus anderen Besatzungszonen, die aus Furcht vor den Bombenangriffen oder als Bombenopfer noch vor Kriegsende im Dorf Unterkunft gefunden hatten. Die Meisten, wie das Ehepaar von Uehm, gingen im Laufe der Zeit wieder dahin zurück, woher sie gekommen waren. Einige blieben, so die aus Karlsruhe ausgebombte Familie Völlnagel, und richteten sich unter schwierigen Bedingungen im Dorf ein. Die mit Neugier und großer Reserviertheit erwarteten ersten Ostflüchtlinge trafen im Laufe des Jahres 1946 im Dorf ein. Es handelte sich um Einzelpersonen, die aus der Tschechoslowakei, aus Schlesien und Ostpreußen ausgewiesen worden waren und auf ihrer Odyssee durch Mitteleuropa in Sandweier strandeten. Erst mit der Gründung der Bundesrepublik Deutschland im Mai 1949 kamen auch in den Südwesten des Landes Umsiedler in geschlossenen Transporten. Allerdings bevorzugten diese die industriellen Zentren des Landkreises Rastatt, wo ihnen auch entsprechende Arbeitsplätze zur Verfügung standen. Die Zahl der Heimatvertriebenen und Flüchtlinge betrug im Jahre 1965 in Sandweier 222 Personen, davon 210 Vertriebene und 12 Flüchtlinge. Ihr Anteil an der damaligen Wohnbevölkerung von 2.761 Einwohnern erreichte 8 %. Damit lag er deutlich unter dem Kreisdurchschnitt von 19,5 %. Nachhaltig veränderte dieser Zuzug das Verhältnis der Konfessionen. Das über Jahrhunderte fast rein katholische Sandweier erfuhr einen augenfälligen Zuwachs des evangelischen Bevölkerungsanteils. Gab es 1939 bei 1.939 Einwohnern lediglich zehn evangelische Christen, so betrug ihre Zahl 1949 bereits 57 von 2.000 Einwohnern und sollte bis 1960 auf 187 von 2.352 Einwohnern ansteigen (11,4 %). Bis 1985 erhöhte sich der Anteil der evangelischen Christen an der Sandweierer Wohnbevölkerung auf 15,6 % (640 Evangelische von 3.860 Einwohnern).[129] Die Gemeinde trug dem insofern Rechnung, als bereits im Juli 1961 der Evangelischen Kirchengemeinde Oos ein Raum für die Abhaltung von Messen und Gebetsstunden für die evangelischen Christen überlassen wurde.[130]

[129] *Leonhard Wagenbrenner: Die Vertriebenen und Flüchtlinge im Landkreis Rastatt. In: Um Rhein und Murg. Heimatbuch des Landkreises Rastatt 6 (1966), S. 68-98, hier S. 71; Müller/Bruckner, Sandweier, 1988, S. 140.*

[130] *GAS – Gemeinderatsprotokolle 1961.*

Sandweier zwischen 1950 und 1975

1949 trat Bürgermeister Andreas Bleich aus gesundheitlichen Gründen von seinem Amt zurück. Sein Nachfolger wurde der Kaufmann und Gastwirt Richard Fettig, dem die Mehrheit der Sandweierer das Vertrauen aussprach. Als dritte politische Kraft neben der dominierenden CDU und den Sozialdemokraten etablierte sich im Dorfe wenige Jahre nach Kriegsende die Freie Wählervereinigung, die 1949 mit Arthur Kinz einen Gemeinderat stellte. Die Kommunisten spielten nach dem Ausscheiden des Adolf Schwab aus dem Gremium keine Rolle mehr im politischen Spektrum. Bis 1967 blieb Richard Fettig an der Spitze der Gemeinde, die in dieser Zeit bedeutende Investitionen in ihre Infrastruktur tätigte. Die steten Gewerbesteuereinnahmen aus der sich immer mehr entwickelnden Kies-, Sand- und Betonindustrie ermöglichten die Inangriffnahme wichtiger Projekte. Die Beschaffung neuer Kirchenglocken im November 1948 war der Auftakt zu einer Reihe von Investitionen, mit der das Dorf am beginnenden Wirtschaftswunder partizipierte und damit selbst Teil dieses Wirtschaftswunders werden sollte. Die Währungsreform vom 20. Juni 1948 und die Einführung der Deutschen Mark wirkten als

*Bürgermeister
Richard Fettig, 1949.*

Initialzündung für den Aufschwung, auch wenn bei der Reform selbst durch geringe Umstellungskurse so manche individuellen Härten aufgetreten waren. Noch 1949 erfolgten der Umbau und die Erweiterung der Kinderschule, die wieder von der katholischen Kirchengemeinde im Haus der heutigen Ortsverwaltung betrieben wurde.

Bei der Volksabstimmung über die Wiederherstellung des alten Landes Baden hatten von den zur Wahl gehenden 1.048 Sandweierer Bürgerinnen und Bürger 906 (87 %) für die Wiederherstellung des Landes Baden und lediglich 135 (13 %) für die Neubildung eines Südweststaats gestimmt.

Als im Oktober 1951 die Pläne der französischen Besatzungsmacht bekannt wurden, auf Sandweierer und Iffezheimer Gemarkung westlich der geplanten Autobahntrasse und südlich des Pflugwegs einen Militärflugplatz mit einer Gesamtausdehnung von 280 Hektar Gelände und mit drei zementierten Start- und Landebahnen von 900 m Breite und 3.000 m Länge zu bauen, war die Aufregung groß, nicht nur im Dorf. Zusammen mit der Stadt Baden-Baden und dem Landkreis Rastatt wehrte sich auch Sandweier mit allen Mitteln gegen die Umsetzung des Vorhabens. Während Sandweier den unwiederbringlichen Verlust von ertragreichem landwirtschaftlichem Gelände und Wald fürchtete, bangte Baden-Baden durch die Lärmbelästigungen um seinen Kurbetrieb, vor allem jedoch um die Qualität seines Trinkwassers. In der Tat lag der geplante Flugplatz im unmittelbaren Fassungsgebiet des Grundwasserwerks Sandweier, das vor allem in den Sommermonaten bis zu 85 % des täglichen Wasserbedarfs der Kurstadt an der Oos lieferte. Dennoch zogen schon Mitte November die ersten Vermessungstrupps auf das vorgesehene Baugelände, auf dem sich heute die Betriebsgelände der Firmen Kühl und Peterbeton befinden. Manche versuchten ihrem Protest mit Aktionen des zivilen Ungehorsams Nachdruck zu verleihen. Nach einer Meldung des Badischen Tagblatts vom 1. Dezember 1951 rissen in der Nacht des 30. November *unbekannte Personen* auf dem Gelände des geplanten Flugplatzes die Vermessungspfähle heraus und bemalten mit *großen weißen Aufschriften* die Richard-Haniel-Straße mit der Ankündigung *Wir dulden keine Flugplätze.*[131] Erst im Dezember 1951 entspannte sich die Situation, als mit einem Gelände südlich von Hügelsheim eine Alternative gefunden war, die dann letztendlich auch realisiert werden sollte.

In den Mittelpunkt des Sandweierer Interesses rückte damit ein anderes Projekt, das schon seit einiger Zeit die Diskussionen am Ratstisch und den Stammtischen beherrschte: der Bau der Autobahn. Die durch den Krieg zum Erliegen kommenden Arbeiten wurden nach 1949 durch die neu eingerichtete Bundesstraßenverwaltung wieder aufgenommen. Die Trasse der vierspurigen Fernverkehrsstraße durchschnitt die Gemarkung des Ortes in ihrer ganzen Länge in zwei Teile, wobei der größere, landwirtschaftlich nutzbare Teil westlich der Autobahn, der kleinere mit dem Dorfetter östlich der Trasse lag. Ein Flurbereinigungsverfahren wurde in die Wege geleitet und etliche Verhandlungsrunden waren nötig, ehe

Geldscheine vor dem Zweiten Weltkrieg.

Geldscheine nach dem Zweiten Weltkrieg.

Geldschein bis 2002.

[131] *Badisches Tagblatt, 1. Dezember 1951; vgl.: Kurt Hochstuhl: Düsenjäger am mittelbadischen Himmel. Der kanadische Militärflughafen Söllingen. In: Manfred Koch/Jürgen Morlock (Hg.): Von Graspisten zum Baden-Airport. Luftfahrt in Mittelbaden. Karlsruhe 1999, S. 125-180; zum Grundwasserwerk Sandweier vgl.: Müller/Bruckner, Sandweier, 1988, S. 272 ff.*

der Gemeinde insgesamt fünf Übergänge, zwei Brücken im Mittelfeld, eine Brücke im Oberfeld sowie zwei Unterführungen im Oberwald zugestanden wurden. Der Geländeverlust war enorm, besonders im Bereich der Ausfahrt Baden-Baden, wo das Autobahn-Kleeblatt gänzlich auf der Dorfgemarkung errichtet wurde. Wenige Jahre nach Eröffnung der Autobahnverbindung zwischen Rastatt und Offenburg erfolgte 1957 die Anlage einer Raststätte mit Tankanlage, Motel, Parkplätzen, einer Autobahnmeisterei sowie Werkswohnungen für die dort Beschäftigten, die weiteres Gelände kosteten. Allerdings hielt sich der Schmerz über den Verlust in Grenzen. Zum einen bescherten die Bauprojekte den heimischen Kieswerken gute Aufträge und einen beachtlichen Aufschwung, der sich in den Gewerbesteuerzahlungen positiv niederschlug. Der im Gemeinderatsprotokoll des Jahres 1948 erwähnte Verlust von 600.000 Mark bei der Währungsreform und der deswegen ergangene Aufruf zur äußersten Sparsamkeit war Geschichte. Die Finanzlage der Gemeinde war spätestens ab Mitte der 50er Jahre eine glänzende zu nennen. Zum andern bot vor allem der Rasthof Baden-Baden zahlreichen Einheimischen, darunter vielen Frauen, gute Verdienstmöglichkeiten. Und schließlich verlor die Landwirtschaft, selbst wenn sie – wie in Sandweier – nur noch überwiegend als Nebenerwerb betrieben wurde, mehr und mehr an Bedeutung.

Während durch Autobahnbau und Rastanlage sowie durch den Kiesabbau sich das Gesicht der Dorfgemarkung gravierend veränderte, änderte sich auch die Infrastruktur in der Gemeinde selbst. Alte Vorkriegspläne aufgreifend hatte der Gemeinderat am 10. August 1950 den Grundsatzbeschluss zum Bau einer modernen Wasserleitung gefällt. Im Februar 1951 erfolgten ein außerordentlicher Holzhieb zu deren Finanzierung und die Aufnahme eines Darlehens von 96.000 DM, nachdem mit den Stadtwerken Baden-Baden ein Wasserlieferungsvertrag abgeschlossen worden war. Anfang Juni wurde der Startschuss zum Bau der Wasserleitung gegeben und schon zwölf Monate später konnte das Werk übergeben werden. Mit dem fließendem Wasser hatte das Dorf einen weiteren Modernisierungsschub erhalten; die vielfach noch vorhandenen offenen Zieh- und Schöpfbrunnen verschwanden aus dem Dorfbild. Nach der Wasserleitung stellte sich zwangsläufig die Frage nach einer Kanalisation und der geregelten Ableitung der Schmutz- und Regenwässer.

Bereits im März 1952 war ein Auftrag zur Teilentwässerung des Dorfes erteilt worden. Mit dem Bau der Rastanlage und ersten Überlegungen zur Ausweisung von Industrie- und Gewerbegebieten stellte sich Mitte der 50er Jahre die Aufgabe der Ausdehnung der Kanalisation auf das gesamte Dorf inklusive der projektierten Erweiterungsflächen.

Zwischen 1957 und 1961 wurde das Kanalisationsprojekt realisiert, das mit dem Anschluss der einzelnen Anwesen und der am 13. Oktober 1961 erfolgten Übergabe einer nordöstlich des Schützenhauses an der Haueneberseiner Straße gebauten Kläranlage abgeschlossen werden konnte. Damit verschwanden auch nach und nach die Versickerungs- und Klärgruben in den einzelnen Höfen.[132]

Der Bauboom in den 50er Jahren führte zu einer Neuausrichtung der Kiesindustrie. Die Zeit der kleinen Familienbetriebe, wo jeder seine eigene kleine Kiesgrube im Trockenabbau besaß, wich einem industriellen Abbau im großen Stil, der geeignet war, die ungehemmte Nachfrage nach dem Rohstoff zu befriedigen. Neben der schon vor dem Krieg auf der Gemarkung präsenten Baden-Badener Kiesabbaufirma Leis und der Durmersheimer Firma Stürmlinger waren es vor allem die Familien Peter und Kühl, die die Zeichen der Zeit als erste erkannten und begannen, den Rohstoff maschinell abzubauen und ihn mit Lastkraftwagen zum Endabnehmer zu transportieren. Am 29. Mai 1952 hatte Martin Peter vom Gemeinderat die Erlaubnis zum Kiesabbau erhalten. Die Bedingung, beim Abbau keinen See entstehen zu lassen, war Ausdruck der damaligen Prioritäten. Noch immer war das Dorf und seine Repräsentanten mental auf die Sicherung der landwirtschaftlichen Nutzfläche ausgerichtet, konnten sich die Wenigsten einen derartigen Rückgang der landwirtschaftlichen Aktivitäten, wie er innerhalb zweier Jahrzehnte konstatiert werden musste, vorstellen. Kaum zwei Jahre nach Errichtung eines Kieswerks an der Richard-Haniel-Straße begann die Firma Peter mit der Produktion von Fertigbeton, die zum Ausgangspunkt eines bis heute florierenden Unternehmens werden sollte, das seither zahlreichen Einheimischen Beschäftigungs- und Verdienstmöglichkeiten bietet. Mit der Übernahme und Weiterführung der Kiesgrube des Mathäus Schäfer im April 1954 sowie dem Ankauf einer Kiesgrube zwischen Iffezheim und Sandweier trat die Firma Eugen Kühl & Söhne als zweites großes Kiesabbauunternehmen auf den Plan.

Als im September 1955 der Gemeinderat sämtliche landwirtschaftlichen Grundstücke südlich der Richard-Haniel-Straße *zwischen Sauweide und Iffezheimer Gemarkungsgrenze* zum Kiesabbau freigab, war von einer Beschränkung auf den oberflächigen Kiesabbau schon keine Rede mehr. Baggerseen entstanden, dehnten sich aus, vereinigten sich mit anderen Baggerseen, bis hin zur Seenlandschaft, die das Bild der Rheinebene heute in unserem Raum wesentlich prägt.[133] Dass sich 1959 in unmittelbarer Nähe zu den Kies- und Betonwerken eine Betonwarenfabrik ansiedelte, die bis heute Betonfertigteile produziert, war Konsequenz der wachsenden Bedeutung der Sandweierer Kiesindustrie. Dagegen muss die schon

[132] GAS – Gemeinderatsprotokolle, Müller/Bruckner, Sandweier, 1988, S. 78 ff., S. 276 ff.

[133] GAS – Gemeinderatsprotokolle 1952, 1954, 1955.

Walburga-Kindergarten.

1958/59 erfolgte Ausweisung eines Gewerbegebietes im Oberfeld am nördlichen Rand der Richard-Haniel-Straße zwischen Römerstraße und der Hochspannungsleitung des Badenwerks als für andere Gemeinden beispielgebender Schritt gewürdigt werden. Die Nachfrage nach Gewerbeflächen und die Ansiedlung einer Lackfabrik, eines Lagers der Firma Südeis, später dann einer Großbäckerei und weiterer Produktions- und Verarbeitungsbetriebe, rechtfertigten im Nachhinein diesen für eine Landgemeinde durchaus ungewöhnlichen Schritt. Weniger Erfolg war dem ebenfalls 1959 erbauten Musikstudio in den Stöckwiesen beschieden, in dem eine Film-Television-Musikstudio GmbH unter ihrem Geschäftsführer Klaus Überall Fernseh- und Musikproduktionen erstellte.

Die Ausweisung neuer Baugebiete folgte, während gleichzeitig im Gebiet des alten Dorfes die einstigen Hofplätze durch eine reine Wohnbebauung verdichtet wurden. Mit dem Rückgang der landwirtschaftlichen Nutzung und des Viehbestandes wandelte sich das einstige Bauerndorf zu einem Wohn- und Gewerbevorort der beiden nächstgelegenen Städte Baden-Baden und Rastatt. In Sandweier verdoppelte sich die Einwohnerschaft in vier Jahrzehnten, von 1945 1.960 Einwohner auf 3.860 Einwohner im Jahre 1985. Im Umfeld des Baubooms entwickelte sich eine gewerbliche Infrastruktur mit zahlreichen Handwerks- und Gewerbebetrieben, die lokale Arbeitsplätze und Verdienstmöglichkeiten bereitstellten. Die Gewerbesteuereinnahmen waren so üppig, dass sich die Gemeinde an zahlreiche Bauprojekte heranwagen konnte.

Als 1954 der katholische Stiftungsrat die Überlassung des alten Schulhauses als Kinderschule beantragte, brachte der Gemeinderat unter Hinweis auf die zunehmende Wohnbevölkerung und den zukünftig erhöhten Bedarf an Kindergartenplätzen von sich aus den Vorschlag eines Neubaus in die Diskussion ein. Ein Jahr später gab er bereitwillig einen Zuschuss von 40.000 DM aus der Gemeindekasse, die einen wesentlichen Anteil an den Baukosten in Höhe von 238.000 DM abdeckten. Das multifunktionale Gebäude an der Ecke Iffezheimer- und Niederwaldstraße, das neben dem Kindergarten ursprünglich ein Jugendheim und das Schwesternhaus beherbergte, erfüllt bis heute eine wichtige Funktion in der kirchlichen Vereins- und Sozialarbeit, indem es Gruppenräume für die kirchlichen Jugendorganisationen bereitstellt und mit dem Walburgasaal über einen gerne genutzten Versammlungsort verfügt und dazu weiterhin als Hort für die vorschulische Erziehung unserer Kinder genutzt wird.

Als nächstes Projekt stand der Bau einer Turnhalle auf der Tagesordnung. Dies war ein gemeinsamer Wunsch des Turnvereins und der Schulverwaltung.

Kurzzeitig hatte sich der Turnverein sogar mit dem Gedanken befasst, neben dem Schützenhaus an der Verbindungsstraße nach Haueneberstein eine vereinseigene Turnhalle zu erstellen. Aus Gründen der funktionalen Anbindung der Halle an die Volksschule fand dieses Projekt keine Unterstützung im Rat der Gemeinde. Vielmehr entschloss sich die Gemeinde selbst als Bauherr aufzutreten. Auf einem Garagengelände nördlich des Friedhofes, das von den Besatzungstruppen beschlagnahmt, mit Kies aufgefüllt und mit einer Zementbodenplatte versehen worden war, auf dem die Lastwagen der im Dorfe einquartierten Transporteinheit parken konnten, sollte die neue Turnhalle gebaut werden. Auch wenn sie mit ihren bescheidenen Innenmaßen von 12 x 24 m keine Spiel- und Wettkampfmöglichkeiten eröffnete, dient sie seit Anfang der 60er Jahre der körperlichen Ertüchtigung und sportlichen Ausbildung unserer Kinder und der gesamten Einwohnerschaft. Mitte des Jahrzehnts folgte die Errichtung einer Einsegnungshalle und die Neugestaltung des Friedhofs, was zum einen der gestiegenen Einwohnerzahl und zum andern den sich ändernden hygienischen Vorschriften im Umgang mit den Toten geschuldet war. Abgerundet wurde diese Investition durch die Neuanlage eines Ehrenhofs mit einem Gedenkstein für die Opfer des Zweiten Weltkriegs, der im Mai 1971 seiner Bestimmung übergeben werden konnte.

Einsegnungshalle und Ehrenhof.

Überhaupt war dieses Jahr 1971 von Einweihungen und Investitionen in die bauliche Infrastruktur der Gemeinde geprägt wie vielleicht kein anderes Jahr in der Sandweierer Geschichte. Wenige Wochen vor dem Ehrenhof bei der Einsegnungshalle war knapp 100 m nördlich im April 1971 das für 2,4 Mio. DM erstellte Schulgebäude seiner Bestimmung übergeben worden. Und im Juli 1971 folgte die Einweihung des neuen Feuerwehrgerätehauses, das mit seinem fast 25 m hohen Schlauchtrocknungs- und Übungsturm ein fast schon postmodernes Wahrzeichen darstellt. Auch wenn es unzweifelhaft eine funktionale und zweckmäßige Heimat der Feuerwehrmänner und ihrer Geräte geworden ist, verträgt es sich in seiner Formengebung nur schwer mit der Umgebungsbebauung, ja sticht von dieser geradezu ab.

Dem Zeitgeist folgend, war das ganze Dorf vom Gedanken der Modernisierung geprägt, was auch immer darunter zu verstehen war. Mittel, diese Vorstellungen umzusetzen, waren in jenen Jahren reichlich vorhanden. Trotz der riesigen Investitionen der

Feuerwehrhaus Sandweier.

Jahre 1968 bis 1971, die sich in ihrer Gesamtsumme auf knapp 3 Mio. DM summierten, erreichte die Pro-Kopf-Verschuldung des Ortes mit 312,– DM einen Wert, der weit unter dem Landesdurchschnitt von knapp 400,– DM lag. Weit aussagekräftiger für die wirtschaftliche Potenz der Gemeinde waren jedoch die Angaben zur Steuerkraft, wie sie im Jahresrückblick 1971 voller Stolz verkündet werden konnten. Danach lag diese bei 388,– DM pro Kopf der Bevölkerung im Ort, der 3.128 Einwohner zählte.

*Bürgermeister
Rudolf Hofmann, nach dem
Zusammenschluss mit
Baden-Baden Ortsvorsteher,
1967.*

Einmütig wurde dieser Kurs im Gemeinderat und an der Spitze der Gemeinde verfolgt. An dieser stand seit 1967 Bürgermeister Rudolf Hofmann, der in jenem Jahr die Nachfolge des nicht mehr kandidierenden Richard Fettig angetreten hatte. In mehrfacher Hinsicht war seine Wahl ein wichtiger Markstein in der Geschichte Sandweiers. Zum einen konnte er sich, der *Zugereiste* aus dem Odenwald, gegen starke innerörtliche Konkurrenz letztendlich souverän durchsetzen und zum ersten Bürgermeister werden, der nicht aus Sandweier stammte. Zum andern zog mit ihm, der seit knapp fünf Jahren als junger Ratschreiber im Ort tätig gewesen war, ein durch Ausbildung und Examen qualifizierter Verwaltungsfachmann ins Rathaus ein, ein Trend, der sich in der Ablösung der örtlichen Honoratioren an der Gemeindespitze in den folgenden Jahrzehnten fast flächendeckend durchsetzte.

Auch im innerörtlichen Wahlverhalten war eine Veränderung zu konstatieren. Die CDU, noch Mitte der 50er Jahre dominierende Partei am Ort, büßte einen Teil dieser Dominanz zumindest bei den Wahlen zum Gemeinderat ein. Starke Zuwächse verzeichneten die Sozialdemokraten, die Mitte der 60er Jahre im damals zehnköpfigen Gremium über drei Sitze verfügten, während die Freien Wähler und die FDP mit einem, die CDU mit fünf Sitzen vertreten waren. 1971 waren bei der Gemeinderatswahl erstmals zwölf Räte zu wählen. Die CDU gewann davon sechs, die SPD fünf und die Freie Wählervereinigung einen Sitz.

Die Vertreter des Gemeinderats waren: Ludwig Schulz, Walfried Eichelberger, Friedrich Bleich, Anton Schulz, Alfons Schulz

Rathaus 1960er Jahre.

und Alfred Merkel (alle CDU), German Rauch, Albert Ullrich, Wilfried Kratzer, Rudolf Frietsch und Reinhold Mayer (alle SPD) sowie Edmund Schulz (FWV).[134]

Ein Charakteristikum dieser durch das Wirtschaftswunder ausgelösten *Moderne* war die fast schon radikale Veränderung des Erscheinungsbildes des Dorfes, was sich in einer oftmals unkritischen Ersetzung des *Alten* durch etwas *Neues* und der Ausrichtung der Gemeinde in Richtung auf das autogerechte Dorf ausdrückte. Die über Jahrhunderte hinweg das Dorfbild prägenden Bauernhäuser in Fachwerkbauweise verschwanden zunehmend. Die Straßen in den Neubaugebieten erinnern noch heute durch ihre Breite eher an Schnellstraßen denn an innerörtliche Erschließungswege. Die zunehmende Motorisierung der Gesellschaft schien dies zu fordern, und auch Sandweier war nur zu gern bereit, den Forderungen nach Beseitigung von *Verkehrshindernissen* oder nach vermehrten Parkplätzen Rechnung zu tragen. Auf dem Platz des ältesten Gasthauses der Gemeinde, dem Grünen Baum, wurden nach dessen Abriss folgerichtig Parkmöglichkeiten geschaffen und 1972 die erste Ampelanlage beim Fußgängerüberweg bei der Tankstelle Kinz aufgestellt. Sie sollte den Schulweg der Kinder und Jugendlichen, die im Unterdorf östlich der B3 lebten, sichern, was – auch angesichts tödlicher Verkehrsunfälle im Ort – sicher dringend geboten war. Die Ampel selbst löste langfristig die Einrichtung der Schülerlotsen ab, die seit einiger Zeit auch in Sandweier bestand.

Trauriger Höhepunkt dieses Umgestaltungsprozesses war der Abriss des Sandweierer Rathauses im Jahre 1977/78. Auch wenn das schon 1931 als Verkehrshindernis bezeichnete Gebäude tatsächlich ungünstig in einer Kurve der Durchgangsstraße mitten im Ort lag, kann die Entscheidung, es abzureißen und durch eine offene Platzsituation zu ersetzen, nur mit dem Fetisch Auto und dem Schlagwort des *autogerechten Dorfes* erklärt werden. Aus heutiger Sicht überwiegen vielmehr Kopfschütteln und Unverständnis. Die Einwände des Denkmalamtes, das dem Gebäude durchaus kulturhistorischen Wert zumaß und für seinen Erhalt plädierte, fanden nicht nur kein Gehör bei den Gemeinderäten vor Ort, sondern seinen Mitarbeitern wurde sogar die Sachkenntnis aberkannt. *Bei allem Respekt vor der Arbeit des Denkmalamtes, aber hier wissen wir nicht, was es da zu erhalten gäbe,* so eine Passage im Jahresrückblick 1977 des Gemeindeanzeigers. Dieser Mechanismus, dem Rat der Fachleute grundsätzlich zu misstrauen und seinen

[134] *GAS – Jahresrückblick 1971.*

Bauchentscheidungen spontan den Vorzug zu geben, ist Konstante in der Politik allgemein aber auch im lokalen Bereich bis heute geblieben. Erinnert sei nur an die großen Diskussionen um die Sanierung und Erhaltung des Dorfbildes in den 90er Jahren im Ortschaftsrat und in der Öffentlichkeit von Sandweier.

Mit dem Abriss des Rathauses und seiner Ersetzung durch *Nichts* ging im übertragenen Sinne mehr verloren als ein historisches Gebäude. Die seit Jahrhunderten das Geschick der Gemeinde wesentlich prägende Trias von weltlicher Obrigkeit, kirchlicher Obrigkeit und Schule, wie die räumliche Anordnung von Schule, Kirche und Rathaus im öffentlichen Raum dokumentierte, kam abhanden. Verloren ging auch die Mitte des Dorfes und damit die Orientierung eines Gemeinwesens, das just in jenen Jahren in Gefahr geriet, vollkommen entwurzelt zu werden.

Sandweier und die kommunale Gebietsreform

Im Dezember 1969 veröffentlichte die baden-württembergische Landesregierung, die seit Juni 1968 von einer großen Koalition aus CDU und SPD gebildet wurde, ein Denkmodell zur Kreisreform, das für Furore in der breiten Öffentlichkeit sorgte. Ein fast dreijähriger Diskussionsprozess, der durch verschiedene Reformmodelle aber auch durch eine hohe Mobilisierung der Betroffenen immer wieder Nahrung fand, führte schließlich zu einer Kompromisslösung mit neun Stadt- und 35 neuen Großkreisen, die am 1. Januar 1973 an Stelle der bisher bestehenden 63 Landkreise traten.

Ziel der Verwaltungsreform war eine Verschlankung des Staats- und kommunalen Apparates und damit einer Gewinnung von Synergien durch die Bildung größerer Verwaltungseinheiten. Dass es lediglich bei einer Neuorganisation der Zwischeninstanzen – aus 20 regionalen Planungsgemeinschaften wurden 12 öffentlich-rechtliche Planungsverbände, aus 63 Landkreisen 35 neue – bleiben würde, davon konnten nur die politischen Träumer ausgehen. Eine konsequente Verwaltungsreform durfte vor der kommunalen Ebene nicht Halt machen. Eine Reduzierung der 1969 bestehenden 3.379 selbstständigen Gemeinden stand demnach auf der politischen Tagesordnung. *Die Verwaltungsreform wirft ihre Schatten voraus,* so der Jahresrückblick 1971, der in Kenntnis der Realitäten und in vollem Optimismus über die Berücksichtigung dieser Realitäten im politischen Entscheidungsprozess verkündete, *dass die Fahne der Selbstständigkeit hier in Sandweier noch sehr hoch gehalten wird.* Die politische Selbstständigkeit der Gemeinde stand also im Rahmen dieser Verwaltungsreform auf dem Spiel. Selten hat eine politische Angelegenheit ein derart großes Interesse im Dorf erfahren. Bei einer ersten Bürgerversammlung in der Aula der neuen Hauptschule, am 11. Februar 1972, nahmen 500 Personen teil. Als zwei Wochen später eine vom Gemeinderat initiierte Abstimmung erfolgte, die die Stimmung im Dorf erfahren wollte, war das Ergebnis eindeutig. Von 1.590 abgegebenen Stimmen sprachen sich 1.127 (71 %) bei dieser internen Anhörung für die weitere Selbstständigkeit ihres Heimatortes aus. 25 % oder 395 Einwohner sahen in einem Zusammengehen mit der Stadt Baden-Baden die Zukunftsperspektive und lediglich 68 (4 %) stimmten für ein Zusammengehen mit Rastatt. Folgerichtig votierte der Sandweierer Gemeinderat am 29. Februar 1972 in einer öffentlichen Sitzung vor 250 interessierten Bürgerinnen und Bürgern einstimmig für die weitere Selbstständigkeit der Gemeinde.[135]

Bei der im Dorf herrschenden Aufgeregtheit nahm kaum jemand die zum 31. Januar erfolgte Schließung der Milchsammelstelle bei der Raiffeisenbank zur Kenntnis. Gespannt blickte man vielmehr nach Stuttgart und mit Bangen erwartete das Dorf die Empfehlungen des vom Landtag eingesetzten Ausschusses zu Fragen der Verwaltungsreform. Die waren – zumindest aus Sicht von Sandweier – niederschmetternd. Der Ausschuss empfahl Anfang Juni 1973, die Selbstständigkeit des Ortes aufzuheben und ihn nach Baden-Baden einzugemeinden. Eine Welle der Empörung durchzog das Dorf. Während einige die *Vergewaltigung des Volkswillens* kritisierten, sahen andere in den Begehrlichkeiten der Kurstadt auf das *reiche* Sandweier den Grund für die Zielvorgaben aus Stuttgart. Die Mehrheit der Gemeinderäte und die Gemeindeverwaltung hatten schon im Vorfeld versucht, zu retten, was noch zu retten schien. Um der drohenden Eingemeindung nach Baden-Baden zu entgehen, suchte man nun den Anschluss nach Rastatt, der in Form einer Verwaltungsgemeinschaft umgesetzt werden sollte. Rastatt war nur zu gerne bereit, dem Ansinnen Sandweiers nachzukommen. Innerhalb weniger Tage hatte ein Vertrag zwischen den beiden Partnern Form und Gestalt angenommen, der am 26. April 1973 in der Hauptschule in Sandweier unterzeichnet wurde. Darin war Einigung über die Verwaltungsgemeinschaft erzielt worden.

Natürlich fühlte sich Stuttgart in keiner Weise an diesen Vertrag gebunden, noch hatte er reelle Chancen, in die Wirklichkeit umgesetzt

[135] *GAS – Jahresrückblick 1972.*

Liebe Mitbürgerinnen und Mitbürger von Sandweier!

Lassen Sie sich von der „Bürgerinitiative zur Gemeindereform" keine Panikstimmung aufdrängen. Behalten Sie klaren Kopf! Bei ihrer ersten Veröffentlichung Mitte Juni 1973 praktizierte diese Gruppe schon einmal diese Art der Meinungsbildung mit dem Slogan „am 30. Juni 1973 ist der letzte Termin für eine Ortschaftsverfassung". Dies hat sich jedoch, wie Sie, werte Mitbürgerinnen und Mitbürger selbst wissen, als Irreführung herausgestellt. Mit derselben Methode versuchen sie es heute wieder:

1. Warum spricht diese Gruppe uns Sandweierer Bürger das gleiche Recht ab, das baden-baden bei der Kreisreform für sich in Anspruch nahm? Wo bleibt da die Demokratie?

2. Warum hat die oben zitierte „Bürgerinitiative zur Gemeindereform" bis heute noch keine Unterlagen, die der Interessengruppe Baden-Badens in Stuttgart als Beweise dienten, der Abstimmung veröffentlicht? Wurde dies auf Grund von Falschmeldungen, die in Stuttgart den Ausschlag gaben, absichtlich unterlassen?

Beweise:	Wirklichkeit
Meldung Baden-Badens nach Stuttgart	
– Sandweier bezieht Strom von Baden-Baden	– Sandweier bezieht Strom direkt von der Badenwerk AG.
– Sandweier bezieht Gas von Baden-Baden	– keine Gasversorgung von Baden-Baden
– Sandweier ist an das Verkehrsnetz Baden-Baden angeschlossen	– auch Verkehrsnetz nach Rastatt (Südwestliche Eisenbahngesellschaft (SWEG) und Deutsche Bundesbahn (DB)
– Baden-Baden versorgt Sandweier mit Wasser	– Baden-Baden bezieht selbst Wasser von auf der Gemarkung Sandweier erstellten Wasserwerk der Stadt.

Mit solchen Falschmeldungen wurde der beratende Ausschuß in Stuttgart beeinflußt.

3. Thema geplante Flugplatzerweiterung durch die Stadt Baden-Baden:

Meldung aus Baden-Baden:	Wirklichkeit
– Baden-Baden hat kein Interesse an einer Flugplatzerweiterung	– Beim Planfeststellungsverfahren am 2. 10. 1973 hat Baden-Baden Pläne vorgelegt, die eine Erweiterung der Landebahn in nördlicher Richtung (Sandweier) vorsehen.

Vertrag Baden-Baden-Haueneberstein:

– keine Verschiebung der Landebahn in Richtung Osten (Haueneberstein) — Dies bedeutet laut Plan am 2. 10. 1973 Verlegung in Richtung Sandweier.

– Die Mehrbelastung bei einer Eingemeindung nach Baden-Baden betragen pro Familie bis zu 30 bis 50,– DM monatlich!

– Die versprochenen und längst fälligen Fusionsprämien wurden seitens der Stadt Baden-Baden nicht eingehalten (Beispiel Steinbach, BT vom 11. 1. 1974)

– Eingemeindung bedeutet Aufteilung der Gemarkung Sandweier.

– Eingemeindung bedeutet Verlust der bürgernahen Verwaltung.

Was uns bei der Aufgabe der Selbständigkeit im Rahmen des Gemeindeverwaltungsverbandes erwartet, wissen wir!

Was bei der Erhaltung der Selbständigkeit im Rahmen der Eingemeindung nach Baden-Baden auf uns zukommt, können wir an Hand von Beispielen bisher eingemeindeter Stadtteile ersehen (Sinze Balg, Oos usw.)!

Deshalb gehen wir alle zur Wahl und stimmen geschlossen am 20. 1. 74 mit N E I N !

Sind Sie für die Eingliederung der Gemeinde Sandweier in die Stadt Baden-Baden ?	
JA ☐	**NEIN** ☒

Bürgerinitiative Selbständiges Sandweier

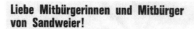
Verehrte Einwohnerinnen und Einwohner!

Wir stimmen am 20. Januar für Baden-Baden!

weil
- die Selbständigkeit unserer Gemeinde auf jeden Fall aufhört
- der Vertrag mit Rastatt nicht von Dauer ist
- wir an die Zukunft denken
- wir in der Flugplatzfrage mitbestimmen wollen
- uns BADEN-BADEN wesentlich mehr bietet als Rastatt
- unsere Kinder in BADEN-BADEN in weiterführende Schulen gehen
- BADEN-BADEN das hat was andere erst planen
- die Verflechtungen mit BADEN-BADEN stärker sind
- wir diese Verflechtungen nicht auf's Spiel setzen wollen
- wir durch unser JA zu BADEN-BADEN noch eine gute Ortschaftsverfassung erreichen wollen
- BADEN-BADEN eine Weltstadt ist
- wir KEINE EINGEMEINDUNG nach RASTATT wollen

Deshalb gibt es am Sonntag, 20. Januar 1974 nur die EINE ENTSCHEIDUNG JA zu BADEN-BADEN

Stimmen auch Sie am Sonntag

mit klarem JA für Baden-Baden!

Bürgerinitiative zur Gemeindereform

Flugblätter zur Gemeindereform.

zu werden. Die Empörung über die eigene Machtlosigkeit und die Wut über diejenigen, die – so zumindest die feste Überzeugung der Enttäuschten – im Hintergrund ihre eigenen Fäden zogen, ließen das Klima eisig werden im Ort. Die Positionen verliefen quer durch die Parteien, quer durch die Vereine, ja quer durch die Familien. Zwei Bürgerinitiativen bildeten sich im Laufe des Sommers 1973 und dokumentierten die Zerrissenheit in der Gemeinde in aller Öffentlichkeit. Die *Bürgerinitiative Selbständiges Sandweier* widersetzte sich der Eingemeindung nach Baden-Baden, während die *Bürgerinitiative zur Gemeindereform* genau dafür eintrat. Beide produzierten eine Fülle von Flug- und Informationsblättern, die sich – angereichert mit Werbeschriften aus den Rathäusern von Baden-Baden und Rastatt – über die Sandweierer Bevölkerung ergossen.

Alle Hoffnung setzte man nun auf eine offizielle Anhörung der Sandweierer Bürger. Genährt wurde diese Hoffnung durch eine Aussage des baden-württembergischen Innenministers Schieß, der im Rundfunk erklärte hatte: *In einem solchen Fall wie Sandweier, das mit zwei Zentralorten verflochten ist, ist die Anhörung der Bürger eine ganz entscheidende Hilfe für Regierung und Landtag.* Am Abstimmungstag, Sonntag, den 20. Januar 1974, gingen 87,66 % der stimmberechtigten 2.326 Bürgerinnen und Bürger an die Urnen. Von den 2.020 gültigen Stimmen votierten 626 (30,99 %) für eine Eingemeindung nach Baden-Baden, während

*Unterzeichnung des
Eingemeindungsvertrags
zwischen Bürgermeister
Rudolf Hofmann und
dem Oberbürgermeister
Dr. Walter Carlein,
1. Juli 1975.*

die übergroße Mehrheit, 1.394 Stimmen (69,01 %), sich dagegen und damit für ein Zusammengehen mit Rastatt aussprach.

Vorsichtiger Optimismus in den Reihen der Baden-Baden-Gegner wurde jedoch schon drei Wochen später wieder im Keim erstickt. Das Kabinett in Stuttgart beschloss nämlich am 12. Februar 1974, das Gemeindereformverfahren entsprechend der Zielplanung des Ausschusses durchzuführen. Dies bedeutete die Eingliederung Sandweiers zu Baden-Baden, das in der Zwischenzeit bereits das Rebland mit Varnhalt, Steinbach und Neuweier sowie Ebersteinburg und Haueneberstein als neue eingemeindete Stadtteile hatte willkommen heißen können. Politische Interventionen von Landrat und Oberbürgermeister von Rastatt zeitigten keinen Erfolg mehr. Als am 30. April 1974 der Landtagsausschuss zu Fragen der Verwaltungsreform mit 13:7 Stimmen es ablehnte, Sandweier im Kreis Rastatt zu belassen, und stattdessen mit 14:5 Stimmen die Empfehlung an den Landtag gab, die Eingliederung nach Baden-Baden vorzunehmen, waren die Würfel gefallen. Die Demonstrationsfahrt Sandweierer Bürger nach Stuttgart am 14. Juni 1974, wo sie aus Anlass der zweiten Lesung des Gesetzes ihrer Enttäuschung und ihrer Wut durch Transparente und lautstarke Proteste Ausdruck gaben, war ein letztes Aufbäumen, der unmittelbar darauf Resignation folgte. Denn auch in der zweiten Lesung des Gesetzes wurden die Zielvorgaben des Entwurfs keiner Änderung unterzogen. Damit war den Verantwortlichen in Sandweier klar, dass ein Zusammengehen mit Baden-Baden unvermeidlich war. Es spricht für ihren Realitätssinn, dass unmittelbar nach der Plenarsitzung in Stuttgart der Sandweierer Gemeinderat zu einer Sondersitzung zusammentrat und den Beschluss fasste, Verhandlungen mit der Stadt Baden-Baden aufzunehmen. Diese Einsicht in die Notwendigkeit, nach Rosa Luxemburg ein Zeichen für Freiheit, war mehr als eine bloße Geste. Schließlich galt es, die politische Vertretung des Ortes in der zukünftigen Gesamtstadt und damit sein Gewicht und seine Rolle im Stadtverband auszuhandeln.

Der am 29. Juni 1974 vom Gemeinderat der Stadt Baden-Baden verabschiedete Eingemeindungsvertrag sah denn auch – analog zu den Verträgen der bereits eingemeindeten Stadtteile – die Umwandlung des Gemeinderats in einen Ortschaftsrat und die Ersetzung des Bürgermeisters durch einen Ortsvorsteher vor und regelte die Zahl der durch eine unechte Teilortswahl ermittelten Räte aus Sandweier, die zukünftig im Stadtrat die Interessen der Sandweierer Bevölkerung vertreten sollten. Am Sonntag, den 30. Juni, lag der Vertragsentwurf in Sandweier zur abschließenden Beratung vor. Die außerordentliche Gemeinderatssitzung nach dem Hauptgottesdienst stimmte nach kurzer Debatte mit 9:2 Stimmen für die Annahme. Unmittelbar darauf begab sich Bürgermeister Rudolf Hofmann nach Baden-Baden, wo um 12.55 Uhr im dortigen Rathaus die Unterschriften vollzogen wurden. Damit fand die seit der frühen Neuzeit bestehende Selbstständigkeit der Gemeinde ihr Ende und Sandweier war ab 1. Januar 1975 neuer Stadtteil der Kurstadt Baden-Baden.[136]

Sandweier – Stadtteil von Baden-Baden

Badestrand.

Die Zeit heilt alle Wunden, die Wahrheit dieses Sprichworts erwies und erweist sich auch in Bezug auf das Zusammenleben von Sandweier und Baden-Baden. Begegnete man sich anfänglich noch mit einem gewissen Misstrauen, wobei jede sachliche Auseinandersetzung schnell in das gefährliche Fahrwasser der Geschichte von der *Zwangs*-Eingemeindung abzugleiten drohte und die längst ad acta gelegten Schlachten erneut durchgefochten wurden, wich dieses Verhalten mit den Jahren einer sachorientierten Zusammenarbeit, die mit der allmählichen Herausbildung einer gesamtstädtischen Identität einherging. Dieser gegenseitige Gewöhnungsprozess wurde wesentlich durch Maßnahmen erleichtert, die Kontinuität repräsentierten. Bürgermeister a. D. Rudolf Hofmann wurde als neuer und erster Ortsvorsteher vom Gemeinderat der Stadt Baden-Baden gewählt, die vier Sandweierer Stadträte als politische Vertreter des Ortsteils meist *auf Augenhöhe* von Politik und Verwaltung der Kernstadt akzeptiert

[136] *GAS – Jahresrückblicke 1973 und 1974.*

Überleitung der Oos in den Landgraben.

und geschätzt. Der aus zwölf Räten bestehende Ortschaftsrat bildete die politische Einrichtung vor Ort, die sich mit den lokalen Gegebenheiten beschäftigte und sie in Form von Anträgen, Verbesserungsvorschlägen und Kritik in die Entscheidungsgremien bei Verwaltung und Stadtrat einspeiste. Anfänglich überwog allerdings Resignation, die als Politikverdrossenheit und Abstinenz bei den politischen Wahlen zum Ausdruck kam. Bei den Wahlen zum baden-württembergischen Landtag im Jahre 1976 gingen von 2.530 Wahlberechtigten nur 1.611 zur Urne. 65 davon gaben zudem ungültige Wahlscheine ab, so dass lediglich 67 % der Sandweierer Wahlberechtigten gültig abstimmten. Ein historischer Tiefststand für die Nachkriegszeit, in der die Wahlbeteiligung bei Bundes- wie Landtagswahlen bis dato nie unter 80 % gefallen war.[137] In den ersten Jahren des Zusammenlebens standen weitere infrastrukturelle Maßnahmen im Vordergrund. War noch im Jahr des Eingemeindungskampfes 1974 der unterhalb des Fußballplatzes gelegene Festplatz der Gemeinde mit einer festen Trägerkonstruktion mit Dach zu einer offenen Festhalle geworden, erhöhte die 1975 begonnene Anlage eines Badestrandes am nordwestlichen Rand des Kiessees der Firma Eugen Kühl & Söhne die Freizeitqualität des Stadtteils gewaltig.

Der Steigerung der Wohnqualität diente auch der Lärmschutzwall entlang der Autobahn im Bereich der Grenzstraße im Baugebiet Nord-West, der ebenfalls 1975 realisiert werden konnte. Im darauf folgenden Jahr wurde das Klärwerk der Gemeinde, das die Ab- und Regenwässer des größer gewordenen Ortes nicht mehr aufnehmen konnte, still gelegt und durch eine Druckrohrleitung mit Pumpstation ersetzt. Durch diese Leitung werden seither die Abwässer von Haueneberstein und Sandweier in das Baden-Badener Klärwerk am Sandbach geleitet.

Mit der Ersetzung des schienengleichen Bahnübergangs in Baden-Baden-Oos durch eine Brücke über die Bahnlinie, eine Baumaßnahme, die im Juli 1978 abgeschlossen werden konnte, wurde die verkehrliche Anbindung Sandweiers an die Stadt Baden-Baden deutlich verbessert. Hatten sich vorher lange Staus in beiden Richtungen vor den geschlossenen Schranken gebildet, fiel dieses

[137] GAS – Jahresrückblick 1976.

Verkehrshindernis nicht nur für die motorisierten Verkehrsteilnehmer weg. Auch Radfahrer und Fußgänger profitierten durch die Anlage einer Fußgängerbrücke, die im Volksmund bald wegen ihren gedrehten Kurven *Schneckennudel* genannt wurde, von der Aufhebung des Bahnübergangs. Die Fußgängerbrücke fiel 20 Jahre später dem Ausbau der Rheintalschiene und der parallel dazu verlaufenden B3-neu ebenso zum Opfer, wie die Bahnüberführung zwischen Oos und Sandweier, die 2001 bis 2002 durch eine Brücke mit größerer Spannweite ersetzt wurde. Als Teil der Radwegeverbindung zwischen Baden-Baden und Rastatt und als bald geschätzter Naherholungsraum für den Ort wurde im Juli 1979 mit der Anlage eines Rad- und Fußweges begonnen, der auf dem ehemaligen Bachbett der Oos seinen Weg durch den Sandweierer Ortsetter nimmt. Die Oos selbst war 1972 oberhalb der Krautgärten in den Landgraben eingeleitet worden.

Damit wurde in erster Linie die zukünftige Bebaubarkeit der östlich des Bachbetts gelegenen Gemarkungsteile verbessert. Doch dagegen hatte sich ebenso Kritik geregt, wie beim Bau des bald als *grüne Lunge* genutzten Rad- und Fußwegs einige Jahre später.

Nur wenigen städtischen Infrastrukturmaßnahmen ist ungeteilter Beifall aller Betroffenen beschieden. Zu diesen seltenen Fällen zählt der Bau der Rheintalhalle, der im Oktober 1980 – nach langen Jahren des Wartens, der Verhandlungen und der Prüfung von Platzalternativen – mit dem ersten Spatenstich in die Tat umgesetzt werden konnte. Mit dieser multifunktionalen Halle, an der Einfahrt in den Ort von Baden-Baden kommend verkehrsgünstig gelegen, verfügt das städtische Gemeinwesen nunmehr über einen sportlichen wie kulturellen Veranstaltungsort, der auch knapp drei Jahrzehnte nach seiner Eröffnung im Frühjahr 1982 Maßstäbe setzt. Die örtlichen Sport- und Kulturvereine nutzen die Räumlichkeiten der Rheintalhalle für Übungs- und Trainingsstunden. Der Gemeindeverwaltungsschule der Stadt Baden-Baden dient sie als Unterrichtsgebäude und der Grund- und Hauptschule Sandweier und den städtischen Gymnasien für die Durchführung des Sportunterrichts. Dass die Anforderungen und Wünsche der vereinlichen Nutzer mit den für die Nutzung zur Verfügung stehenden Zeiten immer weniger übereinstimmen, zeigt zum einen die Ernsthaftigkeit, mit der die Vereine ihre Ausbildungsaufgaben im sportlichen wie kulturellen Bereich umsetzen und angehen wollen. Zum andern aber unterstreicht die große Nachfrage auch den großen Bedarf an Übungs- und Trainingszeiten und damit die Berechtigung der Forderungen nach einer weiteren Sporthalle für die Kernstadt und den Westen Baden-Badens.

Waldorf-Kindergarten Sandweier.

Die vorhandene Infrastruktur stärken und sie, da wo es nötig ist, behutsam ausbauen, unter dieser Maxime könnte die ortschaftsrätliche Politik in den letzten beiden Jahrzehnten des vergangenen Jahrtausends zusammengefasst werden. Den ungebrochenen Bedarf an Bauland sucht man durch Abrundungssatzungen, durch Lückenschlüsse, durch innerörtlich verdichtete Bauweise aber auch durch Ausweisung neuer Baugebiete zu befriedigen. So wurden gegen Ende des vergangenen Jahrzehnts Teile der gemeindeeigenen Krautgärten in Form einer Abrundungssatzung zur Bebauung freigegeben und zu Anfang dieses Jahrtausends eine Lücke in der Rheintalstraße geschlossen. Die Geschichte dieses Lückenschlusses zeigt in deutlicher Weise, wie sehr ein Gemeinwesen seiner Geschichte verhaftet ist und wie lange Grenzziehungen nachwirken können. Das Gelände selbst gehörte seit Ende des 15. Jahrhunderts nach langwierigen Auseinandersetzungen zur Dorfgemarkung Haueneberstein. Ausgangspunkt des Streites zwischen Sandweier und Haueneberstein waren unterschiedliche Ansichten über das Verfügungsrecht an dem zwischen den Siedlungen gelegenen Wiesengelände der Kinzig-Murg-Niederung, das von beiden als Weide und damit als Bestandteil der eigenen Gemarkung reklamiert wurde. Da eine Einigung über Jahrzehnte nicht möglich war, blieb letztendlich nur der Gang vor ein Gericht. Das Gremium der Badener Richter unter dem Vorsitz von Nikolaus Amlung bestätigte am Donnerstag vor dem Sonntag Esto Mihi, dem 6. Februar 1494, die Gemarkungsansprüche der Gemeinde Haueneberstein, die wie folgt lauteten: *ihre Mark gange bis an den Hohen grossen Stein mit dem Schilt alt Baden gezeichnet, der steht bei des Kirchherren Wiese, oder bei der Weiden, und gang von dannen rechts abe und abe, den Lachen und Marksteinen nach wie sie das haben angezeigt, bis an den untersten Stein, der da steht bei dem Geißbühl.* Das Gelände für den Lückenschluss gehörte der katholischen Pfarrgemeinde Iffezheim und dürfte mit der in der Urkunde von 1494 genannten *Kirchherren Wiese* identisch sein. Dass bei dieser Gemengelage die Umsetzung des Lückenschlusses seine Zeit in Anspruch nahm, dürfte niemanden verwundern.[138]

Die letzte große Ausweisung von Wohnbaugelände erfolgte Anfang der 90er Jahre mit einem Bebauungsplan zum Gebiet Stöcke Süd, das zwischen der Großen Straße und der Rheintalhalle neu erschlossen wurde. Dem zu erwartenden Zuzug junger Familien mit Kindern wurde insofern Rechung getragen, dass als Teil

[138] GLA 229/39658 – Abschrift der Urkunde von 1494. Vgl. auch: Kurt Hochstuhl/Erwin Senft, Haueneberstein. Aus der Geschichte des Dorfes am Eberbach. Haueneberstein 1995, S. 40-42.

Topibrunnen in der
Ortsmitte von Sandweier.

dieses Bebauungsplans ein weiterer Kindergarten in der Stöcke vorgesehen war, der die evangelische Kirche als Träger hatte. Nachdem sich ursprüngliche Planungen für ein Gemeindezentrum östlich der Blume zerschlagen hatten, fand der im August 1994 seiner Bestimmung übergebene *Luise-Scheppler-Kindergarten* nördlich der Rheintalhalle entlang des Fuß- und Radwegs seinen Platz. Bereits neun Jahr zuvor, 1985, hatte in einem angekauften Privathaus in der Mühlstraße ein Waldorf-Kindergarten in privater Trägerschaft seine Tore geöffnet, der bis heute von Kindern aus Sandweier und Umgebung frequentiert wird.

Große Diskussionen in der politischen Öffentlichkeit des Dorfes lösten die Auseinandersetzungen um den zukünftigen baurechtlichen Charakter des Oberfeldes aus. Für die zwischen Bundesautobahn, dem Gewerbegebiet an der Richard-Haniel-Straße und der Römerstraße gelegene Fläche konnte aufgrund vorhandener Kollisionen mit bestehenden Beeinträchtigungen, Hochspannungsleitung, Lärmemissionen durch Gewerbebetriebe und vor allem der Bundesautobahn, noch keine zwischen den verständlichen Erwartungen der Grundstücksbesitzer nach Aufwertung ihrer Grundstücke als Wohnbebauungsland und den Anforderungen des Lärmschutzes einvernehmliche Lösung gefunden werden. Die Frage des Lärmschutzes für den Stadtteil Sandweier, der eingeschlossen zwischen der Bahnlinie im Osten und der Bundesautobahn im Westen liegt und selbst von einer verkehrsreichen Bundesstraße durchzogen wird, war in den zurückliegenden zwei Jahrzehnten zentraler Gegenstand ortschaftsrätlicher Politik. Von den ersten Anhörungen zu einer B3-Ortsumgehung im Jahre 1988, die nunmehr 20 Jahre später realisiert ist, über die bis zum Ende der 90er Jahre vorhandene Problematik des Fluglärms durch den Luftlandeplatz Baden-Oos bis hin zum vergeblichen Bemühen von Stadt und Stadtteil, den sechsspurigen Ausbau der Bundesautobahn durch eine Überdeckelung ebenerdig zu verwirklichen und damit die notwendigen bis zu 16 m hohen Lärmschutzwälle zu verhindern, bis hin zur Beteiligung an den Lärmschutzmaßnahmen beim Neu- und Ausbau der Rheintalstrecke der Deutschen Bahn – immer stand das Bemühen des Ortschaftsrates im Vordergrund, die bedrohte Wohn- und Lebensqualität in Sandweier zu schützen.

Dem Ziel, die gefährdete Identität des Ortes zu stärken, dient auch die von den lokalen Vereinen ins Leben gerufene Interessen-

*Karin Kühneweg,
erste Ortschaftsrätin in Sandweier.*

gemeinschaft *Sondwiermer Erdepflerfescht*, die 1998 zum ersten Mal das gleichnamige Dorffest in der Ortsmitte und dem verkehrsberuhigten Bereich der Iffezheimer Straße organisierte. Der im April 1994 übergebene Brunnen in der Ortsmitte, der mit seinen Topinamburmotiven an die landwirtschaftliche Vergangenheit von Sandweier erinnert, ist ein weiterer Versuch, dem Ort eine Mitte als Halt und Orientierung zurückzugeben. Der Brunnen selbst, auch dies ein beachtenswertes Beispiel bürgerschaftlichen Engagements, konnte durch eine großzügige Spende des ehemaligen Sandweierer Bürgers Alois Gerber aus Offenburg realisiert werden, die Brunnentechnik lieferten die örtlichen Kieswerke Peter und Kühl.

Wesentlich wird die Identität des Gemeinwesens durch die örtlichen Vereine und ihre kulturellen und sportlichen Aktivitäten gesichert und gefördert. Doch auch der Ortschaftsrat versteht sich als Vehikel zur Förderung des gemeinschaftlichen Zusammenlebens. Von Ausnahmen abgesehen wird im Rat sachorientierte Politik betrieben. Selbst wenn manche Positionen hart aufeinander prallen, hat parteipolitisches Gezänk keinen Raum. Auch wenn die bei der Eingemeindung als wesentliches Mittel der Integration zugestandene unechte Teilortswahl ab den kommenden Stadtratswahlen 2009 keine Anwendung mehr findet, bleibt das Ortschaftsratsgremium in seiner derzeitigen Zuständigkeit zumindest mittelfristig wohl bestehen. Entsprechende Versuche im Jahre 2003, die Gremien aus Ebersteinburg, Haueneberstein und Sandweier zu einem Ortschaftsrat zusammen zu legen, wurden nach ablehnenden Voten aus Haueneberstein und Sandweier von der städtischen Verwaltung ad acta gelegt.

1980 übrigens ist mit der CDU-Ortschaftsrätin Karin Kühneweg die erste Frau in Sandweier in ein kommunales Gremium gewählt worden. Seit 2001 steht Wolfram Birk in der Nachfolge von Rudolf Hofmann als Ortsvorsteher an der Spitze der lokalen Verwaltung. Zugleich leitet er die Sitzungen des Ortschaftsrates.

*Ortschaftsrat Sandweier 2008
Ortsvorsteher Wolfram Birk
Ortschaftsräte
Josef Bleich, CDU
Betina Diebold, CDU
Andreas Frietsch, CDU
Klaus Maas, CDU
Karl-Heinz Raster, FWG
Rafael Schulz, CDU
Kurt Sterk, CDU
Maria Thienel, SPD
Jürgen Waldvogel, SPD
Alban Walter, FWG
Armin Zeitvogel, SPD
es fehlen: Ignaz Schäfer, SPD †
Dr. Kurt Hochstuhl, SPD*

Kirche und Religion in Sandweier

Die katholische Pfarrei und die Kirchengemeinde Sandweier bis 1769

Aufgrund der schon erwähnten Urkunde aus dem Jahre 1308, die die erste Nennung Sandweiers beinhaltet, muss der nachfolgende Bericht über die geschichtliche Entwicklung unserer Kirchengemeinde damit beginnen, den Inhalt dieser Urkunde genauer darzustellen, bildet sie doch die historische Grundlage der folgenden Schilderung.

Mit dem Dekret vom 30. Januar 1308 wurde durch den Domdekan des Bistums Straßburg, Heinrich von Lupfen, die Kirche in „Wilre" der Pfarrei Iffezheim, die wohl um einiges älter ist, inkorporiert.

Nach damals geltendem Kirchenrecht konnte die zuständige kirchliche Obrigkeit, zu jener Zeit eben der Bischof des Bistums Straßburg – und in seinem Auftrag der Domdekan, gewisse bestehende kirchliche Einrichtungen mit einer anderen kirchlichen Institution auf Dauer verbinden (inkorporieren).

Dieses Vorgehen diente vor allem im Mittelalter in der Regel dazu, die aufnehmende Einrichtung wirtschaftlich besser zu stellen. Das besagt: Mit der Inkorporation der Kirche von Sandweier – eine *ecclesia* ist in der Urkunde ausdrücklich genannt – in die Pfarrei Iffezheim standen dem dortigen Pfarrer auch die Einkünfte aus der Sandweierer Kirche und deren dazu gehörenden Pfründe zu und natürlich auch die sich aus der seelsorgerischen Betreuungsverpflichtung ergebenden Einnahmen. Die dem Iffezheimer Pfarrherrn damit zugefallenen Pflichten, nämlich als Priester auch die Bewohner Sandweiers entsprechend zu versorgen, bedeuteten für diesen sicherlich oft eine erhebliche Mehrbelastung, war die Iffezheimer Kirche doch zu jener Zeit ein viel besuchter Wallfahrtsort, *darinnen die mouter gotz und die heilige jungfrowe sant Bride, die da ist ein patron ... vil wunderzeichen getan hat.* Patronin der Iffezheimer Pfarrkirche war damals die hl. Brigida von Irland. Nach dem Dreißigjährigen Krieg erfolgte wie vielerorts ein Patronatswechsel, neue Patronin war nun die hl. Brigida von Schweden.

So dürfen wir sicher sein, dass die Einwohner Sandweiers oft nicht zufrieden waren mit der Art und Weise, wie die Iffezheimer Pfarrherren ihren Verpflichtungen nachkamen, sollten sie doch an drei Tagen in der Woche, nämlich am Montag, Mittwoch und Samstag, regelmäßig hier die hl. Messe zelebrieren. Dafür mussten in Naturalien und Geld bestimmte Vorleistungen erbracht werden, für die dann sehr häufig die Gegenleistung ausblieb.

Über zwei Jahrhunderte hinweg war es für die Bewohner von Sandweier ein enormes Problem, eine entsprechende religiöse Betreuung zu erfahren, und zweifelsohne haben sie immer wieder versucht, eine gewisse Selbstständigkeit zu erreichen. Das Alltagsleben der Menschen im Mittelalter war doch sehr geprägt von religiösen und kirchlichen Vorschriften, Bindungen und Abläufen. Zwar kam der Pfarrer zwei- oder dreimal in der Woche, um die Frühmesse zu lesen. An den Sonn- und Feiertagen aber, und deren gab es in jener Zeit recht viele, mussten die Familien nach Iffezheim gehen, um ihre religiösen Pflichten, die die Menschen damals sehr ernst nahmen, zu erfüllen. Bei Taufen, Hochzeiten oder Sterbefällen musste zuerst ein Bote geschickt werden, um den Priester zu holen. Wenn man dazu noch bedenkt, dass diese

*Urkunde „Errichtung der Kaplanei 1509".
Abschrift 18. Jahrhundert.*

komplizierte und oft recht mangelhafte religiöse Betreuung durch Abgaben bezahlt werden musste, kann man sich schon vorstellen, dass dieser Zustand für die Bewohner Sandweiers auf die Dauer untragbar war.

Erst gegen Ende des 15. Jahrhunderts, als eine neue Bevölkerungswelle die Einwohnerzahlen allgemein ansteigen ließ, wurde die Seelsorge dadurch verbessert, dass man in Sandweier zwischendurch einen Kaplan damit betraute. Es ist sicher kein Zufall, dass im Jahre 1490 erstmalig auch die hl. Walburga als Patronin in Sandweier genannt wird. Im Jahre 1504 hat ein Bruder Philipp hier Kaplansdienste ausgeübt. Mit Datum vom 13. August 1509 hat Bischof Wilhelm von Straßburg auf ausdrücklichen Wunsch und mit besonderer Zustimmung des Markgrafen Christoph von Baden, auch in Übereinstimmung mit dem damaligen Pfarr-Rector in Iffezheim, Heinrich Richel, die Kaplanei Sandweier errichtet. In der in lateinischer Sprache abgefassten Urkunde wird insbesondere betont, dass *den Schwangeren, Kranken und Altersschwachen* der Besuch des Gottesdienstes ermöglicht werden soll, um *wegen der räumlichen Entfernung und den Unbilden der Witterung nicht Schaden an ihrer Seele erleiden zu müssen.* So wurden die mit dem Altar der seligen Jungfrau Maria in der Pfarrkirche von Iffezheim verbundenen Verpflichtungen *mit all ihren Rechten und allem Zubehör* an die Kapelle in Sandweier übertragen. Der Priester musste in Sandweier seinen Wohnsitz nehmen, aber *nichtsdestoweniger* einmal in der Woche in der Pfarrkirche Iffezheim eine hl. Messe lesen. Damit war manifestiert, dass die Kaplanei in Sandweier nach wie vor der Pfarrei Iffezheim unterstellt war.

Erster ordentlicher Kaplan in Sandweier war Konrad Winter, dessen intensiven Bemühungen es vermutlich zu verdanken ist, dass fünf Jahre später, am 15. Mai 1514, die selbstständige Pfarrei Sandweier errichtet wurde. Am 12. Juni des gleichen Jahres wurden das Collaturrecht (Beleihungsrecht) und das Präsentationsrecht (Vorschlagsrecht), die bislang Markgraf Christoph ausübte, dem Zisterzienserinnenkloster in Lichtenthal übertragen, allerdings mit der Auflage, dass die Pfarrpfründe dem bisherigen Inhaber *Conrad Winter* verbleiben sollte.

Konrad Winter war also auch der erste Pfarrherr in Sandweier. Er machte aus seinem Privatvermögen eine ansehnliche Stiftung, die zur Aufbesserung der Pfarrpfründe in Höhe von jährlich fünf fl. diente.

Wappen der Äbtissin Maria von Baden 1496 bis 1519.

Die Einnahmen des Pfarrers waren damals wahrlich nicht sehr üppig. Sie hingen stark von der Einwohnerzahl und den von den Einwohnern erwirtschafteten Erträgen ab. Es liegen uns zwar keine statistischen Angaben vor, aber unser Ort dürfte zu jener Zeit nicht mehr als 200 bis 250 Bewohner gehabt haben.

In dem vom Markgrafen mit der neu errichteten Pfarrgemeinde abgeschlossenen Vertrag waren die Pflichten des künftigen Pfarrers und auch dessen Entlohnung festgelegt. So mussten der jetzige und alle künftigen Pfarrer in Sandweier ihre persönliche *Residenz und Wohnung* nehmen und sich *wie einem Pfarrer gebührt wesentlich verhalten und auch den Unterthanen in allem mit christlichem Exempel vorgehen.* Der Pfarrer war verpflichtet, wöchentlich mindestens drei Messen zu zelebrieren, eine auf dem St. Anna-Altar, eine auf dem St. Catharina-Altar und eine weitere aufgrund der von Iffezheim herrührenden bereits 1308 erwähnten inkorporierten Frühmesspfründe.

Für die Einkünfte des Pfarrers war in erster Linie die sog. *Kirchenfabrik,* später oft auch *Heiligenfonds* genannt, zuständig. Sie bestand aus dem Kircheneigentum. Dies war insbesondere entstanden aus den Stiftungen frommer Menschen, die auf diese Weise Gutes für ihr Seelenheil tun, aber auch ihre guten Werke ihren Mitmenschen zuteil werden lassen wollten. Aus den Zinsen dieser Stiftungen, die von den *Heiligenpflegern,* meist angesehene Bürger der Gemeinde, verwaltet wurden, mussten die laufenden Ausgaben für den Pfarrer, für die Anschaffung von sakralen Gegenständen sowie teilweise auch die Erhaltung der Kirche und des Pfarrhauses bestritten werden. Aber auch der Zehntherr, in unserem Falle das Kloster Lichtenthal, war verpflichtet, seinen Teil zur Erhaltung der kirchlichen Gebäude beizutragen.

Außergewöhnliche gottesdienstliche Handlungen mussten gesondert bezahlt werden. Daneben durfte der Pfarrer alle Opfergaben, *so unter dem Ambt der heiligen Meß von andächtigen Leuthen auf den Altar gefallen,* für sich benutzen. Doch diese Einnahmen waren sicher bei der Armut und Bedürftigkeit der damaligen Sandweierer Bevölkerung recht gering.

An Naturalien standen dem Pfarrer der dritte Teil des Kleinzehnten zu, also ein Drittel der Ernteabgaben, die nicht zum Großzehnten gerechnet wurden. Zum Großzehnten gehörten alle Feldfrüchte, die über die Mühlen gingen. Der gesamte Großzehnt und die restlichen Zweidrittel des Kleinzehnten mussten dem Kloster in

Lichtenthal abgeliefert werden. Der Pfarrer hatte Anteil am gemeindeeigenen Land, der Allmende. Die Gemeinde war verpflichtet, ihn unentgeltlich vier Stück Rindvieh, 13 Schafe und vier Schweine auf die Weide treiben zu lassen. Dies zeigt, dass der Pfarrer auch Bauer war. Er besaß auch kircheneigenes Land, das Widdumgut, das er entweder selbst bewirtschaftete oder verpachtete. Das so genannte Widdumgut, aus dem Eigenbesitz des Klosters Lichtenthal hervorgegangen, war recht umfangreich. 1807 hatte es knapp 80 Morgen (rund 27 Hektar), im 16. Jahrhundert wohl nur unbedeutend weniger. Der jährliche Pachtertrag belief sich auf ca. 15 fl., ein beachtlicher Zuschuss für den Pfarrsäckel, können wir doch den Realwert eines Gulden zu jener Zeit mit etwa 45 Euro heutiger Währung ansetzen. So war die Pfarrstelle in Sandweier zu Beginn ihrer Existenz zwar nicht üppig, aber doch immerhin einigermaßen ausreichend wirtschaftlich abgesichert.

Ob das damalige Gotteshaus mit dem im Jahre 1835 abgerissenen identisch war, ist nicht sicher, denn Unterlagen über die zur Zeit der Errichtung unserer Pfarrei vorhandene Kirche gibt es leider nicht. Die spärlichen Informationen über Schäden an ihr und deren Reparatur in den Folgejahren lassen allerdings eine gewisse Vermutung in dieser Richtung zu.

Eine feste Mauer grenzte bereits damals den Kirchenbereich mit Gottesacker ab. Sie kennzeichnete wie allgemein üblich einen besonderen Friedensbereich, in den z. B. die markgräflichen Vögte nicht bewaffnet eindringen durften. Zugleich bot die Mauer auch Schutz gegen das im Dorf ungehindert umherstreunende Kleinvieh.

Bei der Errichtung der Pfarrei im Jahre 1514 sind die hl. Anna und die hl. Katharina als Patronin erwähnt, denen jeweils ein Altar gewidmet war.

Wenige Jahre nach der erstmaligen Selbstständigkeit der Sandweierer Kirchengemeinde erschütterte die abendländische Welt die von Martin Luther ausgelöste Reformation, die zur Kirchenspaltung führte. Sie hatte auch auf unsere Heimat spürbare Auswirkungen.

Auf die Gründe und geschichtlichen Zusammenhänge dieses Ereignisses hier näher einzugehen, scheint nicht angebracht, würde auch

Heiliger Joseph mit Jesus, Vorgarten der Nelkenstraße 4, Berthold Rauch. Die Statue wurde ca. 1908 von Fr. Uhrich aus Ottersdorf erstellt. Privateigentum.

den Rahmen, der einem Heimatbuch gesteckt ist, sprengen. Da bedeutende Reformatoren, die lutherisches Gedankengut aufnahmen und weitergaben, auch in unserer Gegend tätig waren – hier sei nur Melanchthon aus Bretten genannt – gelangten reformatorische Bestrebungen verhältnismäßig rasch in unseren Raum. Der Grundsatz *cuius regio, eius religio*, d. h. der jeweilige Landesherr bestimmt die Religionszugehörigkeit seiner Untertanen, war zwar erst 1555 beim Augsburger Religionsfrieden zur offiziellen Leitidee erhoben worden, aber schon zu Beginn der 30er Jahre geltende Praxis, und so nimmt es uns nicht wunder, dass unsere Vorfahren zwischen 1525 und 1632 acht Mal ihre Konfessionszugehörigkeit wechseln mussten. Einige wenige Hinweise lassen jedoch erkennen, dass die Reformation und ihre Vorstellungen auch die Sandweierer Bevölkerung bewegten.

So forderten im Jahre 1531 einige, leider ungenannte Privatpersonen aus Sandweier ihre an die Kirche übergebene Stiftung in Höhe von 10 fl. und über den Ertrag von 2 1/2 Mannesmad Wiesen (rund 4 ha) von derselben wieder zurück. Als Grund dafür gaben sie neben ihrer unvermuteten Armut auch an, dass *man sich das Himmelreich nicht kaufen könne*, ein für die Reformbewegung recht typisches Argument.

Im Jahre 1530, also ein Jahr vorher, hatte sich der Sandweierer Pfarrer Jacob Grenick beim Markgrafen beschwert, dass ihm von der Gemeinde die versprochene Erhöhung seiner Bezüge um 11 fl. nicht bezahlt wurde. Auch sei ihm von der Bürgerschaft das Brennholz gestrichen worden, weil er sich geweigert habe, unter diesen Umständen die täglichen Gemeindegeschäfte wie das Lesen und Schreiben von Briefen für die Einwohner zu erledigen. Dabei führt er an, dass unter den damit sich ergebenden *Einschränkungen besonders seine kleinen ungezogenen Kinder zu leiden hätten*. Damit dürfte bewiesen sein, dass der Sandweierer Pfarrer im Jahre 1530 verheiratet war, Familie hatte, also Anhänger der Lehre Martin Luthers war. Zugleich erfahren wir dabei, dass der Pfarrer aufgrund seiner Eigenschaft, lesen und schreiben zu können, die Aufgaben eines Gemeindeschreibers übernehmen musste. Der Markgraf gab damals bei der Schlichtung dieses Streites beiden Seiten Recht. Der Name Grenick als Inhaber der Pfarrstelle in Sandweier taucht aber später nicht mehr auf.

Die trotz des Augsburger Religionsfriedens fortdauernden Religionsstreitigkeiten, die schließlich in den schrecklichen, blutigen Dreißigjährigen Krieg mündeten, haben unsere Heimat besonders in Mitleidenschaft gezogen.

Die Menschenverluste, die immer wiederkehrende Einbeziehung dieser Gegend in die Kriegswirren und die Verknappung der Lebensmittel brachten eine Verarmung der übrig gebliebenen Einwohner mit sich, die letztlich dazu führte, dass einem Ortsgeistlichen die Lebens- und Existenzgrundlage nicht mehr gegeben war.

Ab 1634 ist von einer selbstständigen Kirchengemeinde Sandweier nicht mehr die Rede. Das Dorf wurde für die kommenden Jahrzehnte wieder von der Pfarrei Iffezheim mitversorgt.

Im Jahre 1623 hatte der damals regierende, streng katholische Markgraf Wilhelm von Baden die Jesuiten in seine Residenz gerufen, die nun die größtenteils verwaisten Pfarreien ringsum seelsorgerisch zu versorgen suchten. Auch die ein Jahr später vom Markgrafen herbeigeholten Kapuziner – ihr Kloster war der heutige Badische Hof – missionierten eifrig in der Umgebung. Sie mussten zwar 1632, wie auch der Markgraf, Baden-Baden verlassen, da die Markgrafschaft von den Schweden besetzt wurde, konnten aber 1634 wieder zurückkehren. Von den Jesuiten liegen die Jahresberichte fast vollzählig vor. Sie geben ein oft erschütterndes Bild von den Zuständen in jenen Jahren. Wir erfahren, dass in der Umgegend die meisten Altäre zerstört und die Kirchen in einem schrecklichen Zustand waren. Die Dächer waren zu einem großen Teil abgedeckt, die Fenster leere Höhlen, durch die der Wind pfiff. Die vom Einsturz bedrohten Gebäude bedeuteten eine Lebensgefahr für Gläubige und Geistliche. Markgraf Wilhelm und der von ihm unterstützten gegenreformatorischen Tätigkeit der Jesuiten und Kapuziner ist es zuzuschreiben, dass die Markgrafschaft Baden und damit ganz Mittelbaden letztendlich katholisch blieben, im Gegensatz zur seit der Erbteilung im Jahre 1535 bestehenden Markgrafschaft Baden-Durlach.

Insbesondere die Kapuziner versorgten Sandweier über Jahre hinweg von Baden aus, wobei es sogar zu Auseinandersetzungen mit dem Kloster Lichtenthal kam. Die Patres erwarteten für ihre seelsorgerische Betreuung Sandweiers einen angemessenen Anteil vom Zehnten, und das wohl zu Recht. Diese Probleme mussten dann vom Hofrat als der höchsten Regierungsinstanz der Markgrafschaft Baden geregelt werden.

Schon rund 20 Jahre nach Ende dieses schrecklichen Krieges normalisierte sich das religiöse Leben in unserer Gemeinde. Die alten religiösen Bräuche, insbesondere die Wallfahrt zur hl. Walburga, gewannen wieder an Bedeutung, und die Kirche von Sandweier wurde bald zu einem beliebten und viel besuchten

Wallfahrtsort. Ein Brief des damaligen Pfarrers von Iffezheim und Sandweier, Martin Sigle, an Markgraf Wilhelm aus dem Jahre 1673, in dem er seinen Landesherrn bat, dafür zu sorgen, dass ihm für die Mehrarbeit, die ihm die Wallfahrt auferlegte, mehr Entlohnung zugebilligt werde, beweist den in jenen Jahren schon recht umfangreichen Wallfahrtsbetrieb.

Nun begannen auch wieder die Bestrebungen der Gemeinde, erneut selbstständige Pfarrei zu werden. Schon aus dem Jahre 1709 liegt uns eine Abschrift des Dekrets von 1514 über die erstmalige Errichtung der Pfarrei vor, die vermutlich in der Absicht, eine neue Verselbständigung zu beantragen, gefertigt wurde. Auch finanziell erholte sich die Gemeinde langsam. Wir haben Nachweise dafür, dass in den folgenden Jahren die üblichen Prozessionen durchgeführt wurden. Es gab Singgruppen, die die Gottesdienste und Prozessionen feierlich mitgestalteten, wofür sie und die Fahnenträger von der Gemeinde entlohnt wurden. Im Jahre 1751 konnte eine kleine Orgel angeschafft werden, die 220 fl. kostete. Auch die Bevölkerungszahl hatte entsprechend zugenommen. Nach langen ausgedehnten Verhandlungen, Visitationen, Anhörungen von Befürwortern und Gegnern wurde am 5. Januar 1769 von Dr. Johann Jakob Lantz, Progeneralvikar der Diözese Straßburg, im Auftrag seines Bischofs, *des erlauchtesten Fürsten Louis Constantin, der Heiligen Römischen Kirche Kardinal von Rohan* die Neuerrichtung der Pfarrei Sandweier verfügt.

Ihr erster Pfarrherr war Pfarrer Valentinus Huber. Wir erfahren, dass in diesem Jahr die Zahl der Gläubigen *bis auf 70 Familien angestiegen ist*. Im selben Jahr begann man umgehend mit dem Bau eines Pfarrhauses, um bestimmungsgemäß dem Pfarrer eine entsprechende Unterkunft zu schaffen. Im Gründungsdekret waren auch genaue Vorschriften über die dem Pfarrherrn von Sandweier zustehenden Vergütungen und Vergünstigungen aufgeführt. Dabei hatte man sich an die 250 Jahre zuvor schon getroffenen Regelungen gehalten, mit den zeitgemäßen Änderungen und Aufbesserungen. Sowohl die Einwilligung des Markgrafen von Baden, des Klosters Lichtenthal als dem Nutznießer des Zehnten von Sandweier, wie auch die Zustimmung des damaligen Pfarrers von Iffezheim, Franz Joseph

Der Dreifaltigkeit-Bildstock wurde 1772 gefertigt und steht heute im Hinterhof des Gasthofes „Zum Sternen", an der Ecke der Rieder- und der Pfarrstraße. Privateigentum.

Geiger, lagen vor. Letzterer musste ja von nun an auf die Einnahmen aus Sandweier verzichten. Zunächst blieb unsere Pfarrei eine recht arme, so dass die jeweiligen Pfarrherrn jede Gelegenheit nutzten, sich um eine bessere, einträglichere Pfarrstelle zu bemühen. Häufiger Wechsel der Pfarrer war daher die Folge. Präsentationsrecht hatte weiterhin das Kloster Lichtenthal.

Im Jahre 1771 wird uns als Ortsgeistlicher und Nachfolger von Pfarrer Valentinus Huber ein Pfarrer Bernardus Weiss genannt. Im Jahre 1777 wurde dem *Magistro Josepho Printz* das Amt des Pfarrers übertragen. Von seiner Investitur liegt ein interessanter Bericht vor. Sie wurde im Auftrage des Erzpriesters (Dekans) des Landkapitels Otterweier, Joseph Scheurer, durch den Pfarrer Franz Joseph Leopold Geiger, *Definitor des unteren Distrikts des Landkapitels und zur Zeit Ortspfarrer von Iffezheim*, vorgenommen. Bei der feierlichen Einführung waren außerdem dabei und haben die Urkunde unterschrieben der Pfarrer Nikolaus Miebes von Ottersdorf als Sekretär, die Pfarrer Valentin Baader von Eberstein und Franz Xaver Wich von Hügelsheim als Zeugen. Pfarrer Printz starb am 11. Juni 1779, ihm folgte kurze Zeit Pfarrer Läuble, dann 1780 Pfarrer Forban.

Aus jener Zeit, als drei Pfarrer innerhalb eines Rechnungsjahres – 23. April bis 23. April – in Sandweier tätig waren, besitzen wir eine exakte Zusammenstellung der festen Bezüge des Ortsgeistlichen. Das Landkapitel (Dekanat) Otterweier, dem die Pfarrei zu jener Zeit zugehörte, musste ihre Aufteilung entsprechend der Amtszeit des jeweiligen Pfarrers vornehmen.

Danach hatte ein Pfarrer in unserer Gemeinde folgende Einkünfte

Von der „Ehrwürdigen Abtei Lichtenthal"	*22 Malter Korn*
An Geld: Von der „Ehrwürdigen Abtei Lichtenthal"	*62 fl.*
Vom Lämmer-Zehnten geschätzt	*1 fl., 5 sh.*
Vom Heu-Zehnten geschätzt	*4 fl.*
Vom so genannten Neu-Zehnten	*5 fl.*
aus der Kirchenfabrik (Heiligenfonds)	*25 fl.*
5 % Zins aus einem Kapital von 120 fl.	*6 fl.*
aus der Kirchenfabrik ohne Belastung	*50 fl.*
gesamt	*153 fl., 5 sh.*

Die 22 Malter Korn wurden mit 5 fl pro Malter veranschlagt, so dass die Gesamtbezüge 263 fl 5 sh. betrugen. Dazu kamen noch von der Gemeinde 16 Klafter Holz und die Einkünfte aus Jahrtagen, Prozessionen und Opfergaben. Besonders interessant ist, dass, obwohl in der Markgrafschaft Baden die Gulden-Kreuzer-Währung galt, (1 fl = 60 x), diese Aufstellung und die Aufteilung in der Straßburger Währung gefertigt wurde, daher die Angaben in Gulden, Schilling und Pfennig (1 fl = 10 sh., 1 sh. = 12 Pf). Unterschrieben ist diese *Ratificatio* (Aufstellung, Bestätigung) von F. Josephus Scheurer, Erzpriester und Pfarrer in Kappelrodeck, und Jo(hann)es Michael Erhart, Sekretär und Pfarrer in Oberachern.

Im Juni 1781 wurde Magister Franciscus Laber Pfarrherr in Sandweier. Er bewarb sich 1790 um die lukrativere Iffezheimer Pfarrei, nachdem der dortige langjährige Ortsgeistliche Pfarrer Geiger wegen *Schwachheit der Gesundheit und hohen Alters* von seinem Amt zurückgetreten war.

Schon in den 70er Jahren begannen die Verhandlungen der Sandweierer Gemeindevertreter mit ihren Kollegen aus Iffezheim über die Aufteilung des gemeinsamen Kirchenbesitzes und der damit gleichzeitig durchzuführenden Arrondierung der Gemeindegemarkung. Die Sandweierer Delegation unter Leitung des herrschaftlichen Schultheißen Michael Schulz setzte sich aus folgenden Personen zusammen: Georg Lorenz, Anton Merkel, Lorenz Braunagel, Jakob Eichelberger der Alte und Johann Peter der Junge. Bis gegen Ende der 90er Jahre dauerten die zähen und harten Verhandlungen, ehe endlich ein tragfähiger Kompromiss gefunden war. Erst jetzt, rund 490 Jahre nach seiner ersten urkundlichen Nennung, kann von einer von Iffezheim unabhängigen Sandweierer Kirchengeschichte gesprochen werden.[139]

[139] *GLA 35/26; 37/142b; ZGO 7 (1856), S. 227; FDA 25 (1896), S. 222-223; FDA 29 (1901), S. 280; Pfarr.A.; Iffezheimer und Sandweierer. Lagerbuch fol. 144.*

„*Gott gebe durch dieses Kreuz die Fruchtbarkeit den Feldern, und treib was schadhaft ist von Herden und von Wäldern.*" *Wegkreuz aus dem Jahr 1770. Es steht an der Kreuzung Römerstraße mit dem ehemaligen Badweg. Eigentum der Stadt Baden-Baden.*

Die katholische Pfarrgemeinde im 19. und 20. Jahrhundert

Eine Folge der Französischen Revolution war die *Säkularisation*, die Überführung sämtlicher geistlicher Besitzungen in weltliche Hände. Frankreich unter der Führung Napoleons vereinnahmte damals die gesamten linksrheinischen Gebiete des Reiches. Die dort begüterten weltlichen Fürsten wurden mit den Ländereien der Bistümer und Klöster auf rechtsrheinischer Seite entschädigt. Der *Reichsdeputationshauptschluss* vom 28. Februar 1803 bestätigte die schon vorher getroffenen Maßnahmen. Die Markgrafschaft Baden vergrößerte sich beträchtlich und wurde Kurfürstentum. Drei Jahre später, nach dem Beitritt Badens zum Rheinbund, wurde der badische Kurfürst zum Großherzog ernannt.

Nur dem besonderen Einfluss des Kurfürsten Karl Friedrich verdankte es das Zisterzienserinnenkloster in Lichtenthal, dass es im Rahmen der Säkularisation nicht aufgelöst wurde. Aber es verlor seine Besitzungen und seine Zehntrechte in Sandweier. Auch musste es das Patronatsrecht an das badische Fürstenhaus abtreten.

Kirchlich unterstand unsere Pfarrei danach nicht mehr dem Bistum Straßburg, sondern bis 1821 dem Bistum Konstanz, das zu jener Zeit vom Generalvikar Freiherr von Wessenberg verwaltet wurde. Im Jahre 1821 schuf Papst Pius VII. die Oberrheinische Kirchenprovinz mit Sitz in Freiburg und 1827 erfolgte die Errichtung der Freiburger Erzdiözese mit ihrem ersten Erzbischof, dem Münsterpfarrer Boll, an der Spitze.

Zweifellos hatten die politischen und kirchlichen Veränderungen, die das Geschehen jener Zeit bestimmten, einen wesentlichen Einfluss auf das religiöse Leben in der Pfarrgemeinde. Die manchmal recht erbittert geführten Auseinandersetzungen zwischen Kirche und Staat wurden von der Bevölkerung oft nicht verstanden. Das Streben des Großherzogtums, den Kirchenbesitz in den Pfarreien an sich zu ziehen sowie Einfluss auf die Besetzung der Pfarreien und auf die Priesterausbildung zu nehmen, stand am Beginn dieser Auseinandersetzungen. So hatten es die damaligen Pfarrherren nicht immer leicht, sowohl die erzbischöflichen Anweisungen zu befolgen, wie auch die Vorschriften des *Großherzoglichen Katholischen Kirchenrathes* in Karlsruhe zu beachten. Denn nach wie vor war der Ortsgeistliche eine wichtige, das Leben einer

*Innenansicht
der alten Pfarrkirche
Sankt Katharina.*

Gemeinde maßgeblich bestimmende Persönlichkeit. Manche Geistliche engagierten sich auch politisch, wie Pfarrer Zehnder, von 1841 bis 1851 hier Pfarrherr, der zu den Wahlmännern für die Wahl der Abgeordneten zur zweiten Kammer gehörte.

Am 8. Januar 1844 war mit Beschluss des katholischen Kirchenrats der Kirchenzehnt abgelöst worden. Die Ablösungssumme von 1.475 fl. wurde von der politischen Gemeinde verwaltet, dem Pfarrer jährlich die 5 % Zinsen ausbezahlt. Zur Sicherung des Kapitals musste die Gemeinde zwei gemeindeeigene Grundstücke mit einem Schätzwert von 3.000 fl. verpfänden. Im Jahre 1875, als die Markwährung eingeführt wurde, betrug die Ablösungssumme 2.528,57 Mark. Die endgültige Rückzahlung an die Pfarrei unter Aufhebung des Pfandeintrags erfolgte im Jahre 1913.

Pfarrer Freiherr Rink von Baldenstein gelang es in der kurzen Zeit, die er als Ortsgeistlicher hier verbrachte, von 1883 bis 1889, die verbotene Wallfahrt zur hl. Walburga wieder aufleben zu lassen. Bald stand sie wieder in voller Blüte. Ihm verdankt die Pfarrei auch den Bau der Marienkapelle am Friedhof.

Ein wichtiges religiöses Ereignis in der Mitte des letzten Jahrhunderts war die Verkündigung des Dogmas von der *Unbefleckten Empfängnis der allerseligsten Jungfrau und Gottesmutter Maria* unter Papst Pius IX. In unserer Pfarrkirche wurde es am 25. April 1855 von Pfarrer Schleyer verkündet, acht Tage früher als angeordnet. Vermutlich wollte er es nicht am ersten Sonntag im Mai, dem wohl auch damals noch gefeierten Walburgafesttag, bekannt geben.

Der Ortsgeistliche war zur damaligen Zeit die Instanz, die das moralische und sittliche Verhalten der Gemeindebewohner zu überwachen und auch darüber zu berichten hatte. Die Synodalprotokolle aus jenen Jahren geben darüber interessante Aufschlüsse. Alljährlich wurden dem Bürgermeister und auch dem Dekanat die Zahl der *unehelich geborenen Kinder* gemeldet. 1832 waren es fünf, 1858 sogar 15 Kinder, deren Väter teilweise nicht bekannt waren. Auch für die Armen der Gemeinde war der Pfarrer zumindest mit zuständig. Er war Mitglied des Armenrates. Die Gemeinde besaß zwei Armenhäuser, eines im Oberdorf, das andere im Unterdorf. Nicht immer waren die

*Das alte Pfarrhaus um 1925
mit Pfarrer Herkert.*

Verhältnisse in diesen Unterkünften erspießlich. Doch wen nimmt das Wunder, wenn man berücksichtigt, dass die Bevölkerung Sandweiers damals allgemein nicht mit Reichtümern gesegnet und die Zahl der Kinder in den meisten Familien recht groß war. 10 bis 15 Kinder waren nicht selten.

Ende des 19. Jahrhunderts begann eine umfassende Renovation des Gotteshauses. Maßgebend dafür war der seit 1891 hier tätige Pfarrherr Hugo Hund. Er bemühte sich auch intensiv um die Gründung von religiösen Gemeinschaften und Vereinen. Doch hier stieß er anscheinend auf Schwierigkeiten, wie aus seinen im Pfarrarchiv verwahrten Berichten hervorgeht. In der Beschreibung der Pfarreien des Erzbistums Freiburg aus dem Jahre 1910 werden für Sandweier nur zwei *fromme Vereinigungen* genannt: die Corporis-Christi-Bruderschaft und die Kreuzwegbruderschaft.
Dekan Prälat Lender von Sasbach, der am 4. September 1907 hier eine Kirchenvisitation durchführte, regte schon zu jener Zeit die Bildung einer Jungfrauen-Kongregation an, um sittlichen Übelständen wie frühzeitigen Bekanntschaften und der Nachtschwärmerei gegenzusteuern. Auch die Gründung eines christlichen Müttervereins wurde von ihm gefordert. Letztere gelang Pfarrer Hund im Februar 1914. Die Kriegsjahre erschwerten weitere Bestrebungen dieser Art. Zudem war Pfarrer Hund in den letzten Jahren seiner Amtszeit in Sandweier gesundheitlich angeschlagen.

*„Laß mich o Jesus nie beklagen o schenk mir
deine Gnad und Huld.
Laß mich mit dir das Kreuz stets tragen und mit dir leiden in Geduld."
Wegkreuz „Der Kreuz tragende Heiland" von Justine und Elisabeth Burkart 1893 gestiftet und gewidmet.
Es steht in der Römerstraße.
Eigentum der Stadt Baden-Baden.*

Pfarrer Herkert, der 1920 die Pfarrei übernahm, hatte mehr Erfolg. In seiner Zeit als Pfarrherr entstanden der Missionsverein, der auch die Betreuung der weiblichen Jugend übernahm, der Bonifatiusverein, der Cäcilienverein, der Kindheit-Jesu-Verein und das sog. Männer-Apostolat. Ihm ist auch die Gründung des katholischen Jugendvereins, dem eine *Jungschar* angegliedert war, zu verdanken. Der Schematismus des Jahres 1939 führt all diese Vereine in der Beschreibung der Pfarrei Sandweier noch auf, dazu die 1936, also während der

Nazizeit, gegründete Marianische-Jung-frauen-Kongregation. Um sie hatte sich Pfarrer Emil Meier besonders bemüht. Ihm ist es letztlich auch zu verdanken, dass die kirchlichen Vereine trotz des politischen Drucks weiter bestanden, auch wenn ihr ganzes Vermögen beschlagnahmt wurde und ihre Aktivitäten sehr eingeschränkt waren.

Investitur von Pfarrer Huber 1953.

Im Februar 1915 hatte die politische Gemeinde das Pfarrhaus dem Heiligenfonds übergeben, nachdem sie schon zwei Jahre zuvor die Turmglocken an die Kirchengemeinde abgetreten hatte. Pfarrer Meier veranlasste in den Jahren 1936/37 den Neubau des Pfarrhauses. Das alte Haus, 1769 erbaut und in der Zwischenzeit mehrfach renoviert und umgebaut, beherbergte nun die Ordensschwestern, die die schon 1901 eingerichtete Kleinkinderschule betreuten, die Krankenstation versorgten und auch später eine Nähschule unterhielten. Es waren Schwestern, die dem Orden der Franziskanerinnen vom Göttlichen Herzen Jesu mit dem Mutterhaus in Gengenbach angehörten. Ab 1940 wurde der Kindergarten durch die Nationalsozialistische Volkswohlfahrt (NSV) geleitet. Nach dem Zweiten Weltkrieg übernahmen Ordensschwestern wieder diese Aufgabe, und auch die damalige Leiterin, Schwester Niceta, gehörte diesem Orden an. Pfarrer Ludwig Huber, der 1951 die Pfarrei übernommen hatte, konnte mit finanzieller Unterstützung der Gemeinde und des Staates sowie dank umfangreicher Spenden aus der Bevölkerung, darunter Klara Kinz und Elisabeth Peter, den Neubau eines Kindergartens mit Schwesternhaus, Pfarrsaal und Jugendräumen planen und auch fertig stellen. Das Gebäude kostete 186.000 DM. Am 8. Oktober 1955 weilte Bischof Olbert, der am 10. Juli des gleichen Jahres unsere Pfarrkirche konsekriert hatte, wieder in Sandweier, um das Sakrament der Firmung zu spenden. Bei dieser Gelegenheit nahm er die feierliche Weihe des Grundsteins für den Neubau vor. Schon ein Jahr später, am 14. Oktober 1956, weihte Dekan Höfler das fertig gestellte Haus ein.

In den letzten Jahrzehnten hat sich das kirchliche Leben beachtlich verändert. Wenn wir beispielsweise die von der Fuldaer Bischofskonferenz im Januar 1925 herausgegebenen und an alle Pfarreien versandten *Katholischen Leitsätze und Weisungen zu verschiedenen modernen Sittlichkeitsfragen* lesen und mit der heutigen Zeit vergleichen, mit ihren oft recht freizügigen

Pfarrkirche Sandweier in den 1950er Jahren.

Anschauungen, so erkennen wir den enormen Wandel, der sich nicht nur in der Gesellschaft sondern auch in der Kirche vollzogen hat. Die darin geäußerten Vorschriften über das Turnen, das Baden und Schwimmen, die völlige Ablehnung der modernen Tänze, um nur einige zu nennen, passen nicht mehr in unsere heutige Zeit und werden in dieser Form von der Kirche auch nicht mehr vertreten. Noch Pfarrer Emil Meier, von 1936 bis 1951 hier Ortsgeistlicher, zeigte sich als energischer und sehr aktiver Seelsorger immer recht besorgt um Sitte und Moral in seiner Pfarrei, insbesondere bei der Jugend. Auch der ihm nachfolgende Pfarrer Huber nahm sich der Jugend besonders an und war lange Jahre Dekanatsseelsorger der katholischen Frauenjugend.

Das Zweite Vatikanische Konzil hatte auf die Liturgie unserer Gottesdienste einschneidende Auswirkungen. Veränderungen in der Gestaltung der Karwoche und des Osterfestes waren von den Gläubigen ebenso zu verkraften wie die fast grundsätzliche Verwendung der Muttersprache anstatt des Latein auch bei Festgottesdiensten. Sicher war es auch für die Geistlichen nicht immer einfach, sich auf die veränderten Situationen einzustellen. Manch alter Brauch ging verloren, und besonders ältere Menschen denken mit Wehmut an manches, was ihnen ehemals wert und teuer war.

Der Rückgang des Priesternachwuchses veranlasste die Kirche, vermehrt Laien in die pastoralen Aufgaben mit einzubeziehen und ihnen bestimmte Bereiche des religiösen Lebens zuzuweisen. So bildeten sich neue Organisationen wie Pfarrgemeinderat, Altenwerk, Katholisches Bildungswerk und Familienkreise, die sich aktiv an der Gestaltung des kirchlichen Geschehens beteiligen.

Zwei kirchliche Institutionen sind noch zu nennen, ohne die eine Pfarrgemeinde kaum auskommen kann. Zuerst der Messner (Kirchendiener), dessen Aufgaben einstmals der Schulmeister wahrzunehmen hatte. Heute zählen dazu die Vorbereitung der Gottesdienste, das Läuten der Kirchenglocken, die Überwachung der Kirchenuhr, der Heizung, der Sauberkeit des Gotteshauses und seiner Umgebung und die aktive Beteiligung bei der Eucharistiefeier (Lesung der Epistel, Austeilung der Kommunion). Unser langjähriger Messner Gerd Stüber musste viel Verantwortung übernehmen. Auch die Ministranten sollen nicht vergessen werden. Der Dienst am Altar war über lange Zeit eine Domäne der männlichen Pfarrjugend. Erst seit den 70er Jahren dürfen auch Mädchen als Ministrantinnen eingesetzt werden. Pfarrer Josef Keller (1977 bis 1985) nahm im Spätjahr 1978, trotz heftigen Widerstands von Seiten der Buben, wie er berichtete, die ersten drei Mädchen in den Kreis der Ministranten auf. Trotz hoher Fluktuation verfügt die Pfarrkirche noch über eine stattliche Anzahl von männlichen und weiblichen Messdienern. Sie müssen neben dem Altardienst bei den hl. Messen auch bei Prozessionen, bei Taufen, Hochzeiten und bei Beerdigungen anwesend sein. Alljährlich ziehen sie in zahlreichen Gruppen bei der Sternsingeraktion um den 6. Januar von Haus zu Haus und sammeln für gute Zwecke. Ein Festgottesdienst ohne eine zahlreiche Ministrantenschar würde sehr viel an Feierlichkeit einbüßen.

Die Pfarrgemeinde durfte sich immer glücklich schätzen, dauernd mit einem Pfarrherrn versehen zu sein, so dass die seelsorgerische Betreuung der katholischen Bevölkerung gewährleistet war. Während des Zweiten Weltkriegs, Anfang September 1940, zog der aus gesundheitlichen Gründen frühzeitig pensionierte Pfarrer Gustav Hog nach Sandweier. Er wohnte im ehemaligen Pfarrhaus, das auch die Ordensschwestern beherbergte, und half bei der Seelsorge mit. Er verstarb im April 1955 und ist in seiner Heimat Offenburg beerdigt. Seine Wohnung übernahm im Frühjahr 1956 der als Religionslehrer an der Gewerbeschule in Baden-Baden tätige Oberstudienrat und Geistliche Rat Emil Kraft. Auch er stellte sich trotz seiner vielen anderweitigen Aufgaben in den Kolping-Vereinen und bei der Betreuung italienischer Gastarbeiterfamilien dem jeweiligen Pfarrherrn zur Verfügung. Schon seit 1952 ist sein seelsorgerischer Einsatz in Sandweier feststellbar, und auch nach seiner Pensionierung war er hier eifrig tätig. Am 29. Januar 1995 verstarb der verdienstvolle, hoch verehrte Geistliche. Er wurde in seiner Heimat in Spessart bei Ettlingen beigesetzt.[140]

Die Pfarrgemeinde auf dem Weg ins 21. Jahrhundert

Der allgemein in unserem Land festzustellende Trend, religiöse Aktivitäten, ja sogar die Religion als Nebensache zu betrachten, macht sich auch in Sandweier bemerkbar. So berichtete Pfarradministrator Franz Schmerbeck schon in den Jahresrückblicken 1988 und 1989 von einem 15 %igen Rückgang der sonntäglichen Kirchenbesuche. Auch Austritte aus der Kirche werden erwähnt.

[140] FDA; Erzb. Archiv Fr. i. Br.; Pfarr.A.

Pfarrgemeinderat 2008,
von oben links nach rechts:
Wolfram Birk, Klaus Maas
Eva Schlotthauer, Elke
Pale-Langhammer, Martina
Schulz, Annemarie Kubacki
Maren Tschan, Pfarrer
Zimmer, Heike Straub
Simone Berger, Birgit
Kleinhans, Thomas Pale,
Norbert Tschan,
es fehlt: Robert Blank.

Doch fanden sich andererseits immer wieder engagierte Persönlichkeiten, die aktiv am kirchlichen Leben mitwirkten. So hören wir häufig vom *Ökumenischen Bildungswerk,* das mit Vorträgen und Bibellesungen mit deren Exegese wertvolle Arbeit leistet und das Zusammenwachsen der beiden großen christlichen Religionen fördert. Auch der Pfarrgemeinderat ist bestrebt, das kirchliche Leben mitzugestalten und anregende Impulse dafür zu geben.

Im Herbst 1990 verließ Pfarradministrator Franz Schmerbeck die Pfarrgemeinde. Sein Nachfolger, Pfarradministrator Klaus Vormberger, konnte am 4. Oktober 1992 seine Investitur feiern. Das Pfarrhaus war vor seinem Einzug gründlich renoviert worden. Alsbald ging Vormberger die grundlegende Renovation unseres Gotteshauses an, ein Werk, das sich über Jahre erstrecken sollte.

Eine einschneidende Maßnahme hat das Mutterhaus der hier tätigen Ordensschwestern getroffen. Die letzten beiden Ordensfrauen wurden nach Gengenbach heimgerufen, die Schwesternstation Sandweier zum 1. September 1991 aufgehoben. Damit endete eine seit 1901 segensreiche Einrichtung.

Da die Plätze im Kindergarten nicht mehr ausreichten, baute man in der Nähe der Hauptschule provisorisch einen zusätzlichen auf. Er bestand aus einem entsprechend eingerichteten Container und trug den Namen St. Katharina-Kindergarten, während der alte den Namen der hiesigen Ortspatronin St. Walburga erhielt. Ein von der evangelischen Kirche getragener neuer Kindergarten war schon im Gespräch bzw. in Planung.

Ordensschwestern aus
Sandweier bei der Prozession
aus Anlass von 400 Jahren
Verehrung der hl. Walburga
im Jahr 1990.

Zur Unterstützung der Renovierung des Gotteshauses wurde ein Förderverein gegründet, der mit vielfältigen Aktionen Geld für die Arbeiten sammelte. So war die Restauration der beiden in den Außennischen stehenden Apostelfürsten eine kostspielige, wenn auch nötige Maßnahme, da sie aus Holz geschnitzt und daher witterungsempfindlich sind.

Nach wie vor waren Kirchenaustritte zu verzeichnen. Die Pfarrgemeinderatswahlen zeigten meist eine sehr geringe Wahlbeteiligung. Kandidaten für dieses Ehrenamt zu gewinnen, war oft nicht leicht. 1997 konnten zahlreiche aus Sandweier stammende Ordensleute in der hiesigen Pfarrkirche ein Ordensjubiläum feiern. Im selben Jahr konnte auch die Stieffell-Orgel nach gründlicher Renovierung eingeweiht werden.

Urkunde zur Einrichtung der Seelsorgeeinheit 2003.

Pfarrer Bernhard Feger, ursprünglich für die Seelsorge in der Autobahnkirche zuständig, wurde nach dem Weggang von Pfarrer Vormberger im September 2001 auch Pfarrer von Sandweier, nachdem er schon ab dem ersten Advent 2000 in der Pfarrgemeinde tätig gewesen war. Schon bald musste er auch im benachbarten Baden-Oos nach dem Tod des dortigen Pfarrers Bigott aushelfen.

Der frappierende Priestermangel veranlasste das Erzbischöfliche Ordinariat in Freiburg zu einschneidenden Maßnahmen. So war schon nach der Besetzung der Pfarrei in Baden-Oos durch Pfarrer Michael Zimmer die Bildung einer Seelsorgegemeinschaft Baden-Oos, Haueneberstein und Sandweier in der Pla-

Kommunionbild, 20er Jahre 20. Jahrhundert.

nung. Diese wurde dann im Jahr 2003 verwirklicht, nachdem der Haueneberstein Pfarrer Faller aus Altersgründen in Pension gegangen war. Pfarrer Feger wurde nach Daxlanden versetzt und ab 1. September dieses Jahres war Michael Zimmer auch Pfarrherr in Sandweier. Folge dieser Neuordnung war eine Neueinteilung der Gottesdienstzeiten. Die jeweiligen Pfarrgemeinderäte unterstützten dabei den verantwortlichen Pfarrer Zimmer und standen ihm bei der Leitung der Seelsorgeeinheit zur Seite. Erstkommunionfeiern, Firmungen, besondere eigenständige Festtage und Fronleichnamsfeiern mussten aufeinander abgestimmt werden. In unserer Pfarrkirche gibt es nur noch an Hochfesttagen einen sonntäglichen Gottesdienst. An allen anderen Wochenenden findet die hl. Messe am Samstagabend statt. Am späten Sonntagvormittag gibt es in der Autobahnkirche eine weitere Eucharistiefeier. Wortgottesdienste, örtliche Seelsorge, Taufen und Beerdigungen übernimmt das unserer Pfarrei zugeteilte Pastoralreferenten-Ehepaar Elke Pale-Langhammer und Thomas Pale. Sie bezogen am 1. September 2005 das Pfarrhaus. Diese Neugestaltung des religiösen Lebens in unserem Ort war sicherlich von der katholischen Bevölkerung nicht so leicht zu verkraften.

Ewas Erfreuliches soll am Ende dieses Berichtes stehen: Am 18. Mai 2003 wurde Michael Maas, Sohn des hier ansässigen Ehepaares Angelika und Klaus Maas, im Freiburger Münster zum Priester geweiht und feierte acht Tage später in der Pfarrkirche St. Katharina in Sandweier unter großer Anteilnahme der Bevölkerung seine Primiz. Für die katholische Bevölkerung unseres Stadtteils war dies ein besonderes Fest, war doch von jeher eine Pfarrgemeinde stolz darauf, wenn aus ihrer Mitte heraus ein junger Mann sich für das Priesteramt berufen fühlte. So konnte Michael Maas einen eindrucksvollen Anfang seiner beruflichen Laufbahn erleben.

Die ehemalige Kirche

„O ihr alle die ihr hier vorübergeht habet acht und schauet, ob ein Schmerz gleich sei meinem Schmerze." Gekreuzigter mit Schmerzensmutter aus dem Jahr 1776. Es steht an der Kirche St. Katharina neben dem Topinambur-Brunnen. Eigentum der Stadt Baden-Baden.

Über die 1835 abgerissene ehemalige Kirche von Sandweier ist recht wenig bekannt. Sie stand in etwa an der Stelle des heutigen Chores und zwar in Ost-West-Richtung. Die aus Turm, Langhaus, Chor und Sakristei bestehende Kirche war wesentlich kleiner. Daher ist in alten Urkunden und Berichten des Öfteren von einer *Kapelle* die Rede. Ein Visitationsbericht vom Jahre 1830 kritisierte den mangelnden *Raumgehalt* dieser Kirche, und das Amt Baden stellte am 14. Januar 1831 fest, dass das Gotteshaus in Sandweier kaum die Hälfte der Kirchgänger fasse. Über seine Größe werden folgende Angaben gemacht: Das Kirchenschiff, 47 Schuh lang und 20 Schuh breit (1 Schuh entspricht 30 cm), hatte somit eine Gesamtfläche von 940 Quadratschuh, der Chor war 12 Schuh lang und ebenso breit, hatte also eine Fläche von 144 Quadratschuh. Der Turm mit Eingang und Glockenhaus war an die Kirche angebaut. Da die Gesamtlänge der Kirche mit 70 Schuh angegeben ist, hat der Turm demnach eine Länge und Breite von 11 Schuh aufgewiesen. Seine Höhe ist nicht erwähnt. Das Fassungsvermögen der Kirche wurde mit 212 Kirchgängern im Langhaus und 46 auf der Empore angegeben.

Chor und Sakristei lagen gegen die heutige Katharinastraße, Turm und Haupteingang befanden sich auf der entgegengesetzten Seite. Ringsum befand sich der Gottesacker mit den Grabstätten der Verstorbenen. Er war durch eine feste Mauer nach außen abgegrenzt, Teile davon sind noch heute erhalten. Da bei neuen Beerdigungen oft noch Gebeine früher Verstorbener zum Vorschein kamen, stand in der hinteren Ecke des Gottesackers das *Beinhäusel.*

Die 1835 vor dem Abriss von Dr. J. Mone gefertigten Skizzen – sie sind in seinem Nachlass zu finden, der im Generallandesarchiv in Karlsruhe aufbewahrt wird – zeigen einige spitzbogige Fenster gotischen Stils und einen Türsturz in Kielbogenform. Der Turm hatte einen spitzen Turmhelm, der einige Male durch Blitzschlag stark zerstört wurde. So in den Jahren 1581, 1686 und dann auch 1723. Nach der letzten Beschädigung liegen Renovationsentwürfe der Baumeister Michael Ludwig Rohrer und Joh(annes) Sockh vor, wobei darüber diskutiert wurde, ob wieder ein Spitzhelm, eine Kuppel oder ein stumpfer Helm errichtet werden sollte. Man entschied sich damals erneut für einen Spitzhelm. 1635 musste der Glaser Adam Fordenbach die von den Soldaten, vermutlich den Schweden, zerschlagenen Fenster ausbessern. Im Jahre 1751 wurde eine kleine Orgel angeschafft, und aus dem Jahre 1792 liegt uns der Nachweis über die Ausstattung der Kirche mit einer neuen Bestuhlung vor. Anfang des 19. Jahrhunderts wuchs die Bevölkerung unseres Dorfes beachtlich, woraus sich die Notwendigkeit für den Neubau einer Kirche ergab. So wurde das sicher einige Jahrhunderte alte Kirchlein im Jahre 1835 abgerissen, nachdem man die Orgel und die Innenausstattung entfernt hatte, die in der neuen Kirche wieder Verwendung finden sollten.

Schon im Jahr 1769, dem Jahr der Wiedererrichtung unserer Pfarrei, wurde in der damaligen Kirche durch die Franziskaner von Rastatt ein *Kreuzweg* angebracht. Wo dieser Kreuzweg beim Abriss verblieb, ist leider nicht mehr feststellbar.[141]

[141] *Erzbischöfliches Archiv Freiburg; GLA 69/ Nachlass Mone; FDA; PfarrA.*

Die Kirche St. Katharina in Sandweier

Als Architekt wurde der damalige Bezirksbaumeister Johann Ludwig Weinbrenner mit dem Neubau beauftragt. Er war ein Neffe und zugleich Schüler des berühmten Karlsruher Baumeisters Friedrich Weinbrenner, einer der bedeutendsten Vertreter des Klassizismus. Sein Wirken ist besonders in Karlsruhe – hier prägte er das gesamte Stadtbild – wie auch am Baden-Badener Kurhaus heute noch zu bewundern.

Sein Neffe, einer der produktivsten Architekten in jenen Jahren in Mittelbaden, war von 1825 bis 1835 in Baden-Baden als Bezirksbaumeister tätig, dann in derselben Funktion in Rastatt, wo er 1858 verstarb. Der von ihm im Januar des Jahres 1832 vorgelegte Entwurf sah eine Erweiterung der alten Kirche vor, fand aber weder bei der Gemeinde noch beim damaligen Oberbaurat Frommel, der den 1826 verstorbenen Friedrich Weinbrenner abgelöst hatte, die notwendige Zustimmung. Die Entscheidung für einen Neubau der Kirche fiel im September 1832. Sie sollte auf dem alten Platze stehen, wegen ihrer erheblich größeren Ausmaße allerdings in Nord-Süd-Richtung. Dazu waren die Verlegung des Friedhofs und der Abriss der alten Kirche erforderlich. Umgehend wurde damit schon im Laufe des Jahres 1833 begonnen.

Am 27. Februar 1834 legte Weinbrenner einen neuen Entwurf vor, dem Pfarrer Klausmann kurz vor seinem Tod – er starb am 13. März 1834 erst 37 Jahre alt – noch zustimmte.

Früherer Hochaltar der Pfarrkirche St. Katharina.

Pfarrkirche St. Katharina mit den Aposteln Petrus und Paulus.

Der Plan fand auch die Genehmigung der Kirchenbehörde. Am 10. August 1835 erfolgte die Grundsteinlegung.

Eine Begebenheit, die sich dabei ereignete, soll wegen ihrer Originalität und weil sie für die damalige Situation recht bezeichnend ist, nicht verschwiegen werden. Der zu jener Zeit in unserer Pfarrgemeinde als Seelsorger tätige Pfarrer Schneider hatte auf Bitten der Gemeinde beantragt, selbst zur Vornahme der entsprechenden Weihehandlungen ermächtigt zu werden.

Man wollte der Gemeinde Auslagen ersparen, so lautete die Begründung. Das Gesuch wurde abgelehnt und Dekan Vogler aus Ottersweier erhielt den Auftrag, die Feier abzuhalten *mit einer Anrede über die heilige Absicht der Kirche und das Amt eines Bischofs, damit es ein paar Schimpfzungen nicht gelinge, das ohnehin gesunkene Ansehen der bischöflichen Würde noch mehr zu schwächen.* So die etwas harsche Reaktion auf den als anmaßend empfundenen Antrag der Gemeinde.

So kam Dekan Vogler, begleitet vom Oberamtmann von Theobald, zur Feier der Grundsteinlegung am Morgen des 26. Juli 1835 nach Sandweier. Allerdings hatte Bürgermeister Müller den Grundstein schon einmauern lassen. Der Dekan erteilte dem Ortsgeistlichen einen strengen Verweis, ebenso sprach der Oberamtmann dem Bürgermeister seine scharfe Missbilligung aus. Der Grundstein musste wieder freigelegt werden. Dekan Vogler nahm nach der Feier einer hl. Messe die vorgeschriebene Segnung des Grundsteins vor und verließ danach umgehend den Ort. Dem Ordinariat in Freiburg sandte er einen ausführlichen Bericht über diese Vorgänge.

Das Konzept der Grundsteinlegungsurkunde ist noch erhalten.
Es lautet: *Einige Notizen über die Gemeinde Sandweier veranlasst
durch den neuen Kirchenbau daselbst.*

*Im Jahre 1835 unter der väterlichen und weisen Regierung
unseres allgemein geschäzten Landesvaters wurde der Grundstein
zur neuen katholischen Kirche zu Sandweier gelegt. Unser Lan-
desvater ist Karl Leobold Friedrich, Großherzog zu Baden, resi-
diert zu Karlsruh, geboren den 29. August 1790. Seine Gemahlin
ist Sophie Wilhelmine, geboren den 21ten May 1801. Tochter
Gustav des 5ten, ehemaliger König von Schweden, vermählt mit
Leobold den 25ten Juli 1819. Die Seelenzahl beläuft sich auf 807,
die Zahl der Bürger auf 151. Der Überschlag der neuen Kirche
ist 16.383 fl. 41 x.*

*Der allgemein geschäzte Herr Bezirksbaumeister Weinbrenner
zu Baden hat den Plan und Überschlag zur neuen Kirche verfertigt. Lorenz Frei Zimmermann zu Rastadt hat den Bau der Kirche
zu 13.840 fl. übernommen. Joseph Hartmann Maurermeister und
Jakob Mayer, Bolier beide von Rastadt, haben die Maurerarbeit
dazu verfertigt. Die gnädigste Herrschaft hat das Chor, der Heilige das Langhaus und die Gemeinde den Thurm zu bauen.*

*Die Vorstände der hiesigen Gemeinde sind: Konrad Müller,
Bürgermeister, Anton Vitalowitz, Müller, Karl Pflüger und
Eduard Herr sind Gemeinderäthe. Die Gemeinde zum Oberamt
Baden gehörig besizt große und schöne Waldungen, genannt
Oberwald, Eichholz und Forlenwald, Juchtwaid und Gegenau.*

*Die Gemeinde hat einen eigenen Pfarrer mit Namen Anton
Schneider, gebürtig von Zimmern bei Urloffen, zwei Lehrer, der
Oberlehrer heißt Adam Dehmer und 166 Schulkinder.*

*Das Großherzogtum hat einen Erzbischof mit Namen Bern-
hard Boll von seiner päbstlichen Heiligkeit Gregor der 14te zum
Erzbischof gewählt, und hat seinen Sitz zu Freiburg im Breisgau.*

*Das ganze Großherzogtum ist in 4 Kreise eingetheilt: der
Seekreis, Oberrhein-Kreis, Mittelrhein-Kreis und Unterrhein-
Kreis. Konstanz, Freiburg, Rastadt und Manheim sind die Sitze
der 4 Regierungen. Das Land hat eine konstitutionelle Verfassung
und Landstände, die sich alle zwei Jahre über die wichtigsten
Angelegenheiten des Landes berathen. Das ganze Land ist in
einem gesegneten Wohlstand, Friede und Eintracht sind gewährt,
die Schulen werden täglich verbessert, Ackerbau, Viehzucht, Han-*

del und Wandel blühen und durch den Beitritt an den teutschen
Zollverein, der den 19ten Juli 1835 in Wirksamkeit trat, kann
das Großherzogthum Baden vielleicht viel gewinnen.

Im Jahre 1834 ist sehr guter Wein gewachsen, der große Ohm
zu 100 Maas kostet 14 bis 35 fl., der 7 bis 10 Grade wiegt.

Die Jahre 1834 und 1835 sind sehr warm und trocken, aber
dennoch sind alle Produkte wohl geraten, doch zeigte sich hie und
da großer Wassermangel. Das Jahr 1835 ist mit dem Jahre 1834
zu vergleichen, nur haben theilweise Hagelschläge großen Scha-
den angerichtet.

Die Preise der Früchten sind folgende:
Das Malter Waizen zu 10 Simmer 10 fl.,
Korn 7 fl. 30 kr,
Gerst 6 fl.,
Haber 5 fl.
Der Zentner Heu 2 fl.

Die Richtigkeit dieser Angabe bezeugt:
Sandweier, 26ten Juli 1835

Pfarrer Schneider
Der Bürgerausschuss:
Bürgermeister Müller, Michael Peter,
Eduard Herr,
Gemeindeverrechner, Karl Pflüger,
Chrisostomus Schleif,
Anton Vittalowitz
V[idi]t (bestätigt): Kratzer, Rathschreiber

Es soll nicht unerwähnt bleiben, dass sich die Verfasser in einer Hinsicht gründlich irrten: Papst Gregor XIV. regierte von 1590 bis 1591, so dass Erzbischof Bernhard Boll sicher nicht von ihm eingesetzt wurde. Es war Papst Leo XII., der von 1823 bis 1829 den päpstlichen Stuhl innehatte und 1827 den damaligen Münsterpfarrer Boll zum ersten Erzbischof von Freiburg und Oberrheinischen Metropoliten ernannt hatte.

„O Crux Ave Spes Unica."
„O Kreuz sei gegrüßt einzige
Hoffnung."
Das ältestes Flurkreuz von
1751 steht am Iffenzheimer
Weg, südwestlich vom
Kühlsee, knapp an der
Gemarkungsgrenze Iffezheim.
Es zeigt die Wundmale
Christi. Privateigentum.

Heutige Innenansicht der Kirche St. Katharina.

Die Lage der neuen Kirche wird uns als schräg zur alten Kirche angegeben. Offensichtlich hat man das neue Gotteshaus um den alten Altar in Nord-Süd-Richtung gedreht. Nur so konnte die neue Kirche auf dem alten Grundstück ihren Platz finden. Bei der Ausgrabung für einen Heizöltank stieß man vor einigen Jahren auf Fundamentreste, die diese Annahme bestätigen.

Der Grundriss der Kirche zeigt die Maßverhältnisse, die mit Ausnahme der Sakristei keine Veränderung erfahren haben. Das Langhaus hat folgende Innenmaße: Länge: 29,50 m, Breite: 15,50 m, Höhe: 9,00 m. Der Chor ist nach rückwärts gerundet und 8,70 m lang, 7,50 m breit und 8,55 m hoch und durch Stufen vom Langhaus getrennt. Sakristei und Paramentenkammer, links und rechts vom Chor angebracht, hatten ursprünglich eine Länge von 3,70 m und eine Breite von 3,60 m. Die Sakristei wurde 1926/27 vergrößert. Dadurch konnte die ursprünglich auf der Rückseite liegende Tür nach vorne verlegt werden. Die Sakristei erhielt beim Umbau einen Heizungskeller. Der Turm ist außen gemessen 6,20 m breit und 7,00 m tief und hat eine Gesamthöhe einschließlich Turmkreuz von 41,60 m.

Der Bau wurde 1837 fertig gestellt, allerdings hatte man schon ein Jahr früher darin Gottesdienste gefeiert. Anfänglich wurden die Altäre, die Kanzel und die Orgel der alten Kirche wieder eingebaut. Bald darauf wurde beschlossen, neue Altäre, eine neue Kanzel und auch eine neue Orgel zu beschaffen.

Über den 1839 zusammen mit der Kanzel und den Seitenaltären von der Firma Moßbrugger aus Konstanz gelieferten Hochaltar liegt eine Beschreibung vor. Bezirksbaumeister Weinbrenner musste im Jahre 1843 eine Schätzung der Teile der Kirche vornehmen, für die der Zehntherr baupflichtig war. Es waren dies Chor, Sakristei und die Paramentenkammer mit dem entsprechenden Innenausbau. Aus diesem Bericht geht hervor, dass die Ausführung des Altars mit *weit größerem Aufwand* geschehen war, als es das am 26. April 1808 erlassene großherzogliche Bauedikt vorsah: Der Hochalter *ist mit Ausnahme der Stufen, welche von Eichenholz sind, ganz von verschiedenem farbig polierten Gipsmarmor angefertigt und besteht in einem freistehenden Antipendium (=Altarverkleidung), auf dem der Tabernakel mit einem Kästchen für die Monstranz steht, und mit dem eine stufenweise Erhöhung für die Leuchter und sonstige Ausschmückung verbunden ist. Hinter diesem ist an der Wand und mit ihr verbunden ein auf hohem*

Hubertusmesse in der Kirche zu Sandweier, 1860.

Piedestal stehender portalähnlicher Fond, dessen Bedeckung mit 2 verzierten Lisenen (= senkrechte Wandpfeiler) an den Ecken und 2 Säulen in der Mitte getragen wird und ihn in 3 Zwischenräume teilt, in dessen mittlerem ein Ölgemälde in Goldrahmen, die hl. Katharina vorstellend, sich befindet, und in den beiden rechts und links nischenförmig gebauten lebensgroße Statuen der Apostel Petrus und Paulus stehen. Die Gesimse und Kapitäl sind reich verziert und vergoldet und die Arbeit gut und mit Fleiß ausgeführt.

Da sowohl Hauptaltar wie die beiden Seitenaltäre von derselben Firma geliefert wurden, dürften letztere ähnlich gestaltet gewesen sein. Über dem linken befand sich ein Muttergottesbild, das 1891 durch einen Innenbrand zerstört wurde. Über dem rechten Seitenaltar war ein Ölbild der hl. Walburga. Wände und Decke waren weiß getüncht. Die im Gotteshaus heute noch vorhandenen Statuen der hl. Katharina, der hl. Walburga, der Madonna mit Krone und Jesuskind stammen aus dem 18. Jahrhundert und dürften aus der alten Kirche übernommen worden sein, ebenso das Kruzifix, das heute an der rechten Langhauswand hängt. Ob das 2,20 m hohe und 1,20 m breite Ölgemälde der hl. Walburga, das früher ebenfalls in der Kirche hing und sich heute im Treppenhaus zum Walburgasaal befindet, das ehemalige Altarbild des rechten Seitenaltars war, ist nicht sicher.

Am 20. September 1835 bat die Gemeinde um Genehmigung zur Anschaffung einer Kirchturmuhr. Da sie für den Turm die Baupflicht hatte, wurde der Antrag gebilligt. Der Auftrag erging an den Uhrmachermeister Stüder in Rotenfels. Die Uhr kostete 920 fl. Auch heute noch ist die politische Gemeinde Besitzer der Kirchturmuhr und für ihre Wartung und eventuelle Reparaturen zuständig. Die Zifferblätter haben einen Durchmesser von 1,71 m.

Die Ordinariatsakten in Freiburg berichten für das Jahr 1838 über die Anschaffung eines neuen Taufsteins im neugotischen Stil für 59 fl. Damit muss die Annahme, der Taufstein der Kirche stamme aus dem 15. Jahrhundert, in den Bereich der Legende verwiesen werden.

Eine erste bildliche Darstellung unserer Kirche und deren innere Gestaltung zeigt uns ein Holzstich des zu jener Zeit in Baden-Baden lebenden Künstlers und Redakteurs der Zeitschrift *l'Illustration de Bade et d'Alsace* Charles Lallemand, der in der Ausgabe vom

25. November 1860 einen ausführlichen Bericht über eine vom Neffen des damaligen Spielbankpächters Edouard Bénazet, Jacques Dupressoir, organisierte Hubertusjagd gibt und dabei auch die zu Beginn dieser Hetzjagd in der Kirche zu Sandweier gefeierte Hubertusmesse schildert.

Vergleicht man die von Weinbrenner gegebene Schilderung des Hochaltars mit dem Lallemand'schen Stich, so sind gewisse Übereinstimmungen festzustellen.

Im Laufe der Jahrzehnte erfuhr unsere Kirche zahlreiche Renovierungen, die oft recht einschneidend waren. Neben baulichen Ursachen lagen ihnen aber auch Veränderungen im Bereich der Ausgestaltung des Gottesdienstes zugrunde. In der 1987 veröffentlichten Festschrift zum 150jährigen Jubiläum der Kirche wurden die einzelnen Renovierungen ausführlich geschildert.
Wenn auch nicht jede Umgestaltung unseres Gotteshauses immer den Beifall der Bevölkerung fand, so kann abschließend doch festgestellt werden, dass unsere Kirche jederzeit ein würdiges *Haus des Herrn* war, das seinem hohen Zweck, religiöser und geistiger Mittelpunkt des Dorfes bzw. Stadtteiles zu sein, gerecht wurde.[142]

Die Ortsgeistlichen nach der Wiedererrichtung der Pfarrei Sandweier am 5. Januar 1769

Februar 1769 bis 1771	*Pfarrer Valentinus Huber*
1771 bis 1777	*Pfarrer Bernardus Weiß*
Juni 1777 Juni bis 1779	*Pfarrer Josephus Printz*
1779 (4 Wochen)	*Pfarr-Verw. Joannes Heun*
1779	*Pfarrer Läuble*
1779 bis 1780	*Pfarrer Forbon (Fortbon?)*
1781 bis 1790	*Pfarrer Francisco Laber*
1790 bis 1807	*Pfarrer Mathias Weiß*
1807 bis 1815	*Pfarrer Schell*
1816	*Pfarr-Verw. Franz Anton Merk*
1816 bis 1823	*Pfarrer Ignaz Rehm*
1823 bis 1827	*Pfarrer Ostheimer*
	Pfarrer Mutz von Oos als Pfarr-Verw.
1827 bis 1833	*Pfarrer Klausmann*
1833 bis 1834	*Pfarr-Verw. August Ferdinand Lindner*
1834 bis 1840	*Pfarrer Schneider*
1840 bis 1841	*Pfarr-Verw. Schweickart*
1841 bis 1851	*Pfarrer Andreas Zehnder*
1851 bis 1852	*Pfarrer Will v. Wintersdorf als Pfarr-Verw.*
1852 bis 1882	*Pfarrer Schleyer*

[142] *GLA 235; Erzbischöfliches Archiv Freiburg; PfarrA.*

1883	Pfarrer Faulhaber v. Oos als Pfarr-Verw.
1883 bis 1889	Pfarrer Freiherr Rinck von Baldenstein
1889 bis 1891	Pfarrer W. Beuchert
1891 bis 1920	Pfarrer Hugo Hund
1920	Pfarr-Verw. Paul Rombach
1920 bis 1934	Pfarrer Johann Herkert
1935 bis Mai 1936	Pfarr-Verw. Reichert
1936 bis 1951	Pfarrer Emil Meier
1951 bis 1962	Pfarrer Ludwig Huber
1962 bis 1977	Pfarrer Johannes Rinderspacher
1977 bis 1985	Pfarrer Josef Keller
1985 bis 1990	Pfarr-Verw. Franz Schmerbeck
1990 bis 2000	Pfarrer Klaus Vormberger
2001 bis 2003	Pfarrer Bernhard Feger
seit 2003	Pfarrer Michael Zimmer

Von diesen Geistlichen verstarben in Sandweier

11. Juni 1779	Pfarrer Josephus Printz, im Langschiff der alten Kirche vor der Kommunionbank beerdigt.
13. März 1834	Pfarrer Kaspar Klausmann, vermutlich hier auf dem alten Friedhof bei der Kirche beerdigt.
1. August 1851	Pfarrer Andreas Zehnder, auf unserem Friedhof beerdigt.
21. Dezember 1882	Pfarrer Josef Schleyer, auf unserem Friedhof beerdigt.[143]

Geistliche, Ordensschwestern und Ordensbrüder aus Sandweier

Geistliche

Pfarrer Martin Herr, ab 12. Mai 1880 Pfarrer in Göschweiler bei Bonndorf, am 25. März 1883 in Breisach am Rhein gestorben.

Pfarrer Heinrich Kratzer (Primiz am 7. Juli 1907 in Sandweier), zuletzt Pfarrer in Menzenschwand bei St. Blasien, 1930 in Sandweier gestorben.

Pater Franz Früh, Trier, Orden der Weißen Väter.

Stadtpfarrer Rudi Ullrich, Neustadt im Schwarzwald.

Pfarrer Ansgar Kleinhans, Buchenbach bei Freiburg.

Erzbischöflicher Sekretär Michael Maas, Freiburg.

Ordensschwestern

Elisabeth Kratzer, Tochter von Emil Kratzer,
Schwester Hortulana, Franziskanerinnen, Thuine, Emskreis.

Josefine Schäfer, Tochter von Julius Schäfer,
Schwester Joswitha, Schönstatt-Orden, Liebfrauenhof, Horb.

Franziska Mühlfeit, Tochter von Johann Mühlfeit,
Schwester Erna, Franziskanerinnen Gengenbach.

Maria Findling, Tochter von Severin Findling,
Schwester Walburgis, Franziskanerinnen Gengenbach.

[143] PfarrA.

Blanka Klumpp, Tochter von Melchior Klumpp,
Schwester Davia, Franziskanerinnen Gengenbach.

Anna Kraft, Tochter von Josef Kraft,
Schwester Maria Theresia, Franziskanerinnen Gengenbach.

Emmi Müller, Tochter von Oswald Müller,
Schwester Ancilla, Cisterzienserinnen Baden-Lichtenthal.

Emma Ullrich, Tochter von Franz Ullrich,
Schwester Kiara, Franziskanerinnen Gengenbach.

Beate Ullrich, Tochter von Helmut Ullrich,
Schwester Benigna, Cisterzienserinnen Baden-Lichtenthal.

Ordensbrüder
Lambert Schroedter, Sohn von Heinz Schroedter,
Marienbruder Lambert Maria, Schönstatt bei Vallendar/Rhein.

Die Glocken der Kirche St. Katharina

Eine Kirche ohne Turm und Glocken mag man sich kaum vorstellen. Auch die alte Kirche hatte drei Glocken in der ungewöhnlichen Tonzusammenstellung f - a - c, ein reiner Dur-Dreiklang. Aus der Festschrift anlässlich der Glockenweihe im November 1948 wissen wir, dass eine der Glocken der alten Kirche 1781 in die Glockengießerei Edel nach Straßburg gebracht werden musste, um dort umgegossen zu werden, da sie zersprungen war. Schultheiß und Bürgermeister von Sandweier holten sie im Juli jenes Jahres wieder ab, brachten sie mit dem Schiff bis Iffezheim und von dort nach Sandweier zur Weihe. Auch 1829 musste eine zersprungene Glocke umgegossen werden. Es handelte sich um die kleinere c-Glocke, die ein Gewicht von 222 kg hatte.

Die drei Glocken wurden 1837 in die neue Kirche übernommen. Die A-Glocke wurde 1870 von der Glockengießerei Schweigert in Rastatt neu gegossen. Sie hatte ein Gewicht von 375 kg und einen Durchmesser von 85 cm und überstand als einzige den Ersten Weltkrieg, während die beiden anderen 1916 und 1917 eingeschmolzen werden mussten. Schon im Juni 1914 hatte man Verhandlungen mit der Glockengießerei Grüninger in Villingen wegen der Anschaffung von fünf neuen Glocken mit einer Tonfolge d-e-fis-a-h und einem Gesamtgewicht von 4.615 kg aufgenommen. Doch der Ausbruch des Ersten Weltkriegs machte die Durchführung der geplanten Maßnahmen zunichte. Erst im Mai 1921 konnte Pfarrer Herkert den Vertrag abschließen. Die wirtschaftlichen Probleme der Nachkriegszeit führten zu einer Reduzierung der Glockenzahl. Man entschied sich für drei, die dann am 24. Juli 1922 geliefert wurden und insgesamt 110.308 Mark kosteten. Ihre Tonfolge war

Glockenweihe 1948.

fis-a-h. Die fis-Glocke wog 840 kg und hatte einen Durchmesser von 109 cm, die a-Glocke mit einem Durchmesser von 92 cm wog 500 kg und die dritte Glocke mit 83 cm Durchmesser hatte ein Gewicht von 375 kg. Diese blieben bis zum 9. Februar 1942 auf dem Turm. Die beiden größeren, der hl. Katharina und der Muttergottes geweihten Glocken mussten abgeliefert werden zur Einschmelzung, sie sollten Kanonen für den *Endsieg* liefern.

Nur die der hl. Walburga geweihte Glocke blieb erhalten und ertönt noch heute im Zusammenklang mit dem schon drei Jahre nach Kriegsende neu beschafften Geläut. Es ist dem Einsatz des Pfarrers Emil Maier zu verdanken, dass es gelang, schon wenige Monate nach der Währungsreform vier neue, in ihrem Klang und Gewicht ansehnliche Glocken zu erwerben. Altmaterialbeschaffung, Kompensation und Opferwille sowohl der Bevölkerung als auch der Gemeinde machten es möglich.

Die am 28. November 1948 geweihten Glocken waren

Dreifaltigkeitsglocke	*in d, Durchmesser 1,38 m, Gewicht 1.660 kg*
Bernhardus-Glocke	*in e, Durchmesser 1,23 m, Gewicht 1.140 kg*
Marien-Glocke	*in fis, Durchmesser 1,09 m, Gewicht 800 kg*
Katharinen-Glocke	*in a, Durchmesser 0,92 m, Gewicht 480 kg*

Das insgesamt 4.455 kg schwere Geläute benötigte einen neuen Glockenstuhl und auch eine Verstärkung des Turms. Bei der Reparatur des am 13. April 1945 durch Panzerbeschuss schwer beschädigten Kirchturms hatte man in weiser Voraussicht entsprechende Maßnahmen ergriffen, so dass die restlichen Arbeiten von ortsansässigen Handwerkern durchgeführt werden konnten. Die vier neuen Glocken wurden von der Glockengießerei Heinrich Kurtz in Stuttgart gegossen und bestehen aus echter Bronze, einer Metalllegierung aus 80 Teilen Kupfer und 20 Teilen Zinn. Mit Freude und Begeisterung begleitete das Dorf am 28. November 1948 die feierliche Glockenweihe.

Bei der Außenrenovierung des Gotteshauses im Jahre 1974 wurden Risse in den Fensterbogen des Langhauses festgestellt. Genauere Untersuchungen ergaben, dass der Turm derart gravierende Schäden aufwies, dass man von einer akuten Gefahr für Turm und Kirche sprechen konnte. Zudem schwankte der Turm beim Läuten der beiden kleinsten Glocken ungewöhnlich stark. Die Schwingungszahl der beiden Glocken verstärkte die Eigenschwingung des Turmes, was Ursache der Schäden war. So musste der

Turm wieder stabilisiert und seine Eigenschwingung verändert werden, womit die Standfestigkeit der Glocken gewährleistet war.

Am Sonntag, den 15. September 2002, hatte Pfarrer Feger und der Förderverein zur Renovierung der Pfarrkirche zu einem Vesper-Gottesdienst mit anschließendem Hock geladen. Als gegen 18.00 Uhr der Gottesdienst beendet war und die Glocken dessen Ende einläuteten, brach die Verankerung der 480 kg schweren St. Katharina-Glocke. Die Glocke stürzte in die Tiefe, verfing sich jedoch, nachdem sie einige Bretter am Boden des Glockenstuhls durchbrochen hatte, im Turmgebälk, und blieb glücklicherweise unbeschädigt. Eine neue Aufhängung aller fünf Glocken war erforderlich. Seit dem Abschluss der recht schwierigen Arbeit verfügt die Kirche wieder über ihr stattliches Geläut, das wegen seines Gesamtgewichts die Belastbarkeitsgrenze des Kirchturmes erreicht und daher einer ständigen Kontrolle bedarf.

Die berühmte Stieffell-Orgel

Die *Königin der Musikinstrumente* wird sie genannt, die Orgel, genauer, die Kirchenorgel. Es gibt kein anderes Instrument, das die Fülle von Möglichkeiten bietet, Musik in solch vielfältiger Form zu gestalten und auszudrücken. Selbst in unserer von Technik und Elektronik beherrschten Zeit ist es nicht gelungen, die Klangfülle einer guten Kirchenorgel nachzuahmen oder gar zu übertreffen.

Auf die Orgel in unserem Gotteshaus kann die Pfarrgemeinde stolz sein, ist sie doch ein echtes Werk der berühmten Orgelbauerfamilie Stieffell aus Rastatt, die sich den Titel *Hoforgelbauer* erwarb, nachdem Ferdinand Stieffell, ihr Gründer, 1785 die Karlsruher Schlossorgel erstellt hatte. Stieffell-Orgeln genossen bald einen ebenso guten Ruf wie die Instrumente aus der berühmten Silbermann-Werkstatt. Über 50 Orgeln in Baden und im Elsass entstammen der Stieffellschen Werkstatt, die nach dem Tode des Ferdinand Stieffell im Jahre 1818 von dessen Söhnen Franz, Christian Valentin und Max Ullrich weitergeführt wurde. Sie waren es auch, die

Das Feldkreuz von 1768 steht an der alten B3 Richtung Rastatt.

Die Orgel nach der Renovierung 1997.

am 10. März 1842 vertraglich den Auftrag erhielten, für die Kirche von *Sandweiher* eine Orgel zu bauen. In dem im Stadtarchiv Rastatt verwahrten Stieffell-Nachlass befindet sich die Prospektzeichnung für unsere Orgel mit zahlreichen Detailbildern über die Ornamentschnitzereien, die das Gehäuse schmücken sollten.

Die 1845 in unsere Kirche eingebaute Orgel trägt am Hauptwerksventilkasten die Signatur *Diese Orgel wurde gefertigt von Gebrüder Stieffell, Orgelbauer in Rastatt, im Jahre 1845.* Sie hatte ursprünglich 15 Register, die auf zwei Manuale und das Pedal verteilt waren. Nur der Fachmann kann sich unter *Principal 8* oder *Salicional 4,* um nur zwei der vielen Register zu nennen, etwas vorstellen. Der Organist allerdings muss sie alle kennen, will er das ganze Werk in seiner Schönheit und Eigenart zum Klingen bringen. Die Orgel kostete damals 3.800 fl.

Ebenfalls zweimanualige Orgeln aus dieser Werkstatt besitzen in unserer Nachbarschaft noch Iffezheim und Ötigheim, während das Instrument in St. Alexander in Rastatt mit drei Manualen und 38 Registern um einiges größer ist.

Die Jahre gehen natürlich an einer solchen Orgel, die recht empfindlich auf klimatische Einflüsse reagiert und rasch wechselnde Temperaturen nicht gut verträgt, nicht spurlos vorüber. Zudem wurde während des Ersten Weltkriegs ein großer Teil der Zinnpfeifen durch primitive Blechpfeifen ersetzt. So nimmt es nicht wunder, dass 1939 der Zustand unserer Orgel als *nicht gut* beschrieben wird. Der Ortsgeistliche Pfarrer Emil Maier beauftragte daher mit Zustimmung des Stiftungsrats die Orgelbaufirma Carl Hess in Durlach mit einer gründlichen Renovation im Sinne der ursprünglichen Disposition. Zugleich nahm man eine Erweiterung auf insgesamt 29 Register vor. Die im März 1940 vom Erzbischöflichen Orgelbauinspektor Professor Otto Schäfer aus Baden-Baden, einem hoch qualifizierten Orgelexperten, durchgeführte Überprüfung der renovierten Orgel ergab begeisterte Zustimmung zu dem gelungenen Werk.

Bei einer weiteren Renovation der Kirche wurden nach dem Zweiten Weltkrieg die Ornamentschnitzereien entfernt. Die Orgel vertrug sich mit ihrem barocken Charakter tatsächlich nur schwer mit dem schlichten Weinbrenner-Stil der Kirche.

Im Jahre 1971 plante man, die Orgel von Grund auf zu überholen. Pfarrer Johann Rinderspacher zog Fachleute zu Rate und die Orgelbaufirma Vier in Oberweier bei Lahr wurde mit der Durchführung der Arbeiten beauftragt. Viele Pfeifen, solche aus Holz wie auch aus Zinn, mussten ersetzt werden. Die Gesamtdisposition der Orgel wurde auf 24 Register zurückgenommen und so wieder mehr das ursprüngliche Klangvolumen erreicht. Zugleich sollte auch das Äußere der Orgel dem ehemaligen Aussehen angeglichen werden. Diese Aufgabe übernahm Restaurator Greweling in St. Wendel an der Saar, der sich dabei eng an die alten Vorlagen hielt und in meisterlicher Form das Prospekt unserer Orgel so gestaltete, wie es früher ausgesehen hatte.

Doch in den 90er Jahren war eine erneute gründliche Sanierung fällig. Da unsere Orgel Denkmaleigenschaft besitzt, schaltete sich bei der Überprüfung und Planung neben dem Orgelinspektor auch das Landesdenkmalamt ein. Eine ursprungsgerechte Rekonstruktion der Orgel war aus finanziellen Gründen nicht möglich. Im Januar 1997 begannen die Sanierungsarbeiten, bei denen sich ein wesentlich umfangreicheres Schadensbild ergab. Dennoch war die Orgel nach einem halben Jahr wieder voll bespielbar und wurde am 12. Juni 1997 von Dekan Schwörer, Baden-Baden, eingeweiht. Das Ziel, sie zukünftig auf ihren ursprünglichen Zustand zurückzuführen, bleibt jedoch bestehen.

Die Marienkapelle am Friedhof

Erbaut wurde die Kapelle im gotischen Stil in der Amtszeit des Pfarrers Freiherr Rinck von Baldenstein auf Veranlassung der beiden Hauptstifterinnen, den ledigen Schwestern Justina und Elisabetha Burkart von Sandweier.

Die Grundsteinlegungsurkunde lautet wie folgt.

Im Namen der allerheiligsten Dreifaltigkeit!

Als man zählte eintausendachthundertachtzig und acht Jahre nach des Herrn Geburt, den siebenundzwanzigsten des Monats Mai am Feste des dreieinigen Gottes; als Papst Leo der Dreizehnte die heilige Kirche glorreich regierte, Friedrich der Dritte, König von Preusen (sic), als zweiter deutscher Kaiser, schwer erkrankte, die Geschicke des Deutschen Reiches friedlich leitete, Friedrich I. Großherzog von Baden sein Land väterlich und weise beherrschte, Johannes Christian Boos den Erzbischöflichen Stab zu Freiburg führte, Maximilian Freiherr Rinck von Baldenstein Pfarrer dahier und Andreas Kinz Bürgermeister waren, wurde nach vorhergegangener Benediction und Weihepredigt des Hochwürdigen Stadtpfarrers von Rastatt Alois Wilh. Gugert in Anwesenheit des Hochw. Pfarrers von Oos Eduard Faulhaber und der festlich versammelten Pfarrgemeinde dieser Grundstein zur Kapelle der schmerzhaften Gottesmutter von dem Unterzeichneten in den Sockel neben dem Eingang gelegt. Diese Kapelle gestiftet zum Troste der armen Seelen nach dem Plane des Architekten Carl Herth von Bühl ausgeführt, ward von hiesigen Handwerkern ausgeführt, wozu gefällige Bürger die Bausteine herbeiführten.

Zur Zeit der Erbauung feierte Leo XIII. geehrt von den Mächtigen der Erde, geliebt von seinen Kindern, die zahlreich zu ihm pilgerten, sein fünfzigstes Priesterjubeljahr.

Inneres der Friedhofskapelle.

Nach ungewöhnlich langem Winter herrschte große Dürre, doch hofft man ein gesegnetes Jahr! Möge der allgütige Gott den Stiftern, Erbauern dieser Kapelle, den jetzigen Geschlechtern und den kommenden in dieser Gemeinde gnädig sein. Amen!

Sandweier, den siebenundzwanzigsten Mai eintausendachthundert achtundachtzig am Tage der allerheiligsten Dreifaltigkeit.

*Alte Fenster
der Friedhofskapelle.*

Die Errichtung der Kapelle ohne deren innere Ausstattung erforderte den Betrag von 5.207,64 Mark, wozu die beiden Stifterinnen 4.200 Mark spendeten. Außerdem legten sie im Jahre 1890 mit weiteren 600,– Mark den Grundstock zur Schaffung eines Kapellenfonds, der ihre Erhaltung und Pflege sichern sollte.

In diesem Jahr wurde die von der Offenburger Firma Simmler gefertigte Pieta-Statue angeschafft, ebenso das von den Bildhauern Isemann und Abele aus Offenburg geschaffene Feldkreuz bei der Kapelle. Eine Konstanzer Firma lieferte die beiden Altarleuchter und ein gotisches Altarkreuz. Die Kapelle hatte bemalte Fenster, der Glasmaler hatte einen beachtlichen Teil der gestifteten Gelder erhalten. Auch hatte man vor der Einweihung das alte *portatife* (Altarstein) in den Altar der Kapelle eingelegt.

Kapelle und Feldkreuz wurden am 5. August 1890 durch Dekan Lender von Sasbach feierlich eingeweiht. Dabei waren auch Pfarrer Freiherr Rinck von Baldenstein, seit dem 1. Dezember 1889 Divisionspfarrer in Rastatt, ebenso der Stadtpfarrer von Rastatt und die Pfarrherrn von Oos und Großweier. Pfarrer Beuchert, Nachfolger von Pfarrer Rinck von Baldenstein, berichtet von einer großen Volksmenge, die sich an jenem Feiertag – dem Fest Mariä Himmelfahrt – zu dieser Einweihung versammelt hatte. Das Feldkreuz, das 500,– Mark gekostet hatte, war übrigens auch eine Stiftung der beiden Schwestern Burkart.

Einen wesentlichen Funktionswandel erfuhr die Kapelle zu Beginn des Zweiten Weltkriegs. Pfarrer Emil Maier war ein Anhänger der damals noch jungen Schönstatt-Bewegung. Er empfahl angesichts des Krieges seine Pfarrei der *Mater Ter Admirabilis* – dreimal wunderbare Mutter – und stellte die Kapelle als Gebets- und Weihestätte unter deren Schutz. Er entfernte die Pieta-Statue, die ihren Platz bei den Gefallenen-Gedenktafeln in der Kirche fand. Der Maler Wagenbrenner aus Rastatt brachte hinter dem Altar ein Marienbild an, das das Gnadenbild der Muttergottes von Schönstatt zum Vorbild hatte. Die bunten Glasfenster wurden entfernt und durch helle Scheiben ersetzt. 1983 hat Pfarrer Josef Keller, ebenfalls ein begeisterter Schönstätter, die Kapelle renovieren lassen. Nun besitzt sie wieder mit besonderen Motiven versehene bunte gestiftete Fenster und ein von Baldur Burkart gemaltes neues Gnadenbild in der typisch achteckigen Form. Auch ein neues Gestühl wurde damals angeschafft. Der Künstler stammt aus der Familie der beiden Stifterinnen.

Der Verbleib der ersten vom Offenburger Glasmaler Eugen Börner geschaffenen Fenster war über Jahre nicht bekannt. Sie wurden zufällig im Speicher des Pfarrhauses gefunden. Allerdings wiesen die wertvollen Kunstwerke, die den hl. Josef, den hl. Franz von Assisi, den hl. Maximilian von Cilli, die hl. Walburga, die hl. Katharina von Alexandrien und den Sel. Bernhard von Baden darstellen, schwere Lagerschäden auf, so dass eine gründliche Renovierung erforderlich war. 40 % der Kosten wurden dabei vom Land Baden-Württemberg getragen. Jeweils zwei der eindrucksvollen Fenster sind im Wechsel im Heimatmuseum zu besichtigen.[144]

Außenansicht der Friedhofskapelle.

Die Marienkapelle am Friedhof, deren *Armesünderglöckchen* unsere Verstorbenen auf ihrem letzten Weg begleitet, ist weiterhin ein Ort des Gebetes und der stillen Andacht, insbesondere für die Schönstatt-Gruppen. Vom einheimischen Maler Heinz Ullrich innen wie außen liebevoll gestrichen, wird sie auch während des Kirchenjahres in die Liturgie mit einbezogen.

Die Autobahnkirche
St. Christophorus Baden-Baden

An einem Sonntag im Juli 1965 wurde der Ortsgeistliche von Sandweier, Johann Rinderspacher, in der Pfarrkirche von Holländern auf der Durchreise angesprochen, die den Gottesdienst mitfeiern wollten. Dabei fragten sie, ob es nicht möglich sei, in der Raststätte Baden-Baden Gottesdienste abzuhalten, da der Weg zur Sandweierer Pfarrkirche nicht einfach zu finden wäre.[145] Dies war der erste Anstoß, sich mit dem Bau einer Autobahnkirche an der Raststätte Baden-Baden näher zu befassen. Viele Argumente sprachen dafür. Die Kirche besaß Gelände in der Nähe des Rasthofes und auch aus religiöser Sicht war die seelsorgerische Betreuung der Menschen im Straßenverkehr zu bejahen. Schwieriger gestaltete sich die verkehrstechnische Anbindung der Kirche an die Autobahn. Auch eine entsprechende Zahl von Parkplätzen musste eingeplant werden.

[144] Karl Bruckner: Die alten Glasmalerei-Fenster der Marienkapelle am Friedhof in Sandweier. Dokumentation. Sandweier o.J. (1998).

[145] Johann Rinderspacher: Die Klinik am Rande der Stadt, Baden-Baden.

Am 21. Oktober 1976 erfolgte der erste Spatenstich und am 12. Dezember des Jahres wurde der Grundstein gelegt. Die Grundsteinlegungsurkunde lautet wie folgt.

Im Namen des Vaters und des Sohnes und des Heiligen Geistes. Amen. Im Jahre des Herrn 1976, am 12. Dezember, legen wir den Grundstein für die Autobahnkirche St. Christophorus in Baden-Baden-Sandweier. Im Auftrag des Erzbischofs von Freiburg hat

Außenansicht der Autobahnkirche.

Dekan Herman Stigler die Weihe des Grundsteins vollzogen. Bauträger ist das Erzbistum Freiburg. Papst Paul VI. lenkt die Kirche im 14. Jahr seines Pontifikats. Erzbischof Dr. Hermann Schäufele ist seit 18 Jahren Oberhirte der Erzdiözese Freiburg. Pfarrer Clemens Schwörer ist Regionaldekan der Region Mittlerer Oberrhein, Pfr. Hermann Stigler leitet das Dekanat Baden-Baden. Pfarrer an St. Katharina in Sandweier ist Johann Rinderspacher, der zusammen mit seinem Stiftungsrat die Verantwortung für das Bauvorhaben trägt. An der Spitze der Bundesrepublik Deutschland steht Bundespräsident Walter Scheel, Bundeskanzler ist Helmut Schmidt, Ministerpräsident des Landes Baden-Württemberg ist Dr. Hans Filbinger. Oberbürgermeister Dr. Walter Carlein lenkt die Geschicke der kreisfreien Stadt Baden-Baden, Ortsvorsteher im Stadtteil Sandweier ist Rudolf Hofmann.

Auf dem Gebiet der Pfarrei St. Katharina in Baden-Baden-Sandweier. durch das die Bundesautobahn führt, liegt die Autobahnraststätte Baden-Baden, die oft 1.500 bis 2.000 Gäste täglich zählt. Früher fuhren die Menschen auf ihren Reisen durch die Städte und Dörfer hindurch und kamen so unmittelbar mit den Domen und Kirchen in Berührung. Heute führen die Verkehrswege, vor allem auch die Autobahnen, weit an den Gotteshäusern vorbei.

Innenansicht der Autobahnkirche.

So ergibt sich die seelsorgliche Notwendigkeit, auch an den großen Verkehrsadern eine Gelegenheit zum Kirchenbesuch und zur Teilnahme am Gottesdienst anzubieten. Die vielen Autobahnreisenden selbst, die in der Raststätte Halt machen, haben oft nach solchen Möglichkeiten gefragt. So lag der Gedanke nahe, das neben der Raststätte gelegene Gelände des Kath. Kirchenfonds für eine Autobahnkirche zu verwenden. Das Erzbischöfliche Ordinariat Freiburg gab bereits im Jahr 1966 seine grundsätzliche Zustimmung. Ebenso war auch das Autobahnamt Baden-Württemberg in Stuttgart mit seinem damaligen Leiter, Oberregierungsbaudirektor Wolter, dem Plan von Anfang an gewogen. Auch der Leiter des Erzb. Bauamts Freiburg, Baudirektor Heinz Triller, setzte sich vorbehaltlos für das Projekt ein. Die schwierige finanzielle Situation der Erzdiözese nach dem Wegfall der Kirchenbausteuer schob die Verwirklichung auf Jahre hinaus, gab jedoch Zeit für eine verantwortungsbewusste Planung.

Nach einem Wettbewerb unter namhaften, im Kirchenbau erfahrenen Architekten wurde Dipl. Ing. Friedrich Zwingmann aus Karlsruhe die Ausführung übertragen. Am 5. Januar 1975 erteilte das Erzbischöfliche Ordinariat die endgültige Baugenehmigung, die Genehmigung durch das Regierungspräsidium Nordbaden und das Bauordnungsamt Baden-Baden wurden im Frühsommer 1976 gegeben. Die Rohbauarbeiten hat die Baufirma Karl Bold in Sandweier übernommen, die künstlerische Gestaltung wurde Emil Wachter aus Karlsruhe anvertraut. Eigentümer der Kirche wird der Kirchenfond Sankt Katharina in Sandweier. Die Finanzierung des Baues, der auf 2 Millionen DM veranschlagt ist, übernimmt die Erzdiözese Freiburg. Als Patron der neuen Kirche wurde der Heilige Christophorus gewählt, weil dieser Heilige für alle Christen ein Zeichen dafür ist, dass wir auf allen Straßen unseres Lebens in Gottes Schutz geborgen sind. Die Fundamente sind gelegt. Für alles, was bisher gelungen ist, danken wir Gott. In großem Vertrauen auf seine gütige Hilfe sind wir zuversichtlich, das begonnene Werk ohne Schaden für Leib und Leben der Bauleute zu Ende führen zu können. Wir bitten um seinen Segen für uns und unser Werk.

Baden-Baden-Sandweier, am 12. Dezember 1976.

Autobahnkirche, 2005.

Der reibungslosen Zusammenarbeit von Architekt und künstlerischem Gestalter verdanken wir ein weit über unseren heimatlichen Raum wirkendes, viel besuchtes und beliebtes kirchliches Bauwerk.[146]

Exzellenz Weihbischof Karl Gnädinger führte im Vorwort zur Festschrift aus Anlass der kirchlichen Weihe der Autobahnkirche aus: *Mit dieser Autobahnkirche ist ein Raum geschaffen, der den Menschen im rasenden Verkehr unserer Zeit einruft zur Besinnung, zu einem Halt und einer Ruhe vor Gott. Es entspricht ganz der Bedeutung eines solchen Ortes für den Menschen unserer Zeit, dass er mit so viel künstlerischer Liebe gebaut und ausgestaltet wurde. Dem Architekt und dem Künstler seien für diese Leistungen Dank und Anerkennung gesagt. Die Raststätte für den Leib ist jetzt glücklich ergänzt durch eine Raststätte für die Seele. Möge diese Autobahnkirche vielen Menschen Besinnung, Ruhe und Frieden schenken zu einer guten Fahrt durch ihr Leben.*

Der Initiator des Werks, Geistlicher Rat Johann Rinderspacher, verstarb am 17. Januar 1996.

Weiterhin ist die Autobahnkirche das Ziel vieler Besucher. Von jungen Paaren aus der Umgebung wird sie gerne als Ort für ihre kirchliche Trauung gewählt. Auch Taufen werden hier häufig vollzogen. Meditationen für Jugendliche, Erwachsene und Ehepaare werden angeboten, und regelmäßig finden geistliche Konzerte von einheimischen und auswärtigen Chören und Orchestern statt. Eine erste Renovierung erfolgte im Jahre 1999. Dabei wurde eine kostspielige Außenverglasung mit Belüftungs- und Heizungsmöglichkeit angebracht. 2000 gehörte die Autobahnkirche zu den *Heilig-Jahr-Kirchen* der Erzdiözese und 2003 konnte in feierlicher Form das 25jährige Jubiläum ihres Bestehens begangen werden. In jüngster Zeit erhielt das Gotteshaus einen passenden *Ambo* (Lesepult) und eine neue Christophorus-Stele, die echte Bereicherungen darstellen.

[146] *Die Bilderwelt der Autobahnkirche Baden-Baden / Emil Wachter. Mit Beiträgen von Alfons Deissler und Herbert Schade. Herder, 1980.*

Emil Wachter. Leben gemalt. Herausgegeben von der Emil Wachter Stiftung, Swiridoff Verlag, 2001.

Baden-Baden: Autobahnkirche St. Christophorus von Emil Wachter. Schnell & Steiner, 2004

Verehrung der hl. Walburga in Sandweier

Die Verehrung der hl. Walburga war und ist ein wichtiger Teil des religiösen Lebens in unserer Heimatgemeinde. Die Heilige wurde um 710 in England geboren. Sie entstammt einem vornehmen angelsächsischen Geschlecht. Ihr Vater war der hl. Richard, der mit seinen beiden ältesten Söhnen Willibald und Wunibald die Heimat verließ, um eine Pilgerfahrt nach Rom zur Grabstätte des hl. Petrus anzutreten. Dabei verstarb er in Italien. Der hl. Willibald, der einige Zeit auf Monte Cassino, dem Mutterkloster des Benediktinerordens, verbrachte, erhielt einen Missionsauftrag für das bayerisch-fränkische Gebiet und wurde im Jahre 741 vom hl. Bonifatius zum ersten Bischof des Bistums Eichstätt berufen. Er holte sich seinen Bruder, den hl. Wunibald, der im thüringischen Raum missionierte, als ersten Abt des von ihm errichteten Doppelklosters Heidenheim, einem Kloster für Mönche und Nonnen mit getrennten Wohnbereichen und gemeinsamem Gotteshaus.

Der hl. Bonifatius berief nicht nur viele Mönche aus England in die germanische Mission, sondern auch zahlreiche Frauen, darunter die hl. Lioba und die hl. Walburga. Letztere erhielt vermutlich im Kloster der hl. Lioba in Tauberbischofsheim ihre erste Ausbildung in der Missionsarbeit. Als Wunibald 761 starb, folgte ihm Walburga als Äbtissin in der Leitung des familieneigenen Heidenheimer Doppelklosters nach. Sie verstarb an einem 25. Februar vermutlich im Jahre 779. Ihre Gebeine ruhen in der Benediktinerinnenkirche St. Walburg in Eichstätt.

Im Zusammenhang mit Sandweier findet die hl. Walburga erstmalig Erwähnung in einem Dekret des Bischofs Albert von Straßburg vom 9. Februar 1490. Darin erteilte er seiner Diözesangeistlichkeit den Auftrag, Ablassbriefe zu veröffentlichen, die der St. Brigitten Kirche in Iffezheim und der *Walpurgiskapelle in Santwyler* von der Kurie bewilligt worden waren. Damit sollte für die beiden Wallfahrtsorte *Werbung* gemacht werden, denn Ablässe waren häufig mit einer Wallfahrt verbunden.

Statue der hl. Walburga, Pfarrkirche Sandweier.

Über den Ursprung der Verehrung der hl. Walburga und der damit verbundenen Wallfahrt gibt es zwei unterschiedliche Deutungen. Wenig wahrscheinlich ist die Vermutung, die Kirche in Sandweier habe schon um 1300 Reliquien der hl. Walburga aus dem Kloster Eichstätt erhalten. Eher dürfte die Übertragung der Walburga-Verehrung aus dem 1074 gegründeten Benediktinerkloster St. Walburg im hl. Forst, im Hagenauer Wald im Unterelsass gelegen, zutreffen. Dieses Kloster, das während des Bauernkriegs zerstört und von Papst Paul III. dem Kollegiatstift St. Peter in Weißenburg im Elsass inkorporiert wurde, hatte Verbindung nach Eichstätt. Überhaupt war die Verehrung der hl. Walburga im Elsass weit verbreitet, wie die Weihe einer Kapelle zu Ehren der hl. Walpurgis im Jahr 1050 durch Papst Leo IX. in Straßburg ausweist.

Nach 1490 wurde die Wallfahrt zur St. Walburga-Kapelle in Sandweier offensichtlich eifrig gepflegt. Auch wenn in der Reformationszeit und bis in die Mitte des 17. Jahrhunderts gewisse Beeinträchtigungen auftraten, lebte die Wallfahrt nach dem Ende des Dreißigjährigen Krieges wieder auf. Sie wurde so umfangreich, dass im Jahre 1673 der Pfarrer von Iffezheim und Sandweier, Martin Sigle, den Markgrafen Wilhelm von Baden um eine Aufbesserung seiner Besoldung bat wegen der Mehrarbeit, die ihm durch die Wallfahrt zur hl. Walburga entstand.

Nach der Wiedererrichtung der Pfarrei Sandweier verdichten sich die Quellen zur Walburga-Verehrung im Ort. Pfarrer Valentin Huber hielt in seinen *Aufzeichnungen über die Gnadenerweise der Heiligen Walburga in der Pfarrei Sandweier* zahlreiche Gebetserhörungen und Heilungen fest. Darin erfahren wir auch, dass, wie noch heute, der Hauptwallfahrtstag immer der erste Sonntag im Monat Mai war. Wir erhalten Aufschluss über die Gestaltung der Gottesdienste, die Festprediger, die Prozessionen und über den Gebrauch des so genannten Walburgis-Öls, einer Flüssigkeit, die aus dem Sarkophag der Heiligen in Eichstätt fließt. Pfarrer Rinck von Baldenstein schrieb am 22. November 1889 über *das heilige Öl, das aus den Brustgebeinen der heiligen Jungfrau träufelt*, das er *aus dem Kloster St. Walburg in Eichstätt in je hundert Fläschchen … bezogen* hatte und das *an ihrem Feste (1. Sonntag des Mai) an die mit pfarramtlichen Zeugnissen versehenen Unglücklichen* zur Verteilung kam.

Im Jahre 1808 wurde die beliebte und weit in die Umgegend wirkende Wallfahrt vom Generalvikar des Bistums Konstanz, Ignaz Heinrich von Wessenberg, verboten und der Gebrauch des Walburgis-Öls als Aberglaube gebrandmarkt. Doch konnte das Fortbestehen der Walburga-Verehrung im Volk nicht verhindert werden. Ab 1883 wurde das Fest der hl. Walburga am *Maiensonntag* als *Hochfest* gefeiert und in diesem Jahr erstmalig wieder das Walburgis-Öl ausgeteilt. Die Verehrung der hl. Walburga war für die Bevölkerung Sandweiers von überragender religiöser Bedeutung.

Das Fest bot zugleich Anlass für Familientreffen, auf die man sich das ganze Jahr freute. Die vielen auswärtigen Pilger brachten den Bewohnern wie der Kirche zusätzlichen Verdienst.

Auch im Dritten Reich konnte das Walburgisfest nie gänzlich verhindert werden. Nach dem Zweiten Weltkrieg wurde es wieder zu einem in jedem Jahr festlich begangenen Ereignis. Im Blick auf den zunehmenden Verkehr und die schnell anwachsende Motorisierung beschloss man, im Anschluss an den feierlichen Nachmittagsgottesdienst eine Fahrzeugsegnung vorzunehmen, wozu sich regelmäßig viele Personenkraftwagen aber auch landwirtschaftliche Nutzfahrzeuge einfinden.[147]

Die evangelische Kirchengemeinde

Die evangelischen Mitbürger unserer Heimatgemeinde sind Teil der Evangelischen Friedensgemeinde Baden-Baden mit Sitz in Baden-Oos. Sandweier war bis zum Ende des Zweiten Weltkriegs eine rein katholische Gemeinde. Von den knapp 2.000 Einwohnern, die das Dorf 1939 zählte, waren nur zehn evangelisch.

Das Ende des Krieges und die nachfolgende Vertreibung der deutschen Bevölkerungsteile aus den Ostgebieten und den südosteuropäischen Ländern ließ eine Völkerwanderung entstehen, die Auswirkungen auch auf unsere Heimatgemeinde hatte. Viele der vertriebenen Menschen waren evangelisch, was den Anteil der evangelischen Bevölkerung auch in den katholischen Gebieten zwangsläufig erhöhte. So lebten schon 1949 in Baden-Oos 655 evangelische Einwohner, in Sinzheim 190, in Haueneberstein 65 und in Sandweier 57. Im selben Jahr bildete sich die Evangelische Friedensgemeinde Baden-Baden. Ihr erster Pfarrer war Helmut Mayer. Er übernahm die schwierige Aufgabe, aus den Flüchtlingen und Vertriebenen eine religiöse Gemeinschaft zu bilden und sie seelsorgerisch zu betreuen.

[147] PfarrA.

In den Folgejahren wuchs die Zahl der evangelischen Bürger in Sandweier langsam an. 1954 wohnten hier schon 158 evangelische Christen. Ihr religiöser Mittelpunkt war die Friedenskirche in Baden-Oos, in der die Gottesdienste stattfanden. Ab 1953 wurde für die in Sandweier lebenden evangelischen Mitbürger einmal im Monat in einem Schulsaal ein sonntäglicher Gottesdienst gefeiert. Seit 1951 wurde jährlich ein Adventsnachmittag gestaltet, der bald zur Tradition wurde und fest im religiösen Leben der evangelischen Pfarrgemeinde verankert war.

Im August 1953 fanden in Sandweier die ersten Wahlen der Kirchenältesten statt. Die evangelischen Mitbürger begannen, sich festere Strukturen zu geben. Zweifelsohne war die Situation nicht immer einfach. Diasporagemeinde zu sein, bringt naturgemäß Probleme mit sich. Dass es für Pfarrer Helmut Mayer nicht leicht war, seine evangelischen Schäfchen in vier Orten zu betreuen, ist einleuchtend. Denken wir nur an den in den verschiedenen Schulen zu erteilenden Religionsunterricht mit den langen Anfahrtswegen und der nicht immer einfachen Abstimmung mit den jeweiligen Stundenplänen. Probleme bereitete auch der Konfirmandenunterricht, zu dem die wenigen evangelischen Jugendlichen aus Sandweier ins Pfarrhaus nach Baden-Oos fahren mussten. In der Friedenskirche fand alljährlich die feierliche Konfirmation statt. Im Jahre 1955 gab es an unserer Schule zwölf evangelische Schüler, die Pfarrer Mayer wöchentlich zwei Stunden in Religion unterrichtete.

Während in Baden-Oos die Zahl der evangelischen Christen in den Jahren 1954 bis 1961 von 700 auf 1.772 anstieg, erhöhte sie sich in Sandweier nur um 29 auf 187. Am 28. Juni 1959 fand hier die zweite Wahl der Kirchenältesten statt. In ihre Amtszeit fiel die Einweihung und Inbetriebnahme des Kirchsaales im Haus der ehemaligen Kinderschule in der Iffezheimer Straße. Die politische Gemeinde überließ den Saal, der zuvor in Gemeinschaftsarbeit ausgebaut und für seinen kirchlich religiösen Zweck hergerichtet worden war, der evangelischen Kirchengemeinde mietfrei. Dank dem Entgegenkommen der Gemeindeverwaltung unter Bürgermeister Richard Fettig und den erfolgreichen Bemühungen von Pfarrer Mayer konnte am 2. Februar 1962 Dekan Hesselbacher den Kirchsaal mit einem Festgottesdienst feierlich übernehmen. Es war ein denkwürdiges Ereignis, als sich der Festzug vom Schulhaus als dem bisherigen Ort der Gottesdienste zum Kirchsaal bewegte, und im neuen Saal zum ersten Mal die kleine Orgel ertönte, die man zur Ausgestaltung der Gottesdienste erworben hatte. Auch die anschließende weltliche Feier im Walburgasaal, vom hiesigen Musikverein und vom Kirchenchor aus Baden-Oos mitgestaltet, ist in guter Erinnerung.

Es war auch höchste Zeit für die Schaffung eines religiösen Zentrums für die evangelischen Christen in Sandweier, denn in den nächsten Jahren sollte sich ihre Zahl sprunghaft vergrößern. Mit der Erschließung neuer Wohngebiete setzte ein starker Zuzug ein. 1967 lebten hier schon 398 evangelische Christen. Entsprechend erhöhte sich die Zahl der evangelischen Schüler, so dass neben Pfarrer Mayer eine weitere Lehrkraft, Frau Schneider aus Haueneberstein, Religionsunterricht erteilte. Im Jahre 1966 fand an der hiesigen Volksschule erstmalig eine evangelische Religionsprüfung statt.

Proportional zur Zahl der Gläubigen musste auch die Zahl der Kirchenältesten 1965 auf sechs erhöht werden. Pfarrer Mayer pflegte eine gute Zusammenarbeit mit der katholischen Pfarrgemeinde. Diese stellte ihm für besondere Gelegenheiten den Walburgasaal zur Verfügung, in dem die Adventsnachmittage abgehalten werden konnten. Nach 20jähriger Tätigkeit verließ Pfarrer Mayer 1969 seine von ihm aufgebaute und liebevoll betreute Friedenspfarrei, um in Bad Rappenau eine Pfarrei zu übernehmen.

Im November des Jahres trat Pfarrer Wilhelm Schlesinger seinen Dienst in der Friedensgemeinde an. Er führte zusammen mit seiner Ehefrau den von Pfarrer Mayer begonnenen Aufbau fort. Um das Zusammengehörigkeitsgefühl in seiner Gemeinde zu stärken, wurde die Zahl der Gottesdienste erhöht, ein Frauenkreis gebildet und die Jugendarbeit intensiviert.

Dennoch erklärten sich 1971 lediglich zwei Gemeindemitglieder zur Kandidatur als Kirchenälteste bereit. Dank der Bemühungen von Pfarrer Schlesinger waren es 1977 vier Kirchenälteste, darunter Willy Preuß, der diesem Gremium von Anfang an angehörte und sich mit seiner Ehefrau um die evangelische Kirchengemeinde Sandweier große Verdienste erworben hat.

Noch in seinem Ruhestand, den er im September 1979 antrat und den er in Haueneberstein verbrachte, half Pfarrer Schlesinger bei der Betreuung der Friedensgemeinde aus. Er verstarb am 28. Dezember 1987 und fand seine letzte Ruhestätte auf dem Friedhof in Baden-Oos.

Nach der Pensionierung Pfarrer Schlesingers übernahm Max Fritz für die nächsten 16 Jahre die Evangelische Friedensgemeinde. Am Beginn seiner Amtszeit fand er mit über 600 Personen eine beachtliche Gruppe evangelischer Christen in Sandweier vor.

*Kindergarten
Louise-Scheppler.*

Zum 1. April 1977 trennte sich Sinzheim von der Friedensgemeinde und bildet seither mit den anderen Reblandgemeinden eine eigene evangelische Pfarrei. In Sandweier wurde die Zahl der Gottesdienste erhöht. Sie finden in 14tägigem Rhythmus jeweils sonntags statt.

Beim kirchengemeindlichen Aufbau wurde Pfarrer Fritz sowohl von den Kirchenältesten wie auch seiner Ehefrau Waldtraut unterstützt. Ein Frauentreff führte Interessierte zusammen. Gemeindediakon Jörg Stephan betreute eine Jungschar; besonders beliebt waren die von ihm geleiteten Sommer- und Winterfreizeiten. Pfarrer Fritz unterrichtete in Sandweier die evangelischen Hauptschüler in Religion, während seine Frau als Katechetin in der hiesigen Grundschule tätig war. Der ökumenische Gedanke, das Aufeinanderzugehen von katholischen und evangelischen Christen, hat hier in Sandweier einen besonderen Stellenwert. Gemeinsame Veranstaltungen, ökumenische Bibelabende, ökumenische Schulgottesdienste und die von beiden Pfarrgemeinden getragene Spielschule unterstreichen dies. Dazu ist auch der ökumenische Gottesdienst zu zählen, der aus Anlass des *Sandwiermer Erdäpflerfeschts* regelmäßig gefeiert wird.

Die evangelische Bevölkerungsgruppe ist seit langem in das Dorf integriert. Von ihr gehen zahlreiche Impulse und Aktivitäten in politischer, kultureller und gesellschaftlicher Hinsicht aus.

Seit Mitte der 80er Jahre kann die evangelische Kirchengemeinde auch Räume über dem Kirchsaal an der Iffezheimer Straße nutzen. Sie dienen zur Unterbringung der Sakristei und bieten Raum für Sitzungen und Gesprächsabende. Gleichzeitig konnte der Kirchsal vergrößert werden. Das von Pfarrer Fritz und seinen Kirchenältesten angestrebte Ziel, im Neubaugebiet Stöcke-Süd ein evangelisches Gemeindezentrum zu errichten, konnte aus finanziellen Gründen nicht realisiert werden. Gottesdienste und sonstige Veranstaltungen finden daher weiter im renovierten Kirchsaal statt, dem ein neuer Altar und ein Lesepult, gestaltet vom Kirchenältesten Harald Buchholz, eine ansprechende Note geben.

Der zunehmenden Nachfrage nach Kindergartenplätzen begegnete die Friedensgemeinde mit Pfarrer Fritz mit der Bereitschaft, die Trägerschaft für einen neuen Kindergarten zu übernehmen. 1991 fasste der Gemeinderat der Stadt Baden-Baden den Beschluss, in der Nähe der Rheintalhalle einen Kindergarten zu bauen und ihn der Friedensgemeinde zu überlassen.

Oberbürgermeister Ulrich Wendt übergab am 19. August 1994 den *Louise-Scheppler-Kindergarten* an Pfarrer Fritz.

Pfarrerin Ulrike Trautz beim Auszug aus der Kirche nach dem Gottesdienst anlässlich der Renovierung der Friedenskirche am 22. April 2007.

Louise Scheppler

Louise Scheppler, eine Frau aus dem Elsass, lebte von 1763 bis 1837. Als 15jähriges Mädchen trat sie in den Dienst des bedeutenden evangelischen Pfarrers und Philanthropen Oberlin, der sich besonders um sozial benachteiligte Menschen und Familien kümmerte. Louise Scheppler wurde seine gelehrige Schülerin, seine beste Helferin und übernahm 1826, nach dem Tod Oberlins, dessen Aufgaben, die vor allem den armen, hilflosen Kindern im Steintal in den Vogesen bei Schirmeck gewidmet waren. Von der Französischen Akademie der Wissenschaften hoch geehrt, arbeitete sie bis kurz vor ihrem Tod am 25. Juli 1837 in einem Kindergarten und einer Sonntagsschule in Schirmeck. In ihrer Arbeit kann man die Urform des Kindergartens und des Horts erkennen. Mit der Namensgebung für den neuen Kindergarten wurde das Wirken dieser großartigen Frau gewürdigt.

Pfarrer Max Fritz wurde im Juli 1995 in den Ruhestand verabschiedet. Im November übernahm Pfarrer Stefan Schütze die Friedensgemeinde. Ende 1995 hatte Sandweier 4.264 Einwohner, davon 733 evangelische Christen. Am 31. Dezember 2005 lebten in Sandweier 4.350 Personen. Davon waren 749 evangelisch. Während die evangelische Bevölkerungsgruppe leicht wuchs, nahm die Zahl der Katholiken von 3.017 im Jahre 1995 auf 2.747 im Jahre 2005 deutlich ab.

Zum 13. Mai 2001 übernahm Pfarrer Stefan Schütze andere Aufgaben in der Evangelischen Landeskirche. Erst nach 18 Monaten konnte die Pfarrstelle der evangelischen Friedensgemeinde wieder besetzt werden. Pensionierte Geistliche und die seit 1996 hier tätige Gemeindediakonin Sabine Schrade-Wittchen führten die Aktivitäten der evangelischen Pfarrgemeinde während dieser Zeit weiter. Zum 1. Dezember 2002 übernahm Pfarrerin Ulrike Trautz als erste Frau die Leitung der Friedensgemeinde.

Schule in Sandweier

Entwicklung des Schul- und Bildungswesens

Die Entwicklung des Schul- und Bildungswesens in einer Gemeinde ist von ihrer politischen und kirchlichen Entwicklung nicht zu trennen. Besonders letztere hatte lange Zeit einen bestimmenden Einfluss auf die Volksbildung, da die schulische Betreuung bis ins 19. Jahrhundert hinein von der Kirche wesentlich bestimmt wurde. Keimzelle der Bildung waren die Klöster. Die ersten Schulen waren Klosterschulen, oftmals gefördert durch die weltlichen Herren, in denen ihre Söhne das nötige Rüstzeug für ihr Leben erwerben konnten.

Die ersten weltlichen Schulen in der Markgrafschaft waren die Lateinschulen, wie sie zu Beginn des 16. Jahrhunderts in Baden, Bühl, Gernsbach, Ottersweier und Rastatt bestanden. Einen Einblick in ihre Organisation gibt uns die *Ordnung und competenz des schulmaysters, collaboratoris (Schulgehilfe) und der schul zu Baden*, aus dem Jahre 1541 und unterschrieben vom *Margrevischer vormuntschafft statthalter und rethe zu Baden Ulrichus Langenmantel*, einem Ratgeber des Markgrafen Philibert, der zu jener Zeit noch unmündig war und deshalb unter Vormundschaft stand.

Auch der Sohn Philiberts, Markgraf Philipp II, war um die Erziehung und Unterrichtung der Jugend in seinem Herrschaftsbereich bemüht. Er verordnete im Jahre 1584, *ettliche catechismoß zu drucken und den geistliche, verwaltern, einem jedweden pfarrherrn der marggravschaft und sondsten in den schuolen außzutheilen.* Damit sollte die Jugend an den Sonn- und Feiertagen in den *Nachpredigten* und in den Schulen in religiösen Themen unterrichtet werden, womit *Gott ein wohlgefellig werkh* erwiesen werde.

Als Adressaten dieser Verordnung werden Haueneberstein, Iffezheim und Oos genannt, nicht jedoch Sandweier, obwohl schon 1514 die kirchliche Trennung von Iffezheim erfolgt war. Offensichtlich war 1584 die Pfarrstelle in Sandweier nicht besetzt und ebenso offensichtlich ist es, dass es zu jener Zeit in der Gemeinde noch keine Schule gab. Gerade das Zeitalter der Glaubenskämpfe wirkte stark auf die Organisation des Schul- und Bildungswesens ein.

Die zahlreichen Kriege des 17. Jahrhunderts verhinderten die Ausbildung eines geordneten Schulwesens vor allem auf dem Lande. Die Berichte zweier Visitatoren des Bischofs von Speyer aus dem Jahre 1683 über die Zustände in den ihrer Aufsicht unterstehenden Gemeinden der Markgrafschaft Baden geben aufschlussreiche Einblicke auch über das Schulwesen. Danach gab es Schulen nur in großen Gemeinden, die in der Lage waren, einen Schulmeister bezahlen zu können. Unterricht wurde nur in den Wintermonaten erteilt. Im Sommer wurden die Kinder bei der Feldarbeit benötigt. Daher war das Amt des Schulmeisters in der Regel ein Nebenamt, das seinen Inhaber kaum ernähren konnte. Oft waren es Handwerker oder ehemalige Soldaten, die von Schultheiß und Pfarrer eingestellt worden waren. Die Schulmeister waren in der Regel zugleich Messner und *Director Horologii*, Einsteller und Verwalter der Kirchenuhr, womit sie ihren Lebensunterhalt etwas aufbessern konnten.

Erste Schulanfänge
in Sandweier

Offensichtlich war der 1669 geborene und am 23. Juni 1723 verstorbene Johann Bernhardt Babian der erste Schulmeister in Sandweier. Nach dem Eintrag im Sandweierer Kirchenbuch, das zu jener Zeit in der Mutterpfarrei Iffezheim geführt wurde, unterrichtete der Sohn des Joannes Bernardus Babian ab 1691 über 32 Jahre als *ludimagister* (Schulmeister) hier am Ort. Eng befreundet scheint er mit seinem Iffezheimer Kollegen Ignatius Rösch gewesen zu sein, waren doch dieser und dessen Ehefrau Taufpaten seiner Kinder. Die Schulmeister wurden zu jener Zeit vom Ortsgeistlichen und vom Schultheiß ausgewählt und mit herrschaftlicher und bischöflicher Genehmigung angestellt. Schultheiß in Sandweier war Simon Eichelberger, zuständiger Pfarrer der Geistliche von Iffezheim. 1722 wird erstmals das Schulhaus von Sandweier erwähnt. Im Rechnungsbuch der Gemeinde sind umfangreiche Ausgaben für Reparaturen an demselben notiert.

Nach dem Tod Babians werden ein Franz Schmid von 1724 bis 1728 und danach ein Hans Martin Römer als Schulmeister genannt, wobei Letzterer wohl bis 1734 hier unterrichtete. Von 1734 bis 1739 unterrichtete Lorenz Beiler (Bayller), der sich zwar selbst Schulmeister nannte, vom Pfarrer aber lediglich als Messner und Religionslehrer erwähnt wird. Am 15. Juli 1739 nahm Hanß Michael Schultz seine Tätigkeit als Schulmeister auf. Er war der Sohn des Hanß Michel Schultz des Gerichts, der im Sandweierer Kirchenbuch als *honestus vir*, als ehrenwerter Mann, bezeichnet ist. Schulmeister Schultz dürfte 1714/15 geboren sein, denn er verstarb als 93jähriger am 4. April 1808. Er begann seine Unterrichtstätigkeit schon mit 25 Jahren und übte sie bis 1778 aus. Welche besondere Stellung Hanß Michael Schultz in unserem Dorf einnahm, beweist die Tatsache, dass er anschließend noch bis 1789 Schultheiß von Sandweier war. In seine aktive Zeit als Lehrer fiel die Verabschiedung der *Allgemeinen Landschulordnung für die Catolischen Schulen der Hochfürstlichen Markgräflichen Lande* aus dem Jahre 1770. In ihr ist erstmalig von einer Schulpflicht für Mädchen und Jungen sowie vom ganzjährigen Unterricht die Rede. Sicher war Schultz auch ein Befürworter der Wiedererrichtung der Pfarrei im Jahre 1769. Denn als Schultheiß war er es, der die ersten, schwierigen Verhandlungen um die Gemarkungsaufteilung führte. Als 92jähriger Alt-Schultheiß durfte er 1807 den Abschluss dieses langwierigen Prozesses erleben. In seine Amtszeit als Schultheiß fällt auch eine umfassende Reparatur der Schulstube und der Lehrerwohnung, die vom örtlichen Maurermeister Butscher 1784 ausgeführt wurde. Auf den nunmehrigen Schultheißen Hanß Michael Schultz folgte der Schulmeister Johann Philippi nach, der im Jahre 1782 durch den Lehrer Georg Schwall ersetzt wurde. Er betrieb, wie sicher alle seine Vorgänger, Landwirtschaft, pachtete Ackerland an und lagerte seine Früchte in der Scheuer beim Schulhaus, das sich vermutlich an dem Platz der heutigen Ortsverwaltung befand.

1783 erhielt Schulmeister Jörg Schwall für das Trauerläuten beim *Absterben Ihrer Durchlaucht der Gräfin von Baden* 3 fl. als Entlohnung. Das Läuten der Glocken war Teil seiner Aufgaben als Messner. Im gleichen Jahr werden Auslagen in Höhe von 1 fl. erstattet, die er für die Beschaffung der Vorschriften zum Schön- und Rechtschreiben hatte. Im Jahre 1784 wurde die Geburt des Erbprinzen Carl Friedrich auch in Sandweier gebührend gefeiert. Die 66 Schulkinder erhielten je ein Brot. Bei der Austeilung wurden insgesamt *8 Maaß (16 Liter) Wein* konsumiert. Die Gesamtkosten in Höhe von 3 fl. 14 x übernahm die Gemeindekasse. Bei einer Einquartierung während der französischen Revolutionskriege verlor Schwall im Jahre 1796 sein einziges Rind, das ihm im folgenden Jahr mitsamt den anderen Schäden ersetzt wurde. Zu Beginn des 19. Jahrhunderts wechselten die Lehrer häufig, möglicherweise Resultat der schlechten Bezahlung der Schulmeister. Die Entlohnung der Lehrer erfolgte durch das Schulgeld, das in der Regel 1 fl. pro Kind im Jahr betrug. Allerdings reichte das Schulgeld in den seltensten Fällen für eine angemessene Besoldung der Schulstelleninhaber aus. In der Markgrafschaft Baden-Baden war daher schon 1770 eine Schulkasse gegründet worden, die ihre Mittel aus den Weinkaufsgeldern, einer Steuer auf den Weinverkauf, erhielt.

Im Jahre 1775 wurden dem Amt Stollhofen aus dieser Kasse folgende Beträge zur Verfügung gestellt

Besoldung der Schulmeister	*61 fl.*
Schulgeld für arme Kinder	*112 fl. 24 kr*
Schulvisitationskosten	*14 fl. 30 kr*
Schulprämien	*32 fl. 41 kr*
aus der Kirchenfabrik ohne Belastung	*50 fl.*
gesamt	*153 fl., 5 sh.*

Auffallend sind die hohen Zuwendungen für arme Kinder. In die Weinkaufsgelderkasse flossen übrigens auch die Schulstrafengelder, die für Schulversäumnisse erhoben wurden. So kamen diese wieder den Schulen zugute.

Trapp'sche Schulfonds-Stiftung

Auch zu jener Zeit gab es großherzige Wohltäter, die sich für die Verbesserung des Schulwesens einsetzten. Dekan Joseph Trapp aus Durmersheim zählt zweifelsohne dazu.

Er verstarb 1786 und vermachte sein Vermögen seinem Neffen Augustin Trapp, der als Benefiziat in Kuppenheim lebte, mit der Auflage, alles das, was er *bei Lebzeiten zu einem standesgemäßen Gebrauche oder Unterhalte nicht nötig habe*, für arme Kirchen- oder Freischulen zu verwenden. Als Augustin Trapp am 28. November 1818 in Baden-Baden verstarb, bildete das Gesamtvermögen in Höhe von 27.351 fl. 50 kr den Trapp'schen Schulfonds. Daraus erhielt die Gemeinde Sandweier laut Stiftungsurkunde den Betrag von 2.170 fl. 15 ¾ kr, mit der Maßgabe, aus den 5 %igen Zinsen dieses Kapitals jährlich pro Kind 1 fl. Schulgeld zu bezahlen, beginnend mit Martini 1820. Für 108 Kinder konnte so jährlich das Schulgeld übernommen werden.

Viele Gemeinden in Mittelbaden waren Nutznießer dieser Stiftung. In der Inflation des Jahres 1923 verlor der Fonds sein Vermögen, doch wurde er erst am 15. September 1958 auf Anordnung des Landratsamtes Rastatt offiziell aufgelöst.

Schule zu Beginn
des 19. Jahrhunderts

Im Jahre 1810 unterrichtete hier der Schulmeister Bischofsberger. Er betrieb daneben eine Krämerei, denn im Jahre 1811 wurden ihm anlässlich der Feierlichkeiten beim Durchzug *Ihrer Königlichen Hoheit der Frau Großherzogin* 57 kr bezahlt für 21 Loth Pulver, das zur *Lösung einiger Böller* benötigt worden war. 1812 lieferte er Krämerwaren und Salz an die Gemeinde, wie ihr Rechnungsbuch ausweist. Das damalige Schulhaus wird als zweistöckige Behausung beschrieben. Im unteren Stockwerk befand sich die Schulstube, der übrige Teil diente als Wohnung, vom jeweiligen Schulmeister unentgeltlich benutzt. Allerdings scheinen diese Räumlichkeiten keineswegs in Ordnung gewesen zu sein, denn 1813 musste der Bürgermeister Augustin Schulz auf dem Oberamt vorsprechen wegen einer neuen Schule. Wahrscheinlich hatte Schulmeister Bischofsberger versucht, bessere Schulverhältnisse zu erreichen. So erfahren wir, dass im Jahre 1817 auch das Rathaus zur Abhaltung von Unterricht benutzt werden musste. 1814 starb Lehrer Bischofsberger, seine Witwe führte den Krämerladen weiter. Auf Schulmeister Bischofsberger folgte Lehrer Dehmer, der lange in Sandweier unterrichtete. Er wurde 1823 auch Ratschreiber. In seine Amtszeit fiel der Bau des neuen Schulhauses, die heutige Ortsverwaltung, das 1825 bezogen werden konnte. Die Baukosten beliefen sich auf 1.813 fl. 18 kr, wozu die von der Gemeinde dem Hirschwirt bezahlten Aufwendungen für das Richtfest in Höhe von 7 fl. 48 kr noch hinzukamen.

Im Jahre 1823 besuchten 110 Kinder die Elementarschule, zwei Jahre später waren es 126 Schüler. 1823 wurde hier die Sonntagsschule eingerichtet, die als Weiterführung des Unterrichts für die schulentlassene Jugend konzipiert war. 1830 findet ein Lehrer Lutzi Erwähnung, der allerdings nur kurze Zeit an der Schule unterrichtete. 1832 bis 1833 führte Unterlehrer Schindler kommissarisch die Schule. *Wegen seines besonderen Fleißes, mit dem er seiner ihm anvertrauten Schule vorsteht,* erhielt er in diesen zwei Jahren jeweils 3 fl. Prämie aus der Gemeindekasse.

Ab 1845 unterrichtete Theodor Störk an der Schule. Er war offensichtlich ein ausgezeichneter Schulmeister, der bis zu seinem Tode im Spätjahr 1867 seinen Dienst zu allseitiger Zufriedenheit versah. Aus einer *Schullehrer-Prämien*-Stiftung der verstorbenen

Markgräfin Maria Victoria Pauline von Baden für herausragende Lehrer aus den ehemaligen Diözesen Straßburg und Speyer erhielt Hauptlehrer Störk 1863 einen vierten Preis in Höhe von 25 fl. Ein Jahr später gehörte er erneut zu den Preisträgern, als er einen sechsten Preis im Betrag von 20 fl. entgegennehmen konnte.

Inzwischen war die Schülerzahl in Sandweier so angewachsen, dass neben Hauptlehrer Störk noch ein Unterlehrer Weik und später Unterlehrer Hartmann an der Schule tätig waren.

Neuordnung des badischen Schulwesens

Die Jahre zwischen 1850 und 1870 waren für das badische Schulwesen von außerordentlicher Bedeutung. Lag bisher die Aufsicht über die Schule und die Lehrer noch ganz in den Händen der Kirche, so wurde mit Gesetz vom 29. Juli 1864 bestimmt, dass nunmehr die örtliche Aufsicht über die Volksschule einem Ortsschulrat übertragen wurde. Ihm gehörten der Ortspfarrer, der Bürgermeister oder sein Vertreter, der Schulleiter sowie weitere Vertreter aus der Gemeinde an. Eines dieser Mitglieder wurde vom Gemeinderat und dem Kleinen Ausschuss gewählt, die anderen von den verheirateten und verwitweten Männern der Schulgemeinde. Die Gewählten mussten mindestens 25 Jahre alt sein und der entsprechenden Konfession angehören. Die Wahlen fanden für sechs Jahre statt.

Der erste an unserer Schule gebildete Ortsschulrat setzte sich aus folgenden Personen zusammen: Bürgermeister Wendelin Pflüger, Hauptlehrer Theodor Störk und den Herren Hiazinth Eichelberger, Paul Kratzer, Ambros Herr und Bernhard Peter. Anfänglich nahm der Ortsgeistliche an den Sitzungen des Ortsschulrates nicht teil, obwohl er kraft Amtes Mitglied war. Denn die neuen staatlichen Regelungen hatten nicht die Zustimmung der Kirche gefunden, so dass sich die Pfarrherren meistens fernhielten bzw. fernbleiben mussten.

Im Jahre 1864 wurden Kreisschulbezirke errichtet und die ersten Kreisschulräte ernannt. Der Schulkreis Baden umfasste damals die Bezirksämter Achern, Baden, Bühl, Ettlingen, Gernsbach und

Rastatt. Erster Kreisschulrat oder Kreisschulvisitator war der Lehrer an der höheren Bürgerschule in Heidelberg, Joseph Aleck, der seinen Wohnsitz in Baden nehmen musste und von dem uns zahlreiche, oft sehr kritische Berichte über seine Visitationen der Schule in Sandweier vorliegen.

Die staatliche Einflussnahme auf die Schule führte zu schwierigen und langwierigen Auseinandersetzungen zwischen der Regierung und der katholischen Kirche, die in den Jahren des Kulturkampfes ihren Höhepunkt hatten und im Großherzogtum Baden letztlich am 18. September 1876 zur Abschaffung der Konfessions- und zur Einführung der Simultanschule führten.

Diese Konflikte wurden nicht nur auf höchster Ebene ausgetragen, sondern wirkten in die einzelnen Schule hinein. Im April 1882 nahm erstmals wieder der Ortsgeistliche Schleyer an einer ordentlichen Sitzung der hiesigen Ortsschulbehörde teil. Auch später können wir immer wieder einmal lesen: *Der Ortsgeistliche wurde zur Sitzung eingeladen, ist aber nicht erschienen.* Es dauerte einige Jahre, bis sich die Gemüter wieder beruhigt hatten.

Neben der Abhaltung der Prüfungen am Ende des Schuljahrs an Ostern verwaltete der Ortsschulrat den Schulfonds, der sich aus den Schulpfründen und dem Trapp'schen Schulfonds zusammensetzte, und entschied über die Verteilung der Prämien für die Lehrer. 1855 erhielten die Lehrer Störk und Weick 166 fl. 45 kr. bzw. 55 fl. Letzerer erhielt beim Hauptlehrer Wohnung und Verpflegung. Besonders die Unterlehrer lebten am Rande des Existenzminimums, wie eine Eingabe des Unterlehrers Weick vom 30. November 1855 verdeutlicht:

Löblicher Gemeinderat! Bitte des Unterlehrers Weick dahier um teilweise Auszahlung des zu hoffenden Schulgeldsantheil fürs Jahr 1855 / 56 betreffend. Ein jeder Arbeiter ist seines Lohnes werth!

Dem löblichen Gemeinderat wird es wohl bekannt sein, wie dürftig die Unterlehrer unseres Vaterlandes besoldet sind. Er wird deshalb wohl einsehen, daß es für einen Mann, welcher als Erzieher und Bildner der Jugend, in einem ordentlichen, standesgemäßen Anzug zu erscheinen hat, schwer ist, mit zweiundzwanzig Kreuzer per Tag sich zu verköstigen und die übrigen nothwendigen Bedürfniße des Lebens sowie die Abgaben des Staates zu bestreiten.

Welches Deficit sich bei der täglichen Einnahme und Ausgabe herausstellen muß, wird leicht zu begreifen sein. Es ist also immer die Frage, wie dieses wieder zu decken ist. Bisher hatte ich die Privatmittel, dasselbe in der Geschwindigkeit wieder soweit in Ordnung zu bringen, daß es keine Blöse gab, bis ich durch den von dem Ortsschulvorstande und von der Oberschulbehörde verwilligten Schulgeldantheil das ganz Deficit wieder berichtigen konnte.

Nun ist aber innerhalb von 10 Jahren schon manches von meinem Vermögen in die Lücken gewandert, welche ich von meinem spärlichen Gehalte nicht verstopfen konnte, so daß es mir nun nicht möglich ist, im Augenblicke die Auslagen, welche mir meine Krankheit verursacht, durch eigene Mittel zu decken.

Ich bitte deßhalb löblichen Gemeinderath: Er wolle mir einen Theil des zu hoffenden Schulgeldes verabreichen lassen, indem es ja in vielen Gemeinden unseres Landes den Unterlehrern wie den Hauptlehrern quartalsweiße ausbezahlt wird. Auch wird ja dem Hauptlehrer von jeher die Hälfte der zu vertheilenden Schulgeldhälfte quartalsweiße ausbezahlt, was also ebenfalls vorschließlich ist. Sollte nun der Gemeinderath dem Unterlehrer, der doch sonst keine Nebenverdienste hat, nicht auch dieselbe Wohlthat zukommen lassen?

Ferner bringt die Gewährung dieser Bitte der Gemeinde keinen Nachtheil, indem später ja doch ausbezahlt werden muß. In Anbetracht des Vorhergegangenen und auf die rechtlichen wohlwollenden Gesinnungen des löblichen Gemeinderaths bauend, hoffe ich meine Bitte werde geneigtes Gehör finden und zeichne mich

achtungsvoll
Sandweier den 30ten November 1855
ergebenster
A. Weick, Unterlehrer.

Dem Antrag wurde vom Gemeinderat noch im Dezember stattgegeben. Die Regierung erkannte, dass eine Verbesserung des Volksschulwesens nur möglich war, wenn die Ausbildung der Lehrer verbessert und deren Entlohnung angehoben wurde. Es wurden daher Präparandenschulen geschaffen, so auch in Rastatt, und außerdem konfessionelle Schullehrerseminare in Karlsruhe, Ettlingen und Meersburg eingerichtet.

So war Rudolf Kratzer aus Sandweier nach dem Besuch des Schullehrerseminars in Meersburg im Jahre 1863 unter die *Zahl der Volksschulcandidaten* aufgenommen worden. Er bestand 1868 die Dienstprüfung für *Erweiterte Volksschulen* und erhielt 1869 eine Unterlehrerstelle in Konstanz. Am 12. September 1873 wurde Anton Peter aus Sandweier als *kath. Volksschulcandidat* erwähnt.

Der Ortsschulrat

In den Protokollen des Ortsschulrats finden sich häufig interessante Berichte über die Zustände im Dorf. Im Protokoll vom September 1872 lesen wir, dass zwei hiesige Schulkinder auf der Straße nach Iffezheim beim *Betteln* angetroffen worden waren. Der damalige Hauptlehrer Amand Reinhard wurde vom Ortsschulrat beauftragt, die von ihm verhängte Schularreststrafe von zwei Stunden zu vollziehen. Die Bestrafung von Schulversäumnissen oblag ebenfalls dem Ortsschulrat. Im Herbst 1875 führte Hauptlehrer Reinhard Klage über außergewöhnlich viele Versäumnisse. Der Ortsschulrat legte daraufhin fest, dass die säumigen Eltern für *jedesmaliges Wegbleiben der Schüler von der Schule vom Monat November ab mit 20 Pfennig zu bestrafen und diese zu ergreifende Maßnahme bei versammelter Gemeinde den Gemeindeangehörigen zu eröffnen sei!*

Siegel des Katholischen Ortsschulrats.

Im Dezember 1867 wurden von Seiten des Ortsschulrates an die beiden Lehrer, Schulverwalter Tritschler und Unterlehrer Schlager, folgende Wünsche gerichtet:

1. Die Kinder möchten angehalten werden zum Fleiß und pünktlichem Schulbesuch!
2. Ebenso möchten die Lehrer darauf sehen, dass die Schüler ein gutes Betragen führen in der Schule, Kirche und Straßen!
3. Die Werktagsfortbildungsschule möchte pünktlich und jeweils dienstags von 12.00 bis 2.00 Uhr abgehalten werden.
Die Lehrer werden sich zur genauen Befolgung oben ausgesprochener Wünsche verpflichten und hegen den Wunsch, in allem was billig und recht ist, vom Großherzoglichen Ortsschulrath unterstützt zu werden.

Erstmalig wird in jenen Jahren von *Schulferien* gesprochen. Bislang war der Unterricht lediglich tage- und wochenweise zur Erledigung dringender Feldarbeiten ausgesetzt worden. Neue Töne waren nun zu vernehmen: *Ferien sind Erholungszeiten für Lehrer und Kinder; auf dem Lande dienen sie jedoch noch dazu, dass die Eltern ihre Kinder bei den Feldarbeiten zur Aushilfe benützen. Aus diesem Grunde spricht die hohe Oberschulbehörde den Wunsch aus, die Ferien möchten zur geeigneten Zeit stattfinden.* Im Januar 1868 wurde die Schule bei der Visitation durch den Ortsschulrat recht gut beurteilt. Nur das Rechtschreiben lasse noch zu wünschen übrig.

Der häufige Lehrerwechsel in den kommenden Jahren wirkte sich nachteilig auf den Leistungsstand der Schule aus. Entsprechend schlecht fiel das Urteil über sie im Mai 1871 aus. Im Mittelpunkt der Kritik stand der Schulleiter Hauptlehrer Ignaz Alois Göller, seit 1868 am Ort, der zu häufig Gast in den Sandweierer Wirtschaften war und im Prüfungsbericht *ernstlich* aufgefordert wurde, zukünftig das Wirtshaus zu meiden. Hauptlehrer Göller starb am 30. Juli 1871 in Sandweier.

Die Schule wird größer

Unter dem seit 1872 hier amtierenden Hauptlehrer Amand Reinhard ging es mit der Schule wieder aufwärts. In jenen Jahren besuchten zwischen 240 und 250 Kinder die Schule. Damit waren die Voraussetzungen für die Umwandlung der Unterlehrerstelle in eine Hauptlehrerstelle in der 1.253 Einwohner zählenden Gemeinde geschaffen. Neben seinem Gehalt erhielt der zweite Hauptlehrer von der Gemeinde eine Mietentschädigung und eine Prämie, das sog. Schulgeldaversum, dessen Höhe sich nach den Durchschnittsschülerzahlen richtete. Ab März 1875 wurde die zweite Hauptlehrerstelle mit dem von Birndorf, Amt Waldshut, kommenden Hauptlehrer Constantin Mutz besetzt. Schulleiter Amand Reinhard verstarb am 16. September 1877. Sein Nachfolger, Georg Joseph Schäfer, trat am 24. April 1878 seinen Dienst an, nachdem der erstmals dazu befrage Ortsschulrat keine Bedenken gegen ihn geäußert hatte.

Im Jahre 1874 wurde auch das Schulgeld neu festgelegt: Es betrug künftig jährlich 1 fl. 52 kr, was umgerechnet 3,20 Mark entsprach. Dank der 115 fl. Zinsen aus der Trapp'schen Schulfonds-stiftung konnte die Gemeinde an der untersten Grenze des gesetz-lich vorgeschriebenen Schulgeldes bleiben. Für die zweiten bis vierten Kinder einer Familie musste nur die Hälfte des festgesetz-ten Schulgeldes entrichtet werden. Jedes weitere Kind war frei. Viele Gemeinden forderten ein höheres Schulgeld. In der Nachbar-gemeinde Oos wurden pro Kind 4 Mark jährlich eingezogen.

Im Frühjahr 1879, als die Schülerzahl dauerhaft über 260 Kin-der angestiegen war, wurde eine dritte Lehrerstelle eingerichtet, die mit dem Unterlehrer Willibald, der soeben das Examen am Seminar in Meersburg abgelegt hatte, besetzt wurde. Die zusätz-lich notwendigen Lehrmittel und *Schulrequisiten* wurden von der Gemeinde anstandslos beschafft.

Dass Lehrer Menschen mit Fehlern waren und sind, zeigt eine Bemerkung im Protokoll einer Schulkommissionssitzung, wonach es zwischen den Familien des ersten und zweiten Hauptlehrers zu Streitereien gekommen war, die zu Beleidigungsklagen führten. Man beschloss, die Kreisschulvisitatur um Abhilfe zu bitten.

Die Fortbildungsschule wurde in jenen Jahren noch als Sonn-tagsschule geführt und von den beiden Hauptlehrern betreut, die dafür eine besondere Vergütung erhielten. Eine Verlegung des Un-terrichtes vom Sonntag auf einen Werktag wurde vom Gemeinderat unter Bürgermeister Andreas Kinz abgelehnt. Bis 1883 wurde daher der Sonntagsschulunterricht weiterhin im Sommerhalbjahr von 7.00 bis 9.00 Uhr und im Winterhalbjahr von 11.00 bis 13.00 Uhr erteilt. Erst danach wurde er auf den Dienstag verschoben.

Handarbeitsunterricht in der Industrieschule

Für die Industrieschule, dem Unterricht für die Mädchen in Handarbeit, Stricken, Stopfen, Nähen usw., hatte man 1873 eine 20jährige Näherin von hier, die ledige Karolina Kiefer, eingestellt, nachdem die bisherige Industrielehrerin wegen wenig befriedigender Leistungen entlassen worden war. Der neuen Lehrerin wurden eini-ge Verhaltensgrundsätze vorgeschrieben, woraus geschlossen wer-den kann, weshalb man ihre Vorgängerin nicht mehr unterrichten lassen wollte. Der Industrieunterricht fand für 11 bis 14jährige Mädchen dienstags von 12.00 bis 15.00 Uhr statt, allerdings nur während des Winterhalbjahrs. Der Lehrerin war untersagt, während der Unterrichtszeit für sich zu arbeiten. Sie hatte die Zeit einzig *auf das Unterweisen der Schüler zu verwenden.* Generell sollte die Lehrerin *die Kinder liebevoll, überhaupt human zu behandeln, jedoch die Schulzucht zu handhaben, was ihr leicht gelingen wird, da die Mädchen hier bekanntlich lenksam sind.* Sollte sie ihre Pflichten nicht erfüllen, konnte sie jederzeit wieder entlassen werden. Als Lohn erhielt die Industrielehrerin jährlich am 23. April 25 fl., nach der neuen Währung 44 Mark.

Karolina Kiefer arbeitete zu voller Zufriedenheit der Gemeinde und der Schulbehörde viele Jahre an unserer Schule. Im Jahre 1906 hatte sie 90 Mädchen zu betreuen, die in drei Klassen je sechs Wochenstunden Unterricht erhielten. Ihr Jahreslohn war auf 360 Mark gestiegen.

Schule um die Jahrhundertwende

Am 24. April 1890 trat der Schulleiter, Hauptlehrer Schäfer, in den Ruhestand. Im gleichen Monat wurde die Unterlehrerstelle als dritte Hauptlehrerstelle angehoben und mit Julius Zimmermann besetzt. Für den pensionierten Schulleiter wurde vorerst Schulverwalter Kirchgeßner angewiesen, bis dann im Frühjahr 1891 ein Hauptlehrer Adolf Müller seinen Dienst hier aufnahm. Hauptlehrer Mutz hatte als dienstältester Hauptlehrer die Leitung der Schule übernommen.

Wenig befriedigt über den Stand der Schule zeigte sich Kreisschulrat Riegele im Mai 1891. Er monierte *die auf-*

Klassenfoto mit Pfarrer Rinck von Baldenstein und Hauptlehrer Mutz, Ende der 1880er Jahre (?).

Hauptlehrer Haffner, die Lehrer Fischer, Weber und Müller, Anton Nassall, 1901.

fällig große Zahl schwach begabter Kinder, die einen ganz besonders anregenden und gründlichen Unterricht erforderten, was wohl offensichtlich nicht der Fall war. Zwei Jahre später fiel das Urteil wesentlich günstiger aus. Den an der Schule tätigen Hauptlehrern Müller und Eppel sowie dem Schulverwalter Weber wurde anerkennenswerter Fleiß bestätigt, so dass von *schwach begabten Kindern* keine Rede mehr war. Wie rasch sich die Verhältnisse, vielleicht auch nur die Beurteilungsmaßstäbe ändern können! Die Schule wurde in diesem Jahr von 270 Kindern besucht.

Im Mai 1893 verteilte der Ortsschulrat unter Bürgermeister Christian Peter die Schulgüter auf die drei Hauptlehrer

Der erste Hauptlehrer Eppel erhielt
1. 10 Ar 52 Meter Acker im Mittelfeld
2. 18 Ar Acker im Oberfeld
3. 22 Ar 25 Meter Acker im Oberfeld
4. 16 Ar 20 Meter Acker im Oberlandweg, Gemarkung Oos

Der zweite Hauptlehrer Müller erhielt
1. 10 Ar 35 Meter Acker im Unterfeld
2. 9 Ar 51 Meter Acker im Oberfeld

Der dritte Hauptlehrer Weber erhielt
1. 11 Ar 60 Meter Acker im Oberfeld
2. 8 Ar 70 Meter Acker im Mittelfeld

Auch die Nutzung der Ökonomiegebäude des Schulhauses wie die die Zuteilung der Erträgnisse der Obstbäume im Schulhof wurden dabei exakt geregelt.

1894 scheint es zu Unstimmigkeiten zwischen dem Schulleiter Hauptlehrer Eppel und der Ortsschulkommission gekommen zu sein. Letztere stellte nämlich beim Kreisschulrat einen Versetzungsantrag für den Schulleiter, dem stattgegeben wurde. Am 1. November 1894 trat Hauptlehrer Julius Haffner seinen Dienst hier an. Ihm wurde am 10. Februar 1896 die Leitung der Schule in Sandweier übertragen.

28 Jahre wirkte er in dieser Funktion in Sandweier. 1897 hatte die Schule 253 Schüler, die in sechs Klassen unterrichtet wurden. Sie besaß dank des Fleißes ihrer Lehrer einen *guten bis ziemlich guten Stand*, wie die Prüfungsberichte ausweisen.

Neubau und Erweiterung des Schulgebäudes

Heutige Grundschule Sandweier.

Mit der Einführung des stufenweisen Unterrichts und der stetigen Zunahme der Schülerzahlen 1898 nahmen die Platzprobleme dramatisch zu. So entstanden um die Jahrhundertwende ein neues Lehrerwohnhaus mit zwei großen Lehrerwohnungen und Unterlehrerzimmern im Dachgeschoss und daneben das neue Schulhaus. Es hatte zwei große Schulsäle. Man meinte damit auszukommen, da das alte Schulhaus ja weiter verwendet werden sollte. Beide Häuser waren ganz im Stile der Jahrhundertwende gebaut. Am Sonntag, 23. Juni 1901, fand die feierliche Einweihung statt. Die Gesamtbaukosten beliefen sich auf ca. 50.000,- Mark. In der Folgezeit wuchsen die Schülerzahlen weiter an. In den Jahren 1905 bis 1909 besuchten durchschnittlich 300 Kinder die Volksschule, die von drei Hauptlehrern, Julius Haffner als Schulleiter, den Herren Gratz und Wolf sowie der Unterlehrerin Ella Hellriegel, unterrichtet wurden. Der Unterricht selbst musste in drei Gebäuden, dem alten und neuen Schulhaus sowie im Rathaussaal erteilt werden, eine Situation, die nicht nur von der Kreisschulvisitatur als auf Dauer *nicht haltbar* erkannt wurde. Bis 1911/12 stiegen die Schülerzahlen auf 350 Kinder an. Die Gemeinde musste sich entschließen, das 1901 eingeweihte Schulhaus zu erweitern.

Ursprünglich hatte man wohl vor, nur zwei weitere Schulsäle zu bauen, beschloss dann klugerweise, um vier Säle zu erweitern. Man baute nach Süden drei Säle an. So entstand noch vor dem Ersten Weltkrieg das heute als Grundschule verwendete Schulhaus.

Aus dem Jahresbericht 1913/14 des Schulleiters Haffner entnehmen wir, dass die Schule in diesem Schuljahr von insgesamt 378 Kindern besucht wurde. 186 Knaben und 192 Mädchen – alle katholisch. Es gab zwei erste Klassen, eine zweite Klasse, zwei dritte Klassen und jeweils eine vierte, fünfte, sechste, siebte und achte Klasse. An der Schule unterrichteten Hauptlehrer Haffner, Hauptlehrer Wolf, Hauptlehrer Gratz, Hauptlehrerin Hellriegel und Unterlehrer Baur. 111 Knaben erhielten im Sommer Turnunterricht, 103 Mädchen erhielten von der Handarbeitslehrerin Karolina Kiefer im Winter Unterricht.

Schule im Ersten Weltkrieg

Die Kriegsjahre brachten einen häufigen Lehrerwechsel. Gleichzeitig stieg die Zahl der weiblichen Lehrkräfte an. Nur Oberlehrer Haffner und Hauptlehrer Wolf blieben vom Kriegsdienst verschont. Das Schulhaus war häufig von Militäreinheiten belegt. Meist waren es Einheiten des Landsturmes, die in den Schulsälen untergebracht werden mussten, was Störungen des Unterrichtsbetriebes zur Folge hatte. Große Sorge bereitete den Schulbehörden während der Kriegsjahre das Verhalten der Schuljugend. Die Einberufung der Väter brachte in vielen Familien Probleme mit sich, wobei insbesondere die Fortbildungsschüler und deren Benehmen in der Öffentlichkeit Anlass zu Klagen und Reklamationen gaben.

*Erste Klasse 1913/14
Unterlehrer Bauer,
Lehrerin E. Hellriegel.*

*Abschlussklasse 1913,
Hauptlehrer Haffner.*

Am 2. Oktober 1915 wurde folgende ortspolizeiliche Vorschrift erlassen: *Den Schülern der Volks- und Fortbildungsschule ist das Herumtreiben auf den Straßen nach einsetzender Dunkelheit, das Rauchen sowie der Besuch der Wirtshäuser ohne Beaufsichtigung strengstens verboten. Zuwiderhandlungen werden nach den gesetzlichen Vorschriften bestraft. Die Eltern und Fürsorger werden dringend ermahnt, die Kinder von Übertretungen dieser Vorschriften abzuhalten. Die Ortspolizei ist angewiesen, über die Einhaltung dieser vom Großherzoglichen Ministerium und vom Großherzoglichen Bezirksamte erlassenen Anordnungen zu wachen und Übertretungen zur Anzeige zu bringen. Reklamationen und Übertretungen dieser Art unterliegen der Behandlung des Großherzoglichen Bezirksamtes.* Mit zweifelhaftem Erfolg allerdings, denn in den Protokollen der Ortsschulbehörde folgen regelmäßig Berichte über das ungebührliche Verhalten der Jugend. So werden fünf Fortbildungsschüler erwähnt, die wegen Ruhestörung in der Neujahrsnacht 1915/16 mit je 15 Stunden Ortsarrest belegt worden waren. Die Klagen dauern über die ganzen Kriegsjahre an, ein Bericht vom Juli 1917 spricht von einer Verschlimmerung der Verhältnisse und im Januar 1918 wird mitgeteilt, *dass sich nichts Wesentliches geändert hat; das Betragen der Jugend bereitet den betreffenden Aufsichtsbehörden nach wie vor ernste Sorge und erfordert größte Aufmerksamkeit.*

In den beiden letzten Kriegsjahren mussten immer wieder *Kriegsferien* angeordnet werden, in denen vor allem die oberen Klassen an der *Heimatfront* in der Landwirtschaft eingesetzt wurden. Nur so konnte die Versorgung des Heeres wie die der Krieg führenden Nation zumindest in Ansätzen aufrechterhalten werden. Die Ortsschulbehörde Sandweier beantragte im April 1917 beim Kreisschulamt *den Ausfall des Turnunterrichtes für das Sommerhalbjahr* und begründete dies wie folgt: *Durch die Einberufung von nahezu 400 männlichen Personen zum Heeresdienst sind die Arbeitskräfte so vermindert und die verbleibenden Kräfte namentlich der größeren Schüler so sehr in Anspruch genommen, dass es als eine Überbelastung betrachtet werden müsste, sollte man den Schülern der oberen Jahrgänge zu ihren 18 Wochenstunden Unterricht noch weitere Turnstunden aufbürden. Zudem ist an Lederschuhwerk ein solcher Mangel, dass ein geregelter Turnunterricht ohne dasselbe unmöglich ist. Man bittet daher den beantragten Ausfall zu genehmigen.*

Nachkriegsjahre

Die Jahre vor dem Ersten Weltkrieg waren für die Bevölkerung eine ruhige und erfolgreiche Zeit gewesen. Zwischen 1914 und 1920 hatten wir über 400 Schulkinder und im Schuljahr 1917/18 waren es sogar 456 Schüler, die von den damaligen fünf Lehrkräften um Oberlehrer Haffner zu betreuen waren. Dazu kam 1916 der schwer kriegsbeschädigte Junglehrer Eugen Falk, der lange Jahre an der Schule wirken sollte.

In der Folgezeit nahm die Schülerzahl stetig ab und pendelte sich Anfang der 20er Jahre zwischen 300 und 400 ein. Im Schuljahr 1925/26 sank die Schülerzahl auf unter 300. Die Klassen 1 bis 3 erhielten in jenen Jahren 16 Wochenstunden Unterricht, die Klassen 4 bis 8 18 Stunden. Dazu kam im Sommer noch der Turnunterricht für die Knaben und im Winter der Handarbeitsunterricht für die Mädchen. Letzterer wurde allerdings bald auf das ganze Jahr ausgedehnt. Die Handarbeitslehrerinnen wurden weiterhin von der Gemeinde bezahlt, während die Entlohnung der übrigen Lehrkräfte schon seit langem vom Staat übernommen worden war und die Gemeinde für jeden an ihrer Schule tätigen Lehrer einen gesetzlich festgelegten Betrag an die Staatskasse abführen musste. Die Arbeit der Handarbeitslehrerinnen wurde von Inspektorinnen überwacht und regelmäßig begutachtet.

Die Ortsschulbehörde bestand bis zum Jahre 1933. Sie wurde bis zu diesem Zeitpunkt auch regelmäßig zu den Besetzungen der Schulleiter- und Hauptlehrerstellen gehört. Aus ihren Protokollen ist ersichtlich, wie sehr die Übernahme des Chorleiter- und Organistendienstes an der hiesigen katholischen Kirche bei diesen Stellenbesetzungen eine Rolle spielte. Seit frühesten Zeiten war es immer ein an der hiesigen Schule tätiger Lehrer, meist sogar der Schulleiter, der dieses Amt besorgte. Eine Ausnahme bildete kurz nach dem Zweiten Weltkrieg die Übernahme dieses Dienstes durch Oberlehrer Wettemann aus Haueneberstein für etwa zwei Jahre.

Im Jahre 1924 wurde Schulleiter Oberlehrer Haffner pensioniert. Sein Nachfolger wurde Heinrich Pföhler. Im Schuljahr 1925/26 wurden hier 299 Kinder unterrichtet. Die bislang der Volksschule angegliederte Fortbildungsschule ging in einem Schulverband auf, so dass die Sandweierer Fortbildungsschüler fortan den Unterricht in Oos besuchen mussten. In diesen Jahren führte man für die Mittel- und Oberstufe der Volksschule auch in Sandweier den erweiterten Unterricht ein, was eine Erhöhung der Unterrichtsstunden auf 22 bzw. 24 zur Folge hatte.

Unter dem Eindruck der Weltwirtschaftskrise beantragte die Gemeinde unter Bürgermeister Augustin Ullrich 1932 den Abbau der sechsten Lehrerstelle, um den Gemeindebeitrag zu dessen Besoldung einzusparen. Stattdessen sollte der Schule ein Schulpraktikant zugewiesen werden, für den die Gemeinde nichts zu bezahlen brauchte. Dem Antrag wurde stattgegeben, die Unterlehrerin Hirt versetzt und der Schulpraktikant Maulbetsch der Sandweierer Schule zugewiesen.

Schule im Dritten Reich

Aus dem Jahre 1933 liegt uns ein umfangreicher Schriftverkehr vor über die Anlage einer Straße entlang der Längsseite des Schulhauses und des Schulhofes. Es handelte sich um die spätere Schulstraße, heute die Oberwaldstraße. Von der Lehrerschaft wurden Lärmbelästigungen und damit Störungen des Unterrichtsbetriebes und Gefahren für die Kinder wegen des zu erwartenden Verkehrs befürchtet, Bedenken, die uns heute angesichts dieser Probleme in der Gegenwart wohl ein wenig schmunzeln lassen. Die Straße wurde angelegt und damit die Möglichkeit der weiteren baulichen Erschließung unserer Gemeinde gewahrt.

Die Machtübernahme der Nationalsozialisten im Jahre 1933 brachte auch auf der schulischen Ebene Veränderungen mit sich. Die Lehrer wurden wegen ihrer politischen Einstellung überprüft und Anhänger der SPD nach dem Gesetz zur *Wiederherstellung des Berufsbeamtentums* aus dem Schuldienst entfernt. Der neue Staat übernahm auch in der Schule die völlige Kontrolle. Die Meldung des Schulleiters an das Kreisschulamt Baden vom Oktober 1933 ist für die damalige Situation bezeichnend und wirft ein Schlaglicht auf die politische Atmosphäre jener Zeit: *Betrifft politische Betätigung! Die Verfügung, die parteipolitische Betätigung der Lehrkräfte betreffend, wurde eröffnet und zu den Schulakten genommen. Ferner wurde die Erklärung abgegeben, dass aus dem Lehrerkollegium niemand Anhänger, Parteimitglied oder Wähler der S.P.D. war.*

1935 wurde die sechste Lehrerstelle wieder errichtet, ein Jahr darauf Schulleiter Oberlehrer Pföhler in den Ruhestand versetzt. Die Leitung der Schule übernahm bis zum Ende des Zweiten Weltkrieges Oberlehrer Emil Dischinger. Schon ab 1935 begannen im

Geheimen die Vorbereitungen auf den Kriegsfall. Lehrkräfte wurden im Luftschutz ausgebildet, die an der Schule tätigen Hauptlehrer Franz Falk und Anton Kistner in regelmäßigen Abständen zu Wehrmachtsübungen einberufen. Auf die Erteilung des Turnunterrichtes wurde aus Gründen der *Wehrtüchtigkeit* ein besonderer Wert gelegt.

Die Kriegsjahre von September 1939 bis zum April 1945 brachten für unsere Schule größte Belastungen. Der Unterricht konnte zeitweise nur in sehr verminderter Form durchgeführt werden. Mit Beginn des Krieges wurde Hauptlehrer Franz Falk zum Wehrdienst einberufen. Ein Ersatz war nicht vorhanden. Die gesamte Unterrichtsgestaltung war ausdrücklich auf das Kriegsgeschehen abgestimmt. Kriegs- und Wehrmachtsberichte wurden vorgelesen und besprochen, Luftschutz- und Gasmaskenalarmübungen waren regelmäßig durchzuführen. Im Mai 1940 musste dann der Unterricht völlig ausgesetzt werden, da die hiesige Gemeinde evakuiert wurde. Die Schulkinder waren gehalten, während dieser Zeit an ihren Evakuierungsorten den Unterricht zu besuchen. Der Beschuss des Dorfes, der erheblichen Schaden anrichtete, verschonte das Schulhaus.

In den folgenden Jahren waren die Klassen während der Unterrichtzeit regelmäßig zum Sammeln von Brombeer- und Himbeerblättern, zum Ablesen von Kartoffelkäfern und zum Einsammeln von Altpapier eingesetzt. Die Blätter wurden auf dem Schulspeicher vorgetrocknet, wobei sie von einigen Schülern immer wieder gewendet werden mussten. Dann füllte man sie in große Säcke, die im Handarbeitsunterricht gefertigt bzw. geflickt wurden, und brachte sie entweder nach Baden-Oos oder Haueneberstein an den Bahnhof zur Verladung, eine recht willkommene Abwechslung im Schulalltag für einige ältere Schüler.

Der Handarbeitsunterricht wurde damals zuerst von einem Fräulein Bäuerle und später von Frau Gallus erteilt. Dass bei all diesen Aktivitäten die eigentliche Aufgabe der Schule, nämlich einen lehrplangerechten Unterricht zu erteilen, zu kurz kommen musste, liegt auf der Hand.

Nach der Annektion des Elsass wurden in allen badischen Gemeinden ein Teil der dort tätigen Lehrer gegen solche aus dem Elsass ausgetauscht. Oberlehrer Dischinger als Schulleiter und Hauptlehrer Eugen Falk blieben von dieser Maßnahme verschont. Hauptlehrer Anton Kistner musste an einer Schule im Raume Straßburg unterrichten. Für ihn kam der elsässische Lehrer Edmund Meyer aus Zutzendorf, Kreis Zabern, dem heutigen Saverne. Lehrer

Meyer fühlte sich aber anscheinend nicht besonders wohl bei uns, denn er versuchte immer wieder, in seine Heimat zurückversetzt zu werden, was ihm 1943 dann auch gelang. Es wurde daraufhin die Lehrerin Elisa Wach aus Straßburg hierher zugeteilt, die bis etwa Ende 1944 an unserer Schule unterrichtete. Die letzten Kriegsmonate waren geprägt durch die sich immer deutlicher abzeichnende, herannahende Katastrophe. Während das Schulhaus als Unterkunft für Soldaten und aus dem Elsass evakuierte Reichsdeutsche diente, wurde der Schulunterricht in Wirtshaussälen, ja sogar in Privatwohnungen erteilt.

Neuanfang

Die Besetzung unseres Gebietes durch die französischen Truppen mit ihren zum Teil recht unangenehmen Begleiterscheinungen und der endgültige Zusammenbruch hatten auch für die Schule in Sandweier einschneidende und größtenteils unerfreuliche Wirkungen. Konnte schon in den letzten Kriegsmonaten der Unterricht kaum noch in geregelter Form erteilt werden, so war nach der Besetzung der Gemeinde durch französische Truppen am 12. April 1945 jede Unterrichtung in der Schule unmöglich geworden. Das Schulhaus und die Lehrerwohnungen waren zum größten Teil belegt. Das gesamte Unterrichtswesen in den Jahren nach der Kapitulation unterstand der französischen Besatzungsmacht. In jedem Kreis gab es einen französischen Schuloffizier, der über alle schulischen Einrichtungen die Aufsicht hatte. Ohne seine Zustimmung konnte keine Maßnahme auf schulischer Ebene erfolgen. Alle Lehrer mussten sich dem Entnazifizierungsverfahren stellen. Wer sich zu aktiv in der Nazi-Partei betätigt hatte, wurde entlassen, andere für einige Zeit vom Schuldienst suspendiert. Die Lehrer- und Schülerbüchereien mussten von nazistischen Druckwerken gereinigt werden.

Erst Anfang September 1945 konnte an unserer Schule für das erste bis vierte Schuljahr der Unterricht behelfsmäßig wieder aufgenommen werden. Die 189 Kinder der vier Klassen wurden damals von Hauptlehrer Franz Falk und Hauptlehrerin Ella Hellriegel unterrichtet. Als Hauptlehrer Falk um die Zuweisung einer weiteren Lehrkraft bat, wurde im Oktober 1945 die Berufsschullehrerin Margarete Henneberger für ein Jahr an die hiesige Schule versetzt. Der Mangel an Heizungsmaterial verhinderte häufig das Heizen der Schulräume, teilweise auch die Zuweisung neuer Lehrer: *Mit*

Rücksicht auf den beschränkten Vorrat an Brennmaterial wird vorerst eine weitere Lehrkraft nicht gewünscht, so die Schulleitung im Dezember 1945 an das Schulamt in Baden-Baden.

Der erste ausführliche Stundenplan für unsere Schule nach dem Zweiten Weltkrieg liegt uns für das Schuljahr 1947/48 vor. Damals wurden an der Schule 321 Schüler unterrichtet. Die ersten bis dritten Klassen hatten jeweils 13, die vierten bis achten Klassen jeweils 16 Stunden wöchentlich Unterricht. Im Jahr 1949 übernahm Oberlehrer Strohmeier die Schulleitung für den als Schulrat nach Freiburg versetzten Franz Falk. Die Schülerzahl ging zurück, von 275 Kindern im Jahre 1949 auf 186 im Schuljahr 1955/56. Erst danach war wieder ein stetiger Anstieg zu verzeichnen.

Im neuen Bundesland Baden-Württemberg wurde die 50-Minuten Unterrichtsstunde eingeführt, womit die Möglichkeit des fünfstündigen Vormittagsunterrichts und der Verminderung des Nachmittagsunterrichts gegeben war. Neue Lehrpläne traten in Kraft, die wöchentlichen Unterrichtsstundenzahlen wurden erhöht. Im Lehrkörper unserer Schule gab es nun häufig Veränderungen. Den Handarbeitsunterricht hatte seit dem Januar 1949 die Ordensschwester Apronia übernommen, ein Mitglied des Ordens der Franziskanerinnen vom göttlichen Herzen Jesu. Vor ihr war schon die Schwester Christa vom gleichen Orden, bislang Nähschwester in Sandweier, vorübergehend als Handarbeitslehrerin tätig gewesen. Schwester Apronia war bis 1970 an unserer Schule als Handarbeitslehrerin tätig und hat Generationen von Mädchen im Nähen, Stricken, Häkeln usw. ausgebildet.

Volksschule wird Grund- und Hauptschule

Nachdem Oberlehrer Hermann Strohmeier zum 1. April 1958 in den Ruhestand versetzt worden war, übernahm Karl Bruckner im Juni 1958 die Leitung der hiesigen Schule. Im Herbst des Jahres wurde mit einem ersten Umbau des Schulgebäudes begonnen, der sich über alle drei Stockwerke erstreckte. Wichtigstes Ziel dieser Maßnahme war die Änderung der unzureichenden hygienischen Verhältnisse. Die Abortanlagen im Hof, dem damaligen Standard schon längst nicht mehr entsprechend, wurden abgerissen und neue moderne Klosettanlagen im nun errichteten Anbau der Schule geschaffen. Zugleich entstanden Räume für die Lehrer, die Schulleitung und die Lehrmittel. Der übrige Raum wurde bei schlechter Witterung als *Pausenhalle* genutzt. Die bis zu jener Zeit immer noch zu ölenden Bretterböden in den Schulsälen ersetzte man durch leicht zu reinigende Kunststoffböden. Auch die folgenden Jahre waren gekennzeichnet durch Reformen, die der Verbesserung unseres Schulwesens dienten. Ansteigende Schülerzahlen führten zu einer Vergrößerung des Lehrkörpers. Im April 1961 wurde die Oberlehrerstelle des Schulleiters zu einer Rektorenstelle angehoben. In diesem Jahr unterrichteten an der Schule, die damals 220 Schüler zählte, insgesamt sieben Lehrkräfte. Als die Messzahl der Schüler pro Lehrkraft auf 40 heruntergesetzt wurde, erwies es sich als sehr schwierig, in den sechs Schulsälen die gestiegene Zahl der Klassen zu unterrichten. Der Bau einer Schulturnhalle, in enger Zusammenarbeit mit dem Turnverein Sandweier unter seinem Vorstand Karl Herr, ermöglichte die Erteilung eines den Lehrplänen entsprechenden Turn- und Sportunterrichts. Weitere Baumaßnahmen sollten zur Verbesserung der Funktionstüchtigkeit der Schule folgen. Die Gemeinde als Schulträger hatte ein offenes Ohr für die Wünsche der Schulleitung. So wurde der hässliche rostige Drahtzaun um das Schulgrundstück entfernt, der Schulhof geteert und mit einer kleinen Mauer eingefasst sowie ein Werkunterrichtsraum in den Kellerräumen der Schule eingerichtet. Der im Herbst 1959 an unsere Schule versetzte Hauptlehrer Gottfried Oberle übernahm diese Aufgabe mit derselben Leidenschaft, wie er sich der Förderung des Schulsports widmete.

Im Jahre 1966 begann der spätere Schulleiter Kurt Liebenstein als Fachlehrer für Zeichnen und Werken seine Laufbahn an unserer Schule. Gleichzeitig erteilte er auch Englisch-Unterricht in der Hauptschule. Die Vergrößerung des Lehrkörpers hatte die Errichtung der Konrektorenstelle als ständige Vertretung des Schulleiters zur Folge. Mit Wirkung vom 17. Januar 1968 wurde Oberlehrer Bernhard Reibelt zum ersten Konrektor an der Schule Sandweier ernannt. Leider musste sich Herr Reibelt aufgrund seiner schweren Kriegsbeschädigung mit Schuljahresende 1976 frühzeitig in den Ruhestand versetzen lassen. Sein Nachfolger wurde Konrektor Herbert Vollmer. Lehrer Oberle wurde im Frühjahr 1969 auf eigenen Wunsch an die Stulz-Schrieversche Waisenanstalt in Baden-Baden versetzt.

Planung und Bau
des Hauptschulgebäudes

Die größer werdende Zahl der an der Schule beschäftigten Lehrer brachte fast unüberwindliche Raumprobleme. Trotz der Einrichtung zweier Schulsäle im alten Schulhaus und eines Handarbeitssaales im Schwesternhaus der Pfarrgemeinde konnten die Raumprobleme nicht gelöst werden. Mit Schichtunterricht und Wanderklassen suchte die Schulleitung dem abzuhelfen, was nur unzureichend gelang. Der Neubau eines Schulgebäudes war unausweichlich.

Vorstellungen, wonach das alte Schulgebäude aufgegeben werden und auf der *grünen* Wiese ein gemeinsames Gebäude für die Grund- und Hauptschule Sandweier errichtet werden sollte, zerschlugen sich jedoch. Lediglich der Neubau eines Hauptschulgeländes hatte Chancen auf Realisierung. Nach Genehmigung des Raumprogramms, das neben sieben Klassenzimmern auch zahlreiche Fachräume vorsah, beschloss die Gemeinde 1965 die Ausschreibung eines Wettbewerbes zum Bau einer Hauptschule. Der Sieger, Architekt Dipl. Ing. V. Heidelck, erhielt auch den Auftrag. Da die Gemeinde in den Genuss der Bezuschussung des Landes für das Jahr 1969 kommen wollte, mussten die vollständigen Pläne bis zum 1. April 1968 vorgelegt werden. Doch kurz vor dem Termin kam die bindende Auflage, das Raumprogramm um zwei Klassenzimmer zu kürzen. Innerhalb von 14 Tagen mussten die Pläne entsprechend umgestaltet werden. Hier wurde unter dem Eindruck der sich abzeichnenden Wirtschaftskrise eine Maßnahme getroffen, die sich schon bald als falsch erweisen sollte.

Neue Hauptschule mit Anbau.

Am 19. Juni 1969 fand die feierliche Grundsteinlegung für den Hauptschulneubau statt. Nach knapp 2jähriger Bauzeit konnte am 1. April 1971 der gelungene Bau bezogen und in Betrieb genommen werden. Die ausgezeichnete Zusammenarbeit zwischen Gemeinde, Architekt und Schulleitung ließen ein Schulhaus entstehen, das Maßstäbe setzte und auch nach knapp vier Jahrzehnten durch seine Funktonalität besticht. Die Klassenzimmer und Fachräume wie Physiksaal, Werk- bzw. Technikraum, Handarbeitssaal und Lehrküche, gaben die beste Voraussetzung, den Kindern eine optimale schulische Ausbildung zukommen lassen zu können. Obwohl die Gemeinde für das neue Schulhaus ca. 2,4 Mio. DM aufbringen musste, ging sie umgehend daran, das jetzt als Grundschule verwendete bisherige Schulhaus von Grund auf zu renovieren, was eine weitere Kostenbelastung von ca. 500.000 DM mit sich brachte.

Im neuen Haus

Rektor Karl Brucker 1958.

Im Jahre 1971, als das neue Schulgebäude im Westen unseres Dorfes die Hauptschulkinder aufnahm, hatte die Schülerzahl einen neuen Höhepunkt erreicht. 374 Kinder besuchten die Grund- und Hauptschule, die seit 1966 in neun Klassen unterrichtet wurden. Mit der vorbildlichen schulischen Infrastruktur konnte Sandweier die durch Schulentwicklungspläne und Lehrplanreformen gestiegenen Anforderungen befriedigen. Mit der Erweiterung der Stundentafel für die Grund- und die Hauptschüler wurde das Bildungsangebot der Schule ausgedehnt. Die Zuteilung weiterer Lehrkräfte mit spezifischer Ausbildung war erforderlich. Die Möglichkeiten, die das neue Hauptschulgebäude bot, gaben dazu Raum.

In diesen ganzen Jahren war unsere Schule übrigens ein begehrtes Objekt der Studenten der Pädagogischen Hochschulen in Freiburg und Karlsruhe, die hier im Zuge ihres Studiums das hochschulferne Praktikum unter der bewährten Leitung der hier tätigen Lehrer als Mentoren ableisten wollten. Die gezielte Intensivierung der Lehrerfortbildung erhöhte die Leistung und damit die Qualität unserer Schule. 60 bis

70 % der Viertklässler traten in weiterführende Schulen über. Die Hauptschule erlitt einen gewissen Bedeutungsverlust, der durch zahlreiche Maßnahmen wieder ausgeglichen werden sollte. Die Einführung des Berufswahlunterrichts in der Oberstufe, der das Ziel hat, die Hauptschüler auf das Berufsleben vorzubereiten und ihnen die Berufswahl zu erleichtern, und Betriebserkundungen und 14tägige Betriebspraktika umfasst, zählte ebenso dazu wie das *Erweiterte Bildungsangebot* und die verbindlich eingeführte Hauptschulabschlussprüfung. Der Eintritt in die Computer-Ausbildung im Rahmen des Technik-Unterrichtes war vorgesehen. Die Betonung des erzieherischen Auftrags und die neue Gewichtung, die die musische Bildung erfährt, geben unserer Schule im Leben unserer Gemeinde den richtigen Stellenwert. Dass auch eine Volksschule Völker verbindende Aufgaben übernehmen kann, zeigt der mit Begeisterung von den Dritt- und Viertklässlern aufgenommene freiwillige Unterricht in Französisch, der unter dem Motto läuft *Lerne die Sprache des Nachbarn.* Mit Ende des Schuljahres 1985 wurde Rektor Karl Bruckner in den verdienten Ruhestand versetzt.

Schule im Computer-Zeitalter

Dem Nachfolger, Rektor Kurt Liebenstein, gelang es, das hohe Niveau der Schule zu halten, ja es durch manche Verbesserungen noch zu steigern. So wurde während seiner Amtszeit die Schulturnhalle renoviert, in der Grundschule ein Arztzimmer geschaffen und in der Hauptschule der Bereich der Schulleitung besucherfreundlicher gestaltet. Schulintern legte man Wert auf eine freundlichere Ausgestaltung der Klassenzimmer als *Schulstube*, insbesondere in der Grundschule. Die Projekte *Lerne die Sprache der Nachbarn* in der Grundschule und *Orientierung in Berufsfeldern* in der Hauptschule, bei denen wir Versuchsschule waren, wurden weitergeführt. Ein besonderes Augenmerk wurde auch dem Aussehen des Schulhofes und der Bedeutung des Schulgartens gewidmet. Ebenso legte man Wert auf eine gute Zusammenarbeit mit den Kindergärten und den örtlichen Vereinen.

Die technische und mediale Revolution machte auch vor der Schule nicht Halt. Neue Bildungspläne forderten die Erweiterung des

Lehrerkollegium 2008.

Technikunterrichts. Als Kurt Liebenstein die Schule zum 1. April 1994 verließ, um das Amt des dritten Beigeordneten der Stadt Baden-Baden mit der Bezeichnung Bürgermeister anzutreten, hinterließ er seinem Nachfolger Heinz Kappenberger eine funktionstüchtige und von ihrer Ausstattung eindrucksvolle Schule.

Ab dem Schuljahr 1994/95 wurde der Grund- und Hauptschule die zusätzliche Bezeichnung *mit Werkrealschule* zuerkannt. Damit besteht für gute Hauptschüler nach einem Zehnten Schuljahr die Möglichkeit, den *Mittleren Bildungsabschluss* zu erreichen. Gleichzeitig wurde die Schule in den Kreis der Ausbildungsschulen für die zweite Ausbildungsphase der Lehramtsanwärter aufgenommen.

Am 30. März 1996 konnte in einer schönen Feierstunde das 25jährige Bestehen des Hauptschulgebäudes gefeiert werden. Rektor a. D. Karl Bruckner hielt die Festansprache. Dabei wurde von den zahlreichen Ehrengästen das geglückte Ergebnis dieses Baues gewürdigt. Am 23. Juni 2001 feierten die Schule und das gesamte Dorf den 100jährigen Geburtstag des Grundschulgebäudes.

Die Einführung neuer Bildungspläne für die Hauptschule machte dringend die Beseitigung des Raumproblems erforderlich. Ein Ergänzungsbau wurde von der Stadt Baden-Baden als Schulträger in Auftrag gegeben und umgesetzt. Neben einem modernen Computerraum für das neue Fach Informatik wurden drei Klassenzimmer eingerichtet, die besonders von Grundschulklassen belegt werden.

In den letzten Jahren muss auch die hiesige Schule einen Rückgang der Schülerzahlen konstatieren. Trotz des starken Übergangs von Viertklässlern an eine weiterführende Schule konnte bislang die Hauptschule vollwertig einzügig weitergeführt werden. Dazu trugen auch schulpflichtige Kinder auslandsdeutscher Familien bei, die in Baden-Baden Wohnung erhalten hatten. Die Integration der jungen Mitbürger in die Gesellschaft und ihre Vorbereitung auf das Berufsleben sind neue Herausforderungen für die Hauptschule, die jedoch zunehmend unter rückläufigen Schülerzahlen zu leiden hat. Mit

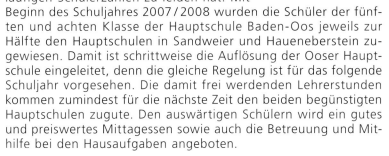

Herr Kappenberger, Rektor.

Beginn des Schuljahres 2007/2008 wurden die Schüler der fünften und achten Klasse der Hauptschule Baden-Oos jeweils zur Hälfte den Hauptschulen in Sandweier und Haueneberstein zugewiesen. Damit ist schrittweise die Auflösung der Ooser Hauptschule eingeleitet, denn die gleiche Regelung ist für das folgende Schuljahr vorgesehen. Die damit frei werdenden Lehrerstunden kommen zumindest für die nächste Zeit den beiden begünstigten Hauptschulen zugute. Den auswärtigen Schülern wird ein gutes und preiswertes Mittagessen sowie auch die Betreuung und Mithilfe bei den Hausaufgaben angeboten.

Im Juli 1995 wurde ein *Förderverein der Grund- und Hauptschule mit Werkrealschule* gegründet. Er setzt sich zur Aufgabe, die Schule ideell, vor allem jedoch materiell zu unterstützen und damit die Möglichkeit zu schaffen, manches besondere Projekt zu verwirklichen. Dazu gehören die finanzielle Unterstützung bei den jährlichen Aufenthalten in Landschulheimen wie auch die Beschaffung von schulischen Lehrmitteln und die innere und äußere Gestaltung der Schulhäuser und deren Umfeld. Die besonders gute Zusammenarbeit mit Schulleitung und Lehrerkollegium und auch mit dem ebenso tüchtigen Elternbeirat sei hier ausdrücklich erwähnt.

Möge unsere Schule auch weiterhin so erfolgreich zum Wohle der Kinder und Jugendlichen Sandweiers arbeiten und wirken können.

Vereine und Verbände

Das Leben einer Dorfgemeinschaft wird von vielen Komponenten geprägt. Besonderer Stellenwert kommt hierbei den örtlichen Vereinen und Verbänden zu. Neben den speziellen Zielen, die jeder Verein verfolgt, bestehen auch Gemeinsamkeiten. Vereine vermögen in der Gemeinschaft Gleichgesinnter Begeisterung und Idealismus zu wecken. Sie tragen dazu bei, auf gemeinsamer Basis im kulturellen, sportlichen, kirchlichen und sozialen Bereich ein Gemeinleben zu entwickeln und weiterzugeben. So wird durch sie für die hier lebenden Menschen eine bedeutende Bereicherung der Lebensqualität erreicht. Daher ist es selbstverständlich, dass in diesem neuen Heimatbuch alle in unserem Stadtteil vorhandenen Gemeinschaften in gebührender Form dargestellt werden. Wir dürfen jedoch die früheren Vereine nicht vergessen, hatten sie ebenfalls in ihrer Zeit wichtige Aufgaben zu erfüllen. Mancher heutige Verein verdankt letztendlich ihnen seine Existenz.

Veteranenverein –
Krieger- und Soldatenverein

Der Gemeinderat von Sandweier berichtete am 23. Januar 1866 *betreffs Abhaltung eines Veteranenfestes* wie folgt:

> *Eine große Anzahl alter, beabschiedeter und auch noch junger beurlaubter Soldaten haben bei dem Gemeinderat erklärt, dass sie bereits einen Veteranenverein gegründet haben, und wünschen, dass sie am 30. d. M. das darauf bezügliche Fest dahier abhalten wollen.*

Musik, Böllerschießen, Festessen und Tanzbelustigung in den beiden Gasthäusern Hirsch und Grüner Baum waren dabei vorgesehen. Der Gemeinderat gab am 29. Januar 1866 seine Genehmigung für das Gründungsfest, wobei er als Gründungsdatum des Veteranenvereins den 8. Januar 1866 notierte. Er bestätigte auch den Empfang der Satzung und des Verzeichnisses der *Vorsteher des Vereins.*

Die Satzung des Vereines liegt vor. Bei der Schilderung des Vereinslebens sind wir allerdings auf mündliche Überlieferung angewiesen. § 1 der 19 Paragraphen umfassenden Satzung vermittelt uns einen Einblick in die damals herrschende allgemeine politische Stimmung in der Bevölkerung. Beeindruckt von zahlreichen Kriegsereignissen jener Zeit und ihren Ergebnissen wurde dem Militärischen bei der Durchsetzung politischer Entscheidungen große Bedeutung zugebilligt. Dies führte dazu, dass in fast jeder Gemeinde ein Veteranenverein entstand. Auch die Nachbarorte von Sandweier hatten um diese Zeit ihre Soldatenvereine.

Doch nun der § 1 der Satzung des hiesigen Vereins im Wortlaut: *Der Verein soll begründet sein zu Ehren seiner Kgl. Hoheit dem Großherzog und dem Militärstande und besitzt den Charakter eines reinen privatrechtlichen Vertrages und soll keinen anderen Zweck haben, als dass sich die Mitglieder bei dieser Veranlassung an einem Tage des Jahres zu einem in hiesiger Kirche stattfindenden Gottesdienst und nachher zu einem gemeinsamen Mahle versammeln und sich wechselseitig eingedenk der Soldaten- und Bürgerpflichten aufmuntern, für Ruhe, Frieden, Ordnung, Gesetzlichkeit und Gerechtigkeit wirken, nichts unterreden oder unternehmen, als was die gesetzliche Ordnung für Staat und Kirche erlaubt.*

Veteranenverein Sandweier.

Die übrigen Paragraphen der Satzung befassen sich mit den üblichen Vereinsfunktionen wie Ein- und Austritte, Vereinsbeiträge, Verhalten beim *Ableben eines Mitgliedes* usw.

Der letzte Paragraph benennt die gewählte Verwaltung *Franz Müller als Vorstand, Ignaz Pflüger als Mitglied, Kaspar Peter als Kassier, Melchior Kühl als Mitglied. Nach stattgehabter Wahl erklärten sich die Vereinsmitglieder, dass sie die hier gesetzten und vorgelesenen Statuten anerkennen, sich unter dieselben fügen und sofort als Mitglieder des Veteranen- resp. Soldatenvereins anschließen durch Kraft ihrer Unterschrift.*

80 Mitglieder leisteten diese Unterschrift bei der Gründungsversammlung. Eineinhalb Jahre später, am 2. September 1872, feierte der Verein die Fahnenweihe, zu der auch auswärtige Veteranenvereine eingeladen waren. Die Vereinsfahne wurde nach militärischer Gepflogenheit in besonderen Ehren gehalten und während der nächsten 26 Jahre im Rathaus aufbewahrt. So erfuhr sie einen besonderen Schutz. Da der erste Vorstand des Vereins, Franz Müller, ab 1869 zugleich Bürgermeister von Sandweier wurde, war dies problemlos möglich. Nach seiner Abwahl kam es zwischen ihm und Bürgermeister Andreas Kinz zu Spannungen, die in der Entfernung der Fahne aus dem Rathaus und deren Aufbewahrung im neuen Vereinslokal, dem Gasthaus zum Hirsch, gipfelten. Als Sternenwirt Valerian Kinz die Vereinsführung übernahm, siedelte der Verein mit seiner Fahne in den Sternen um.

Trotz seiner zivilen Festkleidung – Gehrock und Zylinder – machte der Veteranenverein mit Trommler- und Pfeiferkorps durch sein militärisches Auftreten Eindruck. Dass er sich aber auch für friedliche Belange einsetzte, beweist die Tatsache, dass auf seine Initiative nach Ende des preußisch-österreichischen Krieges, bei dem badische Soldaten auf der Seite Österreichs gekämpft hatten, 1869 in unserem Dorf zwei Friedenslinden gepflanzt wurden beim Rathaus und am Ortsausgang nach Oos. Auch für die Erstellung eines Kriegerdenkmals, ursprünglich beim Rathaus, danach in verschönerter Form vor der Kirche, zeichnete sich der Verein verantwortlich. Der Veteranenverein war Mitglied des Deutschen Kyffhäuserbundes. Leider sind keine weiteren schriftlichen Unterlagen über die Existenz des Vereines mehr vorhanden. Auch die alte Fahne ist bedauerlicherweise nicht auffindbar. Die traumatischen Erfahrungen des Zweiten Weltkriegs ließen ein Neuaufleben des Soldatenvereins nicht zu.

Radfahrverein
Immergrün Sandweier

Der Radfahrverein Immergrün wurde von Jungbürgern der Jahrgänge 1903 bis 1910 im Jahr 1923 gegründet. Schon sein Name charakterisiert die Einstellung und Haltung seiner aktiven Mitglieder, die sich dem Radsport verschrieben hatten. Frohsinn und Kameradschaftsgeist spielten eine prägende Rolle im Verein. So genoss er nicht nur im Heimatdorf, sondern auch in der Region beachtliches Ansehen. Hauptverantwortlich dafür war Willi Peter, der den Verein über lange Jahre als Vorstand führte. Im sportlichen Bereich wurden Rad-rennen über einen Rundkurs B3-L78-B 36 organisiert und dabei auch durch vereinseigene Aktive zahlreiche Preise er-rungen. Sie wurden im *Grünen Baum*, dem Vereinslokal, auf-bewahrt und ausge-stellt. Einen besonde-ren Wert legte der Verein auf das *Cor-sofahren*. Mit dem weißgrünen Dress der Aktiven, die sich 1928 eine pracht-volle Standarte an-schafften und diese bei ihren Auftritten jeweils mitführten, und den geschmück-

Corsofahren des Radfahrvereins Immergrün.

ten Fahrrädern, bot der Verein im Corso überall einen begeistert aufgenommenen Anblick.

Zudem hatte er sich eine kleine bestens funktionierende Schal-meienkapelle zugelegt, die aus zehn Mann bestand und mit der Standarte die Umzüge der Corso-Gruppe anführte

Der Zweite Weltkrieg setzte den Aktivitäten des Vereines ein jähes Ende. Pokale, Räder, Schalmeien gingen verloren. Die Standarte wurde

Schalmeienkapelle
des Radfahrvereins.

erst nach langen Jahren stark beschädigt auf einem Dachboden wieder entdeckt. Willi Peter, dem engagierten Vorsitzenden, gelang es, den Verein wieder zu aktivieren. Allerdings beschäftigte sich dieser in der Hauptsache damit, das fastnachtliche Treiben im Dorf zu beleben. So wurden schon Anfang der 50er Jahre Kappen- und Büttenabende veranstaltet. Daraus entstand die Große Karnevalsgesellschaft Sandweier mit Willi Peter als erstem Präsidenten. Als er im Dezember 1958 nach schwerer Krankheit mit 55 Jahren verstarb, hinterließ er eine Lücke, die schwer zu schließen war. Formell existierte der Radfahrverein noch bis 1967, wie eine Quittung über eine hl. Messe für den verstorbenen Bürgermeister Richard Fettig beweist. Weitere Aktivitäten des Vereins sind allerdings nicht mehr zu vermelden. Die mit Hilfe zahlreicher Sponsoren von der Großen Karnevals-Gesellschaft unter Präsident Jürgen Schneider renovierte Standarte ist in hervorragendem Zustand nun in unserem Heimatmuseum zu besichtigen.

Als Konkurrenz zum bürgerlichen Radfahrverein bestand offensichtlich für kurze Zeit der *Radfahrverein Solidarität.* Als sein Vorstand wird Hermann Schneider Mitte der 20er Jahre genannt. Sein Vereinslokal war das Gasthaus zur Sonne. Ohne Resonanz in der Bevölkerung hat er sich offensichtlich schon nach wenigen Jahren aufgelöst.

Freiwillige Feuerwehr Baden-Baden, Abteilung Sandweier

Wohltätig ist des Feuers Macht,
wenn sie der Mensch bezähmt, bewacht,
...
Doch furchtbar wird die Himmelskraft,
wenn sie der Fessel sich entrafft, ... !

Diese Verse aus Schillers *Lied von der Glocke* kommen uns in den Sinn, wenn wir über eine der wichtigsten Selbsthilfeorganisationen unserer Gemeinde, die Freiwillige Feuerwehr, berichten.

Die Naturgewalt des Feuers zu beherrschen, gehörte zu den ersten Kulturerrungenschaften des Menschen. Zugleich musste er

dessen ungeheuere Gefährlichkeit und dessen Urgewalt zur Kenntnis nehmen und versuchen, sich davor zu schützen. Dieser Aufgabe hat er sich auch heute noch zu stellen.

Erste Informationen über den Feuerschutz in unserer Heimatgemeinde erfahren wir aus den alten Rechnungsunterlagen des Jahres 1770, in denen der Erwerb einer Feuerspritze durch die Gemeinde vermerkt ist. Die späteren Anschaffungen von Geräten für den Feuerschutz und auch die Berichte über den Einsatz von Dorfbewohnern bei der Brandbekämpfung in der Gemeinde wie auch in der Nachbarschaft zeigen, dass Feuerschutz und Feuerwehr Angelegenheit der gesamten Gemeinde war. Unter Führung der Ortsobrigkeit war jeder Bürger zur Brandbekämpfung verpflichtet. Nach einer Verordnung aus dem Jahre 1827 musste jeder Bürger einen ledernen Feuereimer besitzen. Daneben gab es Löschtrupps, die die besonderen Gerätschaften bedienen konnten. Im Jahre 1889 schaffte sich die Gemeinde Sandweier für 1.700 Mark eine neue Feuerspritze an, die heute noch in gutem, funktionsfähigem Zustand vorhanden ist.

Die Sandweierer Feuerwehr wurde in ihrer heutigen Form als Freiwillige Feuerwehr am 18. Juni 1937 ins Leben gerufen. Ihr erster Kommandant wurde Bürgermeister Augustin Ullrich. Richard Fettig, von 1949 bis 1967 hier Bürgermeister, und ihre späteren Kommandanten Theodor Schulz und Quirin Herrmann gehörten zur ersten Führungsmannschaft der Freiwilligen Feuerwehr. Schon zwei Monate nach ihrer Gründung musste sie bei einem Brandfall ihre erste Bewährungsprobe bestehen. Sie zählte damals 34 aktive Mitglieder.

Ein Großteil der Wehrmänner wurde im Zweiten Weltkrieg zum Heeresdienst eingezogen. So wurde 1943 eine Frauen-Feuerwehr gebildet, die ihre Ausbildung bei der Werksfeuerwehr der Daimler-Benz-AG in Gaggenau erhielt. 20 Feuerwehrfrauen waren damals in Sandweier im Einsatz, angeführt von ihrer Wehrführerin, Luise Schäfer. Sie stellten ihr Können bei einem durch Artilleriebeschuss entstandenen Brand in der Riederstraße unter Beweis.

Vom allgemeinen Vereinsverbot nach Kriegsende war lediglich die Feuerwehr ausgenommen. Die Wehrmänner erhielten zur Dienstbekleidung zusätzlich eine weiße Armbinde mit dem Aufdruck *Pompier* (Feuerwehrmann) und besondere Ausweise, die ihnen erlaubten, bei Nacht die Straße zu betreten. Anfang 1946 wurde die Musikkapelle in die Feuerwehr integriert, die so schon früh ihre musikalische Tätigkeit wieder aufnehmen konnte. Feuerwehrkommandant

Die Feuerwehr in Sandweier.

Quirin Herrmann wurde so gleichzeitig auch Vorsitzender der Musikkapelle bzw. des Musikvereins. Im August 1946 hatte die Freiwillige Feuerwehr Sandweier 39 Mitglieder. Immer wieder kam die Wehr in den folgenden Jahren zum Einsatz und konnte Brände rasch und erfolgreich bekämpfen. Ihre Ausrüstung wurde planmäßig verbessert. Im Jahre 1960 wurde in Sandweier für alle feuerwehrdienstpflichtigen männlichen Einwohner im Alter zwischen 18 und 50 Jahren die Feuerwehrabgabe eingeführt. Mit diesen Einnahmen konnten Ausrüstungs- und Ausbildungsstand der Wehr auf einem hohen Niveau gehalten werden.

Im Jahre 1967 feierte die Wehr ihr 30jähriges Jubiläum, verbunden mit der Übergabe eines neuen modernen Löschfahrzeuges. Überschattet wurde das Fest allerdings durch den Tod des Bürgermeisters Richard Fettig, Gründungsmitglied und großer Förderer der Wehr. 1987 wurde das 50jährige Jubiläum mit einem glanzvollen Festbankett eröffnet. Das Fest fand mit einem *Großen Zapfenstreich* unter Beteiligung der gesamten Bevölkerung seinen Abschluss.

Das Ziel eines modernen Gerätehauses wurde im Jahre 1969 in Angriff genommen. Am 17. Juli 1971 konnte die neue Unterkunft für die Wehr mit ihren Geräten und Fahrzeugen eingeweiht werden. Mit dem fast 25 m hohen Schlauchtrocknungs- und Übungsturm zählte dieses Haus, das rund 500.000 DM kostete, zu den vorbildlichen Einrichtungen im Landkreis Rastatt. Mit der Eingemeindung Sandweiers in die Stadt Baden-Baden wurde die Freiwillige Feuerwehr eine Abteilung der Feuerwehr Baden-Baden.

Nach über 30 Jahren als Kommandant der Feuerwehr trat Wilfried Kratzer im Jahr 1994 in den Ruhestand. Meilensteine in seiner Amtszeit waren der Bau des Feuerwehrhauses, die Beschaffung des ersten Löschfahrzeuges sowie die Gründung der Jugendfeuerwehr. In Würdigung seiner Verdienste um das Feuerlöschwesen in Sandweier erfuhr Wilfried Kratzer zahlreiche Ehrungen und wurde 1996 zum Ehren-Abteilungskommandant ernannt. Nachfolger Kratzers wurde Andreas Lang, der zuvor schon fünf Jahre als Stellvertreter tätig war und die Wehr bis heute führt.

1997 erhielt sie einen neuen Mannschaftstransportwagen. 1998 wurde das technisch veraltete Löschfahrzeug durch ein modernes Löschgruppenfahrzeug, LF 8/6, mit Wassertank, ersetzt. Es kostete 417.000 DM und hat sich bis heute bei vielen Einsätzen bewährt. Anfallende Renovierungs- und Sanierungsmaßnahmen am Feuerwehrhaus erfolgten größtenteils in Eigenarbeit. So entstand in den Jahren 2006 und 2007 ein Anbau, der als Umkleidebereich genutzt wird.

1976 gründete sich eine Jugendfeuerwehr, die anfänglich aus zwölf Jungen bestand. Insgesamt 19 aktive Feuerwehrleute haben ihre Wurzeln in der Jugendfeuerwehr, ein trefflicher Beweis für die Bedeutung der Nachwuchsarbeit.

Das Aufgabenspektrum hat sich in den vergangenen Jahren deutlich gewandelt. Einsätze nach Stürmen und bei Hochwassern sowie technische Hilfeleistung bei Verkehrsunfällen sind neben die traditionelle Brandbekämpfung getreten. Seit 2003 gehört das Fachgebiet Wasserförderung zu den zusätzlichen Aufgaben der Wehr. Dafür wurde ein LF 16/TS mit Schlauchanhänger in Sandweier stationiert. Die Anforderungen an die Feuerwehrangehörigen sind größer geworden und erfordern ständiges Training. Daneben werden Kameradschaft und Zusammenhalt innerhalb der Wehr bewusst gepflegt. So gehören Ausflüge zum festen Programm und das alle zwei Jahre stattfindende Herbstfest zeigt die Verbundenheit der Feuerwehr mit der Dorfgemeinschaft.

Die Freiwillige Feuerwehr Sandweier zählt 2008 26 aktive Mitglieder, die Jugendwehr hat elf Angehörige und die Altersmannschaft besteht aus acht Mitgliedern. Die Mitgliederzahl war in den letzten Jahren rückläufig. Berufliche oder familiäre Veränderungen, oftmals mit einem Wohnortwechsel verbunden, sind Gründe dafür. Darüber ist allgemein die Bereitschaft gesunken, sich ehrenamtlich zu engagieren, zumal in einem Bereich, der mit Arbeit und großen Anforderungen verbunden ist.

Die Feuerwehr ist mit folgenden Fahrzeugen ausgerüstet:
Einem LF 8/6-Löschfahrzeug mit einer Gruppenbesatzung von neun Mann. Dieses Fahrzeug wird zur Brandbekämpfung aber auch zu technischen Hilfeleistungen kleineren Umfangs eingesetzt und rückt in aller Regel als erstes aus. Einem LF 16/TS-Löschfahrzeug mit einer Besatzung von neun Mann für die Wasserförderung. Dazu gehört ein Schlauchanhänger. Für die Wasserrettung und Einsätze auf den Kiesseen steht ein Rettungsboot zur Verfügung. Ein MTW-Mannschaftstransportwagen mit neun Mann besetzt ergänzt den Fahrzeugpark.

Mit ihrer Ausrüstung kann die freiwillige Feuerwehr Sandweier gemäß *Gott zur Ehr, dem Nächsten zur Wehr!* ihre wichtige Aufgabe erfüllen.

Kommandanten seit Bestehen der Wehr

1937-1943	*Augustin Ullrich*
1943-1945	*Theodor Schutz*
1945-1952	*Quirin Herrmann*
1952-1958	*August Walter*
1958-1964	*Artur Peter*
1964-1994	*Wilfried Kratzer*
seit 1994	*Andreas Lang*

Sängerbund 1869 Sandweier e. V.

Der ursprünglich dem religiösen Bereich zuzuordnende Gesang in der Gemeinschaft, also im Chor, wurde im Mittelalter und in der Renaissance als geselliges Singen zu einem allgemeinen Bildungsgut. Männerchöre in ihrer heutigen Form entstanden aus den Singakademien und Liedertafeln des beginnenden 19. Jahrhunderts, die in der 1791 gegründeten Berliner Singakademie und der vom bedeutenden Musiker und Komponisten Karl Friedrich Zelter geleiteten Berliner Liedertafel des Jahres 1809 ihre Vorbilder hatten. 1827 fand das erste deutsche Sängerfest in Plochingen statt.

Leider sind die Originalunterlagen über die 1869 erfolgte Gründung des Sängerbundes Sandweier in Verlust geraten. Mit Hilfe späterer Einträge in der Überlieferung des Vereins lassen sich jedoch die wichtigsten Vorgänge aus der Frühgeschichte des ältesten noch aktiven Vereins unserer Gemeinde rekonstruieren. So konnte 1876 die erste Fahnenweihe durchgeführt werden, ein Indiz dafür, dass der Sängerbund seit seiner Gründung eine erfreuliche Aufwärtsentwicklung verbuchen konnte. 1887 war der Verein Mitbegründer des Ortenau-Oosgau-Sängerbundes. Im Jahre 1903 erfolgte die Weihe einer weiteren, von der Firma Kindler in Baden-Baden angefertigten Fahne. Offensichtlich entsprach die erste Fahne nicht mehr den Vorstellungen des Vereins.

Nach dem Ersten Weltkrieg begann man umgehend, den Verein wieder zu aktivieren. Im Hinblick auf die schwierigen wirtschaftlichen

80jähriges Stiftungsfest
Sängerbund Sandweier, 1949.

Verhältnisse wurde 1919 auf die Feier des 50jährigen Vereinsjubiläums verzichtet. In jenen Jahren hatte der Verein das Glück in Bürgermeister Anton Eichelberger einen besonders tüchtigen und aktiven Vorstand zu haben, der ihn hervorragend durch die so schwierige Zeit führte. Im Jahre 1920 erfolgte der Beitritt zum Badischen Sängerbund. Im Jahre 1930 feierte man dann am 3. August mit einem Jahr Verspätung das 60jährige Jubiläum. Im Oktober 1930 verstarb Anton Eichelberger, der 32 Jahre dem Verein vorgestanden war. Sein Nachfolger wurde Egidius Ullrich, ein ebenso begeisterter und einsatzfreudiger Vereinsführer. Das Mitwirken an Sängerfesten des Badischen Sängerbundes wie an Deutschen Sängerfesten unterstreicht den hohen Stand und die Leistungsfähigkeit des Männerchores in jener Zeit, mit ein Verdienst der musikalischen Leiter des Chores.

Auch der Zweite Weltkrieg riss empfindliche Lücken in die Reihen der aktiven Sänger. Erst ab Oktober 1949 konnte der Verein seine kulturellen Aufgaben wieder wahrnehmen. Treibende Kraft war der bisherige Vorsitzende Egidius Ullrich, der allerdings bei der Gründungsversammlung im Gasthaus zum Hirsch einem Jüngeren die Vereinsführung übergab. Guido Müller wurde neuer erster Vorstand und ging mit Begeisterung und Tatkraft daran, dem Sängerbund wieder neues Leben zu geben. Beim 80jährigen Jubiläumsfest verfügte der Verein mit seinen 90 aktiven Sängern über einen Klangkörper, der unter der bewährten Stabführung Eugen Falks Hervorragendes darbot.

Das 90jährige Vereinsjubiläum im Juni 1959 und vor allem das 100jährige im Juli 1969 waren begeisternde Höhepunkte im musikalischen und kulturellen Leben des Vereins und des ganzen Dorfes. Anlässlich des 100jährigen Jubiläums erhielt der Sängerbund von Landrat Dr. Burkard die *Zelterplakette* überreicht, eine Auszeichnung, die 1956 vom damaligen Bundespräsidenten Theodor Heuss für besondere Verdienste um den Männerchorgesang gestiftet wurde und nach Karl Friedrich Zelter benannt ist. Die Vereinsführung hatte 1964 der heute noch aktive Sänger Anton Schulz übernommen. In den 60er Jahren lag die musikalische Leitung des Chores in der Hand von Günter Horn. Bedeutende Konzerte, Auftritte bei besonderen Gelegenheiten, Rundfunkaufnahmen und die Gestaltung von Kurkonzerten in Baden-Baden beweisen die hohe Qualität unseres

Männerchores. Ein Höhepunkt in jenen Jahren war die freundschaftliche Begegnung mit dem *MLK-Mannerkor* aus Amsterdam, die in Besuch und Gegenbesuch mit entsprechenden Konzerten ihren besonderen Ausdruck fand.

Projektchor.

Der im Jahre 1965 gegründete Jugendchor, mit Liebe und Begeisterung geführt und betreut, glänzte mit einigen Auftritten, musste aber 1982 wegen mangelnder Beteiligung aufgelöst werden. Zweifelsohne zählt die Nachwuchsgewinnung zu den größten Herausforderungen des Vereins.

Im Jahre 1979 feierte man das 110jährige Vereinsjubiläum. Unter seinem Dirigenten Hermann Stösser, der die musikalische Führung des Chores 1976 übernahm, hat dieser ein beachtliches Niveau erreicht. Weithin Beachtung fanden Konzerte mit Werken bedeutender deutscher Komponisten wie Beethoven, Bruckner, Brahms und Mozart, die höchste Anforderungen an den Chor stellten. Unvergessen bleibt das 125jährige Festjahr 1994 und sein Abschlusskonzert mit einem aus Mitgliedern der Kammerphilharmonie Karlsruhe bestehenden Orchester und einigen hervorragenden Solisten.

In der Generalversammlung 1991 hatte Vorstand Anton Schulz sein Amt in jüngere Hände gelegt. Der heute noch amtierende Vorsitzende Walter Mühlfeit übernahm die Führung des Vereins. Sein Vorgänger wurde von der Generalversammlung aufgrund seiner großen Verdienste zum Ehrenvorsitzenden ernannt.

Zahlreiche Auftritte bei örtlichen Veranstaltungen beweisen den kulturellen Wert des Männerchors im Leben unserer Heimatgemeinde. Wertvollstes Musikschaffen bekannter deutscher Komponisten gehört ebenso zu seinem Repertoire wie das gesellige, dem Frohsinn und der Besinnlichkeit gewidmete Lied. Auch das Volkslied gehört dazu. Die Sorge um den für den Verein so dringenden Nachwuchs veranlasste die Vereinsführung, im Jahr 2000 wieder einen Kinderchor ins Leben zu rufen, der bei der Winterfeier am 21. Januar 2001 zum ersten Mal öffentlich auftrat. Neuestes Vorhaben ist die Bildung eines Projektchores, der als gemischter Chor auftritt und der sich moderner wie fremdländischer Chorliteratur widmet.

Vorstände des Sängerbundes 1869 Sandweier e. V.
seit der Gründung des Vereins

1869-1871	August Klumpp
1871-1875	Andreas Kratzer
1875	Reinhard, Hauptlehrer
1875-1878	Karl Kinz
1878-1882	Franz Müller, Bürgermeister
1882-1892	Mutz, Hauptlehrer
1892-1898	Nassal
1898-1930	Anton Eichelberger, Bürgermeister
1930-1949	Egidius Ullrich
1949-1960	Guido Müller
1960-1964	Adolf Peter
1964-1991	Anton Schulz, jetzt Ehrenvorsitzender
seit 1991	Walter Mühlfeit

Dirigenten des Sängerbundes 1869 Sandweier e. V.
seit der Gründung des Vereins

1869-1874	Andreas Kratzer
1874-1878	Hellriegel, Lehrer
1878-1882	unbekannt
1882-1883	Fischer, Lehrer
1883-1886	Schilling, Lehrer
1886-1890	Mutz, Hauptlehrer
1890-1892	Zimmermann, Hauptlehrer
1892-1893	Eppel, Hauptlehrer
1893-1894	Stöckel
1894-1895	Haffner, Hauptlehrer
1895-1908	Daneffel, Lehrer
1908-1911	Gratz, Hauptlehrer
1911-1912	Haffner, Oberlehrer
1912-1914	Gratz, Hauptlehrer
1914	H. Belzer, Rastatt
1918-1936	Eugen Falk, Hauptlehrer
1936-1939	Dr. Meermann, Baden-Baden
1949-1954	Eugen Falk, Hauptlehrer
1955-1956	Rudolf Moritz, Kreischormeister
1956-1958	Hermann Meyer
1958-1970	Günter Horn, Rastatt
1970-1971	Gerhard Bender, Karlsruhe
1971-1975	Paul Grund, Baden-Baden
1975-1976	Herbert Nalezinski, Rastatt
seit 1976	Hermann Stösser, Ötigheim

Die Sonderclub
Sandweier 1903 e. V.

Seine Gründung wird auf 1903 datiert. In jenem Jahr beteiligte sich eine Gesangsgruppe aus Sandweier an der Fahnenweihe des Arbeiter-Gesangvereins Ottersdorf. Ihr Leiter war Hermann Hirn. Sie bestand als Vereinigung junger, lediger Männer, die sich zum Zwecke des geselligen Zusammenseins einmal im Monat trafen. Bis heute besteht diese Regelung. Aus diesem Zusammenschluss, der sich anfänglich *Blaue Wolke,* dann *Drakelia* nannte, wurde später *die Fröhliche Zunft Sandweier 1928,* ein recht treffender Vereinsname.

Die Sonderclub ca. 1911.

Ab Oktober 1938 liegen die ersten schriftlichen Versammlungsberichte vor. Darin ist nur noch von der Vereinsbezeichnung *die Sonderclub* die Rede. Sie geben Einblick in das Vereinsgeschehen. Auch ohne Satzung hatte die Sonderclub von jeher eine ordnungsgemäße Verwaltung, die für den Verein die Verantwortung trug und in den Generalversammlungen den Mitgliedern Rechenschaft gab. Bei jeder Zusammenkunft im Vereinslokal, zuerst der Grüne Baum, dann die Krone, später der Hirsch, das Gasthaus zum Sternen und heute das Clubhaus des Fußballvereins Sandweier wurde und wird von den Anwesenden der Vereinsbeitrag eingezogen. Neumitglieder müssen als Aufnahmeprüfung unter Aufsicht ein Glas Bier in einem Zuge leeren. Es ist nicht bekannt, dass ein Bewerber diese Prüfung nicht bestanden hätte.

Aus den ordentlichen Mitgliedern wurden nach deren Verehelichung Ehrenmitglieder. Die einzigen weiblichen Mitglieder des Vereins sind bis heute die Wirtinnen der Vereinslokale zum Sternen und des Fußballclubhauses. Die ungeschriebene Regel, dass nur Unverheiratete in der Verwaltung tätig sein durften, konnte allerdings auf Dauer nicht aufrechterhalten werden. Neuerdings werden

Gruppenbild der Geehrten anlässlich der 100-Jahr-Feier von die Sonderclub im Jahr 2003.

auch Verheiratete als Neumitglieder aufgenommen. Grundlage auch dieser Gemeinschaft war und ist das Zusammengehörigkeitsgefühl, die gegenseitige Treue und Hilfsbereitschaft. Zu den besonderen Aktivitäten des Clubs gehörte einst das *Neujahrschießen* mit alten Vorderladern und Karabinern aus dem Ersten Weltkrieg, Es wurde traditionsgemäß in der *Kreuzgasse* veranstaltet. Tradition hat der alljährlich acht Tage vor Fastnacht stattfindende Kappenabend, mit einem überwiegend von Vereinsmitgliedern gestalteten Programm. Bis 1951 wurden auch kleine Fastnachtsumzüge durchgeführt.

Im Jahre 1939 feierte man in der Dreschhalle, allerdings um einige Jahre verspätet, das 30jährige Stiftungsfest. 1956 konnte, ebenfalls verspätet, mit großem Erfolg das 50jährige Vereinsjubiläum begangen werden. Auch hier diente die Dreschhalle an der Römerstraße als Festplatz. Folgerichtig fand in kleinem Rahmen im Juli 1966 im Hof des Vereinslokals Hirsch das 60jährige Stiftungsfest statt. Seit 1962 werden nur noch Jahresberichte und Niederschriften von den Generalversammlungen gefertigt. Als weitere Höhepunkte der Vereinsgeschichte fanden 1978 und 2003 unter Beteiligung des ganzen Dorfes das 75jährige und das 100jährige Stiftungsfest des Sonderclubs statt.

Heute ist der Sonderclub voller Aktivitäten. Er ist im Reigen der heimatlichen Vereine ein beachteter Teil, der nach wie vor Geselligkeit, Frohsinn, Kameradschaft und Gemeinsamkeit als Hauptziele seiner Vereinsarbeit betrachtet. Die Generalversammlung vom 19. März 1993 beschloss eine erste schriftliche Satzung, in der die Ziele und Zwecke des Clubs genau angeführt sind. Das sind die Förderung des geselligen Lebens und der Kameradschaft sowie Pflege des alten Liedgutes und die Förderung und der Erhalt des Brauchtums durch das Abhalten von regelmäßigen Sitzungen. Am 15. Juni 1993 wurde der Club in das Vereinsregister der Stadt Baden-Baden eingetragen mit dem Namen *Die Sonderclub Sandweier 1903 e. V.*

Erste Vorsitzende, soweit bekannt

1931-1951	*Stefan Blank*
1951-1957	*Helmut Fettig*
1957-1958	*Markus Ullrich*
1958-1960	*Heinz Straub*
1960-1984	*Norbert Ullrich*
1984-2006	*Manfred Staginnus*
seit 2006	*Thorsten Bastian*

Musikverein Sandweier e. V.

Die alten Gemeinderechnungen weisen nach, dass es schon vor mehr als 200 Jahren in unserer Gemeinde Musikanten gegeben hat. 1762 erhielten Chorsinger und Musikanten für ihre Beteiligung an der Fronleichnamsprozession aus der Gemeindekasse 3 fl. und 35 x. Erstmalig werden 1868 die Namen der Mitglieder des Musikchors genannt: Valentin Gerber, Stefan Gerber, Karl Schäfer, Ignaz Peter, Crispin Peter, Bernhard Peter, Eustach Blank und Hermann Klumpp erhielten je 30 x für ihre Mitwirkung an der Fronleichnamsprozession. Die erste Blaskapelle in Sandweier spielte bei vielen Gelegenheiten, bei den Geburtstagsfeiern des Kaisers oder des Großherzogs ebenso wie bei den zahreichen kirchlichen Festen. Bis zum Beginn des Ersten Weltkriegs ist diese Musikergemeinschaft in wechselnder Besetzung nachweisbar. Bei Kriegsende fanden sich die ehemaligen Musikfreunde wieder zu einer Blaskapelle zusammen. In Reaktion auf Pläne des

Der Musikverein Sandweier e. V. mit den neuen Uniformen, 1962.

Kameradschaftsbundes des Geburtsjahrgangs 1899, die sich auch mit der Gründung eines Musikvereins befassten, wurde aus der Vorkriegskapelle im Jahre 1921 der Musikverein Harmonie aus der Taufe gehoben.

Aus der Initiative des Kameradschaftsbundes, der sich als Gegenpart zur bäuerlichen Traditionsgesellschaft verstand, entstand im selben Jahr, am 30. Oktober, der Arbeiter-Musik-Verein Sandweier. Beide Vereine waren Konkurrenten sowohl in politischer wie auch musikalischer Hinsicht. Manchmal blieb es nicht nur beim musikalischen Wettstreit, wer wohl der *Beste* sei. Einem Verbot durch die neuen Herren kam der Arbeiter-Musik-Verein zuvor, als er sich am 25. Mai 1933 mit dem Musikverein Harmonie zum Musikverein Sandweier vereinigte. Die Leitung des neuen Vereins übernahm der bisherige erste Vorsitzende des Arbeiter-Musik-Vereins Oskar Kinz. Dessen bisherigem Dirigenten G. W. Huber wurde die musikalische Führung der neuen Musikkapelle übertragen. Der Protokollführer der denkwürdigen Sitzung schrieb am Schluss seines Protokolls: *Frisch und mit neuem Mut an das Werk, dann wird sich der Erfolg nicht verbergen und Dank und Anerkennung sicher sein!*

Bei Kriegsende 1945 wurde das Vereinslokal, das Gasthaus zum Grünen Baum, durch französische Truppen geplündert. Noten und Akten, auch einzelne Musikinstrumente waren auf der Verlustliste zu verzeichnen. Gottlob konnte der damalige Vereinskassier Wilhelm Bleich einen großen Teil der Instrumente retten und sie vor dem Zugriff der Besatzungssoldaten bewahren.

Um das Vereinsverbot zu umgehen, schloss man sich für einige Jahre der Freiwilligen Feuerwehr an, unter deren Schutz die Aktivitäten der Musikkapelle fortgeführt werden konnten. Schon am Weißen Sonntag 1946 wurden die Erstkommunikanten feierlich in die Kirche geleitet.

1948 erfolgte die offizielle Wiedergründung des Vereins. Zum ersten Vorsitzenden wählte man Hermann Schäfer, der Erfahrung und Begeisterung mitbrachte, um den Verein neu zu beleben. Höhepunkte der Vereinsgeschichte in den Nachkriegsjahren waren die Jubiläen in den Jahren 1951, 1971 und 1981 als jeweilige Stiftungsfeste. Mit Fleiß und Können wurde ein Leistungsstand erreicht, der Anerkennung brachte. Aufnahmen im Südwestfunk, Teilnahme an Bundesmusikfesten und internationalen Wettbewerben, Auftritte in der Schweiz und in Österreich unterstreichen dies.

1962 konnten dank einer großzügigen Spende der Gemeinde und mit Unterstützung aus dem Ort neue Uniformen für die Kapelle angeschafft werden. 1972 wurde Gerd Kühl erster Vorsitzender des Musikvereins. Die Stabführung wechselte 1976 in die Hände von Siegfried Detschermitsch, der 20 Jahre lang die musikalische Leitung innehatte und der es in dieser Zeit hervorragend verstand, neben anspruchsvoller Musik auch die allgemein beliebte Volks- und Blasmusik zu pflegen. Bei seinem Abschiedskonzert am 20. April 1996 gab er den Taktstock an Günter Goldammer weiter. In der Tradition seines Vorgängers hielt dieser das musikalische Niveau der Kapelle weiter hoch, wie die Frühjahrskonzerte unter seiner Leitung in der Rheintalhalle bewiesen. Von 2001 bis 2005

Die Kapelle des Musikvereins mit ihrem damaligen Dirigenten Thomas Heinzl, 2001.

folgte Thomas Heinzl in der musikalischen Leitung und ab 2006 Benno Kiefer. Schon in seinem ersten Konzert gelang ihm eine überzeugende Symbiose von traditioneller und moderner Blasmusik, die die zahlreichen Zuhörer mit reichlichem Applaus honorierten.

Ein Erfolgsgarant für die stete Weiterentwicklung des Blasorchesters ist die seit Jahren erfolgreiche Nachwuchsarbeit. 1992 wurde von Harry Heberle die erste Jugendkapelle gegründet, die sich unter ihren Dirigenten Ralf Zuber und Anja Walter zu einer musikalischen Größe weit über die Gemeindegrenzen hinaus entwickelte. Die Jugendarbeit wurde unter Jugendleiter Manfred Braun stetig weitergeführt. Er konnte zusammen mit seinem Nachfolger Mirko Brenneisen im Juni 2004 eine Urkunde des Landes Baden-Württemberg für die erfolgreiche Teilnahme des Musikvereins am Projekt „Schule/Verein" entgegennehmen. In den jährlichen Prüfungen zum „Jungmusikerabzeichen" ist der Nachwuchs des Vereins regelmäßig mit großem Erfolg präsent. Seit 2006 gibt es ein Schülerensemble unter Leitung von Markus Haidt, in dem die Jüngsten des Vereins spielen. Die neu formierte Jugendkapelle wird seither von Alexander Lippert und Florian Frietsch geleitet.

Nach 34 erfolgreichen Jahren gab Gerd Kühl am 27. Januar 2006 das Amt des ersten Vorsitzenden an seinen jungen Nachfolger Oliver Bach ab. Für seine großen Verdienste wurde er zum Ehrenvorsitzenden ernannt.

Musikverein Harmonie
Vorstände

1921-1925	*Ambros Ullrich*
1925-1933	*Andreas Bleich*

Dirigenten

1921-1927	*Emil Schäfer*
1927-1928	*Schweninger*
1928-1933	*Weissert*

Arbeiter-Musik-Verein
Vorstände

1921-1925	*Hermann Schäfer*
1925-1933	*Oskar Kinz*

Dirigenten

1921-1925	*Braun*
1925-1927	*Fischer*
1927-1929	*Raus*
1929-1933	*Huber*

Musikverein Sandweier
Vorstände

1933-1934	*Oskar Kinz*
1934-1935	*Max Nassall*
1935-1936	*Andreas Bleich*
1936-1943	*Sebastian Kratzer*
1946-1947	*Quirin Hermann*
1948-1954	*Hermann Schäfer*
1954-1961	*Max Matz*
1961-1972	*Markus Ullrich*
1972-2006	*Gerd Kühl*
seit 2006	*Oliver Bach*

Dirigenten

1933-1938	*Huber*
1938-1940	*Maier*
1946-1948	*Sachse*
1948-1949	*Hildebrand*
1949	*Beinke*
1950-1956	*Hildebrand*
1956-1960	*Horn*
1960-1971	*Fehrenbach*
1971-1972	*Kemmkemer*
1972-1974	*Mitzel*
1974-1976	*Walter*
1976-1996	*Detschermitsch*
1996-2001	*Goldammer*
2001-2005	*Heinzl*
seit 2006	*Benno Kiefer*

Große Karnevals-Gesellschaft 1954 Sandweier e. V.

Fastnachtstreiben hat in unserer Heimat schon eine lange Tradition. Im Protokoll des Radfahrvereins Immergrün finden wir über die Sitzung vom 4. Juni 1954 unter Punkt neun der Tagesordnung den Beschluss, *einen Elferrat zu gründen*. Als Präsident dieses neuen Gremiums wurde der Vorstand des Radfahrvereins Willi Peter bestimmt. Im November 1954 wurde der *Elferrat* erstmals im Bild festgehalten.

Erste Sitzung der Go-Ka-Ge am 13. November 1954.

Der erste in jenem Jahr gewählte Prinz war Senta Blank, die aus gesundheitlichen Gründen dieses Amt allerdings nicht über die volle Amtszeit bekleiden konnte. So wählte man zu Beginn des Jahres 1955 als neuen Prinzen Margot Faulstich. Die beiden Mädchen trugen den Titel *Prinz Topinambur*.

Der damals ebenfalls vorgestellte *Große Rat* dürfte als Gründungsgruppe der späteren Gro-Ka-Ge Sandweier anzusehen sein. Diesen Namen erhielt die Narrengemeinschaft erst im Jahre 1959. Vorher ist vom Sandweierer Elferrat, vom Narrenministerium oder vom Narrenrat die Rede. Eine seit 1956 regelmäßig erscheinende Narrenzeitung glossierte oft mit beißender Ironie Geschehnisse im Dorfe, was manchmal Anlass zu Missstimmungen und Reibereien bot.

Bereits 1956 wurde ein männlicher Karnevalsprinz gewählt, der ab 1960 von einem närrischen Prinzenpaar ersetzt wurde. Bei Besuchen befreundeter Gesellschaften sind die Prinzenpaare stets großartige Botschafter des Sandweierer Karnevals. Viele von ihnen blieben danach dem Verein als Aktive treu. Die Prunk- und Fremdensitzungen mit ihren Darbietungen in der Bütt, mit den zahlreichen Garden – Prinzengarde, Juniorengarde, Jugendgarde und Kinderballett – und ihren tänzerisch brillanten Auftritten sind Ergebnis intensiv betriebener Vereinsarbeit. 1992 übergab Trainerin Frau Gisela Matthes nach über 30 Jahren das Gardetraining in jüngere Hände. Mit Renate Kappler, Volker Zutavern und Angela Horzel konnten ebenso kompetente Nachfolger verpflichtet werden, die die

Garden an den leistungsorientierten Gardetanz heranführten. In den 90er Jahren wurde ein Jugendtanzpaar ausgebildet und betreut. Seit einigen Jahren wird ein Synchrontanzpaar gefördert. Insbesondere unter der Führung des Präsidenten Jürgen Schneider, der die Gro-Ka-Ge seit Frühjahr 1970 über 33 Jahre lang leitete, nahm die Gesellschaft einen beachtlichen Aufschwung. Sein Nachfolger und fünfter Präsident der Gesellschaft, Jörg Mühlfeit, führt den Verein seit 2004 erfolgreich weiter.

Nach der Eintragung ins Vereinsregister wurde die Gesellschaft 1970 auch Mitglied in der Vereinigung Badisch-Pfälzischer Karnevalvereine. Mehrere langjährig aktive Mitglieder der Gro-Ka-Ge Sandweier konnten seither mit dem *Goldenen Löwen,* der besonderen Ehrung der Vereinigung, ausgezeichnet werden. Freundschaftliche Beziehungen zu anderen Karnevalsgesellschaften bestehen bis in die Pfalz, nach Schwaben und ins Elsass hinein. Besonders intensiv ist die Freundschaft zu Kansas City, die seit 1982 besteht und zu mehreren Besuchen und Gegenbesuchen führte. Als Initiatoren dieser Begegnung wurden Dr. Werner Gregg und Hans Ziller, beide aus Kansas City, im Jahre 1995 von der Gro-Ka-Ge zu Konsuln der Gesellschaft ernannt, während Jürgen Schneider für seine Bemühungen um die Partnerschaft im Jahre 2000 zum Ehrenbürger von Kansas City ausgezeichnet wurde. Unmittelbar nach Öffnung der Mauer traf im Februar 1990 eine Abordnung des Carneval-Vereins Hohndorf aus der Nähe von Zwickau in Sandweier ein, um mit der Gro-Ka-Ge erstmals im Westen Karneval zu feiern. Noch im gleichen Monat reiste eine Abordnung nach Hohndorf und wurde als erste westdeutsche Gesellschaft seit Entstehung der DDR im Sitzungssaal empfangen. Als Zeichen der Freundschaft wurde eine Edelkiefer auf dem Rathausvorplatz in Hohndorf gepflanzt. Diese Freundschaft dauert bis heute an. Im Jahre 1993 wurde mit dem Kulturverein Pro Loco der Baden-Badener Partnerstadt Moncalieri ein Austausch vereinbart. Seither nahm die Gro-Ka-Ge bereits drei Mal am dortigen Karnevalsumzug am Sonntag nach unserer Fastnacht teil. Im Gegenzug konnten mehrfach Delegationen des Pro Loco bei uns begrüßt werden. Diese tiefe Beziehung führte im November 1993 zur Ernennung von Franco Ceste zum Konsul unserer Gesellschaft und wurde im Jahre 2004 mit der Ernennung von Piero Vacchio zum Konsul vertieft.

Die Prunk- und Fremdensitzungen in den Gasthäusern zur Blume und zur Sonne bereiteten wegen der beschränkten Platzverhältnisse Probleme. Zwar fanden diese mit der Nutzung der Rheintalhalle ein Ende. Allerdings enstanden andere Schwierigkeiten bei der Beschallung, der Dekoration und den immensen Aufbauarbeiten, die es zu bewältigen galt. In der Rheintalhalle richtet die Gro-Ka-Ge seit 1982 alljährlich im November die Proklamation des

Die Verwaltung der Gro-Ka-Ge, 1998. In der ersten Reihe in der Mitte der heutige Präsident Jörg Mühlfeit als Prinz Jörg I., vorne rechts neben der Prinzessin der langjährige damalige Präsident Jürgen Schneider.

Prinzenpaares und in der Karnevalszeit eine Große Prunk- und Fremdensitzung, einen Kinderfasching und ein Schlampentreffen aus.

Sandweier liegt im Grenzbereich zwischen dem rheinisch-pfälzischen Karneval und der schwäbisch-alemannischen Fastnacht. Mit der 1996 erfolgten Gründung der Häsgruppe *D'Erdäpfler* wurde dem Rechnung getragen. Das Häskleid besteht aus nachgebildeten Blättern des Topinamburs, die zugehörige Holzmaske zeigt das Bild der Blüte der Pflanze. Mit ihrem Hästanz bringt sie die alemannische Fasnet auf die Bühne und ist mittlerweile ein fester Bestandteil der jährlichen Sitzungen. Sie nimmt auch an vielen Umzügen und Veranstaltungen in der Region teil. Seit 1998 wirkt sie an der Schulstürmung der Grund- und Hauptschule mit. Seit 2005 führt die Gro-Ka-Ge zusätzlich einen närrischen Unterricht in der Grundschule durch und besucht mit dem Prinzenpaar auch die Kindergärten. Am Fastnachtssamstag wird vom amtierenden Prinzenpaar die Schatulla nach Sandweier gebracht und am Dorfplatz festlich inthronisiert.

Einen Schwerpunkt ihrer Aufgaben sieht die Gro-Ka-Ge in einer intensiven Jugendarbeit. Das Heranführen von Kindern und Jugendlichen an das fastnächtliche Brauchtum, das damit verbundene Training von karnevalistischen Tänzen und das Erlernen der Kunst des Büttenredens stellen reichhaltige Angebote dar, von denen Kinder und Jugendliche aus Sandweier zunehmend Gebrauch machen. Im Jahr 2008 werden unter Anleitung und Begleitung vieler ehrenamtlich Tätiger 80 Kinder und Jugendliche gefördert. Besonders erfolgreich und geschätzt sind neben Tänzen und Büttenreden die Gesangsauftritte der Gro-Ka-Ge. Von 1974 bis 2007 glänzte die Gesangsgruppe *Die Bläser* in den Sitzungen mit herausragenden Beiträgen. Sie nahm das Geschehen in Stadt und Stadtteil aufs Korn und glossierte es unter der musikalischen Leitung von Siegfried Detschermitsch. Bei der Proklamation 2002 trat erstmals eine zweite Gesangsgruppe auf der närrischen Bühne auf. Die *Sondhase-Singers*, von Klaus Findling gegründet, verstehen es unter der musikalischen Leitung von Karl-Heinz Raster vortrefflich, mit schmissigen Melodien und griffigen Texten die Stimmung bei den Sitzungen der Gro-Ka-Ge zu heben.

Präsidenten

1954-1958	*Willi Peter*
1958-1966	*Hermann Klumpp*
1966-1970	*Helmut Schlag*
1970-2004	*Jürgen Schneider*
seit 2004	*Jörg Mühlfeit*

Harmonika Spielring
Sandweier

Der Harmonika Spielring Sandweier wurde am 8. Dezember 1962 von Alois Diebold, Johann Reiss, Helmut Schlag, Alfons Merkel, Marianne Vogel, Alice Bleich, Lina Aßmus, Jürgen Schumacher und Werner Keppler gegründet. Zum ersten Vorsitzenden wurde Alois Diebold gewählt. Ziel war es, den Jugendlichen des Ortes die Möglichkeit zu geben, das Akkordeonspielen zu erlernen. Den Musikunterricht hatte im Vorfeld Marianne Vogel aus Haueneberstein übernommen, so dass bereits bei der Gründung ein Konzert stattfinden konnte. Viele Zuhörer traten dem Verein bei und einige halten ihm bis heute die Treue.

Nach Marianne Vogel übernahm Manfred Fritz aus Gaggenau die Ausbildung und die Leitung des Orchesters. Bunte Abende im Gasthaus zur Sonne wichen der Winterfeier im Gasthaus zur Blume als Jahreskonzert, das später im Schützenhaus und in der Rheintalhalle abgehalten wurde.

Ab 1969 übernahm Oskar Peter als erster Vorsitzender die Leitung des Vereins. Ihm gelang es, diesen im kulturellen Bereich des Ortes zu etablieren und ihm mit der Durchführung von Sommerfesten auch finanzielle Grundlagen zu schaffen. Während seiner Zeit als erster Vorsitzender übernahm 1973 Wolfgang Ganz aus Bietigheim die musikalische Leitung. Durch seine Erfahrung als Musiklehrer und sein Engagement verhalf er dem Verein zu vielen musikalischen Höhepunkten. Die Jugendarbeit zahlte sich aus, das Orchester wuchs zu einem guten Klangkörper. Das Jahreskonzert wurde zu einem festen Bestandteil des Vereinsjahres.

18 Jahre bis 1987 blieb Oskar Peter erster Vorsitzender. Er konnte auch 1982 Frau Susanne Kraft als Dirigentin gewinnen, die künftig für die musikalische Leitung verantwortlich zeichnete. Ihrer fachlichen Kompetenz und ihrer hervorragenden Jugendarbeit, unterstützt von ihrem Vater Herrn Musikdirektor Zepperitz, verdankt der Verein das musikalische Niveau. Über viele Jahre konnten immer wieder junge Talente über das Schüler- und Jugendorchester in das erste Orchester eingegliedert werden, so dass anspruchsvolle Akkordeon-Musik bei vielen erfolgreichen Konzerten erklingen konnte. Die Jugendarbeit ist für den Verein besonders wichtig, da das erste Orchester einem stetigen Wandel unterliegt. Viele seiner Mitglieder verlassen wegen Studium oder aus beruflichen Gründen

Der Harmonikaspielring.

Sandweier, so dass eine stetige Nachwuchsförderung unerlässlich ist. Die Nachfolge von Oskar Peter als erster Vorsitzender übernahm 1987 Norbert Schäfer aus Baden-Baden-Oos, der durch die Ausbildung seiner Kinder zum Harmonika-Spielring gefunden hatte. Die Sommerfeste wurden weitergeführt und die Geselligkeit weiter gepflegt. Vereinsausflüge, Feste und musikalische Auftritte prägten das Vereinsleben.

Zum Nachfolger von Norbert Schäfer wurde Gerhard Schäfer gewählt, der von 1994 bis 1999 die Vereinsgeschicke leitete. Als dieser das Amt aus beruflichen Gründen nicht weiterführen konnte, erklärte sich Susanne Kraft bereit, zusätzlich die Aufgaben der ersten Vorsitzenden zu übernehmen. Das erste Orchester hat sich weiterentwickelt, so dass im Laufe der Zeit auch durch Zusatzinstrumente wie Keyboards, Bass und Schlagzeug ein neuer Klangkörper entstehen konnte. Bei den Jahreskonzerten in der Rheintalhalle, bei Kirchen- oder Kurkonzerten konnte die Vielfalt der Akkordeonmusik zu Gehör gebracht werden So ist der Harmonika-Spielring zu einem wichtigen Teil des kulturellen Lebens in unserem Stadtteil geworden, der volle Unterstützung verdient.

Erste Vorsitzende

1962-1969	*Alois Diebold*
1969-1987	*Oskar Peter*
1987-1994	*Norbert Schäfer*
1994-1999	*Gerhard Schäfer*
seit 1999	*Susanne Kraft*

Dirigenten

1962-1964	*Marianne Vogel*
1964-1973	*Manfred Fritz*
1973-1982	*Wolfgang Ganz*
seit 1982	*Susanne Kraft*

Bläser-Gemeinschaft 1974 Sandweier

Als Norbert Schulz in der Fasnachtskampagne 1974/75 als Prinz Norbert II. zusammen mit seiner Prinzessin Angelika II. närrisch in Sandweier regierte, bat ihn Gro-Ka-Ge-Präsident Jürgen Schneider, mit einigen jungen Musikern des Musikvereins Sandweier eine neue Musikgruppe auf die Beine zu stellen, die bei karnevalistischen Sitzungen einen Programmpunkt gestalten könnte. Dies hatten die Rabbit's-Singers, einige junge Aktive des *Sängerbund Sandweier*, zweimal in den Jahren zuvor erfolgreich getan. Mit Norbert Schulz entschieden sich die jungen Musiker Klaus Findling, Hartmut Frietsch, Rolf Müller, Jürgen Rauch, Alfred Schulz, und Eberhard Ullrich gemeinsam mit den Handball-Sportlern Josef Bleich und Bertram Schäfer für die Gründung einer Gesangsgruppe.

Im ersten Jahr hatte die Gruppierung noch keinen Namen, kurz danach aber wurde die Idee geboren, ein Schild zu fertigen mit einer Trompete im oberen und einem Bierfass, später einem Bierglas, im unteren Teil. Die verbindenden Elemente Trompete und Bierglas, mit beiden kann man „einen blasen", führten bei dieser fröhlichen und trinkfesten Herrenrunde schnell zum Gruppenname *Bläser*. Später wurde daraus dann die *Bläser-Gemeinschaft*.

Der erste Auftritt war schon 1975 von orts- und allgemeinpolitischen Themen geprägt. So besang die neue Gruppe mit dem Lied: *Es war ein Dorf in seinen besten Tagen ...* – frei nach der Jennerwein-Melodie die zum 1. Januar 1975 erfolgte Eingemeindung Sandweiers nach Baden-Baden und sprach damit dem Großteil der Bevölkerung, der damit nicht einverstanden war, voll aus dem Herzen. Nach dem sehr erfolgreichen Auftritt beschloss die Gruppe, die von Rolf Müller auf der Gitarre begleitet wurde, auch in der Kampagne 1975/1976 wieder aufzutreten. Claus Arndt war der erste Akkordeonspieler der *Bläser*, gefolgt von Marianne Schlag, Edgar Ullrich, Bernd Schablitzky und Peter Koch. Alle eben Genannten waren mit Begeisterung dabei und bereicherten die jeweiligen Auftritte der Gruppe. 1975 kamen Jürgen Schulz und Kurt Stephan, 1976 Rolf Bornhäußer, 1977/78 Hans-Jörg Fleig, Hans-Jürgen Schäfer und Hermann Schäfer, ein Jahr später Klaus Frietsch und 1979 Peter Koch als Aktive zu den *Bläsern*. In dieser Zeit begleitete Hans-Jörg Fleig die jeweiligen Akkordeonisten auf der Gitarre.

Das Jahr 1980 war für die *Bläser* von besonderer Bedeutung, denn hier konnte man Siegfried Detschermitsch, den damaligen

Die Bläsergemeinschaft 1974 Sandweier.
Von links: Hans-Jörg Fleig (Erster Vorstand), Jürgen Throm, Alfred Schulz, Manfred Zeitvogel, Siegfried Detschermitsch (Musikalischer Leiter), Josef Bleich, Peter Koch, Hans-Jürgen Schäfer, Klaus Findling, Klaus Frietsch, Norbert Schulz, Hartmut Frietsch, Heinz Teichmann.
nicht abgebildet: Eberhard Ullrich.

Dirigenten des Musikvereins Sandweier, als musikalischen Leiter und Begleiter auf dem Klavier für die weiteren Auftritte gewinnen. Hatten bis dahin die *Bläser* immer schon mit tollen Texten und guter Liedauswahl das Publikum begeistert, so kam nun eine wesentliche Steigerung zur gesanglichen Darbietung hinzu, die die *Bläser* zum unverzichtbaren Bestandteil jeder Großen Prunk- und Fremdensitzung der Gro-Ka-Ge in der Rheintalhalle werden ließ. Im gleichen Jahr wurde Peter Schaaf aktiv, ab 1982 Jürgen Throm und Manfred Zeitvogel, 1983 Uwe Späte und als letzter Neuzugang 1999 Heinz Teichmann.

Von der Gründung bis zur Kampagne 1977/1978 war Klaus Findling erster Vorstand der *Bläser*, danach Norbert Schulz bis zu seinem Wegzug nach Rheinfelden. Seit Ende der 80er Jahre bis 2004 amtierte Jürgen Throm als Vorstand, er hatte Hans-Jürgen Schäfer abgelöst, nachdem dieser das Amt für zwei Jahre von Norbert Schulz übernommen hatte. Seit 2004 ist Hans-Jörg Fleig erster Vorstand. Administrative Aufgaben der *Bläser* werden weitgehend von Hans-Jörg Fleig und Klaus Findling erledigt. Die spitzfindigen, aber niemals beleidigenden Texte kamen fast alle aus der Feder von Klaus Findling, einzelne Textbeiträge wurden immer wieder von Hartmut Frietsch und Peter Koch geliefert.

Eine einheitliche Kostümierung hatten die *Bläser* ab dem Jahre 1983 mit ihrem ersten Clownkostüm. 1986 wurde die weinrote Uniformjacke von allen aktiven Sängern angeschafft. Ab 1991 trat die Gruppe in einer bunt karierten Schlabber-Hose mit weißem Shirt und Mütze auf, seit 1995 wird ein einheitliches blau-rotes Clownkostüm getragen. Als Schneiderin aller drei wunderschönen Kostüme konnte Frau Helga Rußi gewonnen werden.

Die Proben fanden anfangs im Hotel *Blume,* dann im *Sternen* sowie die letzten Jahre im *FV-Clubhaus* statt. 33 Jahre waren die *Bläser* fester Bestandteil bei den Sitzungen der Gro-Ka-Ge Sandweier, beim Sonderclub Sandweier und 25 Jahre beim Ooser Carneval – Verein.

Immer mit Spannung erwartet und mit Applaus belohnt, beschlossen die *Bläser* in ihrem 33. Jubiläumsjahr, das Kostüm an den berühmten Nagel zu hängen und dem treuen Publikum mit dem letzten Auftritt an Fasnacht 2007 *Adieu* zu sagen. Die Gruppe selbst bleibt bestehen. Sie engagiert sich in anderer Form noch gerne in der Fasnacht, ist in die örtliche Vereinsgemeinschaft mit eingebunden und trifft sich weiterhin im *Bläser* – und Fundusraum bei Eberhard Ullrich zur Pflege der Kameradschaft.

Heimatverein Sandweier e. V.

Der Heimatverein Sandweier zählt zu den jüngsten kulturellen Vereinen in der Gemeinde. Seine Gründung verdankt er einer Anregung, die im Herbst 1986 bei der Vereinsführerbesprechung vorgetragen wurde. Als Zweck dieser Gemeinschaft wurde die Förderung der Heimatpflege und Heimatkunde gekennzeichnet und danach auch in der Satzung des Vereines festgehalten. Als erstes stand dabei die Herausgabe und der Vertrieb eines Heimatbuches im Vordergrund sowie die fürsorgliche Pflege heimischen Kulturguts und Brauchtums. Als besondere Aufgabe sah es der Heimatverein auch an, den Aufbau und die Unterhaltung eines Heimatmuseums zu fördern und sich um die Erhaltung von Kultur- und Baudenkmälern zu kümmern. Insofern kann er als eine echte Bürgerinitiative angesehen werden, die sich auch satzungsmäßig manifestiert hat und als gemeinnützig anerkannt ist.

Die Gründungsversammlung fand am 28. September 1987 statt, bei der Satzung und Geschäftsordnung von den Anwesenden einstimmig angenommen wurden. Die Wahlen zum Vorstand des Vereins brachten folgendes Ergebnis: Erster Vorsitzender: Friedrich Gantner, zweiter Vorsitzender: Sigbert Schindler, Kassier: Reinhold Mayer, Schriftführer: Daniel Merkel. Als Beisitzer wurden gewählt: Karl Bruckner, Erwin Hatz, Andreas Herr und Jürgen Schneider. In beratender Funktion stellte sich Ortsvorsteher Rudolf Hofmann dem Vorstand zur Verfügung.

Seinem ersten Gründungszweck kam der junge Verein bereits 1988 nach. Am 7. Dezember 1988 konnte das Buch *Sandweier, ein Hardtdorf und seine Bevölkerung in Vergangenheit und Gegenwart* der Öffentlichkeit präsentiert werden. Die ersten Exemplare wurden von den beiden Autoren signiert an Oberbürgermeister Carlein und Ortsvorsteher Rudolf Hofmann übergeben. Schon bald war das Heimatbuch vergriffen.

Mitglieder des Vorstands im Jahr 1991 bei der Umgestaltung des Jagdhauses zum Heimatmuseum.
Von links nach rechts: Erwin Hatz, Karl Bruckner, Friedrich Gantner, Siegbert Schindler, Wendelin Klumpp und Reinhold Mayer.

In Erinnerung an die Sandweier über Jahrhunderte prägende Wiesenwässerung erstellte der Verein in der Nähe der ehemaligen Mühle im November 1989 eine alte Stellfalle, wie sie früher hier am Oosbach vorhanden war und der Bewässerung der Stöckwiesen diente. Schon früh trug sich der Heimatverein mit der Absicht, im 1602 erbauten Jagdhaus ein Heimatmuseum einzurichten. Das ehemals herrschaftliche Gebäude war Anfang des 19. Jahrhunderts in privaten Besitz gelangt und über die vielen Jahre in recht baufälligen Zustand geraten. Im Juni 1989 wurde das Haus von der Stadt Baden-Baden erworben, nachdem sich der Heimatverein Sandweier bereit erklärt hatte, durch Eigenarbeit zur Einrichtung des Heimatmuseums beizutragen. In Erfüllung dieses Versprechens beteiligte sich der Heimatverein, insbesondere seine Vorstandsmitglieder, an den dringend notwendigen Renovationen. Galten die Arbeiten in den ersten Jahren vordringlich dem Jagdhaus, wurden sie danach auf das dazugehörige Ökonomiegebäude ausgedehnt. Eine Museumskommission, der Karl Bruckner vorstand, erarbeitete in enger Abstimmung mit dem Landesdenkmalamt in Karlsruhe und der Landesmuseumsberatung in Tübingen eine Museumskonzeption und machte sich auf die langwierige Suche nach entsprechenden Exponaten. Im Jagdhaus selbst sind für die Bereiche Jagd, Ortsgeschichte und religiöses Brauchtum Ausstellungsräume gegeben. Außerdem wurde hier das Gemeindearchiv untergebracht. In der *Stub* ist die Möglichkeit geselligen Zusammenseins vorhanden, die für das wöchentliche *Cego-Spiel* genützt wird. Ein kleiner Wirtschaftsraum steht ebenfalls zur Verfügung. Im Ökonomiegebäude sind Handwerk und Landwirtschaft ausgestellt und Wendelin Klumpp hat hier eine für Sandweier typische Topinambur-Schnapsbrennerei aufgebaut.

Im Oktober 1993 wurde vom Verein mit der Stadt Baden-Baden ein Nutzungsvertrag abgeschlossen, der die beiderseitigen Rechte und Pflichten regelte.

Alljährlich veranstaltet der Heimatverein meist am letzten Septembersonntag seinen Hock am Jagdhaus. Neben Geselligkeit und Unterhaltung wird an diesem Tag, wie an vielen Sonntagen im Jahr, die

Gründungsmitglieder des Heimatvereins beim 20jährigen Vereins-jubiläum im September 2007.

Möglichkeit geboten, das Museum unter fachkundiger Führung zu besichtigen.

Am 20.5.1995 wurde das Museum durch Oberbürgermeister Ulrich Wendt feierlich eröffnet, wobei Karl Bruckner in seiner Festrede die Geschichte des Jagdhauses erzählte und Wendelin Klumpp den *Erdepfler* in einem von Friedrich Singer verfassten Gedicht auf vorzügliche Weise anpries. Immer wieder stellte der Verein fest, dass da oder dort gewichtige Renovierungen notwendig waren, so dass die Arbeit am Museum nicht ausging. Fenster im Jagdhaus mussten erneuert werden, das Dach des Ökonomiegebäudes war undicht, sein Giebel auf der Südseite drohte einzustürzen. Es gibt für den unermüdlichen Arbeiter Wendelin Klumpp immer etwas zu tun und oft klagt er darüber, bei diesen manchmal nicht einfachen Arbeiten allein gelassen zu werden. Doch sein Eifer und vor allem sein Fachwissen sind unersetzlich.

Im Jahr 1997 konnte der Verein auf 10 Jahre Vereinsleben und voller Stolz auf das bislang Erreichte zurückblicken. Am 22. September 2002 feierte er mit der ganzen Bevölkerung das 400jährige Bestehen des Jagdhauses, zu der Karl Bruckner eine Dokumentation über den Werdegang des Hauses fertigte, die dann als Heftchen den Besuchern kostenlos zur Verfügung gestellt wurde.

Große Veränderungen innerhalb des Vorstandes gab es in dieser Zeit nicht zu verzeichnen. Ab 2001 stieß der neue Ortsvorsteher Wolfram Birk in beratender Funktion zur Vereinsführung. 2007 konnte der Verein sein 20jähriges Bestehen feiern. Beim herbstlichen Hock und bestem Wetter wurde dabei unser erster Vorsitzender Friedrich Gantner von Oberbürgermeisterin Dr. Sigrun Lang mit der Ehrennadel des Landes ausgezeichnet, eine gelungene Überraschung für den Geehrten.

Im Jubiläumsjahr 2008 wird beim traditionellen Hock das zweite vom Heimatverein Sandweier herausgegebene Heimatbuch präsentiert werden, das hoffentlich den gleichen Erfolg verzeichnen kann, wie das im Jahr 1988 erschienene Werk.

Narrenzunft Topiknollen
Sandwier 1996 e. V.

Die Narrenzunft Topiknollen Sandwier wurde im Frühjahr 1996 von einigen lustigen jungen Männern aus Sandweier gegründet. Seit dem 11. September 1998 sind die Topiknollen ein eingetragener Verein im Vereinsregister des Amtsgerichts Baden-Baden.

Narrenzunft Topiknollen Sandwier 1996 e. V.

Ziel des Vereins ist es, die alemannische Straßenfasnacht in Sandweier und in der Umgebung zu beleben. Hierfür nehmen die Topiknollen an Fasnachtsumzügen, Narrentreffen oder Brauchtumsabenden in der gesamten Region teil. Die Narrenzunft besteht derzeit aus 38 aktiven und weit über 100 passiven Mitgliedern. Die Aktiven, die in der fünften Jahreszeit das Häs der Topiknollen überziehen, sind ausschließlich Männer. Frauen können lediglich passive Mitglieder werden. Bei der Namensgebung und der Häs-Gestaltung stand der Topinambur, das *Sandweierer Nationalgetränk*, Pate.

Die Topinamburknolle, aus der der Schnaps gewonnen wird, wird auch heute noch beim Dorf angebaut und ist somit den Sandweierern allseits bekannt. Die handgeschnitzte Holzmaske symbolisiert die Topiknolle und das Häs mit grünen, braunen und vereinzelt gelben Fleckchen stellt den Bezug zur Pflanze und seiner Blüte her. Jeder Hästräger führt einen alten Stock und einen Schellengurt mit sich. Der Stock soll das Wachstum der Pflanze symbolisieren, welche zwei bis drei m hoch werden kann. Der Schellengurt mit im Durchschnitt etwa 10 cm dicken Glocken nimmt Bezug auf die zahlreichen Knollen (zwei bis drei Dutzend), die eine einzelne Pflanze bilden kann. Während der Umzüge gehen die Narren immer wieder dazu über, den Topiknollenschritt vorzuführen. Hierbei werden lautstark die Glocken des Schellengurts zum Klingen gebracht. Dieser lautstarke Sprung soll das Ende der Erntezeit

(September bis Mai) für die Topiknolle und gleichzeitig den nahenden Frühling ankündigen.

Die Topiknollen nehmen nicht nur an Veranstaltungen teil, sondern fördern auch aktiv alte Traditionen und das gesellschaftliche Leben in Sandweier. Zur Fasnachtszeit erstellen sie seit einigen Jahren einen Narrenbaum auf dem Dorfplatz. Eine besondere Errungenschaft der letzten Jahre ist die Übernahme des Gasthauses *Zum Sternen*, das als Vereinsheim gepachtet und in den letzten Jahren in Eigenregie umgebaut wurde. In regelmäßigen Abständen finden darin Veranstaltungen statt, die von *Jung* und *Alt* gerne besucht werden. Hierzu zählt neben dem Narrenbaumstellen auch der *Schlampenball* am schmutzigen Donnerstag, der sich in den letzten Jahren zum Geheimtipp in Sandweier entwickelt hat. Oberzunftmeister ist seit der Gründung Marco Götz.

Sandwiermer Backöfelehexen

Die jüngste närrische Vereinigung in Sandweier ist die seit dem 4. Juni 2002 bestehende Narrenzunft der *Sandwiermer Backöfelehexen*. Ihr Name bezieht sich auf die drei Bäckereien, die früher rund um den Ortskern von Sandweier bei der Kirche und dem ehemaligen Rathaus ansässig waren, und der von der Sandweierer Straße, der Römerstraße und der Walburgastraße begrenzt wird. Dieser zentrale Bereich unseres Stadtteils wurde deswegen seit eh und je *das Backöfele* genannt.

Backöfelehexen im Gründungsjahr 2002.

Die neue Narrenzunft hat laut Satzung nur weibliche Mitglieder. Ihr Anliegen ist das Beleben der Straßenfastnacht, um auf diese Weise das alte Brauchtum zu erhalten und zu bewahren. Dazu gehören vor allem das Mitwirken beim Stellen des Narrenbaums in der

Dorfmitte sowie die Teilnahme an Fastnachtsumzügen in der näheren und weiterer Umgebung. Natürlich sind Geselligkeit, Kameradschaft und die Freundschaft mit anderen Zünften wesentliche Fundamente einer solchen Gemeinschaft, die sich durch ein einheitliches *Häs* und aus Holz geschnitzte *Hexen-Masken* auszeichnet.

Die Hexenzunft zählt derzeit 28 Mitglieder. Dazu kommen noch die kleinen Kinderhexen, denn bei den Zunftmitgliedern handelt es sich meist um junge verheiratete Frauen. Erste Vorsitzende, d. h. Oberzunftmeisterin war eine der Initiatorinnen der Gruppe, Monika Herr. Vizezunftmeisterin ist Gabi Stüber. Seit der Generalversammlung am 19. Mai 2006 ist Sandra Herr neue Oberzunftmeisterin. Eine führende Rolle im Kreis der Hexen spielt die Schatzmeisterin Christa Mayer.

Turnverein Gut Heil 1907 Sandweier e. V.

Es war Friedrich Ludwig Jahn, der zu Beginn des 19. Jahrhunderts die Bedeutung der Leibeserziehung erkannte und die Turnerziehung, die in den vier *F* des bekannten Turnkreuzes *Frisch, Fromm, Fröhlich, Frei* ihre Ziele kennzeichnete, allgemein verbreitete. Schon Mitte des 19. Jahrhunderts hatte der Turnunterricht in den Schulen Einzug gehalten.

Die Gründung des Turnvereins Sandweier erfolgte am 15. Juni 1907. Die Gründungsversammlung tagte im Gasthaus zur Linde. 69 Männer legten den Grundstock für den heute größten Verein im Dorf. Schon 1909 war der junge Verein in der Lage, am Landesturnfest in Heidelberg mit einer starken Vereinsriege teilzunehmen. Zu verdanken war dies insbesondere dem zweiten Vorstand Hugo Pflüger, der zugleich das wichtige Amt des Turnwarts übernommen hatte. Auch in den folgenden Jahren nahmen immer wieder Sportler des Vereins mit Erfolg an Gau- und Landesturnfesten teil. Dabei ist zu bedenken, dass in jener Zeit die Übungsmöglichkeiten mehr als beschränkt waren. Noch fand das Turnen nur im Freien statt. In einem Schreiben an den *Wohllöblichen Gemeinderat Sandweier* vom 6. April 1910 bat man um *Überlassung einer Wiese (früher*

Abteilung Turnverein
im Sportverein Sandweier, 1946.

Fischweiher) direkt unterm
Dorfe, die sich als Turnplatz vor-
trefflich eignen würde. Gleichzeitig wurde um die Genehmigung
gebeten, *den Platz dann entsprechend einrichten zu dürfen.*

Im Jahre 1912 fand die Fahnenweihe statt, verbunden mit den
ersten vereinsinternen Wettkämpfen für Turner und Zöglinge. Man
hatte schon damals mit der Jugendarbeit begonnen, sicher mit Unterstützung der Schule, die in jenen Jahren von Oberlehrer Julius
Haffner geleitet wurde. Auch Leichtathletikwettkämpfe standen
dabei auf dem Programm, so eine gau-offene 4 x 100 m-Staffel im
Heinrichsträßle.

Der Erste Weltkrieg brachte einen tiefen Einschnitt, waren
doch die meisten Aktiven des Vereins im Felde. Der damalige zweite Vorstand Kaufmann Franz Müller sandte in Vertretung des ein-
berufenen ersten Vorstands Hugo Pflüger Liebespakete an die
Vereinsmitglieder im Feld.

Schon im Dezember 1918, ein Monat nach Kriegsende, wurde
die Vereinstätigkeit wieder aufgenommen. So ist es keineswegs
erstaunlich, dass man bereits 1919 beim Gauturnen in Iffezheim
wieder erste sportliche Erfolge erzielen konnte.

Im Jahre 1919 übernahm Franz Schäfer das Gasthaus *Zur Blu-*
me. Von 1923 bis 1930 war er erster Turnwart des Turnvereins. Im
Rahmen eines Umbaus seines Gasthauses schuf er die Möglichkeit,
im Saal zu turnen, eine Neuerung, die für den Verein von großer
Bedeutung war. Über Jahrzehnte hinweg blieb dies die einzige
Möglichkeit, den wetterunabhängigen Turnbetrieb aufrecht zu erhalten. Ab 1920 wurde neben den Aktivitäten im Turnen auch
Faustball gespielt. Auch in dieser Sportart erzielte man Erfolge. Im
Jahre 1925 wurde dann erstmals Handball gespielt. Diese Abteilung
durchlebte alle Höhen und Tiefen des Sports bis hin zu der erfreulichen Tatsache, dass man ab Ende der 1970er Jahre regelmäßig in
der höchsten südbadischen Spielklasse agieren konnte. Eine intensive Jugendarbeit war dabei die Grundlage des Erfolgs.

Im Juni 1932 wurde das silberne Vereinsjubiläum gefeiert, ein
Fest, das einen eindrucksvollen Verlauf nahm. Die politischen Aus-
wirkungen der Machtübername durch die Nationalsozialisten im
Jahr 1933 gingen auch am Turnverein nicht spurlos vorüber. Aber
seine turnerischen und sportlichen Aktivitäten liefen weiter, bis der
Zweite Weltkrieg dem Vereinsgeschehen ein Ende bereitete. Da nach

dem verlorenen Krieg von der französischen Besatzungsmacht die Turnvereine verboten wurden, beteiligte sich der Verein an dem 1948 gebildeten *Sportverein*. Schon im Sommer 1950 konnte sich der alte Turnverein wieder konstituieren und den Sportbetrieb aufnehmen. Der Neuanfang war nicht leicht: Die notwendigen Turn- und Sportgeräte fehlten, der Aufbau verlangte viel Engagement und Begeisterung und bereitete einige Mühe. Doch der neue erste Vorsitzende Karl Herr war zusammen mit seiner Verwaltung Garant für ein stetiges Aufwärts und Vorwärts im Verein.

Schon 1953 beteiligten sich die Turner am Deutschen Turnfest im Hamburg; drei Aktive, Elisabeth Peter, Karl Herr und Adam Bornhäußer, kehrten als Kranzsieger nach Hause.

Eines der großen Ziele des Vereins war der Bau einer Turnhalle. Zusammen mit der Schule gelang es, dieses Vorhaben zu verwirklichen. Ende 1962 wurde die Halle sowohl von der Schule als auch vom Turnverein in Betrieb genommen. Nun konnte sich der Verein viel intensiver der so wichtigen Jugendbetreuung widmen. Hier ist insbesondere Adam Bornhäußer zu nennen, der als noch aktiver Turner die Kinder- und Jugendgruppen übernahm und dabei auch seine Familie vielseitig einsetzte. Der Name Adam Bornhäußer war weit über unsere Ortsgrenzen bekannt.

Neben Turnen und Leichtathletik drängte sich allmählich der Handball in den Blickpunkt. Noch wurde auf dem Großfeld gespielt, das Geschehen verlagerte sich aber zusehends in die Halle. Zur Turn-, Leichtathletik- und Handballabteilung gesellte sich 1972 eine Tennisabteilung, die sich großen Zulaufs erfreute. Im Jahre 1967 feierte der Verein unter der Regie des ersten Vorsitzenden Franz Fettig sein 60jähriges Bestehen. In die Ära von Franz Fettig, der den Turnverein bis 1988 führte, fielen grundlegende Weichenstellungen. 1982 wurde das 75jährige Jubiläum angemessen gefeiert. Zwischenzeitlich bauten die Vereinsmitglieder beim Handballplatz ein Gerätehaus, legten in Eigenarbeit die Tennisplätze und die Handball-Kleinfeldanlage an und begannen im Herbst 1977 mit dem Bau eines Vereinsheims. Schon ein Jahr später konnte man das Richtfest feiern und im Mai 1981 wurde dieses Funktionsgebäude mit Gaststätte seiner Bestimmung übergeben.

Besondere Leistungen auf überregionaler Ebene verzeichneten die Handballer. Im Jahre 1980 wurde die Meisterschaft der Oberliga Südbaden, der höchsten südbadischen Spielklasse, gefeiert. Die Regionalliga-Aufstiegsrunde zur damals zweithöchsten deutschen Klasse führte die Mannschaft bis nach München-Schwabing. Gegen

die starke Konkur-
renz wurde der Auf-
stieg allerdings ver-
passt. Die übrigen

*Die Handballjugend des
Turnvereins 2007
vor der SAP-Arena in
Mannheim.*

Mannschaften der Handballabteilung sorgen ebenfalls dafür, dass
der Turnverein einen guten Namen in der südbadischen Handball-
welt besitzt. Die lang ersehnte Fertigstellung der Rheintalhalle im
Jahre 1982 war für den Turnverein von größter Bedeutung, konnte man die sportlichen Aufgaben nun leichter bewältigen und aus-
weiten. Internationale Begegnungen stehen seither regelmäßig auf
dem Programm. So war wiederholt die deutsche Handball-Na-
tionalmannschaft zu Gast in Sandweier. Jugend- und Junioren-
Länderspiele sowie Freundschaftspartien mit in- und ausländischen
Erstligisten in Sandweier zählen zu den sportlichen Highlights in
Mittelbaden.

Zum 80. Jubiläum im Jahre 1987 wurde eine neue Vereinsfahne angeschafft und geweiht. Dem Tennisboom in Deutschland trug
man 1991 mit der Erweiterung der Tennisanlagen auf acht Felder
Rechnung. Weitere Bautätigkeiten gab es im Jahr 1999 mit der
Errichtung einer Beachhandball-Anlage. Um die inzwischen weit
mehr als 1.000 Mitglieder betreuen zu können, richtete man im
Jahr 2001 im Vereinsheim eine Geschäftsstelle ein. Gleichzeitig
wurde mit einem Lauftreff sowie einer Walking- und einer Boule-
gruppe der Trend in den Freizeitsportarten aufgegriffen. Im Jahre
2003 errichtete der Turnverein ein weiteres Verwaltungsgebäude,
das seither an den Badischen Behinderten- und Rehabilitations-
Sportverband vermietet ist. Darauf aufbauend wurde die neue
Abteilung Reha-Sport ins Leben gerufen. Seither ist der Turnverein
regelmäßig Veranstalter der baden-württembergischen Fußball-
Meisterschaften für Menschen mit einer geistigen Behinderung,
eine Veranstaltung, bei der Teilnehmer und Helfer mit viel Elan bei
der Sache sind.

Das Jahr 2007 war für den Turnverein von ganz besonderer
Bedeutung, schließlich galt es, das 100jährige Bestehen angemessen
zu begehen. Genau 100 Jahre nach dem Gründungstag, am
15. Juni 2007, fand in der Rheintalhalle die Jubiläumsfeier statt.
Mit einer Fülle von Veranstaltungen stellte der Turnverein, zusätzlich zum regulären Wettkampf- und Freizeitsport, seine Leistungsfähigkeit unter Beweis. Sportliche Handball-Höhepunkte im Jubiläumsjahr waren die Ausrichtung des Junioren-Länderspiels
Deutsch-land gegen Schweiz, des Jugend-Länderspiels Deutschland gegen Frankreich sowie des Schwarzwald-Bäder-Cup-Turniers
mit den Bundesligisten FA Göppingen und HSG Nordhorn. Die

Tennis-Jugend-Stadtmeisterschaften führten den Nachwuchs auf die TVS-Anlage. Die Reha-Sport-Abteilung organisierte die deutschen Meisterschaften im Fußball-Tennis, die Turnabteilung schloss das Jubiläumsjahr mit der Eberhard-Gienger-Comedy-Show ab.

Nach den ereignisreichen ersten 100 Jahren stellt sich der Turnverein Sandweier optimistisch den künftigen Aufgaben. Sie können bewältigt werden, weil sich wie bisher engagierte Persönlichkeiten ganz in den Dienst der Sache und des Vereines stellen.

Erste Vorsitzende

1907-1912	*Adolf Müller*
1912-1933	*Hugo Pflüger*
1933-1936	*Franz Schäfer*
1937-1945	*Adolf Kratzer junior*
1948-1949	*Albert Ullrich (Abteilungsleiter im SV Sandweier)*
1950-1966	*Karl Herr*
1966-1988	*Franz Fettig, jetzt Ehrenvorsitzender*
1988-2000	*Franz Reiß*
2000-2006	*Armin Zeitvogel*
seit 2006	*Karin Fierhauser-Merkel*

Schützenverein PSC-Waidmannslust 1908 Sandweier e. V.

Schützengesellschaften sind seit dem 15. Jahrhundert in Deutschland nachweisbar. Sie entstanden in den Städten, deren Bürger sich gegen die Übergriffe des Adels und der Fürsten wehrten. Daraus entwickelten sich die Schützenvereinigungen, die in erster Linie die Pflege des Schießsportes, aber auch des gesellschaftlichen Lebens zum Ziele hatten. Mitte des 19. Jahrhunderts, als das Vereinsleben unter liberalen Vorzeichen allgemein aufblühte, bildeten sich in Deutschland viele Schützenvereine. Sie hatten immer enge Verbindungen zur Jägerei, was sich häufig in der ähnlichen Kleidung kundtat und oft auch bei der Namensgebung eine Rolle spielte.

Stefan Ullrich   Schützenkönig 19..

Schützenkönig
Stefan Ullrich, 1922.

Der Schützenverein *Waidmannslust* Sandweier wurde am 30. Juni 1908 ins Leben gerufen. 40 junge Männer wählten in der Gründungsversammlung die erste Verwaltung, und alsbald begann man mit dem Schießbetrieb. Es fanden ausschließlich Zimmerstutzen Verwendung, mit denen in der Kegelbahn des Gasthauses zur Sonne auf 20 m stehend freihändig geschossen wurde. Der Verein nahm einen schnellen Aufschwung und hatte vor Beginn des Ersten Weltkriegs schon 100 Mitglieder. Seine Schützen waren bereits damals als Preisschützen im ganzen Umkreis bekannt und gefürchtet. Der größte Erfolg in jenen Jahren war wohl der Gewinn des Preises des Großherzogs im Jahre 1913.

Im Ersten Weltkrieg mussten 90 % der Aktiven das Sportgewehr mit dem Karabiner vertauschen und eine stattliche Anzahl von ihnen kehrte nicht mehr aus dem Felde zurück. Nach Kriegsende begann man unter schwierigen wirtschaftlichen Verhältnissen, das Vereinsleben wieder in Schwung zu bringen. Mitten in der Inflationszeit, am 20. September 1923, konnte die neue Standarte, die unter großen materiellen Opfern angeschafft worden war, geweiht und dem Verein übergeben werden. Im sportlichen Bereich knüpfte man an die früheren Erfolge an, so dass unsere Schützen zu den stärksten Gruppen im Schützenkreis Rastatt zählten.

In den Jahren nach dem Zweiten Weltkrieg waren gerade die Aktivitäten des Schützenvereins untersagt. Erst ab 1951 konnte der Verein seinen sportlichen Aufgaben wieder nachgehen. Schwierig war es, neue Waffen zu beschaffen, denn das ganze Vereinsvermögen war in Verlust geraten. Glücklicherweise wurden Standarte und Großherzogspokal gerettet. Im Jahre 1958 begann man mit dem Bau eines vereinseigenen Schützenhauses, eines der ersten im Schützenkreis Rastatt. Das überwiegend in Eigenarbeit erstellte Heim war Grundlage für einen weiteren Aufschwung in der Vereinsarbeit, der sich in sportlichen Erfolgen niederschlug. Schon 1978 musste es den in der Zwischenzeit gestiegenen Anforderungen entsprechend umgebaut und wesentlich erweitert werden. Nun war der Verein in der Lage, sich intensiv der Jugendarbeit zu widmen. Die Jubiläumsfeste zum 50., 1958, zum 60. und zum 75. Jubiläum, 1983, waren – wie bei allen Vereinen – Marksteine ihrer Vereinsgeschichte.

Die letzten drei Vorsitzenden des Schützenvereins. Von links nach rechts: Ansgar Rauch, Walfried Eichelberger, Anton Peter.

Höhepunkt und zugleich Abschluss eines Vereinsjahrs bildet alljährlich die Königsfeier, die in früheren Zeiten traditionell am Neujahrstag abgehalten wurde. Erst in jüngerer Zeit findet sie in der Vorweihnachtszeit statt. Die Schützenkönige des Vereins, bei den Schützen, den Schützinnen und der Schützenjugend, erhalten dabei feierlich die Auszeichnungen überreicht. Die Königskette der Männer gehört zu den schönsten und wertvollsten des Schützenkreises. Auf den an ihr angebrachten Medaillen werden die Namen der jeweiligen Schützenkönige festgehalten. Die älteste stammt aus dem Jahre 1924.

1981 wurde die Standarte von der Karlsruher Fahnenfabrik restauriert. Ein Jahr später, vor dem 75jährigen Vereinsjubiläum, legten sich die Schützen einen neuen Schützenrock und eine neue Kopfbedeckung zu, die Jungschützen wurden mit einheitlichen Uniformhemden versorgt, so dass sich der Verein in einer ansehnlichen, schmucken Weise präsentieren konnte.

Im Mai 1987 richtete der Schützenverein den 35. Landesschützentag aus. Rund 600 Delegierte des Südbadischen Sportschützenverbandes konnte der erste Vorstand Anton Peter in der Rheintalhalle in Sandweier begrüßen.

1991 entschloss sich der Verein, sein sportliches Angebot grundlegend zu erweitern. Er beabsichtigte, eine unterirdische Schießanlage für Feuerwaffen beim Schützenhaus zu bauen. Dem Bau ging eine schwierige Genehmigungsphase voraus. Die Stadt Baden-Baden machte die Baugenehmigung und den städtischen Zuschuss von der Fusion des Schützenvereins Sandweier mit dem Pistolensportclub Baden-Baden abhängig. Nach langwierigen Verhandlungen löste sich der Pistolensportclub auf. Seine Mitglieder wurden vom Schützenverein Sandweier übernommen. Eine neue Satzung musste erarbeitet und der Vereinsname der neuen Ausrichtung des Vereins angepasst werden. Er heißt seitdem: Schützenverein-PSC-Waidmannslust 1908 Sandweier e. V. Innerhalb kurzer Zeit entstand in den Jahren 1992/93 eine Anlage, die auch noch heute den höchsten Ansprüchen genügt. Selbst zwei Schützen, die 2004 an der Olympiade teilnahmen, nutzten sie zur Vorbereitung auf dieses sportliche Großereignis.

Im Jahre 1998 fand ein Wechsel an der Vereinsspitze statt. Der seit 1972 amtierende erste Vorsitzende Anton Peter gab das Amt in jüngere Hände. Am Ende seiner Amtszeit wurde er zum

Ehrenvorsitzenden ernannt und ist dem Verein bis heute als Schütze der Seniorenmannschaft treu.

Ansgar Rauch leitet seither als erster Vorsitzender das Vereinsschiff. Die sportliche Entwicklung des Vereins nahm Dank der guten schießtechnischen Voraussetzungen in allen Abteilungen zu. Um auf den neuesten Stand der heutigen Schießtechnik zu gelangen, wurden 2007 elf Luftgewehrstände (10 m) und sechs Feuerwaffenstände (50 m) auf elektronische Zielerfassung umgestellt. Wiederum waren Spenden von Mäzenen und Mitgliedern, Zuschüsse von Sportbund und der Stadt Baden-Baden sowie viel Eigenarbeit nötig, um diese Investition in die Zukunft des Vereins zu ermöglichen.

Erste Vorstände – Oberschützenmeister – seit der Gründung

1908-1909	*Adolf Frietsch*
1909-1921	*Bernhard Schulz*
1921-1922	*Bernhard Ullrich*
1922-1926	*Bernhard Schulz*
1926-1928	*Valentin Müller*
1928-1938	*Gottfried Schulz*
1938-1945	*Theodor Peter*
1951-1960	*Theodor Peter*
1960-1961	*Gottfried Schulz*
1961-1967	*Walfried Eichelberger*
1967-1968	*Artur Durm*
1968-1972	*Walfried Eichelberger*
1972-1998	*Anton Peter*
seit 1998	*Ansgar Rauch*

Fußball-Verein Sandweier e. V.

Schon die alten Ägypter, die Griechen und Römer kannten Ballspiele, bei denen der Ball unter Benützung der Füße und Oberschenkel vorwärts getrieben wurde. Reliefs aus jener Zeit geben darüber Auskunft. Im Ursprungsland des modernen Fußballs, in England, ist es urkundlich im 12. Jahrhundert erwähnt, verschwand dann wieder und wurde erst in der ersten Hälfte des 19. Jahrhunderts in den berühmten englischen Schulen Eton, Westminster, Charterhouse und Harrow wieder ins Leben gerufen. Die ersten

Die fünf ehemaligen Vorsitzenden des Fußballvereins Sandweier.

Spielregeln wurden 1862 aufgestellt. Der erste Fußballverein in Deutschland wurde 1878 in Hannover gegründet, 1900 entstand der Deutsche Fußballbund und schon 1902 konnte die erste Deutsche Meisterschaft ausgetragen werden. Heute gibt es nur wenige Gemeinden, in denen es keinen Fußballverein gibt. Das Spiel ist zum Volkssport und Millionengeschäft geworden.

Unmittelbar nach dem Ersten Weltkrieg begann auch die Sandweierer Fußballgeschichte. Um in den offiziellen Runden mitspielen zu können, benötigte man einen geeigneten Platz, den man ohne Verein aber nicht schaffen konnte. So kam es Anfang Januar 1922 zur Gründung des Fußballvereins. In der Gründungsversammlung im Gasthaus zur Sonne wählte man sich eine Verwaltung und legte die Vereinsfarben *Gelb-Schwarz* fest. Wichtigstes Anliegen war natürlich die Gewinnung eines Spielplatzes. Am 9. Januar 1922 bat die Vereinsführung die Gemeinde um die Überlassung eines brach liegenden Geländes am *Sandbuckel.* In Eigenarbeit der Spieler und Mitglieder wurde auf dem Gelände ein Sportplatz angelegt, der allerdings schon bald den gewachsenen spielerischen Anforderungen nicht mehr genügte. Anfang der 30er Jahre gestalteten der Fußball- und der Turnverein die sportliche Infrastruktur am nördlichen Rand des Dorfes vollkommen neu. Im Rahmen von Notstandsarbeiten wurden sowohl ein Fußballplatz wie ein Leichtathletik- und Handballplatz errichtet. 1931 gelang es der Fußballmannschaft in die nächsthöhere Klasse aufzusteigen.

Nach dem Zweiten Weltkrieg fanden sich Fußball- wie Turnverein als eigenständige Abteilungen im Sportverein Sandweier zusammen. Am 27. Juli 1950 nahmen beide Vereine ihre Geschicke wieder in die eigene Hand. Neben dem Aufbau einer starken ersten Mannschaft, dem sportlichen Aushängeschild des Fußballvereins, begann man mit der intensiven Förderung des Nachwuchses. Schon im Spieljahr 1953/54 konnte die A-Jugend in ihrer Klasse die Meisterschaft erringen. Heute hat der Verein eine umfangreiche Jugendabteilung, ist allerdings zum Teil auf Spielgemeinschaften mit benachbarten Vereinen angewiesen.

Erfolgreiche Jahre wechselten mit solchen, die weniger glücklich waren. Kameradschaft und Treue zum Verein halfen, Rückschläge zu überwinden, das wechselnde Glück zu verkraften und auch schwierige Situationen zu meistern. Denn immer wieder musste der FV Sandweier den Abgang talentierter junger Spieler in Kauf nehmen, die die sportlichen Herausforderungen und die finanziellen Annehmlichkeiten in höheren Klassen suchten.

Höhepunkte des Vereinslebens waren die Feier des 30jährigen Bestehens im August 1952, die Auszeichnung mit dem Ehrenbrief des Deutschen Fußballbundes und die weiteren Vereinsjubiläen. Das sportlich erfolgreichste Jahr war sicherlich 1994, als die erste und die zweite Mannschaft erstmalig in der Vereinsgeschichte eine Doppelmeisterschaft nach Sandweier holten. Danach spielte die erste Mannschaft neun Jahre in der Bezirksliga, die sie allerdings 2003 wieder verlassen musste. Ein sportliches Highlight war zum 70. Jubiläum, 1992, das Freundschaftsspiel gegen den Bundesligisten KSC, das 1:20 endete.

1994 errangen die erste und die zweite Mannschaft die Meisterschaft in ihren Klassen.

1960 beschloss man, ein Vereinsheim zu bauen, das im Juni 1963 seiner Bestimmung übergeben werden konnte. Das Wachsen des Vereins machte schon bald den Ausbau und die Erweiterung des Clubhauses notwendig. Auch wurde eine Flutlichtanlage errichtet, um den Trainingsbetrieb in den Abendstunden zu ermöglichen. Mit Hilfe der Gemeinde und der Stadt Baden-Baden konnte 1975 ein neues Sportfeld, das *Sandbuckelstadion,* in Betrieb genommen werden, das den Anforderungen, die an einen Fußballverein dieser Größe gestellt werden, genügt.

Erste Vorstände seit der Gründung

1922-1933	*Martin Peter*
1933-1935	*Wilhelm Brenneisen*
1935-1965	*Eustach Frietsch*
1965-1985	*Friedrich Würtz, Ehrenvorsitzender*
1985-2005	*Ignaz Schäfer, Ehrenvorsitzender*
seit 2005	*George Stoicescu*

Angelsportverein 1966
Sandweier e. V.

Der Fischfang zum Zwecke der Gewinnung von Nahrung für den Menschen ist so alt wie die Jagd. Hierbei ist das Fischen mit der Angel die ursprüngliche Fangweise, die jedoch recht bald vom ergiebigeren Fangen mit dem Netz abgelöst wurde. Das heutige Fischen mit der Angel ist zum Freizeithobby geworden. So ist es begreiflich, dass sich Angler in Gemeinschaften wie Fischergilden und Angelsportvereinen zusammenschlossen, um gemeinsam ihrem geliebten Hobby nachgehen zu können. Die Entstehung der Binnenseen durch den Kiesabbau schuf auch an unserem Ort die Voraussetzung, das Angeln in Gemeinschaft zu betreiben.

*Vorstand des
Angelsportvereins.*

Aktive Angler in anderen Vereinen, die aus Sandweier stammten, stehen am Anfang der Gründung des Angelsportvereins, der 2006 auf 40 Jahre Vereinsgeschichte zurückblicken konnte. Mit 40 aktiven Mitgliedern begann der Verein 1966 seine Aktivitäten, die viel Idealismus und Opfergeist forderten.

Nachdem sich Verhandlungen zur Pacht des Leis-Sees zerschlagen hatten, überließ die Firma Eugen Kühl und Söhne einen Teil ihres Kiessees dem jungen Verein unentgeltlich zur Nutzung. Die Beschränkungen durch den geplanten Badesee und die Tatsache, dass bis heute im See Kiesabbau betrieben wird, nahm der Verein gerne in Kauf. In unermüdlicher Eigenarbeit schuf der Verein die Voraussetzungen für ein waidgerechtes Angeln. Außerdem konnte der Petersee angepachtet werden und das Kieswerk Peter erteilte die Genehmigung zur Befischung von zwei Angelstrecken. Später wurde auch über den neu entstandenen städtischen Seebereich mit dem Forstamt ein Pachtvertrag geschlossen. Der Besatz mit Fischen stand bei all diesen Gewässern am Beginn der Aktivitäten. Das Einsetzen von Jungfischen der verschiedensten Arten, wie Rotaugen, Brachsen, Karpfen, Schleien, Hechte, Forellen, Zander, Aale, ist bis heute eine der Hauptaufgaben des Vereins geblieben, die sehr kostspielig ist. Dank kluger Planung, was Besatz und Fang angeht, sind die Gewässer heute so reich an Fischen, dass ein jeder Angler ohne

Probleme seinem Hobby frönen kann. Im Baggersee konnten inzwischen 29 Fischarten nachgewiesen werden, obwohl der See vor der Bewirtschaftung durch den ASV nur Forellen beherbergte.

1967 übernahm der bisherige Beisitzer Reinhold Mayer die Führung der Vereinskasse und verwaltete sie für die nächsten 35 Jahre im besten Sinn für den Verein. Zum soliden finanziellen Fundament des Vereins trugen wesentlich die Fischerfeste bei, die klein und bescheiden begannen, danach jedoch einen großen Aufschwung nahmen. Nach 30 erfolgreichen Jahren gab es 1996 in der Vorstandschaft einen Stabwechsel. Siegbert Durm, der Gründungsvorstand, gab die Verantwortung an seinen zweiten Vorsitzenden Jürgen Waldvogel weiter. Neuer zweiter Vorsitzender wurde Eberhard Herr. Jürgen Waldvogel hob nach der Ehrung der Gründungsmitglieder bei der Feier zum 40jährigen Bestehen deren Verdienste hervor. Die erste Generation habe ein solides Erbe weitergegeben, was ein gutes Startkapital für die neue Vorstandschaft darstelle. Der Bau der Vereinhütte war das herausragende Ereignis, für das die neue Vorstandschaft verantwortlich zeichnete. Viele Mitglieder halfen tatkräftig zusammen und so konnte die Hütte unter der Bauleitung von Theo Zeitvogel und Hellmut Frank im Jahr 1999 fertig gestellt werden.

Da der Angelsportverein sich die Pflege des Gewässers und seiner Uferbereiche auf die Fahnen geschrieben hat, wurde im Laufe der Jahre auch eine stattliche Anzahl an Gartengeräten beschafft. Von einfachen Schaufeln, Gabeln und Astscheren über Motorsensen und Motorsägen bis zum Vordermäher ist mittlerweile alles für die Pflege der Böschungen und Uferzonen vorhanden. Die Vorstandschaft erweiterte auch die Ausstattung des Vereinsheims. Es soll als Schutzhütte nach den Arbeitseinsätzen vom Spätjahr bis zum Frühjahr und als Schulungsraum für die Jugendarbeit dienen. So wurden ein großes Stromaggregat und zwei Gasheizgeräte beschafft.

Für das Stromaggregat wurde ein kleines schallgedämmtes Bauwerk in der Nähe der Hütte erstellt und so erstrahlten im Jahr 2005 auch in der Vereinhütte des ASV die Lichter. Positive Rahmenbedingungen für die Angler zu schaffen, stellt aber nur einen Teil der Vereinsarbeit dar, die wichtigste Aufgabe eines Angelvereins ist nach wie vor die Betreuung seiner Gewässer.

Bei sich ständig vergrößernden Baggerseen ist es notwendig, mit der Anlage von Laichmöglichkeiten die natürliche Reproduktion der Fische zu verbessern. Beim Wettbewerb *Umweltpreis 2007 der*

Stadt Baden-Baden zum Thema Wasser beteiligte sich der Verein und konnte mit der Planung von zwei Flachwasserzonen einen zweiten Platz erringen. Durch die Schaffung von Laichmöglichkeiten soll die natürliche Vermehrung des Fischbestandes gefördert und auf diese Weise die recht erheblichen Besatzkosten in erträglichen Grenzen gehalten werden. Ein Nebeneffekt ist, dass diese Flachwasserbereiche auch hervorragende Habitate für Amphibien und andere, Wasser liebende Tiere wie Enten, Schwäne, Gänse, Haubentaucher und Libellen darstellen. Ein Angelverein ist heute nicht nur ein Zusammenschluss von Menschen, die Fische fangen wollen, sondern eine Gemeinschaft, die sich dem verantwortungsvollen Umgang mit und der Förderung der Natur verschrieben hat.

Das erfolgreiche Bestehen der Sportfischerprüfung ist Voraussetzung für das Angeln im Angelsportverein. Die Prüfung umfasst Fischkunde, Fischhege und -pflege, Ökologie, Gewässer-, Gesetzes- und Gerätekunde. Selbstkontrolle in Form von Besatz- und Fangstatistiken und Kontrollen durch Vertreter des Regierungspräsidiums Karlsruhe sowie vereinseigene Kontrolleure geben die Gewähr für ein den Vorschriften entsprechendes, waidgerechtes Angeln.

Schon bald nach seiner Gründung trat der Angelsportverein dem Landesfischereiverband Baden mit Sitz in Freiburg bei, der Interessenvertretung der Angel- und Berufsfischer. Seit 1. Juli 1968 ist der ASV im Vereinsregister des Amtsgerichtes Baden-Baden eingetragen. Seine Mitglieder, rund 100 aktive Angler und 100 Passive, sind in der Hauptsache Einwohner unserer Gemeinde. Neben dem Angeln in der erholsamen Natur am Fischwasser werden Schulungen angeboten, die Mitglieder mit den nötigen Informationen versorgt und insbesondere die Pflege der Kameradschaft im gemeinsamen Tun nicht vergessen. Gemeinschaftsfischen der Aktiven, Fischerfeste und jährlich das sehnlich erwartete Anangeln und das allseits bedauerte Abangeln gehören zum festen Jahresprogramm des Vereinsgeschehens. Rentner- und Jugendpokalfischen sind inzwischen nicht mehr wegzudenkende Veranstaltungen. Die Jugendarbeit lässt sich der Verein einiges kosten. Nicht nur das Angeln wird den Jugendlichen beigebracht, sondern auch der verantwortungsvolle Umgang mit der Natur. So erklärt der Beauftragte für den Vogelschutz, Hans-Joachim Will, den Jugendlichen bereitwillig den Sinn seiner Arbeit. Der ASV hat im gesamten Bereich seiner Gewässer 50 Nistkästen und fünf Fledermauskästen aufgehängt, die jeden Winter gereinigt werden. Auch wird genau Buch geführt, welche Vogelart im jeweiligen Nistkasten brütet. Die Winterfütterung der Wasservögel wie auch der Vögel, die im Waldbereich des Pachtgeländes leben, wird von den Mitgliedern des Angelsportvereines ehrenamtlich durchgeführt. Kontrolle der Wasserqualität, Überprüfung gefangener Fische auf den Ernährungs- und Gesundheitszustand sowie die Berechnung und Aufstellung von Besatzplänen ist die Aufgabe der Gewässerwarte unter Führung von Frenk Durm. Böschungen mähen, Hecken schneiden, Pflanzaktionen von Bäumen, Sträuchern und Wasserpflanzen gehören zu den selbstverständlichen Arbeiten, die der ASV Jahr für Jahr regelmäßig durchführt.

Heutzutage versteht sich der Angelsportverein als Gemeinschaft, die dem Schutze der Natur und der Umwelt verpflichtet ist. Deshalb richtet er sein Augenmerk nicht nur auf die Fische, sondern betrachtet die Gewässer als Gesamtheit mit all ihren Pflanzen und Tieren unter und über Wasser. Die Zielsetzung, aus einer kargen Kiesgrube ein Biotop aus zweiter Hand zu gestalten, ist eine Aufgabe von hohem öffentlichem Interesse.

Erste Vorsitzende
| *1966-1996* | *Siegbert Durm, dann Ehrenvorsitzender* |
| *seit 1996* | *Jürgen Waldvogel* |

Katholische Frauengemeinschaft Sandweier

Im Mai 1850 fanden sich in Lille in Nordfrankreich Mütter zum gemeinsamen Gebet zusammen. Sie wussten sich verbunden in der gleichen Sorge um ein religiöses Ehe- und Familienleben. Sie beschlossen, öfter zusammenzukommen und miteinander und füreinander zu beten um die Gnade einer guten Kindererziehung und um den Segen für ihre Kinder und ihre ganze Familie. So entstand der erste Mütterverein als *Glaubens-, Gebets- und Opfergemeinschaft* gleich gesinnter Frauen und Mütter, geboren aus ihrer Verantwortung vor Gott und der Liebe zu ihrer Familie. Fünf Jahre später gehörten bereits 160.000 Frauen der Gemeinschaft Christlicher Mütter an. Papst Pius IX. erhob die Müttervereine zu einer kirchlichen Bruderschaft. 1860 führte Bischof W. E. von Ketteler in Mainz die Müttervereine auch in Deutschland ein. Ein Jahr später, 1861, wurde an der Münsterpfarrei in Freiburg die erste Müttergemeinschaft der Erzdiözese Freiburg ins Leben gerufen. Jahrzehntelang hat man 1917 als das Gründungsjahr des Müttervereins

Sandweier angesehen. So wurden anfallende Jubiläen entsprechend gefeiert. Mit dem Auffinden des Müttervereinsbüchleins von Sabine Ullrich konnte das Gründungsdatum exakt ermittelt werden. Am 12. Februar 1914 gründete sich hier in Sandweier die katholische Frauengemeinschaft. Die Vorsitzende des Vereins, Gisela Ottavy, ließ sich dieses Datum 1981 vom Diözesanverband der Katholischen Frauengemeinschsaft in Freiburg urkundlich bestätigen. Erstmalig konnte dann 1984 das 70jährige Jubiläum zeitgerecht gefeiert werden. Niederschriften über den Verein wurden bis 1949 nicht geführt. Erst danach wurde ein Vereinsbuch angelegt, in dem aber nur die Mitgliedsbeiträge, Kollektengelder, Spenden und Geschenke des Vereins, Ausgaben für gestiftete Messen für verstorbene Mitglieder, für Jubiläen, Glocken, Altarerneuerung, Kirchenfenster und die Abgaben an den Diözesanverband eingetragen sind.

Nach dem Zweiten Weltkrieg weitete sich die Glaubens- und Gebetsgemeinschaft zu einer Arbeits-, Bildungs- und Lebensgemeinschaft aus, in der Frauen sich gegenseitig Glaubens- und Lebenshilfe geben und gemeinsam nach Antworten suchen auf die vielen Fragen, die sich ihnen in einer im Umbruch befindlichen Welt stellen. Dem erweiterten Aufgabenbereich entsprach der alte Name nicht mehr. Aus dem Mütterverein wurde 1958 die Katholische Frauen- und Müttergemeinschaft und 1969 die Katholische Frauengemeinschaft Deutschland *kfd*.

Neben dem gemeinsamen Gebet werden Veranstaltungen zur religiösen Vertiefung und zur Geselligkeit angeboten. So findet jeden ersten Sonntag im Monat eine hl. Messe mit selbst verfassten Fürbitten für den Priesternachwuchs oder für ein verstorbenes Mitglied statt.

Zahlreiche Einrichtungen erhielten und erhalten Sach- oder Geldspenden von unserer Frauengemeinschaft. Beispielsweise ließ die Frauengemeinschaft zwei Priester in Ecuador ausbilden, ein aktiver Beitrag gegen den Priestermangel in der Dritten Welt. Auch in Ostdeutschland wurde das Studium eines Geistlichen unterstützt, ebenso in Afrika. Hier wurde für die Ausbildung des Priesteramtskandidaten Cyril Uchenna Onyishi aus Nigeria hilfreich Beistand geleistet. Hauptansprechpartnerin für Afrika-Hilfe war die dort lebende Ordensschwester Cäcilia, die als Sophie Herrmann in Sandweier geboren wurde und hier aufwuchs. Sie lebte im Kloster Bethania in Swellendam in Südafrika und ist dort 1995 83jährig verstorben. Jeden dritten Mittwoch im Monat wird der Rosenkranz gebetet in allen Anliegen der Mitglieder. Die Kollekte dabei ist für Schwester Cäcilia. Pater Tobe aus Nigeria, oft in Oos und in Sandweier als Zelebrant tätig, erfährt

Unterstützung für eine Krankenstation in seiner Heimat. Daneben erhalten die Aktion *Mutter in Not,* die Ostpriesterhilfe und das Kinderkrankenhaus in Bethlehem finanzielle Hilfe.

Der Vorstand der Katholischen Frauengemeinschaft im Jahr 2008.

Sachspenden in Form von Nahrungsmittel- und Kleiderpaketen gingen in den zurückliegenden Jahren nach Polen, Rumänien, Kroatien und Bosnien. Es ist beeindruckend, welche Aktivitäten unsere aus rund 400 Mitgliedern bestehende Frauengemeinschaft entwickelte. Dabei wird die eigene engere Umgebung nicht vergessen. Hier greift man in Not geratenen Menschen unter die Arme. Und auch rein kirchliche Anliegen in der Pfarrgemeinde werden so gut wie möglich unterstützt.

Doch nie hat die Frauengemeinschaft ihr ursprüngliches Anliegen vergessen. Neben der gemeinsamen Feier der Eucharistie und dem gemeinschaftlichem Beten finden jährlich ein Halbtagesausflug und alle zwei Jahre ein Tagesausflug zu einem Wallfahrtsort statt. Auch wird ein jährlicher Einkehrtag angeboten. Daneben bringt man den weltlichen Anliegen ebenfalls das nötige Interesse entgegen. So werden Gymnastikgruppen und Gesprächsrunden über Familie und Kindererziehung angeboten. Kaffeenachmittage, aber auch Frauenfrühstück nach einem Frühgottesdienst, Adventsfeiern und fröhliche Fastnachtsabende bringen Abwechslung in die doch hauptsächlich religiös bestimmten Alltagsaufgaben der Gemeinschaft. Die Katholische Frauengemeinschaft St. Katharina Sandweier zählt derzeit ca. 400 Mitglieder. Der jeweilige Ortsgeistliche ist Präses der Vereinigung.

Erste Vorsitzende	
1914-1939	*Elise Peter geb. Weschenfelder*
	Karoline Schäfer
1939-1969	*Sophie Rheinschmitt*
1969-1992	*Gisela Ottavy geb. Ullrich*
seit 1992	*Emma Stüber geb. Isenmann*

Die Frauengemeinschaft war immer bestrebt, durch Gebet und gegenseitige Ermunterung sich den Problemen in Familie, Beruf, Kirche und Gesellschaft zu stellen und durch Glaubenszeugnis und religiöse Weiterbildung die Gemeinschaft mit Leben zu erfüllen. Das wird auch künftig ihre Maxime sein.

Cäcilienverein Sandweier

Kirchliche Liturgie ist undenkbar ohne Musik und Gesang, insbesondere bei festlichen Gottesdiensten. Das gilt für jede Religionsgemeinschaft. Im Bereich der katholischen Liturgie ist der Gregorianische Choral, der aus frühchristlicher Zeit stammt, die erste überlieferte Kirchenmusik. Papst Gregor I., nach dem diese besondere Form musikalischer Gottesdienstgestaltung benannt ist, starb im Jahre 610 n. Chr.

Schon in der Gemeinderechnung von Sandweier aus dem Jahr 1720 findet eine Singgemeinschaft Erwähnung, die für die Mitwirkung bei der Fronleichnamsprozession eine Entschädigung aus der Gemeindekasse erhielt. Leiter dieser Singgruppe war wohl damals wie auch in den folgenden Jahren meist der Schulmeister. 1787 und 1795 ist Schulmeister Schwall erwähnt, im Jahre 1852 finden wir den Namen des Hauptlehrers Störk, vor 1892 ist mehrfach Hauptlehrer Mutz genannt. Vermutlich schon im November 1894 über-

Der Cäcilienverein 2008.

nahm der langjährige Schulleiter Oberlehrer Julius Haffner die Leitung des in der Zwischenzeit hier vorhandenen Kirchenchores. Haffner gab 1923 die Leitung des Chores an Hauptlehrer Franz Falk ab. Seiner und der Initiative des aktiven Sängers Egidius Ullrich ist es zu verdanken, dass sich der Kirchenchor durch die Gründung eines Cäcilienvereins eine feste organisatorische Struktur gab. Damit war eine für die *Musica Sacra* verantwortliche Institution geschaffen, die sogleich Mitglied des allgemeinen Cäcilienverbandes wurde. Mit der Gründung dieses Vereins nahm das kirchenmusikalische Leben in Sandweier einen erfreulichen Aufschwung. Als Gründungsdatum ist das Patroziniumsfest des Jahres 1924 festzuhalten.

Neben seinen kirchlichen Aufgaben, die in der feierlichen Ausgestaltung der Gottesdienste bestanden, widmete sich der Verein auch anderen gesellschaftlich-kulturellen Aufgaben. Hier sind die zahlreichen Theateraufführungen zu nennen, die bei der Bevölkerung immer größten Anklang fanden. Es seien nur die

*Der Cäcilienverein
Sandweier
in den 1920er Jahren.*

bekannten Schauspiele *Genove-
va, Rosa von Tannenburg, Der
Vogt auf Mühlstein* angeführt,
die über die Grenzen unserer
Heimatgemeinde Aufsehen er-
regten. Es ist schade, dass das
Laienspiel, wie es gerade vom
Cäcilienverein über Jahrzehnte hinweg mit Begeisterung und Erfolg gepflegt wurde, mit der Einführung und Verbreitung des
Fernsehens aus dem kulturellen Leben unserer Gemeinde fast
verschwunden ist. Noch 1964, anlässlich des 40jährigenJubiläums
des Vereins, wurde im Saal des Gasthauses zur Sonne ein Sing-
spiel aufgeführt, das den Zuschauern viel Freude bereitete. Das
50jährige Jubiläum des Cäcilienvereins, am 24. November 1974
festlich begangen, brachte als Höhepunkt langjährigen kirchen-
musikalischen Schaffens ein Konzert mit Werken bedeutender
Meister unter der Leitung von Karl Bruckner, das auch in der
Fachpresse lobend gewürdigt wurde. Dabei wurde die neu renovierte Stieffell-Orgel in unserer Kirche eingeweiht.

Lange Zeit war es üblich, dass die weiblichen Mitglieder des
Kirchenchores, die meist nach der Entlassung aus der Volksschule dem Chor beitraten, mit dem Zeitpunkt ihrer Verheiratung automatisch ausschieden. Dies bedeutete für den Chor häufig einen
Aderlass, waren es doch immer die geübten und mit dem musikalischen Repertoire vertrauten Sängerinnen, die nun plötzlich
fehlten. Die ersten Frauen, die diesem langjährigen Brauch nicht
mehr folgten, waren Victoria Ullrich, Linda Müller und Mathilde
Eberenz. Heute sind die verheirateten Sängerinnen in der Über-
zahl, ein Tatbestand, der zweifelsohne für die Leistungskraft des
Chores von großer Bedeutung ist. An dieser Stelle soll allerdings
nicht verschwiegen werden, dass die Verantwortlichen des Chores
bereits in der Generalversammlung des Jahres 1988 mangelnden
Nachwuchs beklagten, eine Tendenz, die sich leider bis heute
fortgesetzt hat. Umso erfreulicher sind deshalb die Ehrungen, die
die Diözese an treue und langjährig aktive Sängerinnen und Sänger vergeben kann. Eine ganz besondere Würdigung erfuhr unser
Chor durch die Verleihung der begehrten Palestrina-Medaille, die
nur Chöre erhalten, die eine über 100jährige Kirchenchortätigkeit
nachweisen können. Die Übergabe durch Diözesanpräses Geistlicher Rat Johann Schäfer fand am Tag des Patroziniums unserer
Pfarrkirche am 21. November 1999 statt. Gleichzeitig wurde das
75jährige Jubiläum des Cäcilienvereins gefeiert. Einen weiteren
Höhepunkt durfte der Chor mit seinem Leiter Erwin Droll erleben,
als ihm am 2. April 2000 bei einem Festakt in Trossingen die

Zelter-Plakette überreicht wurde, eine Ehrung für besondere Verdienste in der Pflege der Chormusik und des deutschen Volksliedes.

Die Aufgaben eines Kirchenchores und damit auch die des Cäcilienvereines haben sich in den letzten Jahren gewandelt, die liturgischen Änderungen nach dem zweiten Vatikanischen Konzil sind hauptsächlich der Grund dafür. Der Wandel zeigt sich aber nicht nur im liturgischen Bereich. Die Kirche bedient sich in der Erfüllung ihrer pastoralen Aufgabe auch der modernen Medien wie z. B. des Fernsehens. Zweifelsohne ein Höhepunkt für die Gemeinde und den Kirchenchor war die Live-Übertragung der Eucharistiefeier im ZDF aus der Autobahnkirche St.Christophorus Baden-Baden-Sandweier im Jahre 2007. Der Chor gestaltete, von Instrumentalisten begleitet, die hl.Messe mit Liedern aus der deutschsprachigen *Messe des Friedens* von R. Hess. Ein Ereignis, das Sandweier weit über seine Grenzen hinaus bekannt machte. Aufführungen von lateinischen Messen bekannter bedeutender Komponisten, wie z. B. der *Missa Brevis* von W. A. Mozart am Patrozinium, sind Höhepunkte im musikalischen Schaffen des Kirchenchors. Dazu kommen die Teilnahme an überregionalen Veranstaltungen, Dekanatssingen usw. Geselliges Zusammensein und gemeinsame Ausflüge dienen dem Zusammenhalt des Chores und Vereines.

Vorstände	
1924-1965	*Egidius Ullrich*
1965-1969	*Emil Müller*
1969-1981	*Rudolf Peter*
1981-2007	*Leopold Horn*
seit 2007	*Gertrud Müller*

Chorleiter	
1924-1939	*Hauptlehrer Franz Falk*
1939-1949	*Hauptlehrer Eugen Falk*
1949-1953	*Oberlehrer Hermann Strohmeier*
1953-1955	*Hauptlehrer Eugen Wettenmann*
1955-1958	*Hauptlehrer Bernhard Reibelt*
1958-1975	*Rektor Karl Bruckner*
seit 1975	*Lehrer Erwin Droll*

Präses des Vereines ist entsprechend der Verbandssatzung stets der jeweilige Ortsgeistliche.

Caritasverein
St. Walburga Sandweier e. V.

Ende des 19. Jahrhunderts bildeten sich in vielen Landgemeinden Krankenpflegevereine. Auf Initiative des Sandweierer Ortsgeistlichen Pfarrer Beuchert wurde zum 1. Mai 1891 hier ein Krankenpflegeverein Sandweier, kurz Krankenverein genannt, ins Leben gerufen. Betreut wurden seine in Not geratenen Mitglieder durch eine in Krankenpflege ausgebildete Ordensfrau der Franziskanerinnen vom Göttlichen Herzen Jesu mit dem Mutterhaus in Gengenbach. Da auch die Kinderschule, der Handarbeitsunterricht in der Volksschule und zeitweise auch eine Nähschule für Erwachsene von Ordensfrauen geleitet und betreut wurden, besaß Sandweier über Jahrzehnte hinweg eine *Schwesternstation.* Meist war die Krankenschwester die *Oberin* der Station. Über die ganzen Jahre wurde von den Mitgliedern des Krankenvereines das sog. *Schwesterngeld* eingezogen. Ein Teil des Betrages musste an das Mutterhaus in Gengenbach überwiesen werden. Ansonsten wurde davon der Bedarf der Krankenstation abgedeckt.

Der Vorstand des Caritasvereins.

Die Krankenpflege, die allerdings nur den Mitgliedern verbindlich zuteil werden konnte, war eine wichtige und gern in Anspruch genommene Hilfe. Im Jahr 1974 wurde die letzte Ordensfrau, die als Krankenschwester tätig war, aus Sandweier abberufen. Ihre Aufgaben wurden einer weltlichen Krankenschwester übertragen. 1976 übernahm die *Katholische Sozialstation Baden-Baden* den erweiterten Aufgabenbereich der karitativen Betreuung, wie häusliche Pflege, Familienpflege, Altenpflege. Zweifellos hat die durch die Ordensfrauen und ihre Nachfolger ausgeübte Tätigkeit einen ausgesprochen karitativen Charakter, so dass der heutige *Caritasverein St. Walburga Sandweier e. V.*, der sich 1997 neu konstituierte und sich eine den veränderten Verhältnissen entsprechende Satzung gab, mit Recht den 1. Mai 1891 als seinen Gründungstermin ansieht. Er trägt nun den Untertitel *Förderverein für sozialcaritative Dienste in der Pfarrgemeinde St. Katharina.* Der

Verein verfügt selbst über kein Vereinsvermögen. Die Jahresbeiträge und Spenden werden über die Pfarrei an die katholische Sozialstation überwiesen, denn unsere Pfarrgemeinde ist eine der 13 Trägergemeinden dieser Einrichtung. Über sie erfolgt die Zuteilung der Hilfe.

Erste Vorsitzende des Caritasvereins St. Walburga Sandweier e. V. ist Ulrike Weisbrich, Stellvertreter und zugleich Kassenwart ist Hugo Müller.

Katholisches Bildungswerk St. Katharina Sandweier

Am 29. April 1985 beschloss der Pfarrgemeinderat der Pfarrgemeinde St. Katharina Sandweier die Einrichtung eines kirchlichen Bildungswerks. Das kirchliche Engagement in der offenen Erwachsenenbildung ist Ausdruck der im Glauben begründeten Solidarität und der Kommunikation der Kirche und der Christen mit den Menschen in unserer Gesellschaft. Träger der offenen Erwachsenenbildung im Erzbistum Freiburg ist das Bildungswerk der Erzdiözese mit hauptamtlichen und die örtlichen Bildungswerke mit den ehrenamtlichen Mitarbeiterinnen und Mitarbeitern. Das Bildungswerk der Erzdiözese unterhält Bildungszentren als Außenstellen, die unter anderem die Aufgabe haben, die kirchliche Bildungsarbeit in den Pfarrgemeinden und Seelsorgeeinheiten zu fördern und zu unterstützen.

Gerade in unserer heutigen Zeit, die von den Menschen lebenslanges Lernen erfordert, ist Erwachsenenbildung eine wichtige Aufgabe für Staat und Gesellschaft. Während von Seiten des Staates und der Wirtschaft diese Aufgabe weitgehend dahin eingeschränkt wird, durch Weiterbildung dazu zu befähigen, im Berufsleben Schritt halten zu können, hebt die kirchliche Erwachsenenbildung auf die allgemeine Persönlichkeitsbildung ab. Sie will Menschen Orientierung geben. Jedes örtliche Bildungswerk, also auch das in Sandweier, soll durch ein vielseitiges Angebot an Veranstaltungen, Seminaren und Kursen für alle Bereiche des Lebens (Familie, Erziehung, Beruf, Freizeit, Theologie, Gesellschaft, Geschichte, Staat, Kunst, Gesundheit) hieran mitarbeiten. Da ein örtliches Bildungswerk insbesondere einer kleineren Pfarrgemeinde

Die Pfarrgemeinderatsvor-
sitzende Simone Berger
und die Bildungswerkleiterin
Angelika Maas
in der Buchausstellung.

trotz finanzieller Zuschüsse zu den Veranstaltungen vom Land, von der Stadt
und von der Pfarrgemeinde nicht in der
Lage ist, ein so vielseitiges Angebot auf
die Beine zu stellen, haben sich die ka-
tholischen Bildungswerke in Baden-Baden zu einer Arbeitsgemein-
schaft zusammengeschlossen. Die Träger kirchlicher Bildungsarbeit
für Erwachsene in Baden-Baden geben jährlich gemeinsam ein
Programmheft über die Veranstaltungen heraus, die von ihnen,
zum Teil in Zusammenarbeit mit anderen Trägern der Erwachsenenbildung, durchgeführt werden.

Die erste Leiterin des katholischen Bildungswerks St. Katharina
in Sandweier war Frau Friedlinde Schneider. Seit Herbst 1991 wird
es von Angelika und Klaus Maas geleitet. Regelmäßig wiederkehrende Veranstaltungen sind die ökumenischen Bibelabende mit der
evangelischen Friedensgemeinde Baden-Oos, Haueneberstein und
Sandweier, den katholischen Pfarrgemeinden St. Dionys Baden-Oos
und St. Bartholomäus Haueneberstein sowie in Zusammenarbeit mit
dem Kindergarten St. Walburga die jährliche Buchausstellung und
Vorträge über Erziehung und Gesundheit unserer Kinder.

Die Arbeit der kirchlichen Erwachsenenbildung und so auch
des Bildungswerks St. Katharina Sandweier ist in den letzten Jahren nicht einfacher geworden. So ist das *selbst organisierte und
selbst gesteuerte* Lernen stark in den Vordergrund getreten und hat
durch die Möglichkeit der Verknüpfung mit der modernen Kom-
munikationstechnik (Lernen mit und am PC mit moderner, inter-
aktiver Software und der Möglichkeit, über das Internet unge-
heures Wissen abzufragen) weiter an Bedeutung gewonnen. Das
Konzept des *selbst gesteuerten* Lernens wurde von staatlicher Seite zum Teil auch als *Sparkonzept* der Bildungspolitik missverstan-
den und zum Anlass genommen, die Zuschüsse der öffentlichen
Hand für die Erwachsenenbildung in freier Trägerschaft erheblich
zu kürzen. Auch ist der Weg in den Walburgasaal besonders für
ältere Personen beschwerlich. Der Elternkurs *Spielschule*, der in
seiner Blütezeit in Sandweier in vier Gruppen lief, musste im Herbst
2007 mangels Publikumsinteresse eingestellt werden.

Die interessierten Bewohner unserer Heimatgemeinde Sandweier sollen durch die Veranstaltungen des katholischen Bildungswerks St. Katharina aber weiterhin eine Bereicherung ihres Lebens-
inhalts erfahren können, indem ihnen vielfältige Formen des
Umgangs mit ihren Mitmenschen ermöglicht und Gelegenheit gegeben wird, das Wissen um Leben und Glauben zu erweitern.

Katharinaspatzen

Diese Gemeinschaft ist kein Verein im klassischen Sinne. Es handelt sich vielmehr um eine kirchlich-religiöse Gruppe, die sich bei ihrer Gründung am 15. Mai 1994 ursprünglich KJG-Singkreis nannte. In der katholischen Pfarrgemeinde St. Katharina fanden sich Eltern, Kinder und Jugendliche zusammen, um aktiv sowohl singend als auch betend an der Gestaltung von Eucharistiefeiern und Wortgottesdiensten mitzuwirken.

Die Katharinaspatzen beim Erntedankfest 2007.

Dazu gehört auch das Bestreben, sich selbst der vorgegebenen Liturgie näher zu bringen, sie aber auch den Mitmenschen verständlicher zu machen. Seit 1997 nennt sich die Gruppe unter Bezugnahme auf die Patronin der Pfarrkirche *Die Katharinaspatzen*. Ihre Leiterin ist ihre Gründerin Ulrike Weisbrich, die in der Zwischenzeit mit den *Spatzen* auch den Schritt in die Öffentlichkeit gewagt hat. Dabei ist es nicht nur bei der Gestaltung von Gottesdiensten wie die Krippenfeiern an den hl. Abenden, das Mitfeiern bei den Erntedankfesten in der Kirche oder bei den ökumenischen Schlussgottesdiensten an den Schuljahresenden geblieben. Neben der Pflege von Musik und Volkslied haben die Katharinaspatzen sich auch mit der Aufführung von Märchenspielen wie *Die Bremer Stadtmusikanten* oder *Das Rumpelstilzchen* in Szene gesetzt. Ihre Auftritte bei Veranstaltungen und Feiern anderer heimischer Vereine waren für diese immer eine Bereicherung, boten eine besondere Anziehungskraft und stellten sehr oft eine effektvolle Hilfe dar. Die Katharinaspatzen sind auch beim Dorffest, dem *Sondwiermer Erdepflerfescht* intensiv beteiligt.

Zu den besonderen Höhepunkten im Leben der Katharinaspatzen gehörten zweifelsohne die Verabschiedung von Pfarrer Klaus Vormberger und der spätere Besuch bei ihm an seinem neuen Wirkungsort. Auch beim Abschied von Pfarrer Feger war man tätig. Weiter fällt die Gestaltung des Firmgottesdienstes in unserer Pfarrkirche im November 2002 mit Weihbischof Dr. Paul Wehrle darunter. Am 25. Mai 2003 feierte der Neupriester Michael Maas hier seine Primiz. Beim nachmittäglichen Dankgottesdienst waren die Katharinaspatzen beteiligt. Am 17. Juli 2004 konnte die Gemeinschaft ihr 10jähriges Jubiläum feiern. Im Jahr 2007 zählt die Gruppe 42 Kinder, Jugendliche und Erwachsene, die vor allem den Kindern religiöses Gestalten, soziales Verhalten und gemeinschaftliches Feiern vermittelt.

Förderverein zur Renovierung der Pfarrkirche St. Katharina Sandweier e. V.

Am zweiten Weihnachtsfeiertag des Jahres 1999 fegte der Orkan *Lothar* über unsere Region hinweg und richtete sowohl im Wald wie auch an vielen Gebäuden großen Schaden an.

Auch unsere Pfarrkirche war stark betroffen. Schäden an Turm und Kirchendach machten eine sofortige Renovierung notwendig. Bei der Schadensaufnahme stellte man fest, dass das Gemäuer der Kirche stärker beschädigt war, als man angenommen hatte. So wurde eine Komplettrenovierung der gesamten Außenfassade nötig. Im Oktober 2000 wurde damit begonnen. An die Zusage der benötigten Gelder aus Freiburg war die Bedingung geknüpft, dass sich die Pfarrei an der Schuldenlast beteiligt.

Auf Anregung des damaligen Pfarrers Klaus Vornberger wurde am 11. März 2001 von 37 Mitgliedern unserer Gemeinde der *Förderverein zur Renovierung der Pfarrkirche Sandweier e. V.* gegründet. Zweck des Vereins ist die ideelle und finanzielle Förderung und Unterstützung der Kath. Kirchengemeinde St. Katharina in Sandweier zur Renovierung und Unterhaltung der Pfarrkirche einschließlich der Innenausstattung. Als Vorstandsmitglieder wurden Norbert Tschan, Gertrud Müller, Ulrike Weisbrich und Simone Berger gewählt. Kraft seines Amtes als Vorsitzender des Stiftungsrates zählte Pfarrer Klaus Vornberger ebenfalls zum Vorstand des Vereins. Als Beisitzer wurden dazugewählt: Heike Straub und Wolfram Birk.

Vorstand des Fördervereins zur Renovierung der Pfarrkirche St. Katharina.

Die Vorstandschaft des neuen Vereins ist sehr aktiv. Neben dem Erlös aus dem Verkauf von *Bausteinen* (Uhren, Vesperbrettchen, Dachziegeln von der Kirche) trugen zahlreiche Veranstaltungen dazu bei, dass der Vereinszweck gut erfüllt wurde. Bei einer dieser Veranstaltungen, dem *Katharinahock* am 15. September des Jahres 2002 hat sich noch ein Kuriosum ereignet. Beim Läuten zur Abendandacht ist die Katharina-Glocke abgestürzt. Zum Glück gab es nur leichte Gebäudeschäden, die im Rahmen der Turmrenovierung behoben werden konnten.

Menschen aus Sandweier

Aus Anlass der 700-Jahrfeier von Sandweier im Jahr 2008 wurde ein Projekt in Auftrag gegeben, das die Besonderheit des Dorfes hervorheben sollte.

Gerade das Vereinsleben oder das Leben in der Gemeinschaft wird intensiv gepflegt und ist ein deutliches Markenzeichen von Sandweier. Ein Grafik-Design-Büro entwickelte zusammen mit einem Fotografen eine Bildstrecke, in der typische Vereinsmitglieder abgebildet sind, die Besonderes geleistet haben oder es noch tun wollen. Jedes Foto ist auf eine Karte im DinLang-Format gedruckt und mit Infos über die abgebildeten Personen und ihre Vereine versehen. Ortsansässige Unternehmen sind ebenfalls mit einer Karte vertreten. Zusammengenommen ergibt dies einen ordentlichen Stapel. Klappt man diesen *Porträtfächer* auf, ergeben sich überraschende Einblicke in das Sandweierer Vereins- und Firmenangebot und damit in das Leben der hiesigen Bürger. Gemeinschaft lebt durch bürgerschaftliches und ehrenamtliches Engagement. Die hier abgebildeten Personen sind wertvoller Teil dieser Gemeinschaft.

David, 8, Aaron, 7,
Fußballverein Sandweier 1922 e. V.

Hubert Peter, 55,
Freiwillige Feuerwehr Sandweier.

Fine Pflüger,
Kirchenchor St. Katharina Sandweier.

Werner Weisbrich, 53,
Katharinaspatzen.

Klara Rauch,
Caritasverein St. Walburga Sandweier e. V.

Thomas Adam, 25, Pfarrjugend Sandweier.

Gisela Ottavy, 81, Katholische Frauengemeinschaft St. Katharina Sandweier.

Klaus Brenneisen, Förderverein zur
Renovierung der Pfarrkirche Sandweier e. V.

Wendelin Klumpp, 79,
Heimatverein Sandweier e. V.

Katharina Kleinhans, 19,
Schützenverein Sandweier e. V.

Robert Ullrich, 78,
Angelsportverein 1966 Sandweier e. V.

Frédéric Preuß, 28,
Topiknollen Sondwier 1996 e. V.

Jörg Mühlfeit, Tanja Daul, Große Karneval-
Gesellschaft 1954 Sandweier e. V.

Manfred Staginnus, 68,
Die Sonderclub Sandweier 1903 e. V.

Narrenzunft
»Sondwiermer Backöfelehexen 2002«.

Klaus Findling,
BLÄSER-Gemeinschaft 1974, Sandweier.

Harry Heberle, Anja Walter,
Musikverein Sandweier e. V.

Miriam Herr, 14,
Harmonika-Spielring Sandweier e. V.

Thomas Schroedter, 46,
»Sängerbund 1869« Sandweier e. V.

Marvin und Philipp Schulz, 10
Turnverein »Gut Heil« 1907 Sandweier e. V.

Mein Heimatdorf

von Wendelin Klumpp

Es liegt ein Dörflein mir so fein,
Zwischen Schwarzwald und dem Vater Rhein.
Das ist wohl Sandweier – mit Namen genannt –
und hier im Lande nicht unbekannt.
Das Leben pulst von Süd und Nord –
auf seinen Straßen – immer fort.

Die Kelten – Zeugen früher Zeit,
machten sich da einstmals breit.
Später zogen hier die römischen Kohorten –
nach Aquae-Aurelia und nach Norden.

Viel Reichtum war einst nicht beschert!
doch heute ist's fast umgekehrt.
Fröhlich sind in Sandweier die Leut –
so war es schon früher – so ist es noch heut.

Blüht Raps, Iris und Ginster – so leuchtend
ihr Gelb, dann hat hier der Frühling –
verzaubert die Welt.
Wenn Halme sich wiegen – den Wellen sogleich,
so wächst nun das Brot –
und Not, ist fort dann sehr weit.

Doch auch der Herbst – der hat seinen Reiz,
da reift uns der Erdäpfler –
der bringt uns dann – „Geist".
Ist dann der Winter gar frostig mal hier –
dann trinke ein Erdäpfler zu deinem Glas Bier.

Muss auch der Hahn – hier nicht verstummen?
und dürfen auch noch die Bienen froh summen,
dann ist die Weh hier in Ordnung noch heut –
und so soll es auch bleiben – Ihr –
Sandweierer Leut.

Bildnachweis

Abkürzungsverzeichnis

dz. Doppelzentner
fl. Gulden
GAS Gemeindearchiv Sandweier
GLA Generallandesarchiv Karlsruhe
sh Schilling
StAF Staatsarchiv Freiburg
x Kreutzer

Impressum

Titelbild Berthold Gantner, Sandweier
Titel Sandweier – Ein Hardtdorf mit Tradition und Zukunft
Herausgeber Heimatverein Sandweier, Friedrich Gantner
Autoren Karl Bruckner, Kurt Hochstuhl
Redaktion Friedrich Gantner, Karl Bruckner, Kurt Hochstuhl
Herstellung verlag regionalkultur (vr)
Satz, Umschlaggestaltung, Creative Direction,
Projektmanagement, Art Direction, Realisierung
deitersundgantner visuelle kommunikation, mail@estherdeiters.de
Endkorrektorat Katja Leschhorn (vr)

ISBN 978-3-89735-550-7

Bibliographische Information der Deutschen Bibliothek.
Die Deutsche Bibliothek verzeichnet diese Publikation in der
Deutschen Nationalbibliographie.
Detaillierte bibliographische Daten sind im Internet über
http://dnb.ddb.de abrufbar.

Diese Publikation ist auf alterungsbeständigem und säurefreiem
Papier (TDF nach ISO 9706) gedruckt entsprechend den Frankfurter
Forderungen.

Alle Rechte vorbehalten.
© 2008 verlag regionalkultur

verlag regionalkultur
Ubstadt-Weiher · Heidelberg · Basel

Korrespondenzadresse
Bahnhofstraße 2 · D-76698 Ubstadt-Weiher
Telefon 07251 36703-0 · Telefax 07251 36703-29
kontakt@verlag-regionalkultur.de · www.verlag-regionalkultur.de

Dankeschön

Für die finanzielle Unterstützung zur Realisierung dieses Buches dankt der Heimatverein Sandweier: